ALIENAÇÃO EM GARANTIA

CATARINA MONTEIRO PIRES

ALIENAÇÃO EM GARANTIA

ALIENAÇÃO EM GARANTIA

AUTORA
CATARINA MONTEIRO PIRES

EDITOR
EDIÇÕES ALMEDINA. SA
Av. Fernão Magalhães, n.º 584, 5.º Andar
3000-174 Coimbra
Tel.: 239 851 904
Fax: 239 851 901
www.almedina.net
editora@almedina.net

PRÉ-IMPRESSÃO | IMPRESSÃO | ACABAMENTO
G.C. GRÁFICA DE COIMBRA, LDA.
Palheira – Assafarge
3001-453 Coimbra
producao@graficadecoimbra.pt

Fevereiro, 2010

DEPÓSITO LEGAL
306563/10

Os dados e as opiniões inseridos na presente publicação
são da exclusiva responsabilidade do(s) seu(s) autor(es).

Toda a reprodução desta obra, por fotocópia ou outro qualquer
processo, sem prévia autorização escrita do Editor, é ilícita
e passível de procedimento judicial contra o infractor.

Biblioteca Nacional de Portugal – Catalogação na Publicação

PIRES, Catarina Monteiro

Alienação em garantia
ISBN 978-972-40-4115-5

CDU 347

NOTA PRÉVIA

O estudo que se publica corresponde, com algumas adaptações e pontuais actualizações bibliográficas, à dissertação de Mestrado em Ciências Jurídicas apresentada na Faculdade de Direito da Universidade de Lisboa, em Setembro de 2006, e defendida no dia 10 de Janeiro de 2008, perante um júri presidido pelo Senhor Prof. Doutor Pedro Romano Martinez e constituído ainda pelos Senhores Profs. Doutores Pedro Pais de Vasconcelos, Fernando de Gravato Morais, Januário da Costa Gomes e Fernando Araújo. Apesar do período de tempo entre a entrega deste trabalho e a presente data, parece-nos que, no essencial, os pressupostos de que partimos não se alteraram significativamente, sendo por isso justificada a presente publicação.

Aos Senhores Profs. Doutores Pedro Pais de Vasconcelos e Fernando de Gravato Morais, arguentes da presente dissertação, muito agradeço as críticas e as sugestões que me foram dirigidas, bem como a gentileza na disponibilização das mesmas por escrito. As alterações introduzidas no texto original são, em larga medida, resultado desta apreciação.

Ao Senhor Prof. Doutor Januário da Costa Gomes, a quem devo a orientação deste trabalho, fica consignado um especial e sincero agradecimento pelo estímulo e pelas críticas que enriqueceram a preparação e a escrita da presente dissertação.

À Morais Leitão, Galvão Teles, Soares da Silva e Associados, em particular aos Senhores Drs. Miguel Galvão Teles, João Soares da Silva e Nuno Galvão Teles, retribuo uma palavra amiga de gratidão pelo incentivo à preparação deste estudo académico.

Lisboa, 7 de Outubro de 2009

CATARINA MONTEIRO PIRES

REGRAS ESTRUTURAIS, MODO DE CITAR E OUTRAS CONVENÇÕES

Na presente dissertação adoptámos as seguintes regras:

- As referências bibliográficas, quando mencionadas pela primeira vez em texto, são identificadas em nota de rodapé, mediante indicação do nome abreviado do autor (ou dos autores, em caso de obra colectiva), do título completo, da edição, da editora e do local e data de publicação. Se a obra for uma reimpressão, é feita essa indicação. Nas citações de obras ou de legislação em língua alemã, indicamos, como é habitual, a remissão para o parágrafo correspondente.
- Nas referências bibliográficas em notas de rodapé, os autores são citados, em regra, mediante referência dos dois últimos nomes ou pelos dois nomes conhecidos.
- As referências bibliográficas já identificadas são feitas mediante indicação do nome do autor e menção abreviada da obra, seguida da designação «cit.».
- Os excertos citados de obras estrangeiras são, em regra, traduzidos para língua portuguesa.
- Com o propósito de facilitar ao leitor o acesso às fontes de direito estrangeiro citadas em corpo de texto, e sempre que se justifique, as mesmas serão reproduzidas em nota de rodapé, de acordo com o respectivo texto original integral.
- As abreviaturas utilizadas possuem o significado referido na lista de abreviaturas incluída no início da dissertação.
- Os acórdãos de tribunais superiores portugueses relativamente aos quais não é dada indicação quanto à proveniência são retirados do sítio www.dgsi.pt e identificados mediante a menção

do tribunal, da data do acórdão, do número de processo junto do tribunal (ou, caso este não esteja disponível ou completo no aludido sítio, do respectivo número convencional) e do relator respectivo.

– Os acórdãos de tribunais superiores portugueses retirados de colectâneas são identificados mediante a indicação do tribunal, da data do acórdão, do número de processo junto do tribunal (ou número de recurso), mencionando-se, ainda, a fonte da sua publicação (título, ano, número e páginas).

– No final da dissertação, apresentamos um índice geral, do qual constam as partes, os títulos, os capítulos, as secções e os números que dividem o texto.

– No final do presente estudo, inclui-se uma lista bibliográfica, indicando o nome completo do autor, o título, a edição, a editora, e local e data de publicação de cada obra citada. Referem-se apenas obras a que tivemos acesso directo.

– Também no final da dissertação, apresenta-se um índice da jurisprudência portuguesa citada, bem com um índice ideográfico.

LISTA DE ABREVIATURAS UTILIZADAS

AAVV: Autores vários
AAFDL: Associação Académica da Faculdade de Direito de Lisboa
Ac: Acórdão
AcP: *Archiv für die civilistische Praxis*
BBTC: *Banca, Borsa e Titoli di Credito*
BFDUC: Boletim da Faculdade de Direito da Universidade de Coimbra
BGB: *Bürgerliches Gesetzbuch*
BGH: *Bundesgerichtshof*
BMJ: Boletim do Ministério da Justiça
CC: Código Civil português vigente
CDP: Cadernos de Direito Privado
Cit.: Citado
CIRE: Código da Insolvência e da Recuperação de Empresas português
CJ: Colectânea de Jurisprudência
CMF: *Code Monétaire et Financier*
CN: Código do Notariado
CoG: *Il Corriere Giuridico*
CPC: Código de Processo Civil Português
CPEREF: Código dos Processos Especiais de Recuperação da Empresa e de Falência (aprovado pelo Decreto-lei n.º 132/93 de 23 de Abril, já revogado)
CMVM: Cadernos do Mercado de Valores Mobiliários
CSC: Código das Sociedades Comerciais
CVM: Código de Valores Mobiliários
DBB: *Droit Bancaire et de la Bourse*
DF: *Il Diritto Fallimentare*
Dir.: Direcção
Ed.: Edição
EDir.: *Enciclopedia del Diritto*
EDP: *Europa e Diritto Privato*
FI: *Il Foro Italiano*
GC: *Giustizia Civile*
GCC: *Giurisprudenza Cassazione Civile*
GCom: *Giurisprudenza Commerciale*
InsO: *Insolvenzordnung*
JIBLR: *Journal of Internacional Banking Law and Regulation*
KO: *Konkursordnung*

KWG:	*Gesetz über das Kreditwesen*
LEC:	*Ley de Enjuiciamiento Civil*
LVPMB:	*Ley de Ventas a Plazos de Bienes Muebles*
NDI:	*Novissimo Digesto Italiano*
NGCC:	*La Nuova Giurisprudenza Civile Commentata*
Ob. cit.:	Obra citada
Org.:	Organizado
P. e PP.:	Página e páginas, respectivamente
RB:	Revista da Banca
RCDI:	*Revista Critica de Derecho Inmobiliario*
RCDP:	*Rivista Critica del Diritto Privato*
RDC:	*Rivista di Diritto Civile*
RDCom:	*Rivista del Diritto Commerciale e del Diritto Generale dellle Obbligazioni*
RDJ:	*Revista de Derecho Judicial*
RDM:	*Revista de Derecho Mercantil*
RDN:	*Revista de Derecho Notarial*
RDP:	*Rivista di Diritto Privato*
RFDUL:	Revista da Faculdade de Direito da Universidade de Lisboa
RIL:	*Rivista Italiana del Leasing*
RIN:	*Revista Internacional del Notariado*
RTDPC:	*Rivista Trimestrale di Diritto e Procedura Civile*
ROA:	Revista da Ordem dos Advogados
SS:	Seguintes
STJ:	Supremo Tribunal de Justiça
TRL:	Tribunal da Relação de Lisboa
TRP:	Tribunal da Relação do Porto
VN:	*Vita Notarile*
ZPO:	*Zivilprozessordnung*

RAZÃO DO TEMA E DA SUA ORDEM

Para a generalidade dos autores, é inquestionável o papel decisivo das garantias especiais das obrigações na concessão de um financiamento, qualquer que seja a sua natureza[1]. Durante muito tempo, a *preferência* dos credores recaiu sobre as garantias reais, uma vez que estas, ao contrário das garantias pessoais, permitiam uma afectação funcional do bem na pendência da garantia e uma satisfação preferencial do credor garantido na fase de execução da garantia (cf. artigos 666.º, n.º 1 e 686.º, n.º 1 do CC)[2]. Porém, nas últimas décadas, factores vários têm contribuído para uma fragilização da referida primazia, associada a uma *crise de confiança* dos credores no penhor e

---

[1] Sobre as vantagens da prestação de uma garantia especial, cf. PHILIP WOOD, *Comparative law of security and guarantees*, Sweet and Maxwell, Londres, 2002 (reimpressão), p. 3 e, entre nós, MENEZES LEITÃO, *Garantias das obrigações*, Almedina, Coimbra, 2006, p. 108 ss. Sobre o conceito de garantia especial, escreve-nos JANUÁRIO COSTA GOMES que se trata de um «*significado (ou um reforço) quantitativo ou qualitativo (ou, a um tempo quantitativo e qualitativo), tendo em vista a satisfação do crédito (...), um plus relativamente à complexa relação credor-devedor e à caracterização consequente do direito do credor como um direito subjectivo (...)*» – *Assunção fidejussória de dívida. Sobre o sentido e o âmbito da vinculação como fiador*, Almedina, Coimbra, 2000, p. 18-19. Para PAULO CUNHA, a garantia especial corresponde a um mecanismo de «*reforço da massa responsável com providências que respeitam a obrigações determinadas, aumentando quanto a essas obrigações, os bens responsáveis*» – PAULO CUNHA, *Da garantia nas obrigações*, apontamentos das aulas de Direito Civil do 5.º ano da Faculdade de Direito da Universidade de Lisboa, pelo aluno Eudoro Pamplona Corte-Real, Lisboa, 1938-39, p. 3. Segundo MENEZES LEITÃO, «*a garantia especial representa um reforço suplementar de segurança atribuído a algum ou alguns credores, em relação à garantia comum, que é conferida pelo património do devedor*» – *Garantias*, cit., p. 108.

[2] Sobre as vantagens das garantias reais, PAULO CUNHA, *Da garantia nas obrigações*, cit., p. 114.

na hipoteca, enquanto meios *qualificados* de tutela do crédito ([3]). Entre esses factores, destacam-se a falta de flexibilidade e a onerosidade daquelas garantias *tradicionais*, bem como a fraqueza na respectiva execução, com reflexos negativos no concurso de credores ([4]).

Não passam ainda despercebidos, perante as crescentes exigências do tráfego jurídico, os sinais de envelhecimento das garantias reais clássicas. Entre estas marcas de desgaste, salienta-se a desadaptação do penhor de créditos, confinado à exigência de notificação do devedor (cf. artigo 681.º n.º 2 do CC), enquanto forma de publicidade constitutiva ([5]), e enfraquecido pela insusceptibilidade de o prestador

---

([3]) Sobre estas garantias, cf. MENEZES CORDEIRO, *Direitos reais*, (reimpressão), Lex, Lisboa, 1993, p. 741 ss, MENEZES LEITÃO, *Garantias*, cit., p. 194 ss, ANTUNES VARELA, *Das obrigações em geral*, II, Almedina, Coimbra, 2002 (reimpressão), p. 529 ss e SALVADOR DA COSTA, *O concurso de credores*, Almedina, Coimbra, 2005, p. 72 ss.

([4]) Também PAULO CUNHA notava já que *«um bom sistema de garantias reais há-de (...), de um lado, oferecer meios de constituição fácil e rápida de garantia real, mas de outro lado, há-de assegurar a publicidade dela, em termos de só serem oponíveis quando estejam conhecidas ou, pelo menos, possam ter sido conhecidas»* – PAULO CUNHA, *Da garantia nas obrigações*, cit., p. 116. Pode, também ver-se GERARD MCCORMACK, *Secured credit under English and American law*, Cambridge University Press, Cambridge, 2004, p. 46.

([5]) Cf. PIRES DE LIMA/ ANTUNES VARELA, *Código civil anotado*, com a colaboração de M. Henrique Mesquita, vol. I, 4.ª edição, Coimbra, 1987, p. 700, VAZ SERRA, «Penhor», *BMJ* n.º 58, 1956, (p. 17 ss), p. 180, MENEZES LEITÃO, *Garantias*, cit., pp. 283-284 e, recentemente, PESTANA DE VASCONCELOS, *A cessão de créditos em garantia e a insolvência*, Coimbra Editora, Coimbra, 1999, p. 545. De acordo com o n.º 1 do artigo 681.º do Código Civil, *«a constituição do penhor de direitos está sujeita à forma e publicidade exigidas para a transmissão dos direitos empenhados»*, determinando o n.º 2 deste preceito que *«se, porém, tiver por objecto um crédito, o penhor só produz os seus efeitos desde que seja notificado ao respectivo devedor, ou desde que este o aceite, salvo tratando-se de penhor sujeito a registo, pois neste caso produz os seus efeitos a partir do registo»*. Ainda assim, o sistema português é mais flexível do que outros regimes como, por exemplo, o francês. De acordo com o artigo 2075.º do *Code Civile*: *«Lorsque le gage s'établit sur des meubles incorporels, tels que les créances mobilières, l'acte authentique ou sous seing privé, dûment enregistré, est signifié au débiteur de la créance donnée en gage, ou accepté par lui dans un acte authentique»*.

([6]) O artigo 685.º do Código Civil dispõe acerca da cobrança de créditos empenhados. O princípio do n.º 1 tutela o devedor, impondo ao credor pignoratício o dever de cobrar o crédito empenhado, logo que este se torne exigível, passando o

da garantia proceder à cobrança do crédito (ressalvada a situação especial do n.º 2 do artigo 685.º) (⁶).

Em virtude da industrialização das economias e da transição para uma economia bancária e financeira, o Direito das garantias foi progressivamente abandonando as garantias mobiliárias com desapossamento, de modo a assegurar a permanência do bem onerado no circuito económico e a dispensar os custos de guarda e custódia a cargo do credor (⁷).

---

penhor a incidir sobre a coisa prestada em satisfação desse crédito. A data de vencimento do crédito empenhado pode não coincidir com a do vencimento do crédito garantido. Assim que seja exigível, o credor pignoratício deve cobrar o crédito empenhado junto do respectivo devedor. Realizada a cobrança, o direito de penhor passa a incidir sobre a coisa prestada a este título (sub-rogação real). Só assim não sucederá se o direito de crédito empenhado respeitar a dinheiro ou coisa fungível porque, neste caso, não se segue a regra da cobrança pelo credor pignoratício, estando o devedor obrigado a cumprir perante os dois credores. Aliás, é pelo facto de, em regra, a legitimidade para a cobrança assistir ao credor pignoratício que o n.º 4 do artigo 685.º estabelece que o titular do crédito empenhado só pode receber a respectiva prestação com o consentimento do credor pignoratício, extinguindo-se neste caso o penhor. Nos outros casos, o cumprimento perante o titular do crédito empenhado não extingue o direito de penhor do credor pignoratício. No Direito italiano, por exemplo, o regime é diverso, exigindo-se, no caso de dinheiro ou coisa fungível, a constituição de um depósito pelo credor pignoratício, com acordo do prestador da garantia ou do tribunal (cf. artigo 2803.º do *Codice civile*). Sobre o penhor de créditos pode ver-se, entre nós, MENEZES LEITÃO, *Garantias,* cit., p. 282 ss, MENEZES CORDEIRO, *Direitos reais,* cit., pp. 753-754 e, no confronto com a fiança, COSTA GOMES, *Assunção fidejussória,* cit., p. 48 ss. Na doutrina estrangeira, ENRICO GABRIELLI, *I diritti reali. Il pegno,* UTET, Torino, 2005, p. 199 ss, ARANDA RODRÍGUEZ, *Prenda de créditos,* Marcial Pons, Madrid, 1996, CARRASCO PERERA/CORDERO LOBATO/MARÍN LÓPEZ, *Tratado de los derechos de garantía,* Aranzadi, 2002, p. 859 ss.

(⁷) Assim se consagrou o regime especial do penhor mercantil (artigo 397.º do Código Comercial). Para que o penhor mercantil produza efeitos perante terceiros basta que tenha sido celebrado por escrito (artigo 400.º do Código Comercial). Nesta garantia, a entrega do bem pode ser simbólica, efectuando-se «*por declarações ou verbas nos livros de quaisquer estações públicas onde se acharem as cousas empenhadas, pela tradição da guia de transporte ou do conhecimento de carga dos objectos transportados e pelo endosso da cautela de penhor dos géneros e mercadorias depositados nos armazéns gerais*» (§ único do artigo 398.º do Código Comercial). Sobre o regime jurídico do penhor mercantil, cf. ROMANO MARTINEZ / FUZETA DA PONTE, *Garantias de cumprimento,* 5.ª edição, Almedina, Coimbra, 2006, p. 177 ss. Pode também referir-se o penhor em garantia de crédito de estabelecimentos bancários ou *penhor bancário* (artigo 1.º do Decreto-lei 29 833 de 17 de Agosto de 1939 e artigo único do Decreto-lei 32 032 de 22 de Maio de 1942), que produz

Deste modo, entra em crise a tradicional distinção entre o penhor e a hipoteca fundada no critério da posse, intensificando-se a procura de garantias economicamente mais adequadas, que maximizem a utilização do bem pelo devedor[8].

Porém, quando reflectimos sobre a evolução recente do Direito das Garantias, o aspecto que mais impressiona respeita à *perda de eficácia de certas garantias*, como o penhor e a hipoteca. Estas garantias têm sofrido um notável desgaste, quer em virtude da ineficiência e morosidade dos processos de execução e de insolvência, quer, sobretudo, da prevalência atribuída a outras garantias, muitas vezes desconhecidas. Neste âmbito, é de sublinhar o alcance conferido aos privilégios creditórios[9]. Numerosos e de carácter oculto – cf. artigo 733.º do CC – estes privilégios distorcem as *regras do jogo*, ao criarem uma *super-preferência* inesperada em benefício de determinados credo-

---

efeitos em relação a terceiros desde que conste de documento particular. Sobre os aspectos de regime jurídico do penhor bancário, cf. MENEZES LEITÃO, *Garantias*, cit., pp. 208-209 e SALVADOR DA COSTA, *O concurso*, cit., p. 67 ss.

[8] No Código de Seabra, o penhor é o facto jurídico que consiste em o devedor ou um terceiro dar a posse duma coisa mobiliária ao credor ou a um terceiro, afim de assegurar pelo seu valor o cumprimento da obrigação com preferência sobre todos os outros credores (artigos 855.º e 859.º). O princípio é o de que só há penhor com o desapossamento – assim, GUILHERME MOREIRA, *Instituições do Direito civil português*, volume segundo, 2.ª ed., Coimbra Editora, Coimbra, 1925, pp. 324-325, JOSÉ TAVARES, *Os princípios fundamentais de Direito civil*, Coimbra Editora, Coimbra, 1929, p. 576. Este traço foi mantido no Código Civil actual.

[9] O privilégio creditório geral respeita ao valor de todos os bens existentes no património do devedor à data da penhora, podendo estes bens ser móveis ou imóveis (cf. artigo 735.º n.º 2 do CC). Já os privilégios especiais incidem directamente sobre o valor de determinados bens (cf. artigo 735.º n.º 2 do CC). A doutrina dominante tem considerado que os privilégios creditórios gerais são meras preferências de pagamento, enquanto que os privilégios especiais podem revestir a natureza de direitos reais de garantia. Neste sentido, OLIVEIRA ASCENSÃO, *Direito civil. Reais*, 5.ª edição, Coimbra Editora, Coimbra, 1993, p. 553, MENEZES LEITÃO, *Garantias*, cit., pp. 236 ss e 293 ss, PINTO DUARTE, *Curso de Direitos reais*, Principia, Cascais, 2002, p. 233, ROMANO MARTINEZ / FUZETA DA PONTE, *Garantias*, cit., p. 208. Contra, referindo-se indistintamente a direitos reais de garantia, MENEZES CORDEIRO, *Direitos reais*, cit., p. 768. Sobre a questão, pode ainda ver-se LUCAS PIRES, *Dos privilégios creditórios: regime jurídico e sua influência no concurso de credores*, Almedina, Coimbra, 2004, p. 429 ss.

res ([10]). Esta circunstância, a par com a força reconhecida ao direito de retenção sobre coisa imóvel ([11]), fragiliza significativamente a posição relativa do credor dotado de garantia real, perturbando a transparência do mercado creditício.

No regime actual, se numa determinada acção executiva forem penhorados bens imóveis, são graduados em primeiro lugar os privilégios creditórios imobiliários relativos a despesas de justiça (cf. artigo 743.º do CC), que prevalecem sobre quaisquer outras garantias (mesmo que anteriores), e valem contra terceiros adquirentes (artigo 746.º do CC) e os privilégios imobiliários especiais, os quais preferem à consignação de rendimentos, à hipoteca ou ao direito de retenção, ainda que estas garantias sejam anteriores (artigo 751.º do CC). Entre si, estes privilégios são graduados de acordo com o regime previsto no Código Civil e em legislação avulsa. Seguir-se-á ou o direito de retenção (cf. n.º 2 do artigo 759.º do CC), ainda que com registo posterior ao da hipoteca, ou a consignação de rendimentos com registo anterior ao da hipoteca, consoante o que dispuser de registo prévio e desde que, em ambos os casos, possuam registo anterior ao da penhora. Depois, teremos a hipoteca, caso disponha de registo anterior ao da penhora (cf. artigos 819.º e 822.º do CC), e a consignação de rendimentos registada depois da hipoteca. Finalmente – antes dos privilégios creditórios gerais (cf. artigo 749.º) – será graduada a penhora do exequente que não disponha de outra garantia.

Tratando-se de uma penhora de bem móvel, são graduados em primeiro lugar os privilégios creditórios mobiliários relativos a despe-

---

([10]) A reforma da acção executiva, impulsionada pelo Decreto-lei n.º 38/2003, de 8 de Março, restringiu a admissibilidade de reclamação de créditos por parte de credores com privilégios creditórios gerais (cf. artigos 865.º n.º 4 e 873.º n.º 3 do CPC). Além disto, limitou os privilégios imobiliários referidos no Código Civil aos privilégios imobiliários especiais (cf. artigo 735.º, n.º 3) e clarificou o carácter de mera preferência dos privilégios creditórios imobiliários gerais, ao excluí-los do âmbito do artigo 751.º do CC. Recentemente, a mencionada reforma foi objecto de revisão pelo Decreto-Lei n.º 226/2008, de 20 de Novembro, muito embora sem alterações significativas quanto ao aspecto acima referido.

([11]) O direito de retenção atribui ao seu titular um direito idêntico ao do credor hipotecário (artigo 759.º n.º 1), mas que prevalece sobre o deste, em caso de concurso (artigo 759.º n.º 2 do CC).

sas de justiça (cf. artigo 738.º), que prevalecem sobre quaisquer outras garantias, mesmo que anteriores, e valem contra terceiros adquirentes (artigo 746.º). Em seguida, será graduada a garantia que primeiramente se tiver constituído, de entre o direito de retenção, o penhor, o privilégio creditório mobiliário especial e a penhora.

Em processo de insolvência, depois de deduzido o montante necessário à satisfação das dívidas da massa insolvente (cf. artigos 47.º n.os 1 a 3 e 172.º n.º 1 do CIRE), são satisfeitos os créditos da insolvência contemplados na declaração de reconhecimento (cf. artigo 129.º do CIRE). A ordem de satisfação dos créditos principia pelos créditos garantidos ([12]), de acordo com a prioridade que lhes caiba (n.º 1 do artigo 174.º do CIRE), seguindo-se os créditos privilegiados (artigo 175.º n.º 1 do CIRE), os créditos comuns (artigo 176.º do CIRE) e, finalmente, os créditos subordinados (artigo 177.º do CIRE). A satisfação do credor garantido não é, porém, segura e imediata. O processo de insolvência está sujeito a diversas vicissitudes, como é o caso da impugnação da sentença de verificação e de graduação de créditos (artigo 130.º n.º 3 do CIRE) ([13]). Por outro lado, o credor garantido com um penhor ou com uma hipoteca não está livre do concurso do titular de privilégios creditórios, pois apesar da restrição operada pelo artigo 97.º do CIRE, os privilégios creditórios continuam a merecer uma graduação de destaque, sempre que se tenham constituído durante os doze meses anteriores à data de início do processo de insolvência ([14]).

([12]) Os créditos garantidos são os que beneficiam de garantias reais, incluindo os privilégios creditórios especiais, até ao montante do valor dos bens objecto dessas garantias.

([13]) Caso haja impugnação, segue-se um prazo de resposta (artigo 131.º) e de diligências judiciais, desde a tentativa de conciliação (artigo 136.º), até a diligências instrutórias (artigo 137.º) e audiência de discussão e de julgamento (artigo 138.º), finalizando com uma sentença (artigo 140.º do CIRE).

([14]) De acordo com o n.º 1 do artigo 97.º do CIRE, «*a declaração de insolvência determina a extinção: (a) dos privilégios creditórios gerais que forem acessórios de créditos sobre a insolvência de que forem titulares o Estado, as autarquias locais e as instituições de segurança social, constituídos mais de 12 meses antes da data de início do processo de insolvência; (b) dos privilégios creditórios especiais que forem acessórios de créditos sobre a insolvência de que forem titulares o Estado, as autarquias locais e as instituições de segurança social, vencidos mais de 12 meses*

Este contexto permite compreender, com facilidade, as razões do recente *despertar* do interesse prático, legislativo e doutrinário pela alienação em garantia[15]. Procurando evitar que da *falta de garantias* (eficazes) resulte a *falta de crédito*, em prejuízo tanto dos financiadores como dos devedores, os rumos seguidos pelo mercado creditício têm desafiado o campo das garantias especiais das obrigações, *criando* novas figuras e *recuperando* experiências antigas. Pensamos, em especial, na *reserva de propriedade a favor do financiador* e na alienação em garantia, incluindo a cessão de créditos em garantia.

É, assim, cada vez mais frequente a alusão à *propriedade em garantia* (ou *propriedade-garantia*) e ao seu carácter de *rainha* das garantias[16]. Esta nova tendência surge também reflectida, em textos legislativos[17].

---

antes da data de início do processo de insolvência; (c) das hipotecas legais cujo registo haja sido requerido dentro dos dois meses anteriores à data do início do processo de insolvência e que forem acessórias de créditos sobre a insolvência do Estado, das autarquias locais e das instituições de segurança social». Nos termos do n.º 2 do artigo 97.º deste regime, *«declarada a insolvência não é admissível o registo de hipotecas legais que garantam créditos sobre a insolvência, inclusive após o encerramento do processo, salvo se o pedido respectivo tiver sido apresentado em momento anterior ao da referida declaração ou, tratando-se das hipotecas a que se refere alínea c) do número anterior, com uma antecedência de dois meses sobre a mesma data».*

[15] Assim, por todos, FRANCESCA FIORENTINI, «Garanzie reali atipiche», *RDC*, 2000, parte II, (p. 253 ss), p. 258 ss. Têm, ainda, contribuído para este novo influxo os rumos traçados pelo Direito comunitário derivado, designadamente pela Directiva 2002/47/CE do Parlamento e do Conselho, de 6 de Junho de 2002.

[16] Destaque-se, a título exemplificativo, a utilização deste termo por PIERRE CROCQ, *Propriété et garantie*, LGDJ, Paris, 1995 e, do mesmo autor, «Las propriedades de garantía en Europa», *Garantías reales mobiliarias en Europa*, Maria Elena Lauroba/ Joan Marsal (Eds), Marcial Pons, Madrid, 2006, p. 165 ss, SÁNCHEZ LORENZO, *Garantias reales en el comercio internacional (reserva de dominio, venta en garantía y leasing)*, Civitas, Madrid, 1993, pp. 29-30, DÚRAN RIVACOBA, *La propriedad en garantía. Prohibición del pacto comisorio*, Aranzadi, Pamplona, 1998, CARRASCO PERERA/CORDERO LOBATO/MARÍN LÓPEZ, *Tratado*, cit., p. 1057 ss, MAURO BUSSANI, *Proprietà-garanzia e contratto – formule e regole nel leasing finanziari*, Università degli Studi di Trento, 1992 e NICOLA CIPRIANI, *Patto commissorio e patto marciano. Proporzionalità e legittimità delle garanzie*, Edizione Scientifiche Italiane, Nápoles, 2000, p. 24. Entre nós, MENEZES CORDEIRO, *Manual de Direito bancário*, Almedina, Coimbra, 2006, p. 623, LIMA PINHEIRO, *A cláusula de reserva de propriedade*, Alme-

A alienação em garantia actual encontra as suas raízes na *fiducia cum creditore* romana, que foi a primeira garantia das obrigações conhecida do mundo jurídico ocidental. E é esta figura que ressurge em diversos países ao longo dos últimos séculos. Primeiro na Alemanha, em finais do século dezanove e, depois, já no século vinte, em ordenamentos jurídicos continentais como o espanhol e o francês.

No nosso País, esta garantia foi recentemente objecto de consagração legislativa, ainda que circunscrita ao âmbito dos contratos de garantia financeira, com a publicação do Decreto-lei n.º 105/2004, de 8 de Maio. Na doutrina, mereceu a atenção de VAZ SERRA [18], LEITE DE CAMPOS [19], ALMEIDA COSTA [20], MENEZES CORDEIRO [21], JANUÁRIO COSTA GOMES [22], MENEZES LEITÃO [23] e CALVÃO DA SILVA [24]. Foi tam-

---

dina, Coimbra, 1988, pp. 104-105, ANA MARIA PERALTA, *A posição jurídica do comprador na compra e venda com reserva de propriedade*, Almedina, Coimbra, 1990, p. 132, MENEZES LEITÃO, *Garantias*, cit., p. 254 ss, PINTO DUARTE, *Curso*, cit., p. 248, LEITE DE CAMPOS, *A Locação financeira*, Lex, Lisboa, 1994 e «A alienação em garantia», *Estudos em homenagem ao Banco de Portugal, 150.º Aniversário (1846--1996)*, Lisboa, Banco de Portugal, 1998, (p. 7 ss), p. 14 e CALVÃO DA SILVA, *Banca, Bolsa e Seguros. Direito europeu e português*, tomo I, Almedina, Coimbra, 2005, p. 212. Note-se, porém, que não pretendemos com a utilização deste termo acolher a tese segundo a qual existirá um verdadeiro direito de propriedade sobre direitos de crédito. Não obstante, o termo propriedade em garantia permite realçar a pretensão de oponibilidade *erga omnes* da titularidade em garantia de ambos os direitos reais e relativos. Sobre a questão, pode ver-se KARL LARENZ, *Lehrbuch des Schuldrechts*, vol. I C.H. Beck, 14.ª ed., Munique, 1987, § 33.

[17] Pensamos na recente reforma do Direito francês das garantias – cf. *Groupe de Travail relativ à la réforme du Droit des Sûretés. Rapport a Monsieur Dominique Preben, Garde des Sceaux, Ministre de la Justice*, Paris, 2005, p. 2 ss – ou nos contratos de garantia financeira, entre nós previstos no Decreto-Lei n.º 105/2004, de 8 de Maio.

[18] VAZ SERRA, «Cessão de créditos ou de outros direitos», *BMJ*, número especial, 1955, (p. 5 ss), em especial p. 146 ss.

[19] LEITE DE CAMPOS, *A alienação em garantia*, cit., p. 7 ss.

[20] ALMEIDA COSTA, «Alienação fiduciária em garantia e aquisição de casa própria. Notas de direito comparado», separata de *Direito e Justiça*, vol. I, 1980, p. 41 ss.

[21] MENEZES CORDEIRO, *Manual de Direito bancário*, cit., p. 630 ss.

[22] COSTA GOMES, *Assunção fidejussória*, cit., p. 86 ss.

[23] MENEZES LEITÃO, *Garantias*, cit., p. 268 ss.

[24] CALVÃO DA SILVA, *Banca, Bolsa*, cit., p. 212 ss.

bém tratada, enquanto negócio fiduciário, por PAIS DE VASCONCELOS ([25]) e, na sua ligação às questões insolvenciais, por PESTANA DE VASCONCELOS ([26]).

A doutrina não tem, porém, concordado quanto ao balanço final das vantagens desta figura, nem quanto à sua admissibilidade. O entusiasmo de VAZ SERRA ([27]), de ALMEIDA COSTA ([28]) e de LEITE DE CAMPOS ([29]) contrasta com as reflexões de LIMA PINHEIRO ([30]), de JANUÁRIO COSTA GOMES ([31]) e de MENEZES CORDEIRO ([32]).

Sob este pano de fundo, o nosso estudo pretende compreender os vários passos da vida desta garantia – a sua constituição, pendência, execução e extinção – as suas resistências, no concurso com outras garantias, em acção executiva e em processo de insolvência, e as limitações, perante a proibição do pacto comissório e o problema da sobregarantia. Neste percurso, procuraremos ainda aprofundar o espaço de individualidade desta figura, no confronto com as garantias reais

---

([25]) PAIS DE VASCONCELOS, *Contratos atípicos*, Almedina, Coimbra, 2002 (reimpressão), p. 243 ss.

([26]) PESTANA DE VASCONCELOS, *A Cessão de créditos em garantia e a insolvência*, obra já citada.

([27]) VAZ SERRA, *Cessão*, cit., p. 169.

([28]) ALMEIDA COSTA, *Alienação fiduciária*, cit., p. 41 ss. Este autor, apesar de não tratar da alienação fiduciária em garantia na perspectiva do Direito português, termina com a seguinte observação: «*É naturalíssima, portanto, a ênfase que, em particular nos sistemas mais paradigmáticos, adquiriu a alienação fiduciária em garantia. E por que não aproveitar todas as suas virtualidades?*» (idem, p. 57).

([29]) LEITE DE CAMPOS, *Alienação em garantia*, cit., p. 23.

([30]) LIMA PINHEIRO, *A cláusula de reserva*, cit., p. 34, nota 158 e pp. 99 ss. LIMA PINHEIRO, apesar de admitir a possibilidade do direito de propriedade ser utilizado como direito de garantia, questiona a admissibilidade da alienação da propriedade em garantia perante o nosso Direito positivo – *A cláusula de reserva*, cit., p. 34, nota 158 e pp. 99 ss.

([31]) COSTA GOMES, *Assunção fidejussória*, cit., p. 86 ss

([32]) MENEZES CORDEIRO, *Manual de Direito bancário*, cit., p. 630 ss. Para este autor, é questionável a importância prática atribuída à figura da fidúcia utilizada enquanto garantia, por três motivos: pode suscitar problemas de nulidade perante a proibição do pacto comissório, não pode ter natureza real, em virtude do princípio da tipicidade dos Direitos reais e, finalmente, porque pode ser muito violenta para o devedor.

consagradas no Código Civil e com novas «garantias» baseadas na utilização da titularidade de um bem. Ensaiaremos, ainda, determinar qual o regime jurídico aplicável à alienação em garantia e responder a algumas das principais interrogações que, a este respeito se suscitam. Deve a alienação em garantia de coisas corpóreas ser convertida num penhor? Será o negócio transmissivo equiparável, para efeitos de regime jurídico, a uma compra e venda? Existe um conceito funcional unitário de negócio transmissivo da propriedade com escopo de garantia no Direito português que permita albergar, além da alienação em garantia, a reserva de propriedade e a locação financeira? Deve a alienação em garantia ficar sujeita ao regime jurídico das garantias reais acessórias?

O que acabamos de referir demonstra, por si só, que o objecto da nossa investigação é o Direito constituído, muito embora o aprofundamento dos temas não dispense, por vezes, algumas reflexões quanto ao Direito a constituir.

Concentraremos a nossa atenção nas garantias sobre coisas corpóreas e sobre créditos constituídas pelo próprio devedor[33]. Na terminologia que se seguirá, a expressão *alienação em garantia* designa conjuntamente a alienação de coisas corpóreas e a cessão de créditos em garantia e os termos *prestador* ou *autor da garantia* e *beneficiário da garantia* ou *credor garantido* identificam o devedor que aliena em garantia e o titular do direito de crédito garantido que recebe o bem ou direito em garantia, respectivamente.

Afastada a alienação em garantia de imóveis por razões fiscais, a opção pelo tratamento conjunto dos créditos e das coisas corpóreas faculta uma compreensão global do negócio de alienação em garantia, permitindo extrair a disciplina aplicável a outros negócios, como, por exemplo, a alienação em garantia de valores mobiliários.

---

[33] A alienação em garantia realizada por terceiro constitui um exemplo de raríssima utilização prática e, por isso, é normalmente excluída pela doutrina. Nesse sentido, cf. PIERRE CROCQ, *Propriété et garantie*, cit., p. 22, CLAUDE WITZ, *La fiducie en Droit privé français*, Economica, Paris, 1981, p. 141, em especial nota 3. Assim, quanto ao Direito alemão, MANFRED WOLF, *Sachenrecht*, 20.ª edição, C.H. Beck, Munique, 2004, § 765.

Finalmente, a maior atenção dedicada ao negócio transmissivo no contexto do Direito das garantias justifica a não inclusão de *outros* negócios fiduciários, como é o caso da *fiducia cum amico*, do *trust* ([34]) e, ainda, do fideicomisso ([35]).

___

([34]) O Decreto-lei n.º 352-A/88, de 3 de Outubro, alterado pelo Decreto-lei n.º 264/90, de 31 de Agosto, e complementado pelo Decreto-lei n.º 149/94, de 25 de Maio, introduziu na zona franca da Madeira e para efeitos das actividades aí prosseguidas a figura do *trust*. O diploma definiu as relações emergentes do *trust* no seu artigo 1.º enquanto «*relações jurídicas resultantes de um acto inter vivos ou mortis causa pelo qual uma pessoa, o settlor, transmite e coloca quaisquer bens (...) sob controlo e administração de um trustee em proveito de um beneficiary que pode ser o próprio settlor ou o trustee, ou visando a protecção de um fim específico*». Sobre os problemas sucitados pela introdução do *trust* no nosso ordenamento jurídico, cf. LEITE DE CAMPOS/VAZ TOMÉ, *A propriedade fiduciária. Estudo para a sua consagração no direito português*, Almedina, Coimbra, 1999, p. 95 ss. Sobre a figura, cf., ainda, PESTANA DE VASCONCELOS, *A cessão de créditos em garantia*, p. 77 ss. Os traços comuns ao *trust* e à fidúcia correspondem ao facto de tanto o fiduciário quanto o *trustee* serem proprietários do bem privados do gozo do mesmo e, ainda, à circunstância de os bens estarem afectos a uma finalidade específica. As diferenças consistem no facto de o desmembramento da propriedade apenas existir quanto ao *trust*: o *trustee* tem a *legal ownership* reconhecida pela *common law*, o *trustor* tem a *equitable ownership*, reconhecida pela *equity* (CLAUDE WITZ, «Rapport introductif», em *Les opérations fiduciaires (pratiques, validité, régime juridique dans plusieurs pays européens et dans le commerce international)*, Aavv, dir. Claude Witz, L.G.D.J, Paris, 1985,p. 6-7).

([35]) No fideicomisso, o fiduciante dispõe certos bens em favor do fiduciário, para que este os conserve, a fim de reverterem, por sua morte, para o fideicomissário (artigo 2286.º do Código Civil). Os credores do fiduciário não se podem pagar pelos bens objecto do fideicomisso, mas tão-só pelos frutos dos mesmos (artigo 2292.º do Código Civil). O fiduciário, apesar de proprietário dos bens, apenas pode exercer poderes de gozo e de administração.

TÍTULO I

BREVE EVOLUÇÃO HISTÓRICO-DOGMÁTICA: O «REGRESSO ÀS ORIGENS» DO DIREITO DAS GARANTIAS?

CAPÍTULO I

Origens

1. A *fiducia cum creditore* romana e o seu ressurgimento nos trabalhos da pandectística

I. Não é sem algum fundamento que se tem notado que o Direito das garantias tem progredido de forma cíclica, assistindo-se, nas últimas décadas, a um retorno a experiências antigas(36). Com efeito, a primeira expressão de transmissão da propriedade com fim de garantia, com influência marcante na evolução social e jurídica destes negócios no mundo ocidental, proveio do Direito romano clássico(37).

Para compreendermos a feição actual da *alienação em garantia* ou, se quisermos, da *alienação fiduciária em garantia*, temos que regressar ao século IV. a.C, data do aparecimento da *fiducia cum creditore* (38). Esta foi a primeira garantia real das obrigações, mais antiga do que o *pignus* e do que a *hypotheca*, e que vigorou durante quase nove séculos, até ser substituída pelo *pignus*, já no período clássico(39). O seu

---

(36) Laurent Aynès/ Pierre Crocq, *Les suretés*, cit., pp. 156-157.

(37) A referência à alienação em garantia ou à venda em garantia é mais antiga, encontrando já no Código de Hamurabi – Pierre Crocq, *Propriété et garantie*, cit., nota 8, p. 2.

(38) Nesse sentido, Sebastião Cruz, *Direito romano (ius romanum)*, I, Introdução. Fontes, 4.ª ed., Coimbra, 1984, nota 291, bis, p. 243 e Vieira Cura, *Fiducia cum creditore (aspectos gerais)*, Coimbra, 1988, p. 238.

(39) Cf. Burdese, *Lex commissoria e ius vendendi nella fiducia e nel pignus*, Giappichelli, Torino, 1949, p. 18, Navarro Martorell, *La propriedad fiduciaria*, Bosch, Barcelona, 1950, p. 27 e Jordano Barea, *El negocio fiduciario*, Bosch, Barcelona, 1969, p. 54. Entre nós, pode ver-se Menezes Cordeiro, *Manual de Direito bancário*, cit., pp. 601 e 630. Sobre o *pignus* e a *hypotheca*, cf. Santos Justo,

estudo implica, por isso, o recurso a fontes dispersas e anteriores à época justinianeia[40].

A fidúcia conhecia duas utilizações, na alusão de GAIO: a *fiducia cum amico* e a *fiducia cum creditore*. Esta distinção corresponde, em traços gerais, à separação entre negócios fiduciários de administração e negócios fiduciários de garantia. A *fiducia cum amico* traduzia-se num acto mediante o qual «*o fiduciante investe o fiduciário na titularidade de um ou mais bens ou direitos, para que os mantenha, administre ou frutifique no interesse do beneficiário, que pode ser o fiduciante, o próprio fiduciário ou um terceiro*»[41]. Visava escopos práticos muito diversos, *maxime* os de mandato e de depósito[42]. Já na *fiducia cum creditore* «*é transferido do garante (fiduciante) (...), para o credor (fiduciário) uma res mancipi por mancipatio ou in iure cessio e acordado no pactum fiduciae a ela unido que o fiduciário deve devolver por remancipatio ou in iure cessio quando o crédito garantido for*

Direito privado romano – III (direitos reais), Coimbra Editora, Coimbra, 1997, p. 213 ss, VERA-CRUZ PINTO, *O direito das obrigações em Roma*, AAFDL, Lisboa, 1997, p. 173 ss e MAX KASER, *Direito privado romano*, tradução para língua portuguesa (do original alemão *Römisches Privatrecht*, Munique, 1992) de Samuel Rodrigues e de Ferdinand Hämmerle, com revisão de Maria Armanda Saint-Maurice, Fundação Calouste Gulbenkian, Lisboa, 1999, p. 182 ss. Para uma comparação entre o *pignus* e a *fiducia*, vide, por todos, GIOVANNI DIURNI, *Fiducia. Tecniche e principi negoziali nell' Alto Medioevo*, Giappichelli Editore, Torino, 1992, p. 63 ss.

[40] Sobre este aspecto, pode ver-se GIOVANNI DIURNI, *Fiducia*, cit., p. 34 ss, GIUSEPPE GROSSO, «Fiducia. Diritto romano», *EDir*, vol. XVII, Giuffrè, Milão, 1968, (p. 384 ss), p. 385, GIOVANNI PUGLIESE, *Istituzioni di Diritto romano*, com colaboração de Francesco Sitzia e Letizia Vacca, Giappichelli editore, Torino, 1991, p. 543, CARLO LONGO, *Corso di Diritto romano. La fiducia*, Giuffrè, Milão, 1933, p. 27 e p. 66, ALBERTO BURDESE, *Lex commissoria*, cit., p. 7, CRISTINA FUENTESECA, *El negocio fiduciário en la jurisprudência del Tribunal Supremo*, Bosch Editor, Barcelona, 1997, pp. 21-22 e LAURA SANTORO, *Il negozio fiduciario*, Giappichelli Editore, Torino, 2002, p. 7 ss. Entre nós, veja-se VIEIRA CURA, *Fiducia cum creditore*, cit., p. 236 ss.

[41] PAIS DE VASCONCELOS, *Teoria geral do Direito civil*, 3.ª edição, Almedina, Coimbra, 2005, p. 485.

[42] Sobre este aspecto, pode ver-se VIEIRA CURA, *Fiducia cum creditore*, cit., p. 40 ss, CARVALHO FERNANDES, *Teoria Geral do Direito Civil*, vol. II, 3.ª edição, Universidade Católica Portuguesa, Lisboa, 2001, p. 316 e PAIS DE VASCONCELOS, *Teoria geral*, cit., p. 485.

satisfeito ou extinto de outra forma» ([43]). A garantia pressupunha uma prévia obrigação do fiduciante perante o fiduciário ([44]). Em regra, a posse do bem não era transmitida para o credor ([45]).

Na *fiducia cum creditore*, o interesse predominante era do fiduciário, razão pela qual esta figura é por vezes referida como *fidúcia altruísta* ([46]). Na *fiducia cum creditore* estava em causa a confiança *na palavra* do fiduciário, enquanto que na *fiducia cum amico* influía, ainda, a confiança *em qualidades técnicas* da pessoa do fiduciário.

Recentemente, alguma doutrina tem aludido a uma *aproximação* entre os referidos negócios fiduciários, sublinhando que a classificação histórica «*não significa a criação de compartimentos estanques; pelo contrário, podem perfeitamente cruzar-se, de tal maneira que se verifiquem elementos de administração num negócio fiduciário para garantia e vice-versa*» ([47]).

II. Do ponto de vista dogmático, a *fiducia cum creditore* pode ser decomposta em duas declarações de vontade: a transmissão para o fiduciário da propriedade de certa coisa, de carácter abstracto, e a constituição, a cargo do credor, de uma obrigação de retransmissão, uma vez satisfeito o crédito garantido ([48]).

A transmissão dependia de *mancipatio* ou de *in iure cessio*, ambos actos abstractos ([49]). A invalidade ou a inexistência da obrigação garantida não influíam no negócio fiduciário. A *traditio*, pressupondo

---

([43]) Max Kaser, *Direito privado romano*, cit., p. 180. Seguindo noções similares, Vera-Cruz Pinto, *O direito das obrigações*, cit., p. 169 e Vieira Cura, *Fiducia cum creditore*, cit., pp. 2-3.

([44]) Carlo Longo, *Corso*, cit., p. 66.

([45]) Assim, Vera-Cruz Pinto, *O direito das obrigações*, cit., p. 170, Max Kaser, *Direito privado romano*, cit., p. 180 e Carlo Longo, *Corso*, cit., p. 144 ss. Por este motivo, José Garrido considerou que a *fiducia* foi a primeira garantia oculta (*Tratado de las preferencias del crédito*, Civitas, Madrid, 2000, p. 192).

([46]) Laura Santoro, *Il negozio fiduciario*, cit., p. 198 ss.

([47]) Pestana de Vasconcelos, *A cessão de créditos em garantia*, cit., p. 51.

([48]) Sobre este aspecto, cf. Vieira Cura, *Fiducia cum creditore*, cit., p. 22 ss.

([49]) Sobre estas figuras, pode ver-se Giovanni Pugliese, *Istituzioni*, cit., p. 544, Santos Justo, *Direito privado romano*, cit., p. 94 ss, Max Kaser, *Direito privado romano*, cit., p. 64 ss e 148 ss e Giovanni Diurni, *Fiducia*, cit., p. 37 ss.

uma relação causal válida (por exemplo, a compra e venda), não se adequou ao propósito de transmissão do *dominium* na *fiducia cum creditore* ([50]).

Na interpretação da doutrina dominante, a garantia fiduciária revestia uma natureza *sui generis*, nela confluindo uma transferência (real) e plena da propriedade e uma limitação obrigacional ([51]). Enquanto proprietário pleno, o fiduciário podia reivindicar o bem, do fiduciante ou de terceiro, bem como praticar actos de alienação do bem fiduciado, sendo-lhe ainda permitido receber os respectivos frutos, naturais ou civis, muito embora os devesse imputar ao pagamento da obrigação garantida ([52]). O fiduciante continuava a exercer certos poderes sobre o bem, entre os quais se contava o poder de alienação do bem a um terceiro ([53]).

Uma vez satisfeita a obrigação garantida, o fiduciário devia restituir o bem fiduciado, embora com direito a ser ressarcido do valor das despesas de conservação ([54]). Não obstante, as partes podiam ainda convencionar um pacto de resolução do negócio, com efeitos obrigacionais e sujeito à condição suspensiva do cumprimento da obrigação ([55]).

([50]) Assim, MAX KASER, *Direito privado romano*, cit., pp. 149-150.

([51]) No sentido da transmissão da propriedade, pode ver-se MAX KASER, *Direito privado romano*, cit., p. 180 ss, GIOVANNI DIURNI, *Fiducia*, cit., p. 37 ss, ALBERTO BURDESE, *Manuale di Diritto privato romano*, 4.ª edição, Utet, Torino, 1993, p. 430, VIDAL MARTINEZ, *La venta en garantia en el Derecho civil comum español*, Civitas, Madrid, 1990, p. 175, NAVARRO MARTORELL, *La propriedad fiduciaria*, cit., p. 31 ss. Entre nós, SEBASTIÃO CRUZ, *Direito romano*, cit., p. 243, SANTOS JUSTO, *Direito privado romano*, cit., p. 213, VERA-CRUZ PINTO, *O direito das obrigações*, cit., p. 169 ss, MENEZES CORDEIRO, *Direitos reais*, cit., p. 742, PAIS DE VASCONCELOS, *Contratos atípicos*, cit., p. 264 e MENEZES LEITÃO, *Garantias*, cit., p. 269. Não se afigura claro se esta retransmissão era automática e resultava implícita da *fides restituendi* associada à transmissão inicial ou se, pelo contrário, se exigia uma convenção fiduciária que a consagrasse – CRISTINA FUENTESECA, *El negocio fiduciario*, cit., p. 28. Uma outra orientação – que cremos minoritária – sufraga que o negócio de transmissão corresponde a uma compra e venda simulada, desde logo porque o pagamento do preço era meramente simbólico. É a tese de CRISTINA FUENTESECA, *El negocio fiduciario*, cit., pp. 47, 52, 78 *et passim*.

([52]) *Vide*, por todos, CARLO LONGO, *Corso*, cit., p. 76 e ss.

([53]) VIEIRA CURA, *Fiducia cum creditore*, cit., p. 261 ss.

([54]) VIEIRA CURA, *Fiducia cum creditore*, cit., p. 291 ss.

([55]) *Idem*, p. 74 ss.

A tutela do direito do fiduciante era assegurada pela *actio fiduciae*, acção pessoal (*actio in personam*) de cariz restitutivo [56], destinada a proteger este sujeito perante comportamentos desleais do fiduciário, como, por exemplo, a venda do bem a terceiro na pendência do cumprimento da obrigação garantida ou o incumprimento da obrigação de retransmissão, uma vez satisfeito o crédito [57].

Além disto, a conservação da posse pelo fiduciante durante período igual ou superior a um ano legitimava a invocação da *usureceptio* e, portanto, da aquisição do bem [58].

Tem-se discutido qual a origem dos deveres do fiduciário, nomeadamente do dever de restituição do bem: o pacto fiduciário ou a própria forma de transmissão da propriedade? [59].

III. A doutrina tem distinguido a fidúcia romana da fidúcia germânica [60]. Na primeira, o fiduciário ficava investido de um poder

---

[56] Sobre este aspecto, cf. GIOVANNI PUGLIESE, *Istituzioni*, cit., p. 544, MAX KASER, *Direito privado romano*, cit., pp. 181-182, GIUSEPPE GROSSO, *Fiducia*, cit., p. 387 ss, ALBERTO BURDESE, *Manuale*, cit., p. 432 e GIOVANNI DIURNI, *Fiducia*, cit., p. 58 ss. Entre nós, SEBASTIÃO CRUZ, *Direito romano*, cit., p. 243, VIEIRA CURA, *Fiducia cum creditore*, cit., p. 359 ss e VERA-CRUZ PINTO, *O direito das obrigações*, cit., pp. 169-170.

[57] Em paralelo, admitiu-se que o fiduciário recorresse a uma *actio fiduciae contraria*, assegurando-lhe o ressarcimento pelo dano eventualmente causado pela execução da convenção fiduciária – assim, VERA-CRUZ PINTO, *O direito das obrigações*, cit., p. 169.

[58] Assim, CARLO LONGO, *Corso*, cit., p. 79 ss, NAVARRO MARTORELL, *La propriedad fiduciaria*, cit., pp. 34-35 e, entre nós, SEBASTIÃO CRUZ, *Direito romano*, cit., p. 243, VIEIRA CURA, *Fiducia cum creditore*, cit., p. 273 ss e VERA-CRUZ PINTO, *O direito das obrigações*, cit., p. 171.

[59] Sobre esta controvérsia, *vide*, por todos, VIEIRA CURA, *Fiducia cum creditore*, cit., p. 297 ss. Referindo-se ao pacto fiduciário, MAX KASER, *Direito privado romano*, p. 180. Aludindo à forma de transmissão da propriedade, GIUSEPPE GROSSO, *Fiducia*, cit., p. 387, de ALBERTO BURDESE, *Manuale*, cit., pp. 430-431 e, entre nós, SEBASTIÃO CRUZ, *Direito romano*, cit., p. 243 e VIEIRA CURA, *Fiducia cum creditore*, cit., p. 277 ss, em especial p. 303 ss.

[60] Sobre esta distinção cf., entre nós, PAIS DE VASCONCELOS, *Contratos atípicos*, cit., p. 263 ss, *Teoria geral*, cit., p. 487 e, ainda do mesmo autor, *Em tema de negócio fiduciário*, dissertação apresentada no curso de post-graduação em Ciências Jurídicas, policopiado, Lisboa, 1985, p. 30 ss, LEITE DE CAMPOS/VAZ TOMÉ, *A propriedade fiduciária*, cit., nota 406, pp. 201-202 e ORLANDO DE CARVALHO, «Negócio jurí-

jurídico pleno, do ponto de vista real. Na fidúcia germânica, o direito que o fiduciante transferia para o fiduciário era limitado por uma condição resolutiva, com eficácia *erga omnes*. Se o devedor incumprisse a obrigação garantida, a condição tinha-se por não verificada e o credor passava automaticamente de proprietário resolúvel a titular pleno. Além disto, o fiduciante podia ser autorizado a vender os bens.

Esta distinção marcaria a evolução subsequente dos negócios fiduciários europeus. A partir de finais do século dezanove, a *fiducia cum creditore* ressurge com os trabalhos da pandectística alemã, de KOHLER (*Studien über Mentalreservation und Simulation*, de 1878), de GOLTZ (*Das fiduziarische Rechtsfeschäft*, 1901) e, sobretudo, de FERDINAND REGELSBERGER (*Zwei Beiträge zur Lehre von der Cession*, de 1880).

O desenvolvimento dogmático da fidúcia germânica, por seu turno, ficaria associado ao nome de SCHULTZE (*Die langobardische Treuhand und ihre Umbildung zur Testamentsvollstreckung*, de 1895 e, mais tarde, *Treuhänder im geltenden bürgerlichen Recht*, de 1901) [61].

Curiosamente, tendo sido no ordenamento jurídico alemão que se registaram os maiores avanços no tratamento dogmático e científico da figura, a fidúcia enraizada nos negócios jurídicos transalpinos não foi a garantia germânica, mas a *fiducia cum creditore* de matriz romanista.

A corrente germanista esforçou-se por proteger o fiduciante: a transferência da propriedade ficaria submetida a uma condição resolutiva com efeitos reais, que assegurava o regresso automático do bem ao património do fiduciante. Foi, porém, criticada: a condicionalidade resolutiva ínsita no negócio fiduciário figuraria mais como uma *peti-*

---

dico indirecto», em *Escritos. Páginas de Direito,* I, Almedina, Coimbra, 1998, (p. 31 ss), p. 118 ss e, no estrangeiro, NICOLÒ LIPARI, *Il negozio fiduciario*, Giuffrè, Milão, 1964, p. 75 ss, GIUSTO JAEGER, *La separazione del patrimonio fiduciario nel fallimento*, Giuffrè, Milão, 1968, p. 26 ss, NAVARRO MARTORELL, *La propriedad fiduciaria,* cit., p. 40 e LUIGI CARIOTA-FERRARA, *I negozi fiduciari*, Cedam, Padova, 1933, p. 9 ss. Esta distinção foi, contudo, contestada por DERNBURG ao admitir a possibilidade de aposição de uma condição resolutiva com eficácia real no negócio romano – *Bürgerliches Recht*, I, p. 503, *apud* LAURA SANTORO, *Il negozio fiduciario,* cit., nota 3, p. 197.

[61] Cf. LUIGI CARIOTA-FERRARA, *I negozi fiduciari*, cit., p. 11 ss, GIUSTO JAEGER, *La separazione,* cit., p. 28 ss.

ção de princípio, como observa GIUSTO JAEGER, do que de uma decorrência da natureza ou do regime jurídico[62].

Por estas e outras razões, a visão romanista acabou por prevalecer, influenciando a construção dogmática actual da alienação em garantia, quer por via da *Sicherungsübereignung* e do seu notável enriquecimento dogmático, quer através da redescoberta do negócio fiduciário de garantia em Itália na obra de FRANCESCO FERRARA[63], de CESARE GRASSETTI[64], de LUIGI CARIOTA-FERRARA[65] e de NICOLÒ LIPARI[66].

2. Pactum commissorium

I. Ao lado da *fiducia cum creditore*, o Direito romano conheceu a figura do pacto comissório. Tratava-se de um acordo que implicava, por algum motivo, o abandono de uma coisa ou a possibilidade de *fazer sua* uma coisa (*committere*)[67].

Uma questão prévia a clarificar respeita à distinção entre a *lex commissoria* referente à compra e venda e o *pactum commissorium* associado às garantias das obrigações. A *lex commissoria* é «*uma cláusula que confere ao vendedor o direito de reaver a coisa vendida caso o preço lhe seja pago dentro de certo prazo*». Já no *pactum commissorium*, estaremos perante uma convenção mediante a qual o credor pignoratício poderá ficar com a coisa empenhada, se o seu crédito não for satisfeito[68].

---

[62] GIUSTO JAEGER, *La separazione*, cit., p. 35.

[63] Em *Della simulazione dei negozi giuridici*, de 1901, e em *I negozi fiduciari*, de 1905.

[64] Em *Del negozio fiduciario e della sua ammissibilità nel nostro ordinamento giuridico* e em *Trust anglosassone, proprietà fiduciaria e negozio fiduciario*.

[65] Em *I negozi fiduciari*.

[66] Em *Il negozio fiduciario*.

[67] VINCENZO LOJACONO, *Il patto commissorio nei contratti di garanzia*, Giuffrè, Milão, 1952, pp. 2-3. Para ALBERTO BURDESE, este pacto condicionava suspensivamente a obrigação de restituir o bem, uma vez extinta a função de garantia – ALBERTO BURDESE, *Lex commissoria*, cit., p. 14 ss.

[68] Em sentido próximo veja-se a definição proposta por RAÚL VENTURA, *Direito romano*, *Obrigações*, Lições do Ex.mo Senhor Professor Doutor Raúl Jorge Rodrigues Ventura ao ano lectivo de 1951-1952, publicação de Zacarias Miranda Neves, Lisboa, 1952, p. 279 e p. 244, respectivamente.

O sentido historicamente mais difundido de pacto comissório ficou associado ao *pignus*, parecendo mais problemática a sua relação com a *fiducia cum creditore*. Alguns romanistas têm considerado que a faculdade de *committere* seria inerente à *fiducia* [69]. VIEIRA CURA, na esteira de BURDESE, considera mesmo que «*o regime comissório era (...) inerente (de início) à fiducia cum creditore, o que conferia a esta espécie de garantia real uma iminente função coactiva*» [70].

No Direito romano, era admitido o chamado *pactum de vendendo*, mediante o qual o credor era autorizado a proceder à venda do bem se a obrigação garantida não fosse satisfeita, desde que o fizesse ao melhor preço possível [71].

II. No édito de Constantino, com data aproximada de 320 d.c. referido no Código Justinianeu (livro 8, título 35, 3) e no Código Teodosiano (livro 3, título 3), foi proibido o pacto comissório [72]. Esta

---

[69] No sentido da possibilidade de a *fiducia* ser convencionada com pacto comissório, pode ver-se ALBERTO BURDESE, *Manuale*, cit., pp. 431-432, CARLO LONGO, *Corso*, cit., p. 110 ss, em especial pp. 112-113, VERA-CRUZ PINTO, *O direito das obrigações*, cit., pp. 171-172 e NAVARRO MARTORELL, *La propriedad fiduciaria*, cit., p. 36. Exprimindo as dúvidas emergentes das fontes, GIUSEPPE GROSSO, *Fiducia*, cit., p. 386 ss, CRISTINA FUENTESECA, *El negocio fiduciario,* cit., p. 49 ss e RODRÍGUEZ-ROSADO, *Fiducia y pacto de retro en garantía*, Marcial Pons, Barcelona, 1998, p. 17. No sentido de que na fidúcia a *apropriação* da coisa por parte do fiduciário resulta da celebração da *fiducia cum creditore*, a qual transfere, desde logo, a propriedade plena do bem, GIOVANNI DIURNI, *Fiducia*, cit., p. 65-66. Negando a presença do referido pacto na *fiducia cum creditore*, cf. ARNALDO BISCARDI, *La lex commissoria nel sistema delle garanzie reali*, separata de *Studi in onore di Emilio Betti*, vol. II, Milão, Giuffrè, 1961, p. 575 ss, p. 586 ss. Em geral, sobre as diversas posições, pode ver-se VIEIRA CURA, *Fiducia cum creditore*, cit., p. 307 ss.

[70] VIEIRA CURA, *Fiducia cum creditore*, cit., p. 330.

[71] GIOVANNI PUGLIESE, *Istituzioni*, cit., pp. 544-545, ALBERTO BURDESE, *Lex commissoria*, cit., p. 54 ss.

[72] Cf. VINCENZO LOJACONO, *Il patto commissorio*, cit., p. 9, ARNALDO BISCARDI, *Lex commissoria*, cit., pp. 584-585 e, entre nós, VERA-CRUZ PINTO, *O direito das obrigações*, cit., p. 176. Parece ser dominante a concepção segundo a qual a proibição de Constantino vigorava como *lex cogens*, sendo nula qualquer estipulação em contrário. É, porém, discutido se a proibição do pacto comissório abrangeria inicialmente a hipoteca ou se se restringia ao penhor. No sentido de que a proibição do pacto comissório se limita ao penhor, sendo a proibição associada à hipoteca uma consequência da influência helenística, VINCENZO LOJACONO, *Il patto commissorio*, cit., p. 11.

cominação terá sido motivada pela escassez de crédito na época pós-clássica e pela acumulação de abusos de exploração usurária, censurados pelo Cristianismo.

Depois da proibição de Constantino, a execução da garantia pignoratícia passa a depender do *pactum distrahendo pignore* ou *pactum de vendendo*, que autoriza o credor pignoratício a vender a *res* e a pagar-se com o preço, restituindo o *superfluum* ([73]).

A faculdade apropriativa não ficava, porém, excluída, admitindo-se o pacto marciano. De acordo com a compilação justinianeia (D.20.1.16.9), é permitida a figura negocial segundo a qual se pode constituir penhor ou hipoteca de modo a que, se não for paga a dívida em certo prazo, o credor possa fazer sua a coisa, contra o pagamento da estimativa que seja havida conforme ao preço justo ([74]).

O Breviário de Alarico, por via do Código Teodosiano, consagrou também a proibição do pacto comissório ([75]). Encontramos ainda referência a esta proibição nas Partidas castelhanas ([76]) e nas Ordenações Afonsinas (livro IV, título XXXVIII) ([77]), Manuelinas (livro IV, título XXVI) ([78]) e Filipinas (Livro IV, título LVI) ([79]).

([73]) Cf. SANTOS JUSTO, *Direito privado romano*, cit., pp. 214-215.

([74]) Traduzido de *El Digesto de Justiniano*, versão castelhana por ALVARO D'ORS, HERNANDEZ-TEJERO/ C. FUENTESECA/ GARCIA-GARRIDO, Aranzadi, Pamplona, 1968, tomo I, p. 675-677.

([75]) RODRÍGUEZ-ROSADO, *Fiducia y pacto de retro*, cit., p. 34-35. Para além disto, o Direito visigótico restringiu a execução da garantia, ao interditar toda e qualquer venda do objecto empenhado ao credor pignoratício e ao impôr que a venda a terceiro fosse feita mediante um valor determinado por entidade dotada de poderes de autoridade, devendo o excesso apurado entre o valor da dívida e o produto da venda ser devolvido ao devedor.

([76]) DURÁN RIVACOBA, *La propriedad en garantía*, cit., pp. 20-21, RODRÍGUEZ-ROSADO, *Fiducia y pacto de retro*, cit., pp. 39-40, FELIÚ REY, *La prohibición y la opción en garantía*, Civitas, Madrid, 1995, p. 39, nota 38 e pp. 42-43. Sobre a natureza e força cogente das Partidas castelhanas em Portugal, cf. RUY DE ALBUQUERQUE e MARTIM DE ALBUQUERQUE, *História do Direito Português*, I volume, 10.ª edição, Lisboa, 1999, p. 192.

([77]) Nas Ordenações Afonsinas dispunha-se que «*Quando os homees fom poftos en necefsidade d' aver mefter dinheiro empreftado, ligeiramente outorgam qualquer coufa que lhe he requerida, por averem empreftado o que ham mefter, por fairem de necefsidade em que fom poftos. E muitas vezes acontece, que o que recebe dinheiro empreftado apenha por elle algua coufa movel, ou de raiz com tal condiçom, que*

O Direito Canónico contribuiu para o fortalecimento da proibição, através das regras do *Corpus Iuris Canonici*, das Decretais de Gregório IX e da Decretal *Significante R. cive pisano* de Inocêncio III [80].

---

nom pagando a certo dia, que fique o dito penhor rematado ao creedor por a divida: o que achamos feer contra Direito. E porem ordenamos, e poemos por Ley geeral em todos Noffos Regnos e Senhorio que nom feja algum tão oufado, de qualquer condiçom que feja, que daqui en diante tal apenhamento faça, ou receba; e fazendo o contrairio, todo o que affy for feito feja nenhum, e de nenhum valor. Pero fe alguum deffe a penhor algua fua coufa ao creedor fob tal condiçom, que nom lhe pagando a tempo certo, o dito penhor lhe ficaffe rematado pelo jufto preço, tal apenhamento como efte affy feito valeria; e em tal cafo deve o dito penhor feer eftimado depois do dito tempo da paga por dous homees boõns juramentados e efcolheitos pelas partes, a faber, per cada hum feu; e ficará o penhor rematado por aquelle preço que affy for eftimado ao dito creedor. E se no cafo fufo dito ao tempo do apenhamento foffe acordado antre as partes que o dito penhor foffe rematado ao credor pelo preço, que per elle foffe eftimado, mandamos que tal apenhamento feito em efta guifta nom valha em algum tempo ja mais, porque he grande e violenta perfumçom contra elle, que ligeiramente fe moverá a fazer eftimaçom nom verdadeira, pofto que lhe por ello feja dado juramento; e por tanto nom he razom darmos-lhe aazo pera jurar o contrairo da verdade» (livro IV, título XXXVIII) – *Ordenações Afonsinas*, livro IV, edição Fundação Calouste Gulbenkian, 2.ª ed., 1999, pp. 155-156.

[78] Nas Ordenações Manuelinas também se refere que *«Se alguun deudor apenhar a feu creedor algua coufa mouel ou de raiz, com tal condiçam que nam lhe paguando a dita diuida a dia certo, o penhor fique vendido e arrematado ao creedor por a dita diuida, Mandamos que tal conuença feja ninhua e de ninhuu efecto».* Porém, *«fe o deuedor der algua coufa fua a penhor a feu creedor, fob tal condiçam que nam lhe paguando a tempo certo, fique o penhor arrematado polo jufto preço, tal apenhamento affi feito valerá e a tal conuença fera guardada; e em efete da pagua por dous homens bons ajuramentados e efcolheitos por as partes, conuem a faber, por cada huun feu, e ficará arrematado ao creedor por aquelle preço, em que affi for estimado. E se ao tempo do apenhamento foffe acordado antre as partes, que o dito penhor foffe arrematado ao creedor polo preço que elle creedor foffe eftimado, Mandamos que tal apenhamento feito em efta guifa nom valha coufa algua, porque he de frande prefumpçam, que ligeiramente fe mouera a fazer a extimaçam nom verdadeira, pofto que lhe pera ello feja dado juramento; e por tanto num he razam Darmos-lhe azo pera jurar o contrairo da verdade»* (livro IV, título XXVI) – *Ordenações Manuelinas*, livro IV, edição Fundação Calouste Gulbenkian, Lisboa, 1984, pp. 65-66.

[79] Livro IV, título LVI das *Ordenações e leis do Reino de Portugal, recopiladas per mandado del Rei D. Filippe o primeiro*, 10.ª ed., tomo III, Coimbra, Real Imprensa da Universidade, 1833, p. 92.

[80] MASSIMO BIANCA, «Patto commissorio», *NDI*, dir. António Azara e Ernesto Eula, XII, Editrice Torinense, Torino, 1965, (p. 711 ss), p. 713 e MARCO BOARI, «Usura» (Diritto Intermedio), *EDir*, vol. XLV, Giuffrè Editore, 1992, p. 1135 ss.

A partir de Carlos Magno – e até à Reforma –, a proibição da usura, até aí fundamentalmente dirigida aos eclesiásticos, generalizou-se aos leigos. Em 1311, o Papa Clemente V veio tornar mais completa e exaustiva a condenação do juro, culminando com a ameaça de excomunhão lançada sobre todas as autoridades temporais que decretassem ou mantivessem leis favoráveis ao juro.

A intensidade da proibição em apreço não foi enfraquecida com as modificações trazidas pelo movimento codificador. Com efeito, o Código napoleónico, depois de alguma hesitação nos trabalhos preparatórios, manteve a proibição do pacto comissório no penhor e na consignação de rendimentos [81]. O mesmo sucedeu com o Código Civil italiano de 1865 [82].

Entre nós, o Código de Seabra, de 1867, também seguiu esta linha de orientação. De acordo com o que então se dispunha, não era permitido que o credor ficasse com a coisa empenhada em pagamento do seu crédito, sem avaliação ou por avaliação por ele feita (artigo 864.º), nem que o credor hipotecário se apropriasse do bem, em caso de incumprimento da obrigação garantida (artigo 903.º). Facultava-se a

---

[81] MAURO BUSSANI, *Il problema del patto commissorio. Studio di diritto comparato*, G. Giapichelli Editore, Torino, 2000, p. 47 ss. Para além das disposições do Código Civil napoleónico, é de salientar o interesse da lei sobre a venda judiciária de bens imóveis, de 1841, nos termos da qual se proíbe qualquer convenção destinada a atribuir ao credor a faculdade de vender um bem imóvel fora dos limites da execução judicial (*saisie*) prevista na lei. Trata-se de chamada *clause de voie parée*, típica do Direito francês.

[82] Cf. ENZO ROPPO, «Note sopra il divieto del patto commissorio», *Rischio contrattuale e autonomia privata*, Jovene Editore, Nápoles, 1982, (p. 259 ss), pp. 259-260, NICOLA CIPRIANI, *Patto commissorio*, cit., p. 44 ss e ANDREA SASSI, *Garanzia del credito e tipologie commissorie*, Edizioni Scientifiche Italiane, Nápoles, 1999, p. 163 ss. Desenvolvidamente, com referência aos trabalhos preparatórios, MAURO BUSSANI, *Il problema*, cit., p. 9 ss, em especial p. 66 ss. A doutrina italiana dominante entendia, contudo, que a razão proibitiva do pacto comissório em sede de penhor devia igualmente aplicar-se à hipoteca – assim, MASSIMO BIANCA, *Patto commissorio*, cit. p. 714, UGO CARNEVALI, «Patto commissorio», *EDir*, XXXII, Giuffrè Editore, 1982, (p. 499 ss), p. 500, GIOVANNI PUGLIESE, «Nullità del patto commissorio e vendita con patto di riscatto», *GCC*, n.º 142, I, 1995, (p. 156 ss), p. 157 ss, EMILIO ALBERTARIO, «Sulla nulità del patto commissorio agiunto el mutuo ipotecario», *RDCom*, 1924, II, (p. 233 ss), p. 236 ss e VINCENZO LOJACONO, *Il patto commissorio*, cit., p. 59 ss.

venda extrajudicial e consentia-se, ainda, que o credor ficasse com a coisa empenhada pela avaliação que fizessem peritos designados por comum acordo, desde que, caso existisse excesso de valor do bem em relação ao valor da dívida, o credor pagasse ou depositasse a quantia devida [83].

---

[83] Sobre este regime jurídico, GUILHERME MOREIRA, *Instituições*, cit., p. 336 ss.

CAPÍTULO II
O Ressurgimento da Alienação em Garantia

3. O caso alemão (*Sicherungsübereignung* e *Sicherungsabtretung*)

I. O Direito civil europeu, arreigado em diversas tradições históricas e culturais, é composto por sistemas muito diferentes, em particular quanto a dois aspectos determinantes do tema que nos ocupa: por um lado, relativamente ao tratamento conferido às garantias das obrigações ([84]) e, por outro lado, quanto à disciplina associada à transmissão do direito de propriedade ([85]). Estas circunstâncias explicam que a

---

([84]) Sobre a diversidade e os esforços de unificação legislativa dos sistemas de garantias reais em geral, cf. MAURO BUSSANI, *I contratti di finanziamento e le garanzie reali nella prospettiva europea*, Università degli Studi di Trieste, 2003 e ALBINA CANDIAN, *Le garanzie mobiliari. Modelli e problemi nella prospettiva europea*, Giuffrè, Milão, 2001, em especial p. 16 ss.

([85]) Nos ordenamentos jurídicos francês (artigos 1138.º e 1583.º do *Code Civil*) e italiano (artigos 1470.º e 1476.º do *Codice Civile*) adoptou-se o sistema de título, o que quer dizer que a transferência de direitos reais se dá por mero efeito do contrato – veja-se, por todos, MENEZES LEITÃO, *Direito das Obrigações,* vol. I, 5.ª edição, Almedina, Coimbra, 2005, nota 393, p. 183. No Direito alemão, à semelhança do que sucedia no direito romano, vigora um sistema de modo (§ 433, § 873 e § 929 do BGB). A compra e venda produz efeitos meramente obrigacionais. Tratando-se de coisa móvel, a propriedade apenas se transfere com a conclusão de um acordo real e abstracto sobre a transmissão (*Einigung*), seguido de entrega da coisa (*Übergabe*). Já se for o caso de um imóvel, exigir-se-á um acordo de transmissão (*Auflassung*), bem como a inscrição no registo (*Eintragung*). Sobre estes aspectos, cf. MENEZES LEITÃO, *Direito das Obrigações*, vol. I, cit., nota 393, pp. 183-184, do mesmo autor, *Direito das obrigações*, vol. III, 3.ª edição, Almedina, Coimbra, 2005, pp. 23-24. Vigora, ainda, neste ordenamento jurídico o princípio da abstracção – cf. MENEZES CORDEIRO, *Tratado de Direito Civil português*, I, tomo I, 2.ª edição, Lisboa, 2000, nota 681, p. 317. Sobre o sistema alemão de transmissão da propriedade pode ver--se ainda GALVÃO TELLES, «Venda obrigatória e venda real», *RFDUL*,

alienação em garantia reúna características marcadamente distintas consoante o Direito que lhe seja aplicável[86]. Esta nota prévia estimula um exercício de Direito Comparado, muito embora também faça transparecer a reforçada necessidade de cautela na transposição de soluções ensaiadas no estrangeiro[87].

---

ano V, 1948, p. 76 ss, pp. 79-80 e PEDRO DE ALBUQUERQUE, «Contrato de compra e venda», *Direito das obrigações*, 3.º vol., coord. António Menezes Cordeiro, AAFDL, 1991, (p. 11 ss), p. 19. No ordenamento espanhol, a transmissão da propriedade de um bem depende do contrato e da tradição (artigo 609.º do *Codigo Civil*). A aquisição de direitos reais está, portanto, subordinada ao sistema do título e do modo, isto é, a um sistema intermédio entre o acolhido pelo Direito francês (sistema do título ou consensual) e o consagrado no Direito alemão (sistema do modo) – cf. DÍEZ-PICAZO/ANTÓNIO GULLÓN, *Sistema de derecho civil*, volume III, 7.ª edição, Tecnos, Madrid, 2004, p. 62 e MANUEL ALBADEJO, *Derecho civil*, III, *Derecho de bienes*, Edisofer, Madrid, 2004, p. 128 ss.

[86] Para uma visão geral da alienação em garantia no contexto europeu, cf. PIERRE CROCQ, *Las propriedades de garantía*, cit., p. 165 ss. A importância da alienação em garantia é também reconhecida em ordenamentos não europeus, como é o caso do brasileiro. A alienação em garantia foi introduzida neste sistema jurídico pela Lei 4 728 de 14 de Julho de 1965, que disciplina o mercado de capitais e estabelece medidas para o seu desenvolvimento. Este regime jurídico foi alterado, quanto a aspectos materiais e processuais, pelo Decreto-Lei n.º 911 de 1 de Outubro de 1969; destaca-se, ainda, a lei n.º 9 514 de 20 de Novembro de 1997. Actualmente, os artigos 1361.º a 1368.º do Código Civil brasileiro tratam da propriedade fiduciária. Esta figura foi também extensamente tratada pela doutrina brasileira, designadamente por MOREIRA ALVES, GUILHERME FELICIANO, ORLANDO GOMES, ALFREDO BUZAID e OSVALDO OPTIZ e SÍLVIA OPTIZ. Entre nós, cf. LEITE DE CAMPOS, *Locação financeira*, cit., p. 38 ss, ALMEIDA COSTA, *Alienação fiduciária*, cit., p. 44 ss.

[87] É também conhecida a diversidade de origens e de soluções em matéria de garantias do crédito entre a *common law* e a *civil law*. O Direito inglês baseia-se numa distinção entre *law* e *equity*, que explica a possibilidade de uma divergente atribuição da *legal ownership* e da *equitable ownership*, bem como a classificação das garantias entre *legal security* e *equitable security* (ROY GOODE, *Legal problems of credit and security*, 3.ª edição, Sweet and Maxwell, Londres, 2003, pp. 8-9 e, do mesmo autor, *Commercial Law*, 3.ª ed., Penguin Books, Londres, 2004, p. 31 ss). Estas especificidades ditam um sentido especial dos negócios fiduciários neste ordenamento jurídico, condicionando ainda a disciplina do *trust*. No sistema inglês, à semelhança do sistema norte-americano, o credor com garantia real beneficia de um *security interest*, isto é, de um direito com o propósito de garantia de um crédito.

Nos Estados Unidos da América, a disciplina fundamental das garantias reais do crédito consta da secção 9.ª do *Uniform Commercial Code*. Esta secção encontra-se dividida em cinco títulos, tratando das matérias seguintes: aplicabilidade e definições; validade do acordo de garantia e direitos das partes; direitos de terceiros,

No âmbito do estudo de soluções desenhadas pelo Direito estrangeiro, é inigualável a riqueza do Direito alemão, o qual integra, além

---

perfeição e regras de prioridade; registo; e incumprimento. A secção 9-102 determina a sua aplicação a qualquer transacção, independentemente da sua forma, cuja finalidade seja criar um direito de garantia. Trata-se de um conceito amplo, unitário e funcional de garantia, correspondente à noção de *security interest*. Sobre os traços gerais do sistema norte-americano, pode ver-se PHILIP WOOD, *Comparative law*, cit., p. 117 ss, GERARD McCORMACK, *Secured credit*, cit., p. 70 ss, HARRY SIGMAN, «Security movables in the United States – Uniform Commercial Code Article 9: a basis for comparison», *Security rights in movable property in European Private Law*, org. Eva-Maria Kieninger, Cambridge University Press, 2004, p. 54 ss e, do mesmo autor, «The security interest in the United States: a unitary functional solution», *Repenser le Droit des sûretés mobilières*, LGDJ, Paris, 2005, p. 55 ss, ROY GOODE, *Legal problems*, cit., p. 3 ss, ANNA VENEZIANO, *Le garanzie mobiliari*, cit., p. 123 ss, ALBINA CANDIAN, *Le garanzie mobiliari*, cit., p. 111 ss, JEAN-FRANÇOIS RIFFARD, *Le Security interest ou l'approche fonctionnelle et unitaire des sûretés mobilières. Contribution à une rationalisation du droit français*, LGDJ, Paris, 1997, p. 130 ss e, entre nós, MENEZES LEITÃO, *Garantias*, cit., p. 60 ss.

No Direito inglês, a constituição das garantias (*lien*, *pledge*, *charge* e *mortgage*) depende da concessão ao beneficiário de certos direitos sobre o objecto da garantia (*attachment*) e de publicidade, associada ao registo ou ao desapossamento (*perfection*). Interessa-nos em especial, o *mortgage*, pela semelhança que partilha com a alienação fiduciária em garantia. No *chatell mortgage* «a propriedade legal (*legal property*) de uma coisa móvel, pertencente ao devedor, é transferida ao credor (*mortgage*) através de um *bill of sale*. O devedor fica com a propriedade substancial (*equitable property*) e a posse da coisa. Pagando o débito, recupera a correspondente propriedade legal. Se não pagar, o credor tornar-se-á proprietário pleno, de acordo com a *common law*» – cf. ALMEIDA COSTA, *Alienação fiduciária*, cit., pp. 45-46. O *mortgage* figura como uma garantia que realiza uma transmissão da propriedade (*transfer of ownership*) para o credor, juntamente com a condição expressa ou tácita de que a propriedade será retransferida para o devedor uma vez cumprida a obrigação (ROY GOODE, *Legal problems*, cit., p. 35. Pode, também, ver-se GERARD McCORMACK, *Secured credit*, cit., p. 40 ss. Entre nós, MENEZES LEITÃO, *Garantias*, cit., p. 57). O *mortgagor* permanece, em regra, na posse da coisa. Na figura do *mortgage over receivables*, o crédito é cedido ao *mortagee*, ficando a respectiva retrocessão (*reassignment*) subordinada ao cumprimento da obrigação garantida. A notificação do devedor cedido não é condição de eficácia da cessão perante os credores do devedor, muito embora condicione a determinação da prevalência da titularidade do crédito em caso de dupla cessão (excepcionando, assim, o princípio geral *first in time, first in right*), bem como a extensão dos meios de defesa ao dispor do devedor (ROY GOODE, *Legal problems*, cit., pp. 8-9). Em regra, o devedor tem o direito de pagar, depois de verificada a condição, reavendo a coisa entretanto transferida (*right to redeem*). O credor, por seu turno, dispõe de uma faculdade de

das garantias consagradas na lei[88], uma figura de origem consuetudinária nascida há já dois séculos e que, desde então, tem desempenhado um papel decisivo em matéria de garantias das obrigações: a *Sicherungsübereignung*[89]. Embora já existisse à data da publicação do BGB, a alienação em garantia não foi contemplada nesta codificação. Esta opção legislativa não obstou à sua aceitação, o que poderá ser explicado pelo enraizamento social logrado pelo costume e, também, pela segurança induzida pelo labor da doutrina e da jurisprudência[90].

---

requerer o pagamento, devendo o devedor fazê-lo sob pena de perda definitiva do bem onerado (*right to foreclose*). O *mortgagee* (credor garantido) *apenas* pode vender o bem em caso de incumprimento da obrigação. Diversamente, o prestador da garantia, dispondo da *equitable ownership* do bem, pode livremente aliená-lo ou onerá-lo. É ainda possível distinguir a *legal mortgage* da *equitable mortgage*. A primeira confere ao credor uma *prioridade* ou *preferência* no pagamento, com prevalência sobre as garantias constituídas em data posterior. Na *equitable mortgage* esta circunstância não se verifica ou não se verifica com a mesma extensão, sem prejuízo de o credor poder gozar de tutela conferida pela *equity* (ROY GOODE, *Legal problems*, cit., pp. 8-9).

[88] No âmbito das garantias imobiliárias distinguem-se a hipoteca (*Hypothek*), a dívida fundiária (*Grundschuld*) e a dívida de renda (*Rentenschuld*). No quadro das garantias mobiliárias, encontramos o penhor de coisas móveis (*Pfandrecht an beweglichen Sachen*), disciplinado nos §§ 1204 ss do BGB, e o penhor de direitos (*Pfandrecht an Rechten*), constante dos §§ 1273 ss do BGB. O penhor de coisas equivale ao direito do credor de satisfazer o seu crédito sobre a própria coisa (§ 1204, I BGB) e exige que lhe esta seja entregue, sem prejuízo da *traditio brevi manu* e da mera transmissão da posse mediata por notificação do detentor (§ 1205, I e II BGB). Sobre o sistema alemão de garantias reais, cf. DIETRICH REINICKE/KLAUS TIEDTKE *Kreditsicherung*, 4.ª edição, Hermann Luchterhand, Neuwied, 2000, § 447 ss, MANFRED WOLF, *Sachenrecht*, cit., p. 300 ss, WALTER GERHARDT, *Mobiliarsachenrecht*, C.H.Beck, 5.ª ed., Munique, 2000, em especial p. 146 ss, PETER BÜLLOW, *Recht der Kreditsicherheiten*, C.F. Müller, 6.ª ed., Heidelberg, 2003, § 83 ss e § 1091 ss e HANS-JÜRGEN LWOWSKI, *Das Recht das Kreditsicherung*, 8.ª edição, Erich Schmidt, Berlim, 2000, § 478 ss. Entre nós, MENEZES LEITÃO, *Garantias*, cit., p. 46 ss.

[89] A bibliografia a este respeito é de tal modo diversificada que, já em 1965, GIOVANNI CATTANEO reconhecia ser impossível citar todos os autores que contribuíram para a compreensão dogmática da *Sicherungsübereignung* («Riserva della proprietà e aspettativa reale», *RTDPC*, 1965, (p. 945 ss), p. 645 ss).

[90] Nesse sentido, UWE BLAUROCK/ CLAUDE WITZ, «Les opérations fiduciaires en Droit Allemand», em *Les opérations fiduciaires (pratiques, validité, régime juridique dans plusieurs pays européens et dans le commerce international)*, Aavv, dir. Claude Witz, L.G.D.J, Paris, 1985, p. 239, CLAUDE WITZ, «Les transferts fiduciaires a titre de garantie», em *Les opérations fiduciaires (pratiques, validité, régime juri-*

II. A alienação em garantia alemã não é ainda hoje contemplada no BGB [91]. Porém, pode ser definida como uma «*transferência da propriedade em garantia, mediante a qual o devedor transfere ao seu credor a propriedade de um bem, sem proceder à sua entrega, ficando este, por constituto possessório, na posse do mesmo, e passando o devedor a desempenhar funções de custódia*» [92] ou, simplesmente, na sugestão de GANTER, como «*a transmissão de uma coisa do credor para o devedor para garantia de um crédito*» [93]. Através da transmissão, o credor torna-se verdadeiro proprietário da coisa, muito embora a finalidade de garantia implique uma limitação obrigacional do seu direito [94].

Esta figura despertou o interesse próprio de uma garantia sem desapossamento, que permite conciliar a função de garantia com um aproveitamento funcional e económico do bem (*wirtschaftliche Funktion*) [95].

---

dique dans plusieurs pays européens et dans le commerce international), Aavv, dir. Claude Witz, L.G.D.J, Paris, 1985, (p. 55 ss), p. 80 e JÜRGEN OESCHLER, *Sicherungseigentum – Sicherungsübereignung*, Apêndice ao comentário aos § 929-936, *Münchner Kommentar zum Bürgerlichen Gesetzbuch*, vol. 6, §§ 854-1296, redactor Manfred Eberhard Rinne, C. H. Beck, 4.ª edição, Munique, 2004, p. 890. Entre nós, MENEZES LEITÃO, *Garantias*, cit., p. 270. Desenvolvidamente, com referência aos trabalhos preparatórios do BGB, MAURO BUSSANI, *Il problema*, cit., p. 82 ss. No sentido da validade da alienação em garantia e da força derrogatória do regime jurídico costumeiro, pode ver-se MANFRED WOLF, *Sachenrecht*, cit., § 763, ROLF SERICK, *Le garanzie mobiliari nel Diritto tedesco*, Giuffrè, Milão, 1990, p. 9, WALTER GERHARDT, *Mobiliarsachenrecht*, cit., p. 148, HANSJÖRG WEBER, *Kreditsicherheiten. Recht der Sicherungsgeschäfte*, 7.ª edição, C.H. Beck, Munique, 2002, p. 157 ss, DIETRICH REINICKE/KLAUS TIEDTKE, *Kreditsicherung*, cit., § 448 e JÜRGEN OESCHLER, *Sicherungseigentum*, cit., p. 890.

[91] Cf., por todos, PETER HARTMANN, *Die Sicherungsübereignung*, Rudolf Haufe, Freibug, 1968, p. 18.

[92] MENEZES LEITÃO, *Garantias*, cit., p. 50.

[93] GANTER, «Sicherungsübereignung», em Herbert Schimansky/ Hermann-Josef Bunte/Hans-Hürgen Lwowski, *Bankrechts – Handbuch*, C. H. Beck, Munique, 1997, Volume II, § 95, p. 2328.

[94] Assim, ROLF SERICK, *Le garanzie mobiliari*, cit., p. 16-17, MANFRED WOLF, *Sachenrecht*, cit., § 764 e JÜRGEN OESCHLER, *Sicherungseigentum*, cit., p. 888.

[95] GANTER, *Sicherungsübereignung*, cit., p. 2329.

Tem-se admitido a alienação em garantia de direitos sobre o património, valores mobiliários e, ainda, sobre o *Anwartschaftsrecht* do comprador emergente da celebração de um contrato de compra e venda com reserva de propriedade [96]. Os bens imóveis não se prestam a esta utilização, em virtude da carga fiscal e da insusceptibilidade de condicionar a sua transmissão [97].

A alienação em garantia é uma garantia mobiliária sem desapossamento [98]. O § 930 do BGB tem sido aplicado no sentido de permitir a transmissão da propriedade com conservação da posse do bem pelo devedor, mediante constituto possessório (*Besitzkonstitut*) [99]. Assim, o beneficiário da garantia adquire a posse mediata (*mittelbaren Besitz*) e o prestador permanece possuidor imediato [100] e, enquanto tal, vinculado a deveres de utilização cuidadosa do bem [101].

Por outro lado, é interessante notar que, no Direito alemão, o credor pode adquirir a propriedade do bem, apesar de o prestador não ser o seu proprietário, caso se verifiquem certos requisitos legais, em

---

[96] Dietrich Reinicke/Klaus Tiedtke, *Kreditsicherung*, cit., § 506 e Jürgen Oeschler, *Sicherungseigentum*, cit., p. 894.

[97] Jürgen Oeschler, *Sicherungseigentum*, cit., p. 894, Rolf Serick, *Le garanzie mobiliari*, cit., p. 8.

[98] Nesse sentido, Manfred Wolf, *Sachenrecht*, cit., § 763 e Walter Gerhardt, *Mobiliarsachenrecht*, cit., p. 147.

[99] «*Ist der Eigentümer im Besitz der Sache, so kann die Übergabe dadurch ersetzt werden, dass zwischen ihm und dem Erwerber ein Rechtsverhältnis vereinbart wird, vermöge dessen der Erweber den mittelbaren Besitz erlangt*» (§ 930 do BGB). Segundo a regra geral do BGB, para a transmissão da propriedade de uma coisa móvel é necessário que o proprietário a entregue ao adquirente e que ambos acordem a transmissão da propriedade («*Zur Übertragung des Eigentums an einer beweglichen Sache ist erforderlich, dass der Eigentümer die Sache dem Erweber übergibt und beide darüber einig sind, dass das Eigentum übergehen soll. Ist der Erweber im Besitz der Sache, so genügt die Einigung über den Übergang des Eigentums*» – § 929 do BGB).

[100] Manfred Wolf, *Sachenrecht*, cit., § 770, Dietrich Reinicke/Klaus Tiedtke *Kreditsicherung*, cit., § 471 ss, Rolf Serick, *Le garanzie mobiliari*, cit., pp. 11-12 e Jürgen Oeschler, *Sicherungseigentum*, cit., p. 896. O bem alienado em garantia pode encontrar-se ainda na posse de terceiro: neste caso, o § 931 do BGB permite que a transmissão da propriedade possa operar mediante uma cessão ao adquirente da pretensão do proprietário à entrega do bem.

[101] Assim, Manfred Wolf, *Sachenrecht*, cit., § 777 e Dietrich Reinicke/Klaus Tiedtke, *Kreditsicherung*, cit., § 514.

especial a boa fé do beneficiário e a entrega da coisa (cf. § 932 e § 933 do BGB)([102]).

Estruturalmente, a *Sicherungsübereignung* integra um negócio obrigacional e um acordo real de disposição([103]). O negócio obrigacional não está sujeito a uma forma solene, nem a formalidades especiais([104]). O respectivo clausulado fica, nos termos gerais de Direito, dependente da autonomia privada das partes, dentro dos limites dos bons costumes (§138 do BGB)([105]). O acordo real de disposição (*dingliche Einigung*), por seu turno, opera a transmissão do bem para credor garantido.

Tem-se entendido que o beneficiário da garantia é proprietário pleno, do ponto de vista dos direitos reais e, por isso, pode, de forma válida e eficaz, transmitir a um terceiro o bem dado em garantia, mesmo que sem autorização para o efeito([106]).

Em regra, o pagamento do crédito garantido implica o aparecimento de uma obrigação de retransmissão do bem, a cargo do beneficiário da garantia (*Rückübereignung*)([107]). Cenário diverso corresponderá já ao caso em que a alienação em garantia é sujeita, por acordo das partes, a uma condição resolutiva (cf. § 158, 2 e § 159 do BGB). Nesta situação, a propriedade retransmite-se automaticamente com o cumprimento da obrigação garantida([108]), razão pela qual poder-se-á

([102]) JÜRGEN OESCHLER, *Sicherungseigentum*, cit., pp. 897-898.

([103]) ROLF SERICK, *Le garanzie mobiliari*, cit., p. 13, MANFRED WOLF, *Sachenrecht*, cit., §§ 766 ss, WALTER GERHARDT, *Mobiliarsachenrecht*, cit., p. 149, CLAUDE WITZ, *Les transferts fiduciaires*, cit. p. 79, NORBERT REICH, *Die Sicherungsübereignung*, Athenäum, Hamburgo, 1970, p. 20 ss e PETER HARTMANN, *Die Sicherungsübereignung*, cit., p. 18 ss.

([104]) MANFRED WOLF, *Sachenrecht*, cit., § 776, ROLF SERICK, *Le garanzie mobiliari*, cit., p. 13.

([105]) DIETRICH REINICKE/KLAUS TIEDTKE, *Kreditsicherung*, cit., § 504 ss e GANTER, *Sicherungsübereignung*, cit., p. 2333 ss.

([106]) JÜRGEN DAUR / ROLF STÜRNER *Sachenrecht*, C.H. Beck, 17.ª ed., Munique, 1999, p. 706, PETER BÜLLOW, *Recht der Kreditsicherheiten*, cit., § 1182 ss e JÜRGEN OESCHLER, *Sicherungseigentum*, cit., p. 911.

([107]) Assim, por todos, MANFRED WOLF, *Sachenrecht*, § 767 e WALTER GERHARDT, *Mobiliarsachenrecht*, cit., p. 150.

([108]) Cf. JÜRGEN OESCHLER, *Sicherungseigentum*, cit., p. 893, MANFRED WOLF, *Sachenrecht*, cit., § 781, GREVIN, GREVIN, Jörg STEFAN, *Der Treuhandgedanke bei Sicherungsübertragungen im italienischen und deutschen Recht*, Nomos, Baden-

considerar que o prestador da garantia disporá de uma posição jurídica análoga à do comprador com reserva de propriedade [109], isto é, de uma expectativa jurídica que segue o regime do direito subjectivo (*Anwartschaftsrecht*) [110] ou, como já se tem traduzido, de um *direito de expectativa* [111].

A falta de cumprimento da obrigação garantida produz, em regra, dois efeitos. Por um lado, legitima a faculdade de execução (*Verwertung*) da garantia pelo seu beneficiário. Por outro lado, faz nascer na esfera jurídica do prestador o dever de transferir para o beneficiário a posse imediata do bem. No Direito alemão, a proibição de pacto comissório (*Verfallklausel*) surge tratada no § 1229.º e no § 1149.º do BGB [112]. Do § 1229.º resulta a cominação de nulidade do acordo que preveja a possibilidade de o credor pignoratício, caso não seja satisfeito ou não o seja atempadamente, fazer sua a coisa onerada. O § 1149.º do BGB, relativo à hipoteca, estipula que o proprietário não pode, enquanto o crédito não se tiver vencido, conceder ao credor, com o propósito de o satisfazer, o direito de exigir a transmissão da coisa ou de dela se apropriar fora das vias executivas judiciais. Este regime jurídico não tem, porém, servido de fundamento de invalidade do negócio de garantia que nos ocupa. Esta *imunidade* fica a dever-se

---

-Baden, 2002, p. 44 ss, UWE BLAUROCK/ CLAUDE WITZ, *Les opérations fiduciaires*, cit., p. 252 e KARL HAEGELE, *Eigentumsvorbehalt. Sicherungsübereignung. Eine Darstellung für die Praxis mit zahlreichen Mustern*, Neue Witschafts-Briefe, Berlim, 1968, p. 113.

[109] Neste sentido, MANFRED WOLF, *Sachenrecht*, cit., § 767, UWE BLAUROCK/ CLAUDE WITZ, *Les opérations fiduciaires*, cit. p. 245, DIETRICH REINICKE/KLAUS TIEDTKE, *Kreditsicherung*, cit., § 477, WALTER GERHARDT, *Mobiliarsachenrecht*, cit., p. 150 e HANSJÖRG WEBER, *Kreditsicherheiten*, cit., p. 164-165.

[110] Neste sentido, MANFRED WOLF, *Sachenrecht*, cit., § 767, UWE BLAUROCK/ CLAUDE WITZ, *Les opérations fiduciaires*, cit. p. 245, DIETRICH REINICKE/KLAUS TIEDTKE, *Kreditsicherung*, cit., § 477, WALTER GERHARDT, *Mobiliarsachenrecht*, cit., p. 150, HANSJÖRG WEBER, *Kreditsicherheiten*, cit., p. 164-165.

[111] Cf. LIMA PINHEIRO, *A cláusula de reserva*, cit., p. 54 ss.

[112] Em geral, sobre a proibição do pacto comissório no Direito alemão, cf. WALTER GERHARDT, *Mobiliarsachenrecht*, cit., p. 182 e DIETER REINICKE/KLAUS TIEDTKE, *Kreditsicherung*, cit., pp. 354-355, FRIEDRICH QUACK, *Münchener Kommentar zum Bürgerlichen Gesetzbuch*, Band 6, Beck, Munique, 1997, p. 2042 ss e NICOLA CIPRIANI, *Patto commissorio*, cit., p. 248 ss.

essencialmente a duas circunstâncias. Por um lado, a alienação em garantia costuma ser convencionada sem um pacto comissório. Quer isto dizer que, normalmente, vencida a obrigação e verificado o seu incumprimento, o beneficiário vende o bem por um preço determinado, destinado a satisfazer o crédito garantido, devendo devolver o eventual excesso de valor ao prestador da garantia [113]. Por outro lado, a doutrina dominante, na esteira de SERICK, RAISER e WOLFF, tem admitido a validade da alienação em garantia perante a proibição do pacto comissório [114].

III. A riqueza da alienação em garantia germânica é, ainda, notável no que respeita ao tratamento concedido ao prestador e ao beneficiário da garantia em acção executiva e em processo de insolvência. São conhecidas posições diversificadas, desde a tese da divisão da propriedade (*Zweiteilung des Eigentums*) até à orientação segundo a qual o credor seria apenas um representante ou mandatário do devedor (*Bevollmächtigter*), mas a concepção dominante tem feito notar que as posições jurídicas das partes no negócio de alienação em garantia não são estáticas, podendo adquirir conformações diversas, por força do princípio de conversão (*Umwandlungsprinzip*) [115]. Como nota ROLF SERICK, a propriedade fiduciária oscila entre um direito de propriedade e um direito de penhor [116]. A ideia de pertença económica do bem (*wirtschaftliche Vermögenszugehörigkeit*) tem servido de apoio tanto

---

[113] MANFRED WOLF, *Sachenrecht*, cit., § 840 e UWE BLAUROCK/CLAUDE WITZ, *Les opérations fiduciaires*, cit. p. 253.

[114] Nesse sentido, ROLF SERICK, *Eigentumsvorbehalt und Sicherungsübertragung*, vol. III, Recht und Wirtschaft, Heidelberg, 1970, p. 480 ss, HANSJÖRG WEBER, *Kreditsicherheiten*, cit., p. 175, PETER BÜLLOW, *Recht der Kreditsicherheiten*, cit., § 1228, NORBERT REICH, *Die Sicherungsübereignung*, cit., p. 157, STEFAN GREVIN, *Der Treuhandgedanke*, cit., p. 85 ss, KARL HAEGELE, *Eigentumsvorbehalt*, cit., p. 111. Parece ser também esta a posição de JÜRGEN OESCHLER, *Sicherungseigentum*, cit., p. 910 e pp. 913-914. Referindo-se expressamente à cessão de créditos em garantia, STEFAN GREVIN, *Der Treuhandgedanke*, cit., p. 129 ss. Em sentido diverso, DIETRICH REINICKE e KLAUS TIEDTKE entendem que a proibição do pacto comissório pode ser aplicável à alienação fiduciária em garantia – cf. *Kreditsicherung*, cit., § 530.

[115] ROLF SERICK, *Le garanzie mobiliari*, cit., pp. 20-21.

[116] ROLF SERICK, *Eigentumsvorbehalt*, cit., p. 206.

à distinção entre propriedade material e propriedade formal do bem alienado em garantia, quanto ao reconhecimento de efeitos *quase reais* ou de *direitos quase reais* (*quasi dingliches Recht*) emergentes do acordo fiduciário [117].

A orientação dominante reconhece que o beneficiário, na pendência da garantia, pode deduzir embargos de terceiro (*Drittwiderspruchsklage*), para defesa do seu direito de propriedade, em caso de penhora da *garantia* pelos credores do prestador da mesma [118]. Nestes termos, o § 771, 1 da ZPO tem permitido reconhecer um verdadeiro direito de oposição do beneficiário à pretensão dos demais credores do devedor. Aos credores do prestador restará apenas penhora do *Anwartschaftsrecht* [119].

---

[117] ROLF SERICK, *Eigentumsvorbehalt*, cit., p. 206 e, do mesmo autor, *Le garanzie mobiliari*, cit., pp. 19-20. Cf., também, ANJA FUNK, *Die Sicherungsübereignung in Einzelzwangsvollstreckung und Insolvenz. Eine Analyse der insolvenzrechtlichen Neuregelung der §§ 51, 166 ff. InsO und ihrer Auswirkungen auf Einzelzwangsvollstreckung*, Peter Lang, Frankfurt, 1996, p. 138 ss. Referindo-se também aos efeitos quase reais da alienação fiduciária em garantia, STEFAN GREVIN, *Der Treuhandgedanke*, cit., pp. 53-54, DIETRICH REINICKE/KLAUS TIEDTKE, *Kreditsicherung*, cit., § 504.

[118] Nesse sentido, MANFRED WOLF, *Sachenrecht,* cit., § 784, HANSJÖRG WEBER, *Kreditsicherheiten*, cit., p. 176, JÜRGEN BAUR/ ROLF STÜRNER, *Sachenrecht*, cit., p. 724, DIETRICH REINICKE/KLAUS TIEDTKE, *Kreditsicherung*, cit., § 452 e sobretudo § 543 e ss, HARM WESTERMANN, *BGB – Sachenrecht*, 10.ª edição, C. F. Müller, Heidelberg, 2002, § 169, KARL SCHWAB/ HANNS PRÜTTING, *Sachenrecht*, 30.ª edição, C.H. Beck, Munique, 2002, § 421, STEFAN GREVIN, *Der Treuhandgedanke*, cit., p. 41, NORBERT REICH, *Die Sicherungsübereignung*, cit., p. 106 e KARL HAEGELE, *Eigentumsvorbehalt*, cit., p. 114 ss. A posição minoritária entende, porém, que ao beneficiário da garantia assiste um mero direito de pagamento preferencial (§ 805 ZPO) e não um direito de dedução de embargos de terceiro – nesse sentido, PETER BÜLLOW, *Recht der Kreditsicherheiten*, cit., § 1272. Para um confronto entre as duas teses, pode ver-se DIETRICH REINICKE/KLAUS TIEDTKE *Kreditsicherung*, cit., § 543, ROLF SERICK, *Eigentumsvorbehalt*, cit., p. 207 ss e ANJA FUNK, *Die Sicherungsübereignung*, cit., p. 180 ss. Uma posição interessante é a de SERICK, que defende a aplicação do § 771, excepto nos casos em que o património do prestador da garantia integrasse apenas o bem fiduciado, admitindo que neste caso o beneficiário da garantia seja tratado como um mero credor pignoratício, por força do § 805 – ROLF SERICK, *Eigentumsvorbehalt*, cit., p. 207 ss.

[119] Assim, MANFRED WOLF, *Sachenrecht,* cit., § 784.

Num cenário em que, na pendência da garantia, os credores do beneficiário requeiram a penhora do bem – o que é pouco provável, dado que, normalmente, a garantia se constitui sem desapossamento (cf. § 808 e 809 da ZPO) –, o prestador da garantia pode, segundo a orientação maioritária, deduzir embargos de terceiro (§ 771 ZPO)([120]).

Já em processo de insolvência, por força do referido princípio de conversão, o beneficiário pode ser reduzido à condição de mero credor pignoratício, dispondo, portanto, de um mero direito de pagamento preferencial (*Absonderungsrecht*) e não de um direito de reivindicação ou de separação do bem (*Aussonderungsrecht*), como competiria a um verdadeiro proprietário ([121]). Esta solução foi durante bastante tempo controvertida ([122]), mas resulta hoje, com clareza, dos

---

([120]) Assim, MANFRED WOLF, *Sachenrecht,* cit., § 795, ROLF SERICK, *Le garanzie mobiliari,* cit., p. 19, DIETRICH REINICKE/KLAUS TIEDTKE, *Kreditsicherung,* cit., § 581, HANSJÖRG WEBER, *Kreditsicherheiten,* cit., p. 178, PETER BÜLLOW, *Recht der Kreditsicherheiten,* cit., § 1270, KARL SCHWAB/ HANNS PRÜTTING, *Sachenrecht,* cit., § 421, ROLF SERICK, *Eigentumsvorbehalt,* cit., p. 213, JÜRGEN OESCHLER, *Sicherungseigentum,* cit., p. 914-915, UWE BLAUROCK/ CLAUDE WITZ, *Les opérations fiduciaires,* cit. p. 244, NORBERT REICH, *Die Sicherungsübereignung,* cit., p. 108 e ANJA FUNK, *Die Sicherungsübereignung,* cit., pp. 184-185. Entre nós, cf. VAZ SERRA, *Cessão,* cit., p. 194 e PESTANA DE VASCONCELOS, *A cessão de créditos em garantia,* cit., p. 205 ss. Para uma exposição da posição minoritária contrária, negadora da possibilidade de o prestador da garantia deduzir embargos de terceiro, ANJA FUNK, *Die Sicherungsübereignung,* cit., p. 186 ss.

([121]) Neste sentido, MANFRED WOLF, *Sachenrecht,* cit., § 784, ULRICH FOERSTE, *Insolvenzrecht,* 4.ª edição, C.H. Beck, Munique, 2008, § 349 e § 371, HANSJÖRG WEBER, *Kreditsicherheiten,* cit., p. 179 ss, DIETRICH REINICKE/KLAUS TIEDTKE, *Kreditsicherung,* cit., § 452, e, sobretudo, § 584 ss, ANJA FUNK, *Die Sicherungsübereignung,* cit., p. 67 ss, HARALD HESS, «Kreditsicherheiten in der Insolvenz», *Die neue Insolvenzordung. Erste Erfahrungen und Tragweite für die Kreditwirtschaft,* Walter de Gruyter, Berlim, Nova Iorque, 2000, (p. 101 ss), p. 118, PETER BÜLLOW, *Recht der Kreditsicherheiten,* cit., § 1247, JÜRGEN OESCHLER, *Sicherungseigentum,* cit., p. 904, MAURO BUSSANI, *Il problema,* cit., nota 54, p. 183, JÜRGEN BAUR/ ROLF STÜRNER, *Sachenrecht,* cit., p. 722, HARM WESTERMANN, *BGB – Sachenrecht,* cit., § 169 c JÖRG GREVIN, *Der Treuhandgedanke,* cit., p. 41 e 53 ss.

([122]) Sob vigência da KO, ROLF SERICK, *Le garanzie mobiliari,* cit., p. 14 ss e, do mesmo autor, *Eigentumsvorbehalt,* cit., p. 266 ss e «Aussonderung, Absonderung und Sicherungstreuhand in einer – abgebrochenen – Bilanz», *50 Jahre Bundesgerichtshof,* AAVV, C.H. Beck, Munique, 2000, vol. III, p. 743 ss, NORBERT REICH, *Die Sicherungsübereignung,* cit., pp. 101-102 e, detalhadamente, ANJA FUNK, *Die Sicherungsübereignung,* cit., p. 36 ss.

termos conjugados do § 50, 1 ([123]) e do § 51, 1 InsO ([124]). Se o administrador da insolvência do prestador dispuser do bem e decidir aliená--lo (§ 166, 1 InsO), o beneficiário da garantia poderá propor formas de venda que lhe sejam mais favoráveis (§ 168, 1 InsO) ([125]).

Na insolvência do beneficiário, é reconhecido ao prestador um *Aussonderungsrecht*, no pressuposto de que o crédito garantido é satisfeito ([126]). Esta solução parece, também, insusceptível de controvérsia à luz do disposto no § 47 da InsO ([127]).

IV. A alienação em garantia não se confunde com o penhor (*Pfandrecht*) ([128]). Desde logo, porque o beneficiário da garantia não recebe

---

([123]) «*Gläubiger, die an einem Gegenstand der Insolvenzmasse ein rechtsgeschäftliches Pfandrecht, ein durch Pfändung erlangtes Pfandrecht oder ein gesetzliches Pfandrecht haben, sind nach Maßgabe der §§ 166 bis 173 für Hauptforderung, Zinsen und Kosten zur abgesonderten Befriedigung aus dem Pfandgegenstand berechtigt*» (§50, 1 InsO).

([124]) «*Den in § 50 genannten Gläubigern stehen gleich: 1) Gläubiger, denen der Schuldner zur Sicherung eines Anspruchs eine bewegliche Sache übereignet oder ein Recht übertragen hat*» (§51, 1 InsO).

([125]) HARALD HESS, *Kreditsicherheiten*, cit., p. 120 ss.

([126]) Nesse sentido, MANFRED WOLF, *Sachenrecht*, cit., § 795, HANSJÖRG WEBER, *Kreditsicherheiten*, cit., pp. 180-181, DIETRICH REINICKE/KLAUS TIEDTKE, *Kreditsicherung*, cit., § 588, PETER BÜLLOW, *Recht der Kreditsicherheiten*, cit., § 1254, ANJA FUNK, *Die Sicherungsübereignung*, cit., p. 71 ss e, sobretudo, p. 130 ss, HARALD HESS, *Kreditsicherheiten*, cit., p. 118, HARM WESTERMANN, *BGB – Sachenrecht*, § 169, ROLF SERICK, *Le garanzie mobiliari*, cit., pp. 19-20 e, do mesmo autor, *Eigentumsvorbehalt*, cit., p. 291, STEFAN GREVIN, *Der Treuhandgedanke*, cit., pp. 41 e 53 e UWE BLAUROCK/ CLAUDE WITZ, *Les opérations fiduciaires*, cit. p. 243. Este direito era já reconhecido sob vigência da KO, embora sem unanimidade – ROLF SERICK, *Le garanzie mobiliari*, pp. 19-20 e nota 5, p. 30 KARL SCHWAB/ HANNS PRÜTTING, *Sachenrecht*, cit., § 421, NORBERT REICH, *Die Sicherungsübereignung*, cit., p. 104, KARL HAEGELE, *Eigentumsvorbehalt*, cit., p. 116, GIUSTO JAEGER, *La separazione*, cit., p. 100 ss. Sobre a polémica acerca da posição do prestador da garantia na insolvência do beneficiário sob vigência da KO, cf. ANJA FUNK, *Die Sicherungsübereignung*, cit., p. 51 ss.

([127]) «*Wer auf Grund eines dinglichen oder persönlichen Rechts geltend machen kann, daß ein Gegenstand nicht zur Insolvenzmasse gehört, ist kein Insolvenzgläubiger. Sein Anspruch auf Aussonderung des Gegenstands bestimmt sich nach den Gesetzen, die außerhalb des Insolvenzverfahrens gelten*» (§ 47 InsO).

([128]) PETER HARTMANN, *Die Sicherungsübereignung*, cit., p. 10 ss.

a posse *directa* do bem. Além disto, na alienação em garantia o credor obtém um *direito de execução exclusivo,* que lhe permite satisfazer o seu crédito sem necessidade de suportar o concurso dos demais credores. O beneficiário da garantia pode até ser equiparado a um credor pignoratício, mas externamente figura como verdadeiro proprietário ([129]).

Atenta às diferenças entre as figuras, a doutrina tem procurado construir um regime jurídico próprio para alienação em garantia, embora sem negar o recurso pontual ao regime jurídico do penhor ([130]). Não se recusa, por exemplo, que na alienação em garantia, incumprida a prestação a que o devedor se obrigara, o beneficiário da garantia possa transmitir a coisa a um terceiro, mediante uma venda em leilão (§§ 1228 e 1233 ss do BGB) ([131]). Seguindo este regime jurídico, o beneficiário receberá o produto da venda do bem apenas até ao limite necessário à satisfação do seu crédito, devolvendo o excedente ao devedor (§1247 do BGB). Naturalmente que o devedor terá interesse numa venda ao melhor preço e, por isso, o beneficiário que permita que o bem seja vendido à margem de um conjunto mínimo de condições (*maxime,* de um preço mínimo) poderá responder pelos danos causados ao prestador ([132]).

([129]) DIETRICH REINICKE/KLAUS TIEDTKE *Kreditsicherung*, cit., § 449.

([130]) Neste sentido, MANFRED WOLF, *Sachenrecht*, cit., § 780, DIETRICH REINICKE/ KLAUS TIEDTKE, *Kreditsicherung*, cit., § 528 ss, HANSJÖRG WEBER, *Kreditsicherheiten*, cit., p. 171, JÜRGEN BAUR/ ROLF STÜRNER, *Sachenrecht*, cit., p. 727, ROLF SERICK, *Eigentumsvorbehalt*, cit., p. 451 ss, PETER BÜLLOW, *Recht der Kreditsicherheiten*, cit., § 1220 ss e JÜRGEN OESCHLER, *Sicherungseigentum*, cit., pp. 912-913.

([131]) Sobre a venda em leilão público no penhor de coisas cf. MANFRED WOLF, *Sachenrecht*, cit., § 838 ss, WALTER GERHARDT, *Mobiliarsachenrecht*, cit., p. 181 ss. O beneficiário da garantia não está, todavia, obrigado a proceder à execução extrajudicial do bem, podendo recorrer a vias executivas judiciais – assim, DIETRICH REINICKE/KLAUS TIEDTKE, *Kreditsicherung*, cit., § 525 e JÜRGEN OESCHLER, *Sicherun gseigentum*, cit., p. 913. Admitindo que o beneficiário da garantia possa penhorar o próprio bem alienado em garantia, JÜRGEN OESCHLER, *Sicherungseigentum*, cit., p. 913.

([132]) Sobre este aspecto, DIETRICH REINICKE/KLAUS TIEDTKE, *Kreditsicherung*, cit., § 536.

V. Segundo a opinião dominante, na *Sicherungsübereignung* a garantia é autónoma da obrigação principal [133]. Por força do princípio da abstracção (*Abstraktionsprinzip*), o negócio real de execução (*dingliche Einigung*), de carácter abstracto, pode ser válido apesar da invalidade do negócio obrigacional, sem prejuízo das regras do enriquecimento sem causa (§ 812 ss do BGB) [134].

Do carácter autónomo resulta que o prestador da garantia não pode opor qualquer excepção relativa à obrigação garantida para impedir ou dificultar a execução da garantia. Esta circunstância reflecte-se, ainda, no facto de a cessão da obrigação garantida não transferir a propriedade para o cessionário, bem como na circunstância de a retransmissão da propriedade (*Rückübereignung*) não operar automaticamente com o cumprimento da obrigação garantida, salvo nos casos de transmissão resolutivamente condicionada [135].

A *Sicherungsübereignung* é, segundo a concepção mais divulgada, um negócio fiduciário [136]. Trata-se, porém, de uma matriz fiduciária

---

[133] Cf. ROLF SERICK, *Le garanzie mobiliari*, cit., p. 26, DIETRICH REINICKE/ /KLAUS TIEDTKE, *Kreditsicherung*, cit., § 454 e, sobretudo, § 508 ss. MANFRED WOLF, *Sachenrecht*, cit., § 779 e § 781, HANSJÖRG WEBER, *Kreditsicherheiten*, cit., p. 166, PETER BÜLLOW, *Recht der Kreditsicherheiten*, cit., § 1146 ss, em especial § 1147, JÜRGEN OESCHLER, *Sicherungseigentum*, cit., pp. 893 ss e JÜRGEN BAUR/ ROLF STÜRNER, *Sachenrecht*, cit., p. 710. Referindo-se à posição (minoritária) contrária, cf. DIETRICH REINICKE/KLAUS TIEDTKE, *Kreditsicherung*, cit., §§ 510 e 511.

[134] HANSJÖRG WEBER, *Kreditsicherheiten*, cit., p. 166. Como forma de contornar este efeito, as partes podem ligar o negócio de garantia à obrigação garantida, mediante uma condição suspensiva, nos termos da qual a alienação em garantia só produza efeitos com a certeza da existência e da validade da relação obrigacional garantida – cf. DIETRICH REINICKE/KLAUS TIEDTKE, *Kreditsicherung*, cit., § 455 e § 476.

[135] REINICKE/KLAUS TIEDTKE, *Kreditsicherung*, cit., § 477, PETER BÜLLOW, *Recht der Kreditsicherheiten*, cit., § 1183 e § 1094, MANFRED WOLF, *Sachenrecht*, cit., §§ 779 e 780.

[136] Neste sentido, MANFRED WOLF, *Sachenrecht*, cit., § 53, ROLF SERICK, *Le garanzie mobiliari*, cit., pp. 7 e 16 ss, HANSJÖRG WEBER, *Kreditsicherheiten*, cit., pp. 165-166, DIETRICH REINICKE/KLAUS TIEDTKE, *Kreditsicherung*, cit., § 449 JÜRGEN BAUR/ ROLF STÜRNER, *Sachenrecht*, cit., p. 726, HARM WESTERMANN, *BGB – Sachenrecht*, cit., § 150 ss, JÜRGEN OESCHLER, *Sicherungseigentum*, cit., pp. 888, 904-905 e 909, NORBERT REICH, *Die Sicherungsübereignung*, cit., p. 63, STEFAN GREVIN, *Der Treuhandgedanke*, cit., p. 31 e PETER HARTMANN, *Die Sicherungsübereignung*, cit., p. 23.

romana, não se exigindo, como no *tradicional* negócio fiduciário germânico, que a transmissão da propriedade fique subordinada à condição resolutiva do cumprimento da obrigação garantida. Como vimos, os riscos fiduciários do prestador têm sido fortemente atenuados, quer por via do tratamento que lhe é dispensado quanto à defesa do bem na pendência da garantia (v.g. perante uma penhora ou em acção de insolvência do beneficiário), quer, ainda, em virtude dos efeitos do princípio *posse vale título*, em que assenta o sistema germânico de transmissão da propriedade.

VI. A propriedade em garantia, em geral, tem sofrido adaptações, em função das necessidades do comércio jurídico. Surgem, assim, utilizações especiais, como a alienação em garantia alargada ou horizontalmente ampliada (*erweiterte Sicherungsübereignung*) e a alienação em garantia prolongada ou verticalmente ampliada (*verlängerte Sicherungsübereignung*)[137]. É ainda frequente a alienação em garantia de armazéns de mercadorias ou de conjuntos de coisas que se encontrem em determinada localização (*Raumsicherungsübereignung*)[138].

Sempre que haja uma *ampliação horizontal*, a garantia deixa de se associar a um crédito individualizado para garantir um conjunto amplo de créditos, resultantes de diversas relações comerciais entre as partes. A *garantia prolongada*, por seu turno, destina-se a permitir uma adaptação da segurança do crédito ao dinamismo produtivo e comercial. Exprime-se, por vezes, mediante a introdução de uma cláusula de transformação, de acordo com a qual se autoriza o prestador a modificar a matéria-prima alienada em garantia, ficando o produto final a servir de bem de garantia, através de sub-rogação real[139]. Outras vezes, as partes estabelecem que o prestador fica autorizado a vender

---

[137] Sobre estas manifestações, ROLF SERICK, *Le garanzie mobiliari*, cit., p. 37 ss e p. 126 ss, DIETRICH REINICKE/KLAUS TIEDTKE *Kreditsicherung*, cit., § 465 ss, STEFAN GREVIN, *Der Treuhandgedanke*, cit., p. 45 e JÜRGEN OESCHLER, *Sicherungseigentum*, cit., p. 899-900. Entre nós, cf. MENEZES LEITÃO, *Garantias*, cit., pp. 49-50.

[138] Cf. HANSJÖRG WEBER, *Kreditsicherheiten*, cit., p. 161 ss, DIETRICH REINICKE/ KLAUS TIEDTKE, *Kreditsicherung*, cit., § 465 ss e JÜRGEN OESCHLER, *Sicherungseigentum*, cit., pp. 896-897.

[139] Assim, ROLF SERICK, *Le garanzie mobiliari*, cit., pp. 38-39 e 55 ss.

o bem alienado em garantia (cf. § 185, 1 do BGB), em troca da cessão antecipada do crédito resultante desta alienação ([140]).

Alguns desequilíbrios registados quanto a estas formas especiais de garantia têm sido corrigidos mediante o recurso ao princípio da nulidade dos negócios jurídicos contrários aos bons costumes (cf. § 138, 1 e 2 do BGB). A convocação do regime jurídico do § 138 tem ocorrido em casos de sobregarantia (*Übersicherung*) ([141]), de limitação abusiva da liberdade económica do devedor (*Knebelung*) ([142]), de condutas susceptíveis de lesar gravemente os interesses dos demais credores (*Gläubigergefährdung*) ([143]) e, ainda, de perturbações insolvenciais, como a chamada *Insolvenz Konkursverschleppung* ([144]).

([140]) Assim, STEFAN GREVIN, *Der Treuhandgedanke*, cit., p. 45, DIETRICH REINICKE/KLAUS TIEDTKE, *Kreditsicherung*, cit., § 465 ss, JÜRGEN OESCHLER, *Sicherungseigentum*, cit., p. 899-900 e ROLF SERICK, *Le garanzie mobiliari*, cit., p. 39 e p.57 ss.

([141]) Sobre este problema, cf. MANFRED WOLF, *Sachenrecht*, cit. § 786 ss, DIETRICH REINICKE/KLAUS TIEDTKE, *Kreditsicherung*, cit., § 550 ss, ROLF SERICK, *Eigentumsvorbehalt*, cit., p. 93 ss, WALTER GERHARDT, *Mobiliarsachenrecht*, cit., p. 152, JÜRGEN BAUR/ ROLF STÜRNER, *Sachenrecht*, cit., p. 715 ss, PETER BÜLLOW, *Recht der Kreditsicherheiten*, cit., § 1106 ss, HARM WESTERMANN, *BGB – Sachenrecht*, cit., § 171 ss, JÜRGEN OESCHLER, *Sicherungseigentum*, cit., p. 904 ss, KARL SCHWAB/ HANNS PRÜTTING, *Sachenrecht*, cit., § 420 ss, ALBINA CANDIAN, *Le garanzie mobiliari*, cit., p. 268 ss e CASSANDRO SULPASSO, «Riserva prolungata della proprietà e cessione globale dei crediti di impresa: il modelo tedesco en Francia», *GC*, 19.5, 1999, (p., pp. 767 e 778.

([142]) Corresponde a casos em que o contrato de garantia limita, de modo excessivo, a liberdade económica do devedor, sujeitando-o às suas directivas, privando-o de liberdade económica e expondo-o a abusos por parte do credor. Sobre a figura, JÜRGEN BAUR/ ROLF STÜRNER, *Sachenrecht*, cit., p. 714, MAURO BUSSANI, *Il problema*, cit., p. 190, KARL SCHWAB/ HANNS PRÜTTING, *Sachenrecht*, cit., § 416, DIETRICH REINICKE/ KLAUS TIEDTKE, *Kreditsicherung*, cit., § 573, ROLF SERICK, *Eigentumsvorbehalt*, cit., pp. 98-99, PETER BÜLLOW, *Recht der Kreditsicherheiten*, cit., §§ 1130 e 1131, CASSANDRO SULPASSO, *Riserva prolungata*, cit., p. 777, ALBINA CANDIAN, *Le garanzie mobiliari*, cit., p. 269 e NORBERT REICH, *Die Sicherungsübereignung*, cit., p. 132 ss.

([143]) Assim, DIETRICH REINICKE/KLAUS TIEDTKE, *Kreditsicherung*, cit., § 474, JÜRGEN BAUR/ ROLF STÜRNER, *Sachenrecht*, cit., p. 725 ss, ROLF SERICK, *Eigentumsvorbehalt*, cit., p. 97, PETER BÜLLOW, *Recht der Kreditsicherheiten*, cit., § 1132, KARL SCHWAB/ HANNS PRÜTTING, *Sachenrecht*, cit. § 416, NORBERT REICH, *Die Sicherungsübereignung*, cit., p. 123 ss e MAURO BUSSANI, *Il problema*, cit., p. 197 ss.

([144]) Trata-se, em regra, de uma situação em que o beneficiário da garantia concede ao devedor um crédito adicional, com o fim de atrasar o início de um processo de insolvência. Sobre a figura, MANFRED WOLF, *Sachenrecht*, cit., § 791, PETER BÜLLOW, *Recht der Kreditsicherheiten*, cit., § 1133 e MAURO BUSSANI, *Il problema*, cit., p. 196.

VII. Para além da *Sicherungsübereignung*, é de destacar a cessão de créditos em garantia (*Sicherungsabtretung von Forderungen*), que constitui uma alternativa ao penhor de créditos ([145]).

Na cessão de créditos em garantia (*Sicherungsabtretung* ou *Sicherungszession*), há uma transmissão de um crédito cedente para o cessionário, com finalidade de garantia ([146]). À semelhança do que se passa com a alienação em garantia, a doutrina dominante tem reconhecido a matriz fiduciária deste negócio ([147]).

Quanto ao regime jurídico aplicável, a cessão de créditos em garantia sujeita-se às disposições previstas no contrato de garantia (*Sicherungsvertrag*), subordinando-se, ainda em vários aspectos, à disciplina jurídica prevista para a cessão de créditos no Código Civil alemão (§ 398 ss do BGB). Ora, no sistema germânico, o acordo de transmissão do crédito, de carácter causal (*Abtretung*), distingue-se da transmissão (*Übertragung*), cujo carácter abstracto justifica que os vícios do negócio base não afectem a transferência da titularidade do crédito (§ 398 do BGB). A cessão de créditos opera por mero efeito do contrato e dispensa a notificação do devedor cedido, afastando-se tanto do regime do penhor como, em certa medida, da regra geral quanto à transmissão da propriedade de coisas móveis. Não obstante, se o devedor, desconhecendo a cessão, realizar a prestação debitória

---

([145]) Sobre a cessão de créditos em garantia na Alemanha, cf., na doutrina recente, DIETRICH REINICKE/KLAUS TIEDTKE, *Kreditsicherung*, cit., § 590 ss, ROLF SERICK, *Le garanzie mobiliari*, cit., em especial p. 91 ss, PETER BÜLLOW, *Recht der Kreditsicherheiten*, cit., § 1366 ss, HANS-JÜRGEN LWOWSKI, *Das Recht das Kreditsicherung*, cit., § 680 ss, JÜRGEN BAUR/ ROLF STÜRNER, *Sachenrecht*, cit., p. 730 ss, CLAUDE WITZ, *Les transferts fiduciaires,* cit., p. 61 ss, STEFAN GREVIN, *Der Treuhandgedanke*, cit., p. 112 ss, ELEANOR CASHIN-RITAINE, *Les cessions contractuelles de créances de sommes d'argent dans les relations civiles et commerciales franco-allemandes*, LGDJ, Paris, 2001, p. 359 ss e ARANDA RODRÍGUEZ, *La prenda de créditos*, cit., p. 54 ss. Entre nós, PESTANA DE VASCONCELOS, *A cessão de créditos em garantia*, cit., nota 735, p. 376.

([146]) GANTER, «Sicherungsabtretung», em Herbert Schimansky/ Hermann-Josef Bunte/Hans-Hürgen Lwowski, *Bankrechts – Handbuch*, C. H. Beck, Munique, 1997, p. 2375.

([147]) Nesse sentido DIETRICH REINICKE/KLAUS TIEDTKE, *Kreditsicherung*, cit., § 592, GANTER, *Sicherungsabtretung*, cit., p.p 2377-2378 e CLAUDE WITZ, *Les transferts fiduciaires*, cit., pp. 77-78.

perante o cedente, este acto é eficaz em relação ao cessionário. Os negócios celebrados entre o cedente e o devedor relativos ao crédito cedido também são oponíveis ao cessionário, salvo se o devedor sabia da cessão do crédito no momento da celebração do negócio jurídico (§ 407, I do BGB)[148]. Deve ainda notar-se que, de acordo com o disposto no § 408, I, do BGB, a regra prevista no § 407 do BGB é aplicável, por analogia, aos casos de pluralidade de cessões de um mesmo crédito.

O BGB estabelece alguns requisitos de certeza quanto à notificação ao devedor cedido (*Abtretungsanzeige*), estabelecendo, como via preferencial, a notificação por escrito realizada pelo cedente. Por isso, se o cedente tiver notificado o devedor, este é obrigado a considerar que a cessão do crédito operou, mesmo que não tenha ocorrido ou seja ineficaz (§ 409, I do BGB).

O devedor cedido pode recusar o cumprimento da obrigação perante o cessionário até que a cessão lhe seja notificada por escrito pelo cedente ou até que o cessionário lhe entregue o documento da cessão (§ 410, 1 e 2 do BGB). Deste modo, o sistema alemão introduz uma segurança adicional permitindo, simultaneamente, dispensar o devedor de quaisquer deveres de verificação da existência e/ou da validade da cessão. Acresce que, legalmente, o cedente está obrigado a disponibilizar ao cessionário a informação necessária ao exercício do direito de crédito, assim como a entregar os documentos que provem o crédito e que se encontrem em seu poder (§ 402 do BGB).

A circunstância de a cessão de créditos em garantia suprimir a notificação do devedor cedido, enquanto condição *constitutiva* do negócio, criou condições para que, desde cedo, esta garantia constituísse uma alternativa aliciante ao penhor de créditos (cf. § 1280 do BGB).

---

[148] «*Der neue Gläubiger muss eine Leistung, die der Schuldner nach der Abtretung an den bisherigen Gläubiger bewirkt, sowie jedes Rechtsgeschäft, das nach der Abtretung zwischen dem Schuldner und dem bisherigen Gläubiger in Ansehung der Forderung vorgenommen wird, gegen sich gelten lassen, es sei denn, das der Schuldner die Abtretung bei der Leistung oder der Vornahme des Rechtsgeschäft kennt*» – § 407, 1 do BGB.

A cessão de créditos em garantia germânica pode revestir a forma de *Mantelzession* ou de *Globalzession*([149]). Na *Mantelzession*, a cessão incide sobre créditos existentes ou nascentes à data da cessão, operando em dois momentos: o da celebração do contrato-quadro e o da entrega pelo cedente de cópias de facturas ou documentos relativos ao crédito. Já na *Globalzession* trata-se de uma cessão actual de créditos determinados, presentes e futuros, operante no próprio momento da celebração do contrato. Esta segunda via tem sido preferida, porque é mais eficaz (e menos onerosa), permitindo concentrar num só acto o efeito pretendido.

VIII. A cessão de créditos em garantia tem sido compreendida enquanto negócio *autónomo* da obrigação garantida([150]). Daqui resulta, entre outras circunstâncias, que o crédito cedido não se retransmite automaticamente ao cedente, uma vez cumprida a obrigação garantida([151]).

De um modo geral, as regras aplicáveis quanto à posição jurídica das partes no concurso de credores não apresentam desvios significativos perante as orientações gerais já identificadas quanto à alienação em garantia de coisas corpóreas. Assim, em caso de insolvência do cessionário, a doutrina maioritária preconiza que o cedente tem o direito de separar o crédito da massa falida (§ 47 da InsO)([152]). Mas, em processo de insolvência do cedente, entende-se que o cessionário deve ser equiparado a um credor pignoratício (§ 51,1 InsO)([153]).

([149]) Sobre estas figuras, veja-se PETER BÜLLOW, *Recht der Kreditsicherheiten*, cit., §§ 1423 e 1424, GANTER, *Sicherungsabtretung*, cit., pp. 2389-2391, ROLF SERICK, *Le garanzie mobiliari*, cit., p. 128 ss, CLAUDE WITZ, *Les transferts fiduciaires*, cit., pp. 62-63, UWE BLAUROCK/ CLAUDE WITZ, *Les opérations fiduciaires,* cit. p. 231, ENRICO GABRIELLI, *I Diritti reali*, cit., p. 37, CASSANDRO SULPASSO, *Riserva prolungata*, nota 6, pp. 761-762, ANNA VENEZIANO, *Le garanzie mobiliari non possessorie. Profili di Diritto comparato e di Diritto del commercio internazionale*, Giuffrè, Milão, 2000, p. 69 ss e ELEANOR CASHIN-RITAINE, *Les cessions contractuelles*, cit., pp. 390 ss.

([150]) Nesse sentido, DIETRICH REINICKE/KLAUS TIEDTKE, *Kreditsicherung*, cit., § 593, MANFRED WOLF, *Sachenrecht*, § 797, ROLF SERICK, *Le garanzie mobiliari*, cit., p. 43 ss e 85-86, CLAUDE WITZ, *Les transferts fiduciaires*, cit., p. 64 e MAURO BUSSANI, *Il problema*, cit., p. 171 ss.

([151]) ELEANOR CASHIN-RITAINE, *Les cessions contractuelles*, cit., p. 384.

([152]) KARL LARENZ, *Lehrbuch*, cit., p. 595.

([153]) *Idem*, p. 595.

Também em acção executiva, reconhecem-se direitos análogos ao cessionário em garantia e ao cedente, podendo ambos opor-se à penhora do direito([154]). Assim, se os credores do beneficiário da garantia quiserem agir sobre o seu património, o prestador da garantia pode fazer valer os embargos de terceiro (§§771 da ZPO), desde que ainda não se tenha verificado o vencimento da obrigação garantida([155]).

4. O caso francês: referência à consagração legal do negócio fiduciário de garantia na Lei 2007-211, de 19 de Fevereiro, e aos seus antecedentes

I. Durante muito tempo, o sistema francês de garantias resistiu ao reconhecimento da validade da alienação em garantia, menosprezando, em geral, as construções fiduciárias([156]). Essa *reacção alérgica* explicava-se em virtude de duas ordens de preocupações([157]). Por um lado, as exigências dos princípios de *numerus clausus* das garantias reais – *pas de sûreté réelle sans texte* – e de publicidade das garantias. Por outro lado, o receio de uma generalização dos riscos associados a uma garantia que priva o devedor do poder de disposição do bem([158]).

([154]) Neste sentido, pode ver-se Dietrich Reinicke / Klaus Tiedtke, *Kreditsicherung*, cit., §§ 648 e 649 e Karl Larenz, *Lehrbuch*, cit., p. 595.

([155]) Assim, Dietrich Reinicke/Klaus Tiedtke, *Kreditsicherung*, cit., § 648 e Karl Larenz, *Lehrbuch*, cit., p. 595.

([156]) Michel Cabrillac / Christian Mouly, *Droit des sûretés*, 6.ª edição, Litec, Paris, 2002, p. 535 ss, Claude Witz, *Les transferts fiduciaires,* cit., p. 83 ss, Dominique Schmidt/Claude Witz/ Jean-Louis Bismuth, «Les opérations fiduciaires en Droit français», em *Les opérations fiduciaires (pratiques, validité, régime juridique dans plusieurs pays européens et dans le commerce international)*, Aavv, dir. Claude Witz, LGDJ, Paris, 1985, (p. 305 ss), p. 306, Jean-François Riffard, «Propriété et garantie: faut-il destituer la reine des sûretés ?», *Repenser le Droit des sûretés mobilières*, AAVV, dir. Marie-Élodiel Ancel, LGDJ, Paris, 2005, p. 29 ss, Eugenio Maria Mastropaolo, «La fiducie nel Diritto positivo francese», *RDC*, 2000, parte II, p. 35 ss.

([157]) Assim, Michel Cabrillac/Christian Mouly, *Droit des sûretés,* cit., p. 535.

([158]) Cf. Laurent Aynès/ Pierre Crocq, *Les suretés. La publicité foncière*, Defrénois, Paris, 2003, p. 305 ss.

Neste quadro, foi frequente a qualificação forçada da alienação em garantia de coisas corpóreas como penhor ineficaz, por falta de desapossamento, ou nulo, por contrário à proibição do pacto comissório ([159]).

II. Todavia, na década de oitenta do século vinte que surgem claras manifestações de abertura quanto ao reconhecimento de negócios de alienação em garantia ([160]). É de destacar o papel desempenhado pelo regime jurídico consagrado pela lei *Dailly*, de 2 de Janeiro de 1981, relativa à cessão de créditos de pessoas colectivas ou de créditos emergentes da actividade profissional de pessoas singulares em benefício de uma instituição de crédito, entretanto integrada no *Code monétaire et financier*, aprovado pela *Ordonnance* 2000/1223, de 14 de Dezembro de 2000 ([161]).

O sistema da *céssion Dailly* assenta no *borderau*, que consiste num documento escrito emitido pelo cedente, mas não impõe uma notificação da cessão ao devedor ([162]). A transmissão plena do direito para o cessionário verifica-se na data referida no *borderau*, com independência de quaisquer outras vicissitudes (L 313-27 do CMF). Quer dizer que, a partir daquele momento, a cessão produz efeitos perante as partes, perante o devedor cedido e, também, perante terceiros (nomeadamente credores do cedente e do cessionário) ([163]).

([159]) CLAUDE WITZ, *Les transferts fiduciaires*, cit., p. 59, DOMINIQUE SCHMIDT/ CLAUDE WITZ/ JEAN-LOUIS BISMUTH, *Les opérations fiduciaires*, cit., pp. 307-308, JEAN-FRANÇOIS RIFFARD, *Le Security interest*, cit., p. 92.

([160]) Na doutrina, é de salientar a obra de Claude Witz, *La fiducie en droit français*, de 1981.

([161]) Sobre a lei *Dailly* pode ver-se PIERRE CROCQ, *Propriété et garantie*, cit., p. 27 ss e p. 129 ss, PHILIPPE SIMLER/PHILIPPE DELEBECQUE, *Droit civil. Les süretés. La publicité foncière*, 4.ª edição, Dalloz, Paris, 2004, p. 541 ss, DOMINIQUE SCHMIDT/ CLAUDE WITZ/ JEAN-LOUIS BISMUTH, *Les opérations fiduciaires*, cit., p. 307 e p. 325, CLAUDE WITZ, *Les transfers fiduciaires,* cit., p. 68 ss, LAURENT AYNES/ PIERRE CROCQ, *Les surêtés*, cit., p. 219 ss e, entre nós, MENEZES LEITÃO, *Cessão de créditos*, cit., p. 206 ss.

([162]) PIERRE CROCQ, *Propriété et garantie*, cit., p. 293 e p. 301.

([163]) Este aspecto favorece o carácter oculto da garantia e tem, por isso, sido criticado pela doutrina – cf., por todos, DOMINIQUE LEGEAIS, *Sûretés et garanties du crédit*, 5.ª edição, LGDJ, Paris, 2006, pp. 503-504.

O pagamento pelo devedor ao cedente pode ser proibido, desde que o devedor seja notificado (L 313-28), mas também nada impede que o devedor se vincule a pagar directamente ao cessionário (L 313-29 do CMF).

A cessão de créditos em garantia conta, ainda, com uma garantia adicional: o cedente garante solidariamente o pagamento dos créditos cedidos (L 313-24 do CMF).

III. Em 2005, foi publicado o relatório do grupo de trabalho constituído tendo em vista a reforma do Direito das Garantias, presidido por MICHEL GRIMALDI. Este documento veio considerar que a importância económica da alienação em garantia justifica o respectivo reconhecimento legal, enquanto alternativa ao penhor, o que veio, de facto a suceder[164]. A 19 de Fevereiro de 2007, a Lei n.º 2007-211 veio consagrar e estabelecer os principais aspectos de regime jurídico dos negócios fiduciários, de administração ou de garantia, conferindo uma nova redacção ao título XIV do Livro III do Código Civil francês[165].

Assim, actualmente, de acordo com o artigo 2011.º do *Code Civil* «*a fidúcia é a operação pela qual um ou vários constituintes transferem bens, direitos ou garantias, ou conjuntos de bens, direitos ou garantias, presentes ou futuros, a um ou vários fiduciários que, tendo--os separados do seu próprio património, ajam com um fim determinado em benefício de um ou de vários beneficiários*». Nestes moldes, o fiduciante transfere a titularidade de um bem ou de um direito a um fiduciário, podendo fazê-lo em benefício de um terceiro (beneficiário) ou do próprio fiduciário.

Tem-se entendido que a garantia do cumprimento de uma obrigação é um dos fins possíveis deste negócio fiduciário[166]. A fidúcia--garantia pode ser estabelecida pela lei ou pelo contrato, desde que

---

[164] *Groupe de Travail relativ à la réforme du Droit des Sûretés. Rapport a Monsieur Dominique Preben, Garde des Sceaux, Ministre de la Justice*, Paris, 2005, p. 14.

[165] Sobre as tentativas anteriores de consagração da fidúcia, cf. EUGENIO MARIA MASTROPAOLO, *La fiducie*, cit., p. 52 ss.

[166] MICHEL CABRILLAC/ CHRISTIAN MOULY/ SÉVERINE CABRILLAC/ PHILIPPE PÉTEL, *Droit des sûretés*, 8.ª edição, Litec, Paris, 2007, p. 396.

expressa (artigo 2012.º). Para além das restrições subjectivas quanto à qualidade das partes (artigos 2013.º e seguintes), procedeu-se à fixação de uma série de elementos essenciais do contrato fiduciário, sob pena de nulidade (artigo 2018.º)([167]).

A lei exige, assim, um certo conteúdo mínimo do negócio de alienação em garantia, discriminando um conjunto de elementos cuja preterição importará a nulidade do próprio contrato. Assim, o contrato deve prever os bens, direitos ou garantias transferidos, a duração do contrato (até um limite máximo de 30 anos a contar da data da respectiva assinatura), a identidade do fiduciante, do fiduciário e do beneficiário da garantia, as funções atribuídas ao fiduciário e, finalmente, a extensão dos respectivos poderes de administração e de disposição. Exige-se ainda, sob pena de nulidade, o registo do contrato fiduciário no prazo de um mês contado da data do contrato prevendo-se a constituição de um registo nacional de fidúcias (artigo 2019.º).

Na vigência do contrato, os bens fiduciários constituem um património distinto da restante massa patrimonial do fiduciário, não podendo, em regra, ser objecto de penhora pelos credores deste (artigo 2025.º), nem ser englobados na massa insolvente do mesmo (artigo 2024.º)([168]).

A lei modela ainda o conteúdo da relação entre as partes na pendência do negócio fiduciário. Assim, para além do disposto no contrato, o fiduciário está adstrito a certos deveres legais. Em particular, deve prestar contas ao fiduciante (artigo 2022.º) e é responsável pelos ilícitos (*fautes*) que pratique no exercício da actividade fiduciária (artigo 2026.º).

([167]) De acordo com o referido artigo 2018.º: «*Le contrat de fiducie détermine, à peine de nullité: 1.º Les biens, droits ou sûretés transférés. S'ils sont futurs, ils doivent être déterminables; 2º La durée du transfert, qui ne peut excéder trente-trois ans à compter de la signature du contrat; 3º L'identité du ou des constituants; 4º L'identité du ou des fiduciaires; 5º L'identité du ou des bénéficiaires ou, à défaut, les règles permettant leur désignation; 6º La mission du ou des fiduciaires et l'étendue de leurs pouvoirs d'administration et de disposition*».

([168]) MICHEL CABRILLAC/ CHRISTIAN MOULY/ SÉVERINE CABRILLAC/ PHILIPPE PÉTEL, *Droit des sûretés*, p. 397.

5. A *Collateral Directive* e a sua transposição

I. A aceitação da alienação em garantia enquanto garantia alternativa ao penhor é fortemente apoiada pelas soluções acolhidas no plano do Direito Comunitário.

Na sequência da Directiva 98/26/CE, do Parlamento Europeu e do Conselho, de 19 de Maio de 1998 (relativa ao carácter definitivo da liquidação nos sistemas de pagamentos e liquidação de valores mobiliários), a Directiva 2002/47/CE do Parlamento Europeu e do Conselho, de 6 de Junho de 2002, também conhecida por *Collateral Directive*, veio consagrar os princípios ordenadores dos contratos de garantia financeira, procurando criar condições necessárias para o aprofundamento da integração dos mercados financeiros comunitários ([169]).

Esta directiva aplica-se aos acordos de garantia financeira com transferência de titularidade, definidos como «*acordo [s], incluindo os acordos de recompra, ao abrigo do [s] qual [is] o prestador da garantia transfere a propriedade da garantia financeira para o beneficiário da garantia a fim de assegurar a execução das obrigações financeiras cobertas ou de as cobrir de outra forma*». Segundo CANDIAN, o carácter inovador de instrumento de Direito comunitário derivado reside em três aspectos: na eliminação das formalidades quanto à constituição de uma garantia oponível *erga omnes*, no *regime insolvencial especial* e, finalmente, no afastamento da proibição do pacto comissório ([170]). Acrescentaríamos um quarto elemento: o reconhecimento *legal* dos chamados *acordos de garantia financeira com transferência da propriedade*.

II. A Directiva é composta por cinco partes: escopo e âmbito (artigos 1.º e 2.º), regras substantivas (artigos 3.º a 6.º), regras de

---

([169]) Os respectivos trabalhos preparatórios tiveram início na sequência do «Plano de Acção da Comissão Europeia», de 11 de Maio de 1999, e no âmbito do «*Forum Group of Collateral*», formado em Outubro de 1999.

([170]) Nesse sentido, ALBINA CANDIAN, «La directiva núm. 2002/47 en materia de garantías financieras: el futuro de las garantías reales mobiliarias en Europa?», *Garantías reales mobiliarias en Europa*, Marcial Pons, Madrid, 2006, (p. 231 ss), pp. 233-234.

direito da insolvência (artigos 7.º e 8.º), lei aplicável (artigo 9.º) e matérias procedimentais (artigos 10.º a 13.º)([171]). Um dos seus objectivos foi, conforme se pode ler no preâmbulo, «*proteger a validade dos acordos de garantia financeira baseados na transferência da plena propriedade da garantia financeira, por exemplo, através da eliminação da requalificação desses acordos de garantia financeira (incluindo os acordos de recompra) como penhores de títulos*».

Tendo por objecto os acordos de garantia financeira e as próprias garantias financeiras (cf. artigo 1.º, n.º 1)([172]), a Directiva delimitou o respectivo âmbito de aplicação a um conjunto de entidades indicadas n.º 2 do artigo 1.º([173]) e definiu o objecto da garantia financeira como numerário ou instrumentos financeiros (artigo 1.º, n.º 4).

([171]) Sobre os principais aspectos de regime jurídico desta Directiva, pode ver-se FILIPPO BAGGIO/GIUSEPPE REBECCA, *Il pegno di strumenti finanziari, di azioni e quote*, Giuffrè, Milão, 2005, p. 159 ss, ENRICO GABRIELLI, *I diritti reali*, cit., p. 66 ss, EUGENIO MARIA MASTROPAOLO, «La nuova normativa europea sui contratti di garanzia finanziaria (direttiva 2002/47/CE del 6 Giugno 2002)», *RDCom*, 2003, parte I, p. 519 ss, ALESSANDRA GROSSI, «La direttiva 2002/47/CE sui contratti di garanzia finanziaria», *EDP*, 1/2004, p. 249 ss. Veja-se, ainda, a apreciação crítica de ROY GOODE, *Legal problems*, cit., p. 228 ss.

([172]) A Directiva incorpora um artigo relativo à definição dos principais conceitos convocados pelo regime jurídico em apreço (artigo 2.º). Assim, e para efeitos da directiva, entendeu-se que acordo de garantia financeira é «*um acordo de garantia financeira com transferência da titularidade ou um acordo de garantia financeira com constituição de penhor, quer estes acordos estejam ou não cobertos por um acordo principal ou por condições e termos gerais*».

([173]) Segundo este preceito, na versão portuguesa da Directiva, «*o beneficiário e o prestador da garantia devem pertencer a uma das seguintes categorias: a) uma entidade pública, excluindo as empresas que beneficiam de garantia estatal, excepto se forem abrangidas pelas alíneas b) a e), incluindo: (i) organismos do sector público dos Estados-Membros responsáveis pela gestão da dívida pública ou que intervenham nesse domínio, e (ii) organismos do sector público dos Estados-Membros autorizados a deter contas de clientes; b) um banco central, o Banco Central Europeu, o Banco de Pagamentos Internacionais, um banco multilateral de desenvolvimento tal como definido no n.º 19 do artigo 1.º da Directiva 2000/12/CE do Parlamento Europeu e do Conselho, de 20 de Março de 2000, relativa ao acesso à actividade das instituições de crédito e ao seu exercício, o Fundo Monetário Internacional e o Banco Europeu de Investimento; c) uma instituição financeira sujeita a supervisão prudencial, incluindo: (i) uma instituição de crédito tal como definida no n.º 1 do artigo 1.º da Directiva 2000/12 /CE, incluindo as instituições enumeradas no n.º 3 do artigo 2.º da mesma directiva, (ii) uma empresa de investimento, tal*

A directiva exige que a garantia financeira tenha sido prestada e que esta circunstância possa ser provada mediante documento escrito ou «*de forma juridicamente equivalente*» (artigo 1.º, n.º 5 e artigo 3.º, n.º 2)([174]). É, porém, estabelecido que «*os Estados-Membros não*

---

como definida no n.º 2 do artigo 1.º da Directiva 93/22/CEE do Conselho, de 10 de Maio de 1993, relativa aos serviços de investimento no domínio dos valores mobiliários, (iii) uma instituição financeira tal como definida no n.º 5 do artigo 1.º da Directia 2000/12/CE, (iv) uma empresa de seguros tal como definida na alínea a) do artigo 1.º da Directiva 92/49/CEE do Conselho, de 18 de Junho de 1992, relativa à coordenação das disposições legislativas, regulamentares e administrativas respeitantes ao seguro directo não-vida e uma empresa de seguros de vida tal como definida na alínea a) do artigo 1.º da Directiva 92/96/CEE do Conselho, de 10 de Novembro de 1992, que estabelece a coordenação das disposições legislativas, regulamentares e administrativas relativas ao seguro directo vida, (v) um organismo de investimento colectivo em valores mobiliários (OICVM) tal como definido no n.º 2 do artigo 1.º da Directiva 85/611/CEE do Conselho, de 20 de Dezembro de 1985, que coordena as disposições legislativas regulamentares e administrativas respeitantes a alguns organismos de investimento colectivo em valores mobiliários (OICVM), (vi) uma sociedade de gestão tal como definida no n.º 2 do artigo 1.º-A da Directiva 85/611/CEE; d) uma contraparte central, um agente de liquidação ou uma câmara de compensação, tal como definidos respectivamente nas alíneas c) e d) do n.º 2 do artigo 2.º da Directiva 98/26/CE, incluindo instituições similares regulamentadas no âmbito da legislação nacional que operem nos mercados de futuros e de opções e nos mercados de instrumentos derivados não abrangidos por essa directiva, e uma pessoa que não seja uma pessoa singular, que aja na sua qualidade de fiduciário ou de representante por conta de uma ou mais pessoas, incluindo quaisquer detentores de obrigações ou de outras formas de títulos de dívida, ou qualquer instituição tal como definida nas alíneas a) a d), e) uma pessoa que não seja uma pessoa singular, incluindo as empresas não constituídas em sociedade e os agrupamentos, desde que a outra parte seja uma instituição, tal como definida nas alíneas a) a d)». O projecto inicial de harmonização proposto pela Comissão era mais exigente. No final do processo de co-decisão, o âmbito de aplicação do diploma veio a alargar-se, passando a abranger quaisquer pessoas colectivas, desde que tenham por contraparte uma das entidades referidas. Porém, deve notar-se que, de acordo com o n.º 3 do artigo 1.º, «*Os Estados-Membros podem excluir do âmbito de aplicação da presente directiva os acordos de garantia financeira em que uma das partes seja uma pessoa na acepção da alínea e) do n.º 2*». Sobre estes aspectos, vide, por todos, ALBINA CANDIAN, *La directiva núm. 2002/47*, cit., pp. 232-233.

([174]) Nos termos do artigo 2.º, n.º 2 da versão portuguesa da Directiva, a garantia prestada é a garantia «*entregue, transferida, detida, registada ou objecto de outro tratamento de tal modo que esteja na posse ou sob o controlo do beneficiário da garantia ou de uma pessoa que actue em nome do beneficiário da garantia*».

exigirão que a constituição, validade, conclusão, exequibilidade ou admissibilidade enquanto prova de um acordo de garantia financeira ou a prestação de uma garantia financeira ao abrigo de um acordo de garantia financeira estejam subordinadas à realização de qualquer acto formal» (artigo 3.º, n.º 1).

A especialidade do regime insolvencial das garantias financeiras sobressai do texto da directiva. Assim, além do disposto no artigo 7.º, n.º 1, quanto aos efeitos das cláusulas de vencimento antecipado (*close-out netting*), o artigo 8.º veio impor aos Estados-Membros a garantia de que os acordos de garantia financeira, bem como a prestação de garantias financeiras ao abrigo dos mesmos, não possam ser declarados inválidos, nulos ou anulados em virtude da ocorrência de um processo de liquidação ou da tomada de medidas de saneamento ([175]).

Em matéria de execução da garantia, as restrições colocam-se apenas quanto aos instrumentos financeiros. Nesta sede, a directiva considerou que a realização dos direitos do credor pode passar por uma

---

([175]) De acordo com o n.º 1 do artigo 8.º da versão portuguesa da Directiva, «*os Estados-Membros asseguram que um acordo de garantia financeira bem como a prestação de uma garantia financeira ao abrigo desse acordo não possam ser declarados inválidos, nulos ou anulados pelo simples facto de ter entrado em vigor o acordo de garantia financeira ou ter sido prestada a garantia financeira: a) no dia de abertura de um processo de liquidação ou da tomada de medidas de saneamento, mas antes de proferidos o despacho ou a sentença respectivos; ou b) num determinado período anterior, definido por referência à abertura de um processo de liquidação ou a medidas de saneamento ou por referência à emissão de qualquer despacho ou sentença, ou à tomada de qualquer outra medida ou ocorrência de qualquer outro facto no decurso desse processo ou dessas medidas*». Além disso, o n.º 2 exige que os Estados-Membros assegurem «*que quando um acordo de garantia financeira ou uma obrigação financeira coberta tiver entrado em vigor, ou a garantia financeira tiver sido prestada na data de um processo de liquidação ou de medidas de saneamento, mas apos a abertura do mesmo processo ou da tomadas das referidas medidas, o acordo produza efeitos jurídicos e seja oponível a terceiros no caso de o beneficiário da garantia poder provar que não tinha conhecimento, nem devia ter tido conhecimento, da abertura desse processo ou da tomada dessas medidas*». Finalmente, o n.º 3 deste mesmo artigo 8.º estende a «*imunização insolvencial*» às obrigações de prestar uma garantia financeira adicional e ao direito de retirar a garantia financeira, prestando, a título de substituição ou de troca, uma garantia financeira de valor equivalente.

venda ou por uma apropriação do objecto da garantia, visando ou não uma compensação de créditos. Em todo o caso, permite-se que os Estados-Membros que a 27 de Junho de 2002 não autorizassem a apropriação possam manter esta solução (cf. artigo 4.º, n.ºs 2 e 3), impondo uma obrigação de proceder à realização ou avaliação da garantia financeira e ao cálculo das obrigações financeiras cobertas segundo critérios comerciais razoáveis ([176]). Nesta sede, não é excluído o controlo judicial *a posteriori* da avaliação da garantia e do cálculo das obrigações financeiras garantidas ([177]).

Finalmente, é importante realçar o disposto no n.º 1 do artigo 6.º desta fonte de Direito comunitário, segundo o qual «*os Estados--Membros asseguram que um acordo de garantia financeira com transferência de titularidade possa produzir efeitos, nas condições nele previstas*», entendendo-se, ainda (cf. n.º 2 do artigo 6.º) que «*se ocorrer um facto que desencadeie a execução enquanto não tiver sido cumprida uma obrigação do beneficiário da garantia de transferir uma garantia equivalente ao abrigo de um acordo de garantia financeira com transferência de titularidade, a referida obrigação pode ser objecto de compensação, com vencimento antecipado*» ([178]).

Na sequência do Relatório da Comissão ao Conselho e ao Parlamento Europeu (COM(2002) 833 final), de 22 de Dezembro, a Comissão Europeia apresentou, em 17 de Março de 2008, uma pro-

---

([176]) As obrigações financeiras em causa são obrigações que dão direito a uma liquidação em numerário e/ou à entrega de instrumentos financeiros (artigo 2.º, n.º 1 f)).

([177]) De acordo com o ponto 17 do Preâmbulo da versão inglesa Directiva, «*This Directive provides for rapid and non-formalistic enforcement procedures in order to safeguard financial stability and limit contagion effects in case of a default of a party to a financial collateral arrangement. However, this Directive balances the latter objectives with the protection of the collateral provider and third parties by explicitly confirming the possibility for Member States to keep or introduce in their national legislation an a posteriori control which the Courts can exercise in relation to the realisation or valuation of financial collateral and the calculation of the relevant financial obligations. Such control should allow for the judicial authorities to verify that the realisation or valuation has been conducted in a commercially reasonable manner*».

([178]) O reconhecimento das cláusulas de compensação com vencimento antecipado, que constitui um dos objectivos fundamentais da directiva, é estabelecido pelo artigo 7.º.

posta de Directiva do Parlamento Europeu e do Conselho que altera, no respeitante aos sistemas interligados e aos créditos sobre terceiros, a Directiva 98/26/CE relativa ao carácter definitivo da liquidação nos sistemas de pagamentos e de liquidação de valores mobiliários e a Directiva 2002/47/CE relativa aos acordos de garantia financeira. Entre as diversas modificações propostas, salienta-se a ampliação do objecto da garantia financeira, passando a integrar, além do numerário e dos instrumentos financeiros, *«créditos sobre terceiros elegíveis para a cobertura por garantia das operações de crédito de bancos centrais»* (artigo 2.º, n.º 1, alínea c) da proposta)([179]). Propõe-se ainda uma alteração dos requisitos formais da garantia financeira, mencionando-se, no artigo 2.º, n.º 3, que *«quando forem utilizados créditos sobre terceiros como garantia financeira, os Estados-Membros não exigirão que a constituição, validade ou admissibilidade enquanto prova da sua utilização a título de garantia financeira no âmbito de um acordo de garantia financeira estejam subordinadas à realização de um acto formal, como o registo ou a notificação do devedor do crédito utilizado como garantia».*

III. A *Collateral Directive* foi transposta pelos Estados-membros, seus destinatários, recorrendo a técnicas diferenciadas.

Em França, os contratos de garantia financeira são disciplinados pelo *Code Monétaire et Financier*, por força da *Ordonnance*, de 24 de Fevereiro de 2005. No artigo 431-7-3-I do dito *Code* prevê-se expressamente a *remise en pleine propriété*.

Em Inglaterra, o *Statutory instrument* n.º 3226, de 10 de Dezembro de 2003, prevê o *title transfer financial collateral arrangement*, enquanto transmissão do *beneficial ownership* e da *legal ownership*, por contraposição ao *security financial collateral arrangement*.

Na Alemanha, a *Gesetz zur Umsetzung der Richtlinie 2002/47/EG vom 6. Juni 2002 über Finanzsicherheiten und zur Änderung des*

([179]) Entende-se que *«os comprovativos actualmente previstos para a prestação de garantia sob a forma de títulos escriturais ou em numerário não são adequados aos créditos sobre terceiros»* e que quanto a estes bastará *«a inclusão numa lista de créditos apresentada ao beneficiário».*

Hypothekenbankgesetzes und anderer Gesetze, de 4 de Abril de 2004, alterou a KWG, o BGB e a InsO [180].

Em Espanha, esta transposição coube ao *Real Decreto Ley* n.º 5/2005, de 11 de Março, diploma que disciplina as reformas urgentes para o impulso da produtividade e para a melhoria da contratação pública e refere, no capítulo II, os contratos de garantia financeira *pignoración* e *transmisión de la propriedad* (artigo 6.º n.s° 1 e 2).

A transposição italiana merece algum destaque. Neste país, o *Decreto legislativo* n.º 170, de 21 de Maio de 2004, veio consagrar uma noção ampla de *contratto di garanzia finanziaria*, que inclui o penhor, a cessão de créditos em garantia e qualquer garantia real que tenha por objecto numerário ou instrumentos financeiros (artigo 1.º, alínea d) [181]. Parece-nos ser de destacar três aspectos *originais* deste regime jurídico.

Em primeiro lugar, o referido *Decreto legislativo* adoptou uma *perspectiva funcional*, clarificando que os contratos de garantia financeira que prevejam a transmissão da propriedade com função de garantia produzem efeitos nos termos neles estabelecidos, independentemente da respectiva qualificação (artigo 6.º, n.º 1) [182]. Tem-se entendido que o legislador criou uma categoria aberta de transmissão da propriedade com função de garantia que compreende negócios típicos e atípicos. Entre estes, contam-se o penhor irregular, o depósito irregular com função de garantia e o reporte [183].

Em segundo lugar, esclareceu-se que a proibição do pacto comissório, constante do artigo 2744.º do *Codice*, não se aplica aos negócios de alienação em garantia (cf. artigo 6.º, n.º 2).

---

[180] Sobre os principais aspectos de regime jurídico desta lei, cf. KLAUS LOBER, «The german implementation of the EC directive on financial collateral arrangements», *JIBLR*, 2005, 20 (s), 72-78. p. 1 ss.

[181] Sobre os aspectos deste regime jurídico, cf. ENRICO GABRIELLI, *I diritti reali*, cit., p. 71 ss e FILIPPO BAGGIO/GIUSEPPE REBECCA, *Il pegno di strumenti finanziari*, cit., p. 187 ss, ROBERTA MARINO, *La disciplina delle garanzie finanziarie. Profili Innovativi*, Edizioni Scientifiche Italiane, Nápoles, 2006, p. 185 ss.

[182] ENRICO GABRIELLI, *I diritti reali*, cit., p. 77.

[183] DARIO LOIACONO/ANDREA CALVI/ALESSANDRO BERTANI, «Il trasferimento in funzione di garanzia tra pegno irregolare, riporto e diritto di utilizzazione», *BBTC*, suplemento ao n.º 6/95, 2005, (p. 3 ss), pp. 30-31.

Em terceiro lugar, o artigo 8.º deste mesmo *Decreto* introduziu um critério de *ragionevolezza commerciale* quanto à avaliação da actividade financeira e das obrigações financeiras garantidas [184].

Para além destes aspectos, a transposição da Directiva em Itália ficou marcada pela introdução de regras falimentares especiais [185]. Em caso de falência do devedor cedido, os pagamentos por este efectuados ao cessionário não podem ser objecto da acção revogatória falimentar (prevista no artigo 67.º da *legge fallimentare*), mas esta acção pode ser proposta em relação ao cedente quando o administrador demonstre que ele conhecia o estado de insolvência do devedor na data de pagamento ao cessionário [186]. Em caso de falência do cedente, o cessionário pode opor a cessão à massa da insolvência e seus credores, se já pagou a contraprestação da cessão. Contudo, para evitar acordos entre cedente e cessionário em prejuízo dos credores daquele, a lei previu limites a esta oponibilidade. Assim, verificadas certas condições, cuja prova compete ao administrador da insolvência, a posição do cessionário pode ser sacrificada em benefício dos credores do cedente (artigo 7.º, n.º 1) [187].

---

[184] Segundo o n.º 1 do artigo 8.º, «*Le condizioni di realizzo delle attività finanziarie ed i criteri di valutazione delle stesse e delle obbligazioni finanziarie garantite devono essere ragionevoli sotto il profilo commerciale. Detta ragionevolezza si presume nel caso in cui le clausole contrattuali concernenti le condizioni di realizzo, nonche' i criteri di valutazione, siano conformi agli schemi contrattuali individuati dalla Banca d'Italia, d'intesa con la CONSOB, in relazione alle clausole di garanzia elaborate nell'ambito della prassi internazionale*».

[185] Cf. ALDO DOLMETTA/GIUSEPPE PORTALE, «Cessione del credito e cessione in garanzia nell' ordinamento italiano», *BBTC*, 1999, parte I, (p. 76 ss), p. 115 e MAURO BUSSANI, *Contratti moderni. Factoring. Franchising.Leasing*, em *Trattato di Diritto Civile*, dir. Rodolfo Sacco, *I singoli contratti*, vol. 4, Utet, Torino, 2004, p. 120 ss.

[186] Cf. RENATO CLARIZIA, *I contratti per il finanziamento dell' impres. Mutuo de scopo, leasing, factoring*, em *Trattato di Diritto Commerciale*, dir. Vincenzo Buonocore, secção II, tomo 4, Giappichelli Editore, Torino, 2002 (p. 144 ss), p. 537 ss e GIANLUCA GUERRIERI, *Cessione dei crediti d' impresa e fallimento*, Giuffrè, Milão, 2002, p. 234 ss.

[187] Sobre este aspecto, MAURO BUSSANI, *Contratti moderni*, p. 125 ss, RENATO CLARIZIA, *I contratti per il finanziamento*, cit., p. 540 ss, GIANLUCA GUERRIERI, *Cessione dei crediti*, cit., p. 252 ss.

No caso de cessão de créditos futuros, o administrador da insolvência pode rescindir o contrato, restituindo ao cessionário a quantia previamente paga, se o crédito ainda não nasceu à data da insolvência (artigo 7.º, n.º 2). Com a declaração de insolvência, o insolvente perde a disposição do crédito futuro a favor da massa da insolvência, podendo o administrador decidir se mantém a cessão do crédito ou recusa o seu cumprimento.

TÍTULO II
O ÂMBITO DA ALIENAÇÃO EM GARANTIA

CAPÍTULO I
Caracterização Geral

6. O negócio de alienação em garantia

6.1. A doutrina do negócio fiduciário: apreciação crítica

I. O negócio fiduciário foi definido por MANUEL DE ANDRADE como «*transmissão de bens ou direitos, realmente querida pelas partes para valer em face de terceiros, mas obrigando-se o adquirente a só exercitar o seu direito em vista de certa finalidade*» ([188]). Acentuando o *risco* inerente a um negócio baseado na confiança, ORLANDO DE CARVALHO sublinhou ainda que «*a fiducia assenta na ideia clássica de fides, que envolve um poder de abuso para uma das partes – o accipiens ou fiduciário – a quem o fiduciante transmite em propriedade plena uma coisa ou direito próprio, mas em vista de certa finalidade*

([188]) MANUEL DE ANDRADE, *Teoria geral da Relação Jurídica*, II, 9.ª reimpressão, Almedina, Coimbra, 2003, cit., p. 175. As noções de negócio fiduciário sugeridas pela doutrina portuguesa acompanham, no geral, a formulação proposta por MANUEL DE ANDRADE. Para GALVÃO TELLES, trata-se do negócio mediante o qual alguém «*aliena a outrem um direito com a obrigação, para esta, de só o usar para determinado fim*» – GALVÃO TELLES, *Manual*, pp. 188-189. Segundo CARVALHO FERNANDES, o negócio fiduciário é um «*negócio atípico pelo qual as partes adequam, mediante uma cláusula obrigacional, o conteúdo de um negócio típico a uma finalidade diferente da correspondente à cláusula do negócio instrumental por elas seleccionado*» – *Estudos sobre a simulação*, Quid iuris, Lisboa, 2004, pp. 247-248. Recentemente, PESTANA DE VASCONCELOS propõe-nos uma definição de fidúcia abrangente como o «*negócio pelo qual se transfere a outrem (o fiduciário) um direito para fins diversos, obrigando-se o adquirente a exercê-lo de acordo com os fins negocialmente previstos e a retransferi-lo ao fiduciário, ou a terceiro, decorrido certo período de tempo ou verificado determinado facto*» – PESTANA DE VASCONCELOS, *A cessão de créditos em garantia*, cit., p. 43.

económico-jurídica desproporcionada com a latitude da transmissão» ([189]).

As noções acabadas de apresentar exibem a proximidade entre o âmbito do negócio fiduciário de garantia ou *fiducia cum creditore* e o âmbito da alienação em garantia. Tal como a alienação em garantia, *«o contrato fiduciário pode ser descrito como um contrato atípico, construído geralmente por referência a um tipo contratual conhecido susceptível de ser adaptado a uma finalidade diferente da sua própria, através de uma convenção obrigacional de adaptação»* ([190]).

Por outro lado, a doutrina portuguesa é quase unânime quanto ao reconhecimento de uma vertente fiduciária do negócio de alienação em garantia ([191]), tendo esta posição sido corroborada pelo Decreto-lei n.º 105/2004, que transpôs a *Collateral Directive* no nosso País ([192]).

Esta proximidade justifica um estudo aprofundado das construções fiduciárias disponíveis, procurando descortinar a que melhor se coaduna com as exigências do nosso sistema jurídico.

II. Como vimos, o negócio fiduciário foi *redescoberto* por FERDINAND REGELSBERGER. Na lição da pandectística germânica, no negócio fiduciário haveria, por um lado, um negócio de transmissão plena da

---

([189]) ORLANDO DE CARVALHO, *Negócio jurídico indirecto*, cit., p. 118.
([190]) *Idem*, p. 259.
([191]) Nesse sentido, OLIVEIRA ASCENSÃO, *Direito civil. Teoria Geral*, volume III, Coimbra Editora, Coimbra, 2002, p. 308, COSTA GOMES, *Assunção fidejussória*, cit., p. 86 ss, MENEZES LEITÃO, *Garantias*, cit., p. 268 ss, ALMEIDA COSTA, *Alienação fiduciária*, cit., p. 41 ss, PAIS DE VASCONCELOS, *Contratos atípicos*, cit., p. 243 ss e PESTANA DE VASCONCELOS, *A cessão de créditos em garantia*, cit., p. 43 ss, em especial p. 54 ss.
([192]) A propósito da *fidúcia legal*, são elucidativas as palavras intemporais de GRASSETTI: «*il negozio fiduciario è mezzo per adattare gli schemi giuridici alla vita, e la sua essenza sta in un vincolo puramente obbligatorio che limita gli effetti del negozio tipico reale, se è vero che sua caratteristica è che non dai rigorosi mezzi di coazione legale, ma solo dal comportamento leale del fiduciario si può attendere il pieno raggiungimento dello scopo pratico perseguito, occorre dire che la fiducia che è divenuta legale, cioè che è tutelata in modo assoluto dalla legge, e non permette potestà di abuso, non è più fiducia in senso tecnico*» – CESARE GRASSETTI, *Trust anglosassone, proprietà fiduciaria e negozio fiduciario*, separata da «Rivista del Diritto Commerciale», 1936, parte I, n.ºˢ 9 e 10, Casa editrice Dottor Francesco Vallardi, Milão, 1936 (p. 3 ss), p. 7.

titularidade do bem, com carácter *erga omnes* (negócio positivo), e, por outro lado, um negócio de natureza obrigacional, em virtude do qual o fiduciário ficaria obrigado a retransmitir o bem ao fiduciante, esgotado o fim de garantia (negócio negativo)[193]. Os dois negócios ou efeitos possuiriam causas independentes, correspondendo a *causa fiduciae* ao negócio obrigacional ou negativo. O figurino acabado de retratar corresponde à concepção que ficaria conhecida na doutrina sob a designação, por si só ilustrativa, de *teoria do duplo efeito*.

Mas a visão do negócio inaugurada pela pandectística foi, desde cedo, criticada pelos seus opositores, entre os quais se destaca FRANCESCO FERRARA. Este autor italiano considerou que, sendo o negócio fiduciário uma forma complexa que resulta da união de dois negócios de índole e efeitos diferentes – um contrato real positivo (a transferência da propriedade ou do crédito, que tem lugar de modo perfeito e irrevogável) e um contrato obrigacional negativo (obrigação do fiduciário de só fazer certo uso do direito adquirido, para restitui-lo depois ao transmitente ou a um terceiro) – verificar-se-ia uma contradição entre o respectivo meio e o respectivo fim. Por outras palavras, a *fiducia* caracterizar-se-ia através da revelação de um excesso de meios utilizados para a prossecução do fim visado pelas partes[194].

Esta perspectiva foi secundada por boa parte da doutrina italiana. Assim, também para CARIOTA-FERRARA, a especificidade do negócio fiduciário residiria na contraposição entre meio e fim[195]. Curiosamente, para este autor suscitar-se-iam dúvidas acerca da adequação de um negócio deste tipo num sistema jurídico causal: a *fiducia cum creditore* daria azo a uma dissonância entre a transmissão da propriedade e a causa que a fundamenta, tratando-se por isso de um negócio ambíguo ou em contradição consigo mesmo[196]. A causa do negócio

---

[193] DÍEZ-PICAZO/ANTÓNIO GULLÓN, *Sistema de derecho civil*, vol. II, volume II, 4.ª edição, Tecnos, Madrid, 1986, p. 86.
[194] FRANCESCO FERRARA, *Della simulazione dei negozi giuridici*, 3.ª ed., Societa Editrice Libraria, Roma, Milão, Nápoles, 1909, pp. 57-58.
[195] *Idem*, pp. 25 e 28.
[196] LUIGI CARIOTA-FERRARA, *I negozi fiduciari*, cit., p. 25 ss e, do mesmo autor, *El negocio jurídico*, tradução para língua espanhola de Manuel Albadejo, Aguilar, Madrid, 1956, p. 202 ss. Para uma apreciação crítica desta perspectiva, GARRIGUES DIAZ-CAÑABATE, *Negocios fiduciários en el Derecho mercanti*, Civitas, Madrid, 1978, p. 36-37.

seria distinta da *causa fiduciae* e o fim prosseguido pelas partes (de garantia) adoptaria o valor de um mero motivo [197].

A superação da incompatibilidade do duplo efeito com o carácter causal do sistema jurídico foi ensaiada na década de 30 do século passado por CESARE GRASSETTI. Este autor procurou compreender o negócio fiduciário enquanto realidade unitária, rejeitando a característica da desproporção entre o meio e o fim como nota essencial [198]. Preconizou, ainda, a autonomia da causa fiduciária, no confronto entre a *causa credendi* e a *causa solvendi*. GRASSETTI conclui que o negócio fiduciário é um negócio causal, cuja *causa fiduciae* é legalmente atípica [199]. Este ponto de vista influenciaria a evolução subsequente da doutrina, não só em Itália, como noutros ordenamentos jurídicos [200].

---

[197] LUIGI CARIOTA-FERRARA, *El negocio juridico*, cit., p. 206. Suscitando dúvidas análogas, ALESSANDRO GRAZIANI, «Negozi indiretti e negozi fiduciari», *RDCom*, 1933, parte I, (p. 414 ss), p. 416.

[198] CESARE GRASSETTI, *Del negozio fiduciario e della sua ammissibilità nel nostro ordinamento giuridico*, separata da «Rivista del Diritto Commerciale», 1936, parte I, n.os 7 e 8, Casa editrice Dottor Francesco Vallardi, Milão, 1936, p. 22 *et passim* e do mesmo autor, «Il negozio fiduciario nel diritto privato», *Fiducia, trust, mandato ed agency*, Giuffrè, Milão, 1991, (p. 1 ss), p. 6 ss. Para uma análise crítica da concepção de CESARE GRASSETTI, cf. VAZ SERRA, *Cessão*, cit., p. 158, PAIS DE VASCONCELOS, *Contratos atípicos*, cit., p. 261 ss e NAVARRO MARTORELL, *La propriedad fiduciaria*, cit., p. 60 ss. Aderindo ao ponto de vista de GRASSETI, PESTANA DE VASCONCELOS, *Dos contratos de cessão financeira (factoring)*, Coimbra Editora, Coimbra, 1999, p. 388 ss e, do mesmo autor, *A cessão de créditos em garantia*, cit., p. 56 ss.

[199] CESARE GRASSETTI, *Del negozio fiduciario*, cit., p. 36.

[200] A posição de GRASSETTI foi partilhada, em Espanha, por JORDANO BAREA. Nos seus primeiros escritos, BAREA preocupou-se, em especial, com a crítica da teoria do negócio simulado e com a demonstração da admissibilidade do negócio fiduciário nos termos da teoria do duplo efeito no âmbito de um sistema causal. Para o autor, o negócio fiduciário é admissível no Direito espanhol, como negócio translativo, por se basear numa causa atípica, vizinha da *causa credendi* consistente no jogo de uma prestação ou atribuição patrimonial perante a promessa obrigacional do fiduciário de servir-se da *res* fiduciária conforme o pactuado e de restitui-la ao fiduciante – JORDANO BAREA, *El negocio fiduciario*, cit., p. 118. GARRIGUES DIAZ--CAÑABATE procurou, também, explicar o carácter unitário e causal do negócio fiduciário Segundo o autor, tratando-se de um acto complexo, haveria que atender à causa jurídica unitária deste acto e não à causa isolada de um dos seus segmentos, em especial do acto translativo, com carácter real. Seria a perspectiva analítica que, ao dissecar o negócio fiduciário, provocaria uma tensão insuportável entre a causa do negócio e a realidade prática em que se projecta – GARRIGUES DIAZ-CAÑABATE, *Negócios fiduciarios*, cit., p. 40 ss. Esta visão do negócio fiduciário influencia, ainda, NAVARRO MARTORELL – *La propriedad fiduciaria*, cit., em especial pp. 67-68 e 85 ss.

Com GRASSETTI inaugura-se um novo entendimento, atento à unidade do negócio jurídico e baseado na causa de garantia de uma obrigação [201]. Esta valência reflecte-se, depois, num conjunto significativo de consequências de regime jurídico e, sobretudo, permite clarificar que na alienação em garantia não se trata de dois contratos, ainda que sob forma de união de contratos, mas de um só negócio, complexo, no qual a atribuição da propriedade do bem ou do direito é correspectiva de um conjunto de obrigações fiduciárias a cargo do beneficiário da garantia.

Apesar da impressividade dos escritos de GRASSETTI, a superação da teoria do duplo efeito não foi bastante para apaziguar a discussão em torno da admissibilidade do negócio fiduciário. De tal modo, que os opositores deste negócio têm combatido a validade do mesmo, invocado vários argumentos agrupáveis em três conjuntos de considerações, que passamos a enunciar.

O primeiro argumento respeita à insusceptibilidade de uma causa fiduciária (CARIOTA-FERRARA e DOMENICO RUBINO) [202]. Duvida-se da suficiência do fim projectado pelas partes para operar o efeito translativo da propriedade num sistema assente no princípio da causalidade [203]. Os defensores desta orientação, entendem que a alienação

---

[201] Entre nós, PAIS DE VASCONCELOS sublinha que o negócio fiduciário é um negócio atípico misto, que constitui um único negócio e não uma dualidade negocial – *Contratos atípicos*, cit., p. 259 e *Teoria geral*, cit., p. 478. Também nesta linha, CARVALHO FERNANDES, tendo em consideração o problema da causalidade, admitiu uma correcção à teoria do duplo efeito, concebendo o negócio fiduciário como um acto unitário e complexo de carácter causal – CARVALHO FERNANDES, *Estudos*, cit., p. 251.

[202] LUIGI CARIOTA-FERRARA, *I negozi fiduciari*, cit., p. 143 ss. No mesmo sentido quanto à cessão fiduciária de créditos em garantia, DOMENICO RUBINO, *Il negozio giuridico indiretto*, Giuffrè, Milão, 1937, p. 179 ss.

[203] Cf. MORACE PINELLI, «Trasferimento a scopo di garanzia della parte del terzo e divieto del patto commissorio», *FI*, 1994, parte I, (p. 63 ss), p. 69 ss, MICHELE SESTA, *Le garanzie atipiche*, Cedam, Padova, 1988 e EMANUELA GIACOBBE, «Patto commissorio, alienazioni in garanzia, vendita con patto di riscatto e frode alla legge: variazioni sul tema», *GC*, 1997, I (p. 2534 ss), p. 2545 ss. Esta posição encontra eco na jurisprudência – cf. ANDREA MARIA AZZARO, «Vendita con patto di riscatto e divieto del patto commissorio», *GC*, 1993, II, cit., p. 108 ss. Cf., quanto à superação do argumento da insuficiência causal do negócio, NICOLA CIPRIANI, *Patto commissorio*, cit., p. 65 ss e FRANCO ANELLI, *L'alienazione in funzione di garanzia*, Giuffrè, Milão, 1996, p. 170 ss.

em garantia é um negócio em fraude à lei (cf. artigo 1344.º do *Codice*), com causa ilícita, porque contrária a normas jurídicas imperativas [204].

O segundo argumento corresponde à incompatibilidade deste negócio com a proibição do pacto comissório. Esta tese é seguida por Bianca [205] e por Galgano [206], entre outros autores e será apreciada quando examinarmos a proibição do pacto comissório enquanto limite à alienação em garantia [207].

Finalmente, em alguns sistemas, como é o caso do espanhol, tem-se entendido que o negócio fiduciário é simulado, como veremos de seguida, juntamente com algumas considerações adicionais quanto à causa do negócio.

III. A doutrina espanhola dominante, influenciada por Castro y Bravo, tem preconizado que o negócio fiduciário não pode operar a transmissão da titularidade do bem do fiduciante para o fiduciário [208].

Aludindo, por vezes, a uma *titularidade fiduciária*, esta construção pressupõe que as partes não quiseram transmitir a propriedade do bem e que, mesmo que o tivessem pretendido, esse efeito não poderia ter lugar, porque o negócio fiduciário não seria causa suficiente para o produzir [209]. A alienação fiduciária em garantia seria um negócio

---

[204] Andrea Maria Azzaro, *Vendita*, cit., p. 108 ss.

[205] Assim, Massimo Bianca, *Il divietto del patto commissorio*, Milão, Giuffrè, 1957, p. 145 ss. Para um panorama geral cf. Massimo Lascialfari, «Le alienazioni a scopo di garanzia», *Le garanzie rafforzate del credito*, AAVV, a cura di Vincenzo Cuffaro, Utet, Torino, 2000, (p. 155 ss), p. 187 ss e Stefano D' Ercole, «Sull' alienazione in garanzia», *Contratto e impresa*, Padova, 1995, (p. 228 ss), p. 230 ss.

[206] Francesco Galgano, *Diritto privato*, 3.ª ed., Cedam, Padova, 1985, p. 287.

[207] Para um panorama geral cf. Massimo Lascialfari, *Le alienazioni*, cit., p. 187 ss e Stefano D' Ercole, *Sull' alienazione*, cit., p. 230 ss.

[208] Nesse sentido, Carrasco Perera/Cordero Lobato/Marín López, *Tratado*, cit., pp. 1061 ss, Cristina Fuenteseca, *El negocio fiduciario*, cit., p. 195 ss, Sanchez Lorenzo, *Garantias reales*, cit., p. 169 ss, em especial 171, Ángel Yagüez, *Problemas*, cit., p. 53 ss, Feliú Rey, *La prohibición*, cit., p. 121 ss, Vídal Martinez, *La venta en garantía*, cit., p. 224 ss e Manuel Albadejo, «El llamado negocio fiduciario es simplesmente um negocio simulado relativamente», *Actualidad civil*, 1993, p. 663 ss, *apud* Carrasco Perera, *Los derechos de garantía en la ley concursal*, Civitas, Madrid, 2004, p. 195.

[209] Castro y Bravo, *El negocio juridico*, cit., p. 419 ss e Carrasco Perera, *Los derechos de garantía*, cit., p. 1061.

dissimulado de garantia. Apesar de, aparentemente, as partes poderem ter celebrado um negócio de compra e venda, a sua verdadeira intenção teria sido a de garantir um crédito [210]. Nesta orientação, sendo o negócio simulado nulo, o fiduciante conservaria a sua propriedade plena. Depois, operaria uma conversão do negócio translativo em negócio de garantia, passando o fiduciário a dispor de um direito real de garantia ou, em certas circunstâncias, de uma reserva de propriedade [211]. Por isso, o fiduciante poderia opor a sua posição jurídica aos credores do fiduciário em processo de execução, deduzindo embargos de terceiro [212] e ainda separar o bem da massa falida, em caso de insolvência do fiduciário, bastando, para o efeito, o pagamento da dívida [213].

Ainda que prescindindo de um recorte final do negócio que nos ocupa, o que dissemos até este momento permite-nos, desde já, concluir que a alienação em garantia não é um negócio fiduciário simulado [214]. Para que haja simulação relativa exigem-se três elementos fundamentais, de acordo com o artigo 240.º do Código Civil: a divergência entre a vontade real e a declarada, o acordo entre as partes, e o intuito de enganar terceiros [215]. Ora, no negócio fiduciário de garantia não existe

---

[210] CARRASCO PERERA/CORDERO LOBATO/MARÍN LÓPEZ, *Tratado*, cit., p. 1061.

[211] CARRASCO PERERA/CORDERO LOBATO/MARÍN LÓPEZ, *Tratado*, cit., p. 1065 ss, ÁNGEL YAGÜEZ, *Problemas*, cit., p. 65.

[212] É a posição de CARRASCO PERERA/CORDERO LOBATO/MARÍN LÓPEZ, *Tratado*, cit., pp. 1069-1070, apesar de os autores reconhecerem as dificuldades probatórias que tal pretensão poderá ter que enfrentar, designadamente nos casos em que o negócio (simulado) de compra e venda foi registado.

[213] CARRASCO PERERA/CORDERO LOBATO/MARÍN LÓPEZ, *Tratado*, cit., p. 1070 e CARRASCO PERERA, *Los derechos de garantía*, cit., p. 216.

[214] Nesse sentido, MANUEL DE ANDRADE, *Teoria Geral*, II, cit., pp. 175 ss, GALVÃO TELLES, *Manual*, cit., p. 188 ss, OLIVEIRA ASCENSÃO, *Direito civil*, III, cit., p. 308 ss, MENEZES CORDEIRO, *Tratado*, I, I, cit., p. 632, CARVALHO FERNANDES, *Teoria geral*, II, cit., p. 316 ss e *Estudos*, cit., p. 253 ss, PINTO DUARTE, *Curso*, cit., p. 154, ROMANO MARTINEZ/ FUZETA DA PONTE, *Garantias*, cit., p. 64, PAIS DE VASCONCELOS, *Contratos atípicos*, cit., p. 254 ss, em especial p. 283 ss, COSTA GOMES, *Assunção fidejussória*, cit., p. 86 ss, MENEZES LEITÃO, *Garantias*, cit., p. 268 ss e REMÉDIO MARQUES, «Locação financeira restitutiva (sale and lease-back) e a proibição de pactos comissórios – negócio fiduciário, mútuo e acção executiva», *BFDUC*, LXXVII, Coimbra, 2001, p. 609 ss.

[215] Sobre os aspectos de regime jurídico da simulação, cf., CARVALHO FERNANDES, *Teoria geral*, II cit., p. 280 ss e, do mesmo autor, *Estudos*, cit., p. 13 ss e MENEZES CORDEIRO, *Tratado*, I, I, cit., p. 627 ss.

divergência entre vontade real e vontade declarada, nem, em princípio, existirá um intuito fraudulento [216]. As partes pretenderam efectivamente o que declararam: transmitir a propriedade de um bem com escopo de garantia [217]. Sendo este aspecto suficiente para arredar as teses do país vizinho, a verdade é que procedem ainda outras razões.

Por um lado, os obstáculos de ordem prática ao princípio da conversão: a conversão em penhor, por exemplo, implicará, fora do âmbito de disciplinas especiais, o desapossamento do devedor o que, na maioria dos casos, não deverá ter sucedido, nem corresponderá à vontade das partes [218].

Por outro lado, a tutela devida ao prestador da garantia, designadamente no confronto com terceiros subadquirentes e com os credores do beneficiário da garantia, dificilmente se compatibilizaria com a melhor leitura do artigo 243.º do Código Civil [219].

---

[216] Como nota CARVALHO FERNANDES: «*o fiduciante e o fiduciário querem efectivamente celebrar o acto. Somente não o querem com todas as consequências jurídicas do negócio fundamento, inerentes aos seus efeitos típicos, mas apenas para certo fim específico, que justifica a inclusão, nele, do pacto fiduciário*» – *Estudos*, cit., pp. 273-274. Também PAIS DE VASCONCELOS sublinha que «*no contrato relativamente simulado, é o contrato dissimulado que é posto em vigor embora sob a aparência do contrato simulado. No contrato fiduciário, o que se passa é diferente. A situação jurídica em que o fiduciário é investido e o acto que opera a investidura são efectivamente postos em vigor e ganham vigência no Direito. Na simulação relativa, o contrato simulado é criador de aparência; na fidúcia, o tipo adoptado investe o fiduciário na titularidade*» – PAIS DE VASCONCELOS, *Contratos atípicos*, cit., p. 300.

[217] É certo que tanto no negócio fiduciário como no negócio relativamente simulado existe um pacto acessório mas, como esclarece PAIS DE VASCONCELOS, este pacto desempenha funções distintas, num caso de modificação ou adaptação e, no outro, de substituição do tipo (*Contratos atípicos*, cit., p. 136).

[218] Nos termos do número 1 do artigo 669.º do Código Civil, o penhor de coisas só produz efeitos com a entrega da coisa empenhada ou de documento que confira a exclusiva disponibilidade dela, ao credor ou a terceiro. O penhor extingue-se pela restituição da coisa empenhada ou do documento a que se refere o número 1 do artigo 669.º (artigo 677.º). Tem-se entendido que o desapossamento, mesmo involuntário, implica a extinção do penhor – assim, MENEZES CORDEIRO, *Direitos reais*, cit., p. 750, MENEZES LEITÃO, *Garantias*, cit., p. 206. Contra, ROMANO MARTINEZ E FUZETA DA PONTE, *Garantias*, cit., p. 171 ss.

[219] O n.º 2 artigo 243.º do Código Civil prescreve uma solução tuteladora dos terceiros de boa fé que confiaram na aparência do negócio simulado, retirando a qualquer dos simuladores a possibilidade de lhe opor a nulidade do negócio. Ao terceiro de boa fé que adquirir o bem do beneficiário da garantia não será oponível

IV. Entre nós, Beleza dos Santos ([220]), Manuel de Andrade ([221]),

---

a nulidade do negócio fiduciário. Mas não só: o conceito de terceiros do artigo 243.º em apreço deve, também, abranger os credores do simulado adquirente (assim, cf. Galvão Telles, *Manual*, cit., p. 177 e Carvalho Fernandes, *Estudos*, cit., p. 119). O que significa que, em concreto, também neste caso, a nulidade da simulação não permite repor a *verdade* do negócio. Claro que o terceiro tutelado pelo artigo em causa é apenas o terceiro de boa fé que seria prejudicado com a nulidade (cf., por exemplo, Menezes Cordeiro, *Direito das obrigações*, 1º vol., AAFDL, Lisboa, 1980 (reimpressão), p. 500 ss e *Tratado*, I, I, cit., p. 634 ss, Mota Pinto, *Teoria geral do Direito civil*, 4.ª edição por António Pinto Monteiro e Paulo Mota pinto, Almedina, Coimbra, 2005, p. 481 ss e Carvalho Fernandes, *Teoria geral*, II, cit., p. 300 ss), mas, ainda assim, este regime jurídico não deixa de causar transtorno à teoria do negócio fiduciário divulgada em Espanha.

([220]) Beleza dos Santos rejeitou, conforme se disse, a validade do negócio fiduciário no Direito português. Tratar-se-ia, para este autor, de um negócio integrador de duas convenções distintas: «*uma positiva pela qual se transfere para outrem um direito real ou de crédito, transferência efectiva do ponto de vista jurídico e que coloca, portanto, o adquirente desse direito na situação de seu legítimo titular; outra que é o pacto fiduciário, convenção negativa (...), pelo qual o adquirente (fiduciário) se obriga para com o transmitente (fiduciante) a fazer apenas certo e determinado uso do direito transmitido*» – Beleza dos Santos, *A simulação*, Coimbra Editora, Coimbra, 1921, pp. 114-115. Para o autor, «*a compra e venda com o fim de garantia pela qual se transmite a propriedade de uma coisa ao credor que a recebe com a obrigação de a restituir depois de satisfeito o débito (...) não é permitida pelas nossas leis*». O principal argumento deste autor para rejeitar este negócio foi o de que a *fiducia cum creditore* não podia ser admitida num sistema causal como o nosso, porque «*entre a causa, razão de ser do acto, e os efeitos que o direito lhe atribui, há portanto uma divergência que mostra bem a incompatibilidade estrutural do contrato positivo de transmissão, com o pacto fiduciário que o desfigura. Para se admitir a validade de actos com esta configuração anómala, seria necessário que pudesse juridicamente existir esse divórcio entre a razão de ser prática, a causa do acto jurídico, e a sua regulamentação legal*» (*idem*, pp. 124-125). Considera, ainda, que «*tratando-se do contrato de compra e venda fiduciária com fim de garantia, vê-se que esse acto jurídico para que a lei supõe como causa a permuta da prestação preço, pela prestação entrega da coisa vendida (...) não foi realmente determinado por essa causa, não tendo o comprador querido pagar o preço para adquirir a coisa transmitida, mas sim para garantir o seu crédito*» (*idem*, p. 122).

([221]) Manuel de Andrade invocou a doutrina tradicional segundo a qual «*os modos de transmissão da propriedade e de outros direitos são só os declarados na lei, não valendo, aqui, portanto, a regra da liberdade negocial*». Assim, notando que «*não há entre nós qualquer texto que preveja a possibilidade de uma transmissão «fiduciae causa»*», o autor conclui que os negócios fiduciários não são válidos à luz do Direito português (*Teoria Geral*, II, cit., pp. 177-178).

PESSOA JORGE ([222]) e CUNHA GONÇALVES ([223]) também se pronunciaram no sentido da invalidade do negócio fiduciário de garantia.

Porém, as teses destes autores não vingaram. Nas últimas décadas – à excepção das reservas de GALVÃO TELLES – não se conhecem posições contrárias à validade daquele negócio ([224]).

([222]) PESSOA JORGE, *Mandato sem representação*, Edições Ática, Lisboa, sem data, mas de 1961, p. 325 ss. Para PESSOA JORGE, o negócio fiduciário corresponderia à «*atribuição de um direito a uma pessoa que, porém, deve exercê-lo em determinado sentido: transmite-se a propriedade para que o transmissário a administre ou aliene (fiducia cum amico) ou para lhe servir de garantia de um crédito que tem sobre o transmitente (fiducia cum creditore)*» – PESSOA JORGE, *Mandato sem representação*, cit., p. 324. Segundo o autor, deveria proceder a objecção da inexistência de negócios abstractos enquanto impedimento à admissibilidade do negócio fiduciário porque, construindo o negócio fiduciário como «*a reunião de dois actos jurídicos distintos – o acto de transmissão do direito e o chamado pacto de fidúcia ou cláusula fiduciária*», ter-se-ia de «*atribuir ao acto translativo carácter abstracto; caso contrário, haveria colisão de causas que tornavam o negócio impossível: as partes queriam e não queriam a transmissão*» (*idem*, p. 326).

([223]) CUNHA GONÇALVES, *Tratado de Direito civil em comentário ao Código Civil português*, volume V, Coimbra Editora, Coimbra, 1932, p. 716.

([224]) Nesse sentido, FERNANDO OLAVO, *Desconto bancário, Introdução, descrição, estrutura e natureza jurídica*, Lisboa, 1955, p. 168 ss, MOTA PINTO, *Cessão da posição contratual*, Almedina, Coimbra, 2003 (reimpressão), nota 1, p. 229, OLIVEIRA ASCENSÃO, *Direito civil*, III, cit., p. 308 ss, CASTRO MENDES, *Direito civil (teoria geral)*, vol. II, de harmonia com as lições no ano lectivo de 1978-1979 pelo Prof. João de Castro Mendes, Lisboa, 1979, p. 167, CARVALHO FERNANDES, *Teoria geral*, II, cit., p. 317 e *Estudos*, cit., p. 253 ss, ANTUNES VARELA, *Das obrigações em geral*, II, cit., nota 2, pp. 319-320, MENEZES CORDEIRO, *Tratado*, I, I, cit., p. 632, PINTO DUARTE, *Curso*, cit., p. 154, LEITE DE CAMPOS/VAZ TOMÉ, *A propriedade fiduciária*, cit., p. 200 ss, ROMANO MARTINEZ/ FUZETA DA PONTE, *Garantias*, cit., p. 64 ss, PAIS DE VASCONCELOS, *Contratos atípicos*, cit., p. 254 ss, em especial p. 283 ss e *Teoria geral*, cit., p. 488, COSTA GOMES, *Assunção fidejussória*, cit., p. 86 ss, MENEZES LEITÃO, *Garantias*, cit., p. 268 ss e *Cessão de créditos*, cit., pp. 443-444 e PESTANA DE VASCONCELOS, *Dos contratos de cessão*, cit., p. 82 ss e 386 ss, em especial p. 392 ss e, do mesmo autor, *A cessão de créditos em garantia*, p. 83 ss. Pode ver-se ainda VAZ SERRA, *Cessão*, cit., p. 146 ss, em especial p. 161. A posição deste autor suscita, porém, algumas dúvidas quanto à afirmação constante da p. 153, nos termos da qual considera mais exacta a concepção que vê na cessão-garantia um negócio dissimulado. GALVÃO TELLES entende que o negócio fiduciário de garantia seria um negócio real e verdadeiro, mas traduzir-se-ia numa fraude à lei, desviando-se das disposições imperativas quanto ao penhor e à hipoteca – GALVÃO TELLES, *Manual*, cit., pp. 194--195. Já anteriormente este autor tinha defendido solução similar em «*Direito das obrigações*», sob a forma de lições ao curso do 3.º ano jurídico de 1948-49, coligidas por Fernando Pessoa Jorge, AAFDL, Lisboa, 1954, p. 169.

Também na jurisprudência o *legalismo* da célebre decisão do S.T.J. de 4 de Maio de 1956 foi definitivamente abandonado([225]). A título ilustrativo, podemos invocar o entendimento do Acórdão do S.T.J., de 17 de Dezembro de 2002, segundo o qual o negócio fiduciário é «*o negócio atípico pelo qual as partes adequaram através de um pacto – "pactum fiduciae" – o conteúdo de um negócio típico a uma finalidade diferente da que corresponde ao negócio instrumental por elas usado*» e, portanto, «*um único negócio e não uma dualidade negocial*» ([226]). Por outro lado, o S.T.J. considerou ainda que «*é evidente que se a fiducia, designadamente a fiducia cum creditore envolver fraude à lei ou não se demarcar suficientemente da simulação relativa, existirá uma invalidade, mas por esse motivo e não pela causa fiduciária*» e que, não existindo qualquer obstáculo legal, nada parece impedir a admissibilidade dos negócios fiduciários.

V. No nosso entendimento, não há razões para duvidar do entendimento actual da doutrina e da jurisprudência. Mas se a *admissibilidade* da *fiducia cum creditore* não constitui uma preocupação fundamental, o mesmo não se diga quanto à clarificação da *fisionomia* e da *causa* deste negócio.

([225]) Ac. S.T.J. de 4 de Maio de 1956, processo n.º 56. 651, *BMJ*, n.º 57, 1956, p. 342 ss. Neste acórdão, a propósito de um alegado arrendamento com fim de garantia de um crédito, entendeu o Supremo Tribunal que tal circunstância «*não consta do contrato e [o] pacto fiduciário que, por qualquer modo, existisse, não era de atender, pela razão simples de a lei não admitir os actos fiduciários, bastando dizer com Cunha Gonçalves que é de medíocre interesse a discussão por nenhum texto legal os autorizar*». No sentido da validade, cf. Ac. do S.T.J. de 11 de Maio de 2006, sem indicação do número de processo, número convencional JSTJ000, relator Salvador da Costa. Pode também ver-se Ac. do T.R.L. de 4 de Abril de 1999, sem indicação do número de processo, número convencional JTRL00024806, relator Jorge Santos e Ac. do T.R.P. de 11 de Abril de 2002, processo n.º 119/00, relator João Vaz. No referido Ac. do T.R.L. de 4 de Abril de 1999, o negócio fiduciário é definido como negócio «*pelo qual uma pessoa atribui a outra um direito ou poder jurídico, ficando esta com a obrigação de só o exercer de uma determinada maneira, tendo em vista um dado fim*». Também o Ac. do T.R.P. de 11 de Abril de 2002 considerou que neste negócio, «*o bem é transmitido ao fiduciário para que o guarde e administre, no interesse do fiduciante ou de terceiro e, passado o tempo convencionado, o restitua ao fiduciante ou entregue a outra pessoa*».

([226]) Ac. do S.T.J. de 17 de Dezembro de 2002, processo n.º 148/03, relator Pinto Monteiro.

Podemos assentar que a *causa do negócio* é o efeito visado pelas partes e aceite pelo ordenamento jurídico [227]. Ora, na alienação em garantia, a causa é a garantia de uma obrigação [228]. O fim de garantia não é incompatível com a transmissão funcionalizada ou temporária da propriedade de um bem. Tanto assim é que o sistema jurídico português reconhece a possibilidade de negócios translativos com função de garantia, como é o caso dos contratos de garantia previstos no Decreto-lei n.º 105/2004. A susceptibilidade de o direito de propriedade conformar uma garantia é ainda clarificada pela consagração legal da venda com reserva de propriedade. Por estas razões, parece-nos que não devem restar dúvidas de que a determinação da compatibilidade entre o interesse concretamente prosseguido pelas partes e os interesses tutelados pelo ordenamento jurídico é essencialmente um problema de licitude e não uma questão atinente à causa do negócio [229].

6.2. A perspectiva da venda em garantia: rejeição

I. Nos ordenamentos jurídicos causais, como o nosso, é frequente a compreensão da alienação em garantia como uma *venda em garan-*

---

[227] Sobre o conceito de causa enquanto função sócio-económica do negócio jurídico, cf. CARVALHO FERNANDES, *Teoria Geral*, vol. II, cit., p. 348, MOTA PINTO, *Teoria geral*, cit., p. 399 e, em particular, FERREIRA DE ALMEIDA, *Contratos, II, Conteúdo. Contratos de Troca,* Almedina, Coimbra, 2007, p. 111 ss. MANUEL DE ANDRADE seguiu uma linha anti-causalista – *Teoria geral*, II, cit., p. 347 ss, em especial p. 349. A doutrina actual tem entendido que o negócio será causal quando «*a sua fonte tenha de ser explicitada para que a sua eficácia se manifeste e subsista*» e será abstracto quando «*essa eficácia se produza e conserve independentemente da concreta configuração que o haja originado*» – MENEZES CORDEIRO, *Tratado*, cit., p. 317. OLIVEIRA ASCENSÃO refere-se à causa do acto jurídico enquanto *situação* ou *relação fundamental* (OLIVEIRA ASCENSÃO, *Direito Civil*, III, cit., p. 169 ss). Segundo o autor, na constituição, transmissão e extinção de direitos é sempre necessária uma causa e «*essa causa entende-se como a relação fundamental que liga as partes e da qual emerge a vicissitude a que deram vida*» (*idem*, p. 170). Sobre o assunto, cf., também, GALVÃO TELLES, *Manual*, cit., p. 287 ss. Para uma exposição das diferentes orientações e sua influência no tratamento do negócio fiduciário, vide PAIS DE VASCONCELOS, *Em tema de negócio fiduciário*, cit., p. 63 ss.

[228] Em sentido similar, FRANCO ANELLI, *L' alienazione*, cit., p. 170 ss.

[229] Assim, PAIS DE VASCONCELOS, *Contratos atípicos*, cit., p. 279-280.

tia ([230]). Dos casos trazidos pela prática negocial, pode constatar-se que os negócios de alienação em garantia são muitas vezes distorcidos, ora por alguma *timidez* das partes no exercício da sua liberdade de estipulação, ora por uma certa *obscuridade* na escolha dos respectivos termos ([231]). Por outro lado, à insegurança quanto à respectiva *qualificação* tem-se somado alguma incerteza relativamente ao respectivo regime jurídico. Estes factores fragilizam a confiança dos agentes económicos na alienação em garantia, pouco dispostos a tomar para si o risco das incertezas do Direito.

É ainda de sublinhar que a falta de clareza das declarações negociais intensifica as exigências interpretativas, obrigando, em caso de dúvida, a considerar o sentido *que conduzir ao maior equilíbrio das prestações* (cf. artigo 237.º do CC) e, em caso de lacuna negocial, *à vontade que as partes teriam tido se houvessem previsto o ponto omisso ou de acordo com os ditames da boa fé, quando outra seja a solução por eles imposta* (artigo 239.º do CC). Esta tarefa é, porém, complexa, atendendo ao carácter *atípico* da alienação em garantia e à insuficiência criteriológica do citado artigo 237.º do Código Civil quando «*da equação económica do contrato participa tipicamente uma álea*», como é o caso do negócio fiduciário ([232]) e, ainda, à necessidade de respeitar *o «plano de distribuição de risco»*, o mesmo é dizer, «*a justiça interna do negócio*» ([233]).

([230]) Cf. CARRASCO PERERA/CORDERO LOBATO/MARÍN LÓPEZ, *Tratado*, cit., p. 1057 ss, DÚRAN RIVACOBA, *La propriedad en garantía*, cit., p. 165 ss, VÍDAL MARTINEZ, *La venta en garantía*, cit., p. 173. e CRISTINA FUENTESECA, *El negocio fiduciario*, cit., p. 210 ss. Para JANUÁRIO COSTA GOMES «*na alienação em garantia há a utilização de um tipo contratual (normalmente a compra e venda) como tipo de referência para um fim indirecto de garantia*» – COSTA GOMES, *Assunção fidejussória*, cit., pp. 86-87. SANTOS JUSTO alude à venda em garantia como negócios indirectos em que o negócio-meio tem de se sujeitar a algumas modificações acidentais – *A fictio iuris no Direito romano. Aspectos gerais*, separata do BFDUC, Coimbra, 1983, p. 29 p. 33.

([231]) Talvez por isso o legislador italiano tenha clarificado, no *Decreto legislativo* n.º 170, de 21 de Maio de 2004, que transpõe a Directiva 2002/47/CE, que a alienação em garantia é qualquer contrato em que haja transferência da propriedade com escopo de garantia, «*independentemente da respectiva qualificação*».

([232]) PEDRO PAIS DE VASCONCELOS, *Teoria geral*, cit., p. 393. Segundo o autor, o espírito imanente ao artigo 237.º supera a respectiva letra, habilitando a uma interpretação *conforme à equidade*.

([233]) PEDRO PAIS DE VASCONCELOS, *Teoria geral*, cit., p. 401.

Foi, precisamente, um caso de negócio *encoberto* de transmissão com propósito de garantia que deu azo à decisão proferida no Acórdão do S.T.J. de 11 de Maio de 2000. No caso deste arresto, o autor e o réu tinham celebrado um contrato de compra e venda de bem imóvel, estabelecendo-se que o comprador revenderia o bem ao vendedor assim que este pagasse determinada dívida, anterior à compra e venda [234]. O Tribunal entendeu que «*o negócio fiduciário atípico é aquele pelo qual as partes, mediante a inserção de uma cláusula condicional – pacto fiduciae – adequam o conteúdo de um negócio típico à consecução de uma finalidade diversa, por exemplo de garantia*».

Em anotação a este acórdão, CALVÃO DA SILVA entendeu tratar-se de uma «*transferência imediata da propriedade (...) realmente querida mas realizada com um escopo de garantia do mútuo (fiducia cum creditore)*» [235]. Segundo o autor, «*o negócio-meio ou negócio indirecto de venda para (o fim) de garantia com promessa de revenda (...) será válido, não havendo simulação relativa (artigo 241.º do Código Civil), nem ofensa da proibição do pacto comissório (artigo 694.º do Código Civil)*» [236].

Noutros casos, como o do Acórdão do S.T.J. de 5 de Julho de 2007, o problema que se suscita é *de qualificação*: num espaço de fronteira entre a alienação em garantia e a reserva de propriedade a favor do financiador, o Supremo Tribunal entendeu que a «*a entidade financiadora adquire a propriedade resolúvel do bem (...) o qual ingressará no património do devedor se este pagar; mas se não pagar, o credor tem o dever de alienar o bem, em regra privadamente*» [237].

Será que a alienação em garantia deve ser reconduzida ao universo da compra e venda? Em que medida é que o regime jurídico deste negócio influirá na conformação das modernas expressões de *fiducia*

---

[234] Este Acórdão pode ser consultado no sítio www.dgsi.pt ou no anexo à anotação de CALVÃO DA SILVA, «Contratos coligados, venda em garantia e promessa de revenda» (anotação ao Acórdão do S.T.J. de 16 de Maio de 2000), *RLJ*, ano 122, n.ºs 3911 e 3912, 2000, p. 66 ss.

[235] CALVÃO DA SILVA, *Contratos coligados*, cit., p. 87.

[236] *Idem*, p. 88.

[237] Ac. do T.R.L. 5 de Julho de 2007, processo 567/2007-8, relator Salazar Casanova.

cum creditore? Haverá *outra forma* de conceber o negócio de alienação em garantia? A resposta a estas interrogações não dispensa uma alusão à obra de CLAUDIO VARRONE ([238]).

II. Para CLAUDIO VARRONE, a alienação em garantia (*trasferimento a scopo di garanzia* ou *alienazione in garanzia*) é um contrato atípico, com fisionomia própria, que não se confunde com o negócio fiduciário, nem sequer o negócio indirecto de *vendita a scopo di garanzia* referido nas obras de SALVATORE PUGLIATTI ([239]) e de DOMENICO RUBINO ([240]). Aliás, segundo VARRONE, o contrato de compra e venda não se coaduna com a causa de garantia ([241]). Esta orientação foi também perfilhada por MASSIMO BIANCA, que criticou a tendência jurisprudencial no sentido de identificação da *alienazione in garanzia* com o negócio de compra e venda, salientando que ao negócio que nos ocupa falta, pelo menos, o fim, a causa e, ainda, certos elementos típicos da compra e venda (*v.g.* preço) ([242]). É, aliás, curioso notar que a doutrina italiana recente deixou mesmo de aludir, em definitivo, à *vendita a scopo di garanzia*, para mencionar *alienazione in funzione di garanzia*, enquanto *fattispecie* na qual credor e devedor convencionam a transmissão para o credor da propriedade de um bem do devedor, com o fim de garantir a satisfação do crédito do adquirente ([243]).

([238]) CLAUDIO VARRONE, CLAUDIO VARRONE, em *Il trasferimento della proprietà a scopo di garanzia*, Casa editrice dott. Eugenio Jovene, Nápoles, 1968, p. 84 ss.
([239]) SALVATORE PUGLIATTI, «Precisazioni in tema di vendita a scopo di garanzia», *RTDPC*, ano IV, 1950, (p. 298 ss), p. 299.
([240]) DOMENICO RUBINO, *Il negozio giuridico indiretto*, cit., pp. 171-172.
([241]) *Idem*, p. 105 *et passim*.
([242]) MASSIMO BIANCA, *Il divieto*, cit., pp. 116-117.
([243]) FRANCO ANELLI, *L' alienazione,* cit., p. 103. Em sentido próximo, CARLO QUARTAPELLE, «Divieto del patto commissorio, trasferimento della proprietà e del credito in garanzia, sale and lease back, patto marciano», *VN,* ano XII, Janeiro Junho de 1989, (p. 246 ss), p. 246 ss, NICOLA CIPRIANI, *Patto commissorio,* cit., p. 65 ss, GIUSEPPE MINNITI, «Patto marciano e irragionevolezza del disporre in funzione di garanzia», *RDCom,* 1997, (p. 29 ss), nota 1, p. 29 ss e, do mesmo autor, *Garanzie e alienazione*, G. Giappichelli Editore, Torino, 2007, p. 61 ss e DE NICTOLIS, *Nuove garanzie personali e reali*, Cedam, Padova, 1998, p. 457 ss e «Divieto del patto commissorio, alienazioni in garanzia e sale-lease-back», *RDC,* 1991, parte II, (p. 535 ss), p. 535 ss.

Entre nós, esta linha de autonomização é perfilhada por PAIS DE VASCONCELOS, para quem a alienação em garantia corresponde a um negócio atípico. Nas palavras do autor: «*ao manipularem um tipo, no negócio fiduciário as partes ultrapassam-no e saem para fora dele. Assim, a venda em garantia é uma venda. Os tipos utilizados nos negócios fiduciários são objecto não já do enriquecimento interior da clausulação normal, mas de verdadeiras mutações*» (244).

A distinção entre *negócio de garantia* e *compra e venda* não se tem colocado, curiosamente, nos mesmos termos quando a garantia tem por objecto créditos. Seguindo a orientação preconizada por MENEZES LEITÃO, trata-se, neste caso, de um «*negócio fiduciário através do qual o crédito é transmitido para terceiro a fim de garantir a cobrança de outro crédito deste sobre o cedente, devendo o cessionário retransmiti-lo àquele logo que conseguir a cobrança do seu próprio crédito*» (245). Também para JANUÁRIO COSTA GOMES, a cessão de créditos em garantia corresponde a situações em que se verifica «*a cessão de um crédito (ou de uma pluralidade de créditos) a terceiro, normalmente o credor, para garantia de cumprimento de uma obrigação*» (246).

A nosso ver, esta colocação diversa quanto aos créditos pode explicar-se, em parte, pela circunstância de a *disciplina-base* constante dos artigos 577.º e seguintes do Código Civil poder conjugar-se com diferentes tipos negociais, visando a realização do efeito transmissivo do crédito (247). Este efeito pode resultar de uma compra e venda

---

(244) PAIS DE VASCONCELOS, *Em tema de negócio fiduciário*, cit, p. 25 e pp. 55 ss.

(245) MENEZES LEITÃO, *Cessão de créditos*, cit., nota 13, p. 289.

(246) COSTA GOMES, *Assunção fidejussória*, cit., p. 97. Sobre este negócio pode ver-se PAIS VASCONCELOS, *Contratos atípicos*, cit. p. 254 e 275 e F. ANELLI, *L'alienazione*, cit., p. 189 ss. PESTANA DE VASCONCELOS veio recentemente definir este negócio da seguinte forma: «*um sujeito que carece de crédito e é ao mesmo tempo titular de direitos de crédito pecuniários sobre terceiros celebra um contrato com um creditante pelo qual obtém a quantia de que carece, transmitindo (como efeito desse mesmo negócio) em garantia do cumprimento das suas obrigações de restituição desse montante e do pagamento dos juros um ou mais créditos presentes e a prazo a este último*» – PESTANA DE VASCONCELOS, *A cessão de créditos em garantia*, cit., p. 16.

(247) Segundo TOMMASO MANCINI, a cessão de créditos é um negócio de causa variável, inclusivamente de garantia, e não uma compra e venda de créditos com um

(artigo 874.º do CC), de uma doação (cf. artigo 940.º do CC), de uma dação em cumprimento (cf. artigo 837.º do CC) ou de um negócio de constituição de uma garantia do cumprimento de uma obrigação (²⁴⁸). A (aparente) adaptabilidade da cessão de créditos permitiu que a doutrina tradicional recebesse a cessão de créditos em garantia com alguma simpatia, atenuando a discussão quanto à idoneidade causal do negócio e, em geral quanto à própria admissibilidade deste negócio jurídico (²⁴⁹). A verdade, porém, é que a existência de um regime jurídico adaptável ao negócio não escamoteia o problema, desde logo porque, nos termos do n.º 1 do artigo 578.º do CC, «*os requisitos e efeitos da cessão entre as partes definem-se em função do tipo de*

---

fim de garantia – TOMMASO MANCINI, *La cessione dei crediti futuri a scopo di garanzia*, Milão, Giuffrè, 1968, p. 98 ss e p. 146. A doutrina portuguesa rejeita o carácter abstracto da cessão de créditos – Cf. VAZ SERRA, *Cessão*, cit., p. 9 ss, OLIVEIRA ASCENSÃO, *Direito Civil*, III, cit., p. 167, ANTUNES VARELA, *Das obrigações em geral*, II, cit., p. 299 ss, ALMEIDA COSTA, *Direito das obrigações*, 9.ª edição, Almedina, Coimbra, 2003, p. 758, MENEZES CORDEIRO, *Direito das Obrigações*, 2º vol., cit., pp. 92-93, MENEZES LEITÃO, *Cessão de créditos*, cit., p. 291, PESTANA DE VASCONCELOS, *Dos contratos de cessão*, cit., p. 280 ss e, embora reconhecendo marcas de abstracção, RIBEIRO DE FARIA, *Direito das obrigações*, 2.º vol., Almedina, Coimbra, 1990, p. 504 ss. A jurisprudência tem, também, considerado que a cessão de créditos não é um negócio abstracto – assim, cf. Ac. do S.T.J. de 15 de Outubro de 1996, número convencional JTSTJ00031045, relator Ramiro Vidigal. Idêntica concordância não se verifica, porém, quanto ao teor do negócio. Segundo a orientação tradicional, trata-se de um negócio de causa múltipla ou variável (ANTUNES VARELA, *Das obrigações em geral*, II, cit., p. 299 ss). Para PESTANA DE VASCONCELOS, a cessão corresponde ao efeito de transmissão do crédito, não sendo em si mesma um negócio autónomo com causa própria (PESTANA DE VASCONCELOS, *Dos contratos de cessão*, cit., p. 280 ss, em especial p. 281). Em sentido próximo, MENEZES LEITÃO, *Cessão de créditos*, cit., p. 289 ss. Recentemente, este autor veio sublinhar que na cessão de créditos em garantia «*enquanto que o acordo de garantia tem carácter causal, a cessão de créditos, ainda que seja celebrada simultaneamente possui carácter abstracto, sendo assim autonomizada do negócio de garantia*» – MENEZES LEITÃO, *Cessão de créditos*, cit., p. 446.

(²⁴⁸) Cf. MENEZES LEITÃO, *Cessão de créditos*, cit., p. 289.

(²⁴⁹) MENEZES LEITÃO veio sublinhar que na cessão de créditos em garantia «*enquanto que o acordo de garantia tem carácter causal, a cessão de créditos, ainda que seja celebrada simultaneamente possui carácter abstracto, sendo assim autonomizada do negócio de garantia*» – MENEZES LEITÃO, *Cessão de créditos*, cit., p. 446. Pode ver-se também PESTANA DE VASCONCELOS, *A cessão de créditos em garantia*, cit., p. 390 ss.

negócio que lhe serve de base». Além disso, a referida disciplina não é capaz de responder, de forma cabal, ao amplo conjunto de questões de Direito suscitadas pelos casos de cessão de créditos em garantia.

III. No nosso entendimento, a falta de concretização normativa da alienação em garantia – fora do âmbito do Decreto-lei n.º 105/2004 – pode até indicar a sua inclusão no seio dos negócios legalmente atípicos, mas não deve determinar o *caminho forçado* da aplicação analógica do regime da compra e venda [250]. A alienação em garantia não deve ficar *a priori* confinada ao espaço de relevância normativa próprio da expressão típica de negócio transmissivo que é a compra e venda. Porém, questionamo-nos se o tratamento que se tem dispensado à figura na doutrina e na jurisprudência não radica, afinal, *num pré-entendimento* daquele negócio enquanto *negócio indirecto* de *venda em garantia*.

A abordagem dogmática do negócio indirecto é particularmente rica [251]. Entre nós, mereceu a atenção de MANUEL DE ANDRADE [252], ORLANDO DE CARVALHO [253], OLIVEIRA ASCENSÃO [254], CARVALHO

---

[250] Sobre os negócios atípicos, PAIS DE VASCONCELOS, *Contratos atípicos*, cit., p. 207 e, do mesmo autor, *Teoria geral*, cit., p. 366, MENEZES CORDEIRO, *Tratado*, I, I, cit., pp. 319-320 e PINTO DUARTE, *Tipicidade e atipicidade dos contratos*, Almedina, Coimbra, 2000, p. 30 ss. Para ORLANDO DE CARVALHO, os negócios inominados «*resultam de uma deformação de tipos legais, quer pela falta de alguma das notas que os individualizam, quer pela adjunção de elementos estranhos que orientam o contrato para um destino diverso do hipotizado pela lei*» – *Negócio jurídico indirecto*, cit., p. 95. Sobre a importância do tipo jurídico-estrutural na formação do sistema jurídico, cf. KARL LARENZ, *Metodologia da ciência do Direito*, 3.ª ed., Fundação Calouste Gulbenkian, Lisboa, 1997, tradução para língua portuguesa de José Lamego, p. 660 ss.

[251] Além de JHERING e de KOHLER, foi tratado por FRANCESCO FERRARA, *Della simulazione*, cit., p. 82 ss, TULLIO ASCARELLI, *Contrato misto, negócio indirecto, negotium mixtum, cum donationae*, Jornal do Foro, Lisboa, 1954 e, do mesmo autor, *Negócio jurídico indirecto*, Jornal do Fôro, Lisboa, 1965, DOMENICO RUBINO, *Il negozio giuridico indiretto*, cit., ALESSANDRO GRAZIANI, *Negozi indiretti*, cit., p. 414 ss e LUIGI CARIOTA-FERRARA, *El negocio juridico*, cit., p. 197 ss, entre outros.

[252] MANUEL DE ANDRADE, *Teoria geral*, II, cit., p. 179 ss.

[253] ORLANDO DE CARVALHO, *Negócio jurídico indirecto*, cit., p. 31 ss.

[254] OLIVEIRA ASCENSÃO, *Direito civil*, III, cit., p. 306 ss.

FERNANDES ([255]) e, em especial, de PAIS DE VASCONCELOS ([256]). Pode ser entendido como um produto quase *«puro»* de autonomia privada das partes, susceptível de dinamizar o sistema jurídico. No dizer de ORLANDO DE CARVALHO, trata-se de uma das *«figuras hesitantes, heterogéneas, que participam ao mesmo tempo de certa tipificação legal e de uma vida extravagante e anómala»* porque *«exibem o aparato de um tipo legislativo, mas trazem no âmago a destinação a um fim incongruente com aquele aspecto negocial»* ([257]). Quer dizer, no negócio indirecto verifica-se uma instrumentalização ou uma funcionalização de um tipo para prossecução de um motivo diverso daquele que é normal. O negócio causal típico é realmente querido, mas as partes perseguem, através dele, um fim que lhe é estranho.

A posição favorável quanto à admissibilidade do negócio indirecto é dominante na doutrina portuguesa, não havendo razões para duvidar da bondade deste entendimento ([258]). Porém, a sua natureza é, ao invés, controvertida, discutindo-se se o negócio é atípico ou, pelo contrário, é ainda subsumível ao figurino de um negócio típico. No primeiro sentido, pronunciaram-se OLIVEIRA ASCENSÃO ([259]) e PAIS DE VASCONCELOS ([260]). No segundo sentido depuseram MANUEL DE

([255]) CARVALHO FERNANDES, *Teoria Geral*, vol. II, pp. 318-319.

([256]) PAIS DE VASCONCELOS, *Contratos atípicos*, cit., p. 243 ss e, do mesmo autor, *Teoria geral*, cit., p. 474 ss.

([257]) ORLANDO DE CARVALHO, *Negócio jurídico indirecto*, cit., p. 37.

([258]) A admissibilidade do negócio indirecto é acolhida, entre outros, por OLIVEIRA ASCENSÃO, *Direito civil*, III, cit., p. 307, CARVALHO FERNANDES, *Teoria Geral*, vol. II, pp. 318-319 e PAIS DE VASCONCELOS, *Contratos atípicos,* cit., p. 243 ss. Distinguindo o negócio indirecto da simulação, embora recusando-lhe autonomia dogmática, MANUEL DE ANDRADE, *Teoria Geral,* II, cit., p. 179 ss e ORLANDO DE CARVALHO, *Negócio jurídico indirecto*, cit., p. 129 ss.

([259]) OLIVEIRA ASCENSÃO, *Direito Civil*, III, cit., p. 306 ss.

([260]) PAIS DE VASCONCELOS, *Contratos típicos,* cit., p. 243 ss. Para o autor, *«o contrato indirecto é um contrato de tipo modificado que se caracteriza por a modificação do tipo incidir sobre o seu fim»*, isto é, *«o fim indirecto é atípico, no sentido de que não é característico do tipo de referência, mas pode ser típico, no sentido de que pode ser o fim correspondente à função característica de um outro tipo negocial»* – *Contratos atípicos*, cit., p. 244. Tratar-se-ia, por isso, de um *«contrato quase típico»*, isto é, de um negócio de tipo modificado. Assim, *Contratos atípicos*, cit., p. 244 e 252 *et passim* e *Teoria Geral*, cit., p. 370 ss e 478 ss.

ANDRADE ([261]) e ORLANDO DE CARVALHO ([262]). Mas, para qualquer das posições, a circunstância de se tratar de um negócio indirecto não implicará significativas especialidades de regime jurídico, ao contrário do que exige um contrato atípico puro ([263]).

Parece-nos que, para que haja negócio indirecto, deve haver referência a um tipo negocial. Ora, sob pena de se perder esta referência, as alterações propostas pelo fim atípico não podem abalar as notas fundamentais do tipo. Tais alterações serão apenas, nas palavras de ORLANDO DE CARVALHO, *«distúrbios de pequena importância que não transtornam a seriedade da arquitectura»* ([264]). De tal modo que o exercício do intérprete será o de *«reconduzir de uma formação empiricamente inominada aos caminhos claros e lúcidos da tipicidade»* ([265]). Se, pelo contrário, o *tipo de base* tiver sofrido uma transfiguração substancial, então, provavelmente, o resultado não se identificará já com o negócio indirecto, mas ambicionará o espaço de conformação jurídica próprio da pura atipicidade, mais próximo da *criação* do que da *procura do lugar comum de um tipo-padrão*. Dito isto, vejamos, então, em que medida é que estas reflexões concorrem para o enquadramento do negócio de alienação em garantia.

A compra e venda, enquanto *«contrato pelo qual se transmite a propriedade de uma coisa, ou outro direito, mediante um preço»* (artigo 874.º do CC), produz três efeitos fundamentais: a transmissão da propriedade da coisa ou da titularidade do direito, a obrigação de entregar a coisa e, por fim, a obrigação de pagar o preço (artigo 879.º

([261]) MANUEL DE ANDRADE, *Teoria geral*, II, cit., p. 179 ss.

([262]) ORLANDO DE CARVALHO, *Negócio jurídico indirecto*, cit., p. 100 e p. 145.

([263]) Como bem nota PAIS DE VASCONCELOS, *«a qualificação de um contrato como indirecto tem como consequência, do plano jurídico, mais o afastamento dos regimes da simulação e da fraude à lei do que a da atribuição de uma disciplina específica»* – Contratos atípicos, p. 250. Em sentido próximo, TULLIO ASCARELLI, *O negócio jurídico indirecto*, cit., p. 25. Sobre o problema do regime jurídico aplicável ao negócio misto, cf. ANTUNES VARELA, *Das obrigações em geral*, I, 10.ª edição, Almedina, Coimbra, 2000, p. 287 ss e, do mesmo autor, «Contratos mistos», *BFDUC*, 1968, (p. 8 ss), p. 16 ss e, em sede de negócio atípico, PAIS DE VASCONCELOS, *Contratos atípicos*, cit., p. 230 ss e p. 363 ss e PINTO DUARTE, *Tipicidade e atipicidade*, cit., p. 134 ss.

([264]) ORLANDO DE CARVALHO, *Negócio jurídico indirecto*, cit., p. 63.

([265]) *Idem*, p. 152.

do CC) (266). Tem por *finalidade* primária a transmissão de um bem ou direito ou, na terminologia de Ferreira de Almeida, *uma troca,* o que pressupõe, por um lado, *bilateralidade de custos e de benefícios para as partes* e, por outro lado, uma *divergência entre as finalidades típicas das partes* (267). Ora, logo aqui reside uma diferença fundamental perante a alienação em garantia. É que, nesta, o fim é a *garantia* e só instrumentalmente se pretende a transmissão da propriedade.

O contrato de compra e venda é independente da existência de qualquer relação obrigacional, prévia ou autónoma, entre as partes. Os vínculos que unem o comprador ao vendedor derivam, em princípio exclusivamente, do próprio negócio. Na alienação em garantia, ao invés, existe sempre um *prévio relacionamento obrigacional* entre as partes. Quer dizer, no negócio de garantia o acto translativo liga-se, em termos funcionais, a um crédito autónomo. O prestador da garantia, enquanto devedor, está adstrito à obrigação de satisfação do crédito, mas não lhe assiste um dever, nem sequer uma faculdade, de pagamento de um preço, tendo em vista a (re) aquisição da propriedade. Na generalidade dos contratos de compra e venda, não existirá uma relação obrigacional prévia ou autónoma do negócio que permita legitimar funcionalmente uma relação de garantia: não há obrigação garantida nem, por isso, garantia.

Na alienação em garantia, a transmissão da propriedade verificada no momento da celebração do contrato é necessariamente conformada por duas características fundamentais. Por um lado, a respectiva precariedade, traduzida no facto de a aquisição da propriedade pelo beneficiário da garantia, servindo um propósito de garantia, não poder ser *a priori* definitiva. A satisfação da obrigação garantida implicará a retransmissão do bem ou do direito para a esfera jurídica do prestador, da qual inicialmente proveio. Por outro lado, o cariz nuclearmente

---

(266) Sobre os principais aspectos de regime jurídico do contrato de compra e venda, cf. Raúl Ventura, «O contrato de compra e venda no Código Civil», separata da *ROA,* ano 43, 1993, (p. 588 ss), p. 588 ss, Menezes Leitão, *Direito das obrigações,* vol. III, cit., p. 11 ss, Pedro de Albuquerque, *Contrato de compra e venda,* cit., p. 17ss e Romano Martinez, *Direito das obrigações (parte especial). Contratos,* 2.ª edição, Almedina, Coimbra, 2003 (reimpressão), p. 19 ss.

(267) Ferreira de Almeida, *Contratos,* II, cit., p. 128 ss.

limitado da aludida transmissão, acompanhada de um programa obrigacional que modela a relação entre as partes e que lhe inculca um carácter fiduciário, ausente na relação comprador-vendedor.

Ainda quanto ao aspecto obrigacional, o contrato de compra e venda, enquanto contrato oneroso (cf. artigo 237.º do CC), implica o aparecimento, a cargo do comprador, do dever de pagamento do preço (alínea c) do artigo 879.º). Sobre o vendedor, por seu turno, impenderá o dever de entrega da coisa ao comprador (alínea b) do artigo 879.º do CC). Ora, tanto o dever de pagamento do preço, como o sinalagma preço-entrega, não existem na alienação em garantia [268]. No negócio de garantia, as partes não pretenderam comprar nem vender, sob forma condicional ou mesmo prometida, mas sim garantir um crédito. É a garantia, enquanto ligação funcional entre duas obrigações, que determina a feição do negócio.

Aqui chegados, torna-se claro que a alienação em garantia partilha com a compra e venda, tão só e apenas, um efeito translativo da titularidade de um bem ou direito. Esta circunstância, permite, aliás, distinguir a alienação em garantia de outras figuras de finalidade diversa, como é o caso do depósito fiduciário ou *in escrow,* no qual o devedor e/ou o credor entregam certa quantidade de dinheiro ou de títulos a um *escrow holder* – normalmente um banco – para que os conserve e, em determinadas circunstâncias previamente fixadas, a restitua [269]. Ainda que se admita o fim de garantia deste depósito – o que não é pacífico [270] – e que possamos olvidar as consequências da

---

[268] Segundo MENEZES LEITÃO, «*na hipótese de a obrigação de pagamento do preço ser declarada compensada com um crédito já existente do comprador sobre o vendedor (...) estar-se-á perante uma verdadeira alienação fiduciária em garantia, que é dificilmente compatível com a proibição do pacto comissório*» – Direito das obrigações, III, cit., p. 80. Debruçando-se sobre um caso análogo, ainda que retirando conclusões distintas, SALVATORE PUGLIATTI, *Precisazioni*, cit., pp. 302-303.

[269] Para uma análise dos traços e regime jurídico desta figura, veja-se, por todos, TIAGO ANTUNES – *Do Contrato de Depósito Escrow*, Almedina, Coimbra, 2007. Na definição do autor, tratar-se-á de uma «*convenção pela qual as partes de um contrato bilateral ou sinalagmático acordam em confiar a um terceiro a guarda de móveis, incluindo dinheiro, ficando este irrevogavelmente instruído sobre o destino a dar aos referidos bens, que poderá passar pela sua restituição ao depositante ou, eventualmente, pela sua entrega ao beneficiário do depósito*» – ob. cit., p. 173.

trilateralidade do *escrow*, esta figura distinguir-se-á da alienação em garantia quanto à respectiva estrutura, próxima do depósito, desenhada para permitir a custódia, e não a transmissão do bem.

IV. A alienação em garantia também não se confunde com a venda a retro, que corresponde a um negócio resolúvel por vontade do vendedor (artigo 927.º do CC)[271].

---

[270] Cf. Fulvio Mastropaolo, «Contratti Reali», *Tratatto di Diritto Civile*, dir. Rodolfo Sacco, I, *I singoli contratti*, 7, 1999, pp. 350 ss e, sobretudo, Giuseppe Grisi, *Il deposito in funzione di garanzia*, Milão, Giuffrè, 1999, p. 135 ss. Para Januário Costa Gomes, o depósito em *escrow* é um mecanismo de segurança, de protecção ou de tutela do crédito – *Assunção fidejussória*, cit., pp. 99-100. Tiago Antunes entende tratar-se de um contrato misto, entre o depósito e o mandato colectivo, e cuja causa será a guarda ou a custódia de uma coisa – *Do Contrato de Depósito Escrow*, cit., p. 276 ss. Referindo-se ao *escrow agreement* no contexto das garantias aparentes, Romano Martinez/Fuzeta da Ponte, *Garantias*, cit., pp. 65-66.

[271] Assim, cf. Ac. do S.T.J. de 24 de Junho de 1998, processo n.º 766/98, relator Simões Freire, no qual se entendeu que «*não se reconhecendo, à parte, uma faculdade na sua inteira disponibilidade, de resolver o contrato e ficando antes essa resolução dependente do não cumprimento tempestivo da contraprestação acordada, não se configura uma venda a retro do artigo 927.º do aludido diploma substantivo [Código Civil], mas uma permuta ou troca, sob condição resolutiva*». Também o Acórdão do Tribunal da Relação do Porto de 11 de Julho de 1994 (número convencional JTRP00011856, relator Reis Figueira) considerou que «*no caso da venda a retro, ou venda a remir, a resolução depende apenas da vontade do vendedor, sendo confiada apenas ao seu poder discricionário, não tendo ele de invocar os fundamentos da sua decisão de resolver o contrato*». Na doutrina, aludindo ao direito de resolução do vendedor, cf. Menezes Leitão, *Direito das obrigações*, vol. III, cit., pp. 82-83 e Pedro de Albuquerque, *Contrato de compra e venda*, cit., p. 39. Para além da vontade do vendedor, exige-se, como condição de eficácia da resolução, que o vendedor ofereça ao comprador as importâncias líquidas devidas a título de reembolso do preço e das despesas com o contrato e outras acessórias. A faculdade de resolução é exercida de acordo com o disposto nos artigos 432.º ss do Código Civil, o que significa que, conjugadamente nos termos dos artigos 433.º e 289.º, o comprador deve restituir a coisa e o vendedor deve restituir o preço. Durante a pendência do negócio, o comprador é havido como possuidor de boa fé, sendo aplicáveis as normas dos artigos 1269.º ss do CC (*ex vi* artigo 289.º n.º 3 do CC). Sobre outros aspectos de regime da venda a retro pode ver-se Menezes Leitão, *Direito das obrigações*, III, cit., p. 79 ss, Romano Martinez/ Fuzeta da Ponte, *Garantias*, cit., p. 244 ss e Pedro de Albuquerque, *Contrato de compra e venda*, cit., p. 39 ss.

A cláusula a retro é oponível a terceiros, desde que, recaindo sobre coisas imóveis ou sobre coisas móveis sujeitas a registo, tenha sido registada (artigo 932.º do CC) ([272]). Ao contrário do Código de Seabra, o Código actual permite-a, mas adopta especiais cautelas, para evitar o perigo de usura ([273]). É esta motivação que justifica o rigor do regime jurídico constante do artigo 928.º do Código Civil, destinado a prevenir variações entre o preço pago pelo comprador ao vendedor e o montante devido para o exercício da recompra. É também neste contexto que se deve compreender a tutela dispensada ao comprador nos artigos 930.º e 931.º do Código Civil. Estes constrangimentos legais dissuadem certamente a utilização do negócio em apreço com fins de garantia, muito embora não pareçam arredar, em absoluto, a chamada *função económica* de garantia ([274]).

([272]) Esta solução legal representa um desvio ao disposto no artigo 435.º do CC, isto é, à regra segundo a qual a resolução não prejudica os direitos adquiridos por terceiro. Diferentemente do que se verifica quanto à cláusula de reserva de propriedade (cf. artigo 409.º n.º 2), a venda a retro de coisa móvel não sujeita a registo não é oponível a terceiro, que adquira o bem do comprador. O artigo 932.º menciona claramente que a venda a retro só é oponível a terceiros se tiver por objecto coisas imóveis ou móveis sujeitas a registo. A cláusula de venda a retro fica, assim, limitada a bens registáveis, valendo, quanto aos demais, o regime geral da resolução, constante do artigo 432.º e seguintes do Código Civil. Cf. ROMANO MARTINEZ / FUZETA DA PONTE, *Garantias*, cit., p. 245-246, ROMANO MARTINEZ, *Da cessação do contrato*, Almedina, Coimbra, 2005, cit., p. 280 e PEDRO DE ALBUQUERQUE, *Contrato de compra e venda*, cit., p. 42.

([273]) No Código de Seabra, a venda que é feita «*com a cláusula ou condição de que o vendedor poderá desfazer o contracto e recobrar a cousa vendida, restituindo o preço recebido*» (artigo 1586.º daquele Código) foi proibida (artigo 1587º do mesmo).

([274]) Em sentido próximo, MENEZES LEITÃO, *Direito das obrigações*, vol. III, cit., p. 80. A associação entre o propósito económico de garantia e a venda a retro tem sido notada pela doutrina portuguesa – assim, pode ver-se COSTA GOMES, *Assunção fidejussória*, cit., p. 95, ROMANO MARTINEZ/FUZETA DA PONTE, *Garantias*, cit., p. 244 ss e LIMA PINHEIRO, *A cláusula de reserva*, cit., nota 179, p. 99. Para MENEZES LEITÃO, «*na perspectiva das atribuições patrimoniais das partes, o contrato apresenta-se como uma operação de financiamento na qual o pagamento do preço substitui a concessão de um empréstimo pelo comprador ao vendedor, e o exercício do direito de resolução por este substitui o reembolso desse mesmo empréstimo, reembolso que se apresentou como garantido, através da prévia atribuição da propriedade ao comprador*» – *Direito das obrigações*, vol. III, cit., p. 79.

A fronteira entre a venda a retro e a alienação em garantia tem sido intensamente discutida em Itália ([275]). A doutrina tem procurado distinguir os casos em que as partes convencionam uma venda a retro, com mero propósito económico de garantia, daquelas situações em que o negócio não será já uma venda a retro, mas uma verdadeira alienação em garantia ([276]). Quanto existe um mútuo anterior à venda, tem-se questionado se o *preço* corresponde ao financiamento concedido e se a sua devolução equivale à restituição do *tantundem*, de tal modo que, se o mutuário (vendedor) não pagar, o mutuante (comprador) adquirirá definitivamente a propriedade do bem vendido, extinguindo-se a obrigação de pagamento do preço mediante compensação ([277]). Contudo, a verdade é que também nesta hipótese não haverá motivos para reduzir a alienação em garantia a uma venda a retro. No caso acabado de descrever, existirá uma relação obrigacional autónoma da venda e a obrigação de pagamento do preço pelo adquirente

---

[275] Sobre este problema, pode ver-se Salvatore Pugliatti, *Precisazioni*, cit., p. 305 ss, Luigi Cariota-Ferrara, *I negozi fiduciari*, cit., p. 143 ss, Massimo Bianca, «Forme tipiche di vendita e violazione del divietto del patto commissorio nell' alienazione in garanzia ad effetto traslativo immediato», *Foro padano*, 1961, p. 50 ss, Giuseppe Amato, «Ancora sul patto commissorio e sulla vendita a scopo di garanzia», *GC*, 1984, I, p. 1899 ss, Ira Bugani, «Il divieto del patto commissorio e la vendita con patto di riscatto (o con patto di retrovendita)», *NGGC*, 1986, parte II, p. 31 ss, Roberto Triola, «Vendita con patto di riscatto e divieto del patto commissorio», *GC,* 1988, I, p. 1769 ss, Michele Sesta, *Le garanzie atipiche*, cit., p. 21 ss, Paolo Canepa, *Commentario al Codice Civile*, vol IV, cit. dir. Paolo Cendon, Utet, Torino, 1991, (p. 245 ss), p. 248, M. Arrietti, «Vendita con patto di riscatto a scopo di garanzia e divieto di patto commissorio», *GC*, 1992, I, p. 136 ss, Giovanni Pugliese, *Nullità*, cit., p. 156 ss, Emanuela Giacobbe, *Patto commissorio*, cit., p. 2534 ss, Andrea Maria Azzaro, *Vendita*, cit., p. 101 ss, Massimo Lascialfari, *Le alienazioni,* cit., p. 177 ss e Stefano D' Ercole, *Sull' alienazione*, cit., p. 230 ss. Entre nós, cf. Menezes Leitão, *Direito das obrigações*, III, cit., p. 80, Romano Martinez / Fuzeta da Ponte, *Garantias*, cit., p. 244 ss e Leite de Campos, *Alienação em garantia*, cit., p. 23.

[276] Julga-se que esta distinção terá sido aflorada, pela primeira vez, por Salvatore Pugliatti, *Precisazioni*, cit., p. 298 ss e retomada e desenvolvida por Claudio Varrone, *Il trasferimento*, cit., p. 84 ss e p. 173 ss. Na doutrina recente, veja-se, em especial, Michele Sesta, *Garanzie atipiche*, cit., p. 102 ss, Franco Anelli, *L'alienazione,* cit., p. 103 ss e Andrea Sassi, *Garanzia del credito*, cit., p. 145 ss.

[277] Esta hipótese é próxima da suscitada por Salvatore Pugliatti, *Precisazioni*, cit., pp. 302-303 e retomada por Franco Anelli, *L' alienazione*, cit., p. 106.

(credor) será *neutralizada* mediante um diferimento da mesma para o momento do vencimento da obrigação garantida [278].

Na sua expressão típica, a venda a retro pode visar uma finalidade ou efeito de garantia, mas enquanto propósito meramente económico, sem que esta característica influa na caracterização do negócio jurídico [279]. A venda figurará como negócio translativo, ainda que economicamente lhe possa assistir um cariz de garantia [280].

São várias as razões que impõem esta conclusão. Desde logo, não quadra com a alienação em garantia o poder potestativo que assiste ao vendedor quanto à recompra do bem, nem o facto de, como sucede na venda a retro, o comprador não estar obrigado a retransmitir o bem. Acresce que, na generalidade dos casos, na venda a retro o comprador (credor) não dispõe do direito de exigir a devolução do preço pago: esta prestação é correlativa do exercício da faculdade de recompra e não subsiste autonomamente. Finalmente, na venda a retro, caso o

---

[278] Num terreno próximo, o acórdão do Tribunal da Relação do Porto de 10 de Outubro de 2005 considerou, num caso em que foi dado por provado que certo bem teria sido entregue a um sujeito para garantia de uma dívida, que esta factualidade «*colide com a existência de um contrato de compra e venda que tem como núcleo essencial a transmissão da propriedade da coisa ou da titularidade do direito, o que se não satisfaz com a mera entrega da coisa e, menos ainda, quando esta visa tão só a constituição de uma garantia de pagamento de uma dívida ao titular do direito de propriedade sobre a coisa*» – cf. Ac. da Relação do Porto de 10 de Outubro de 2005, número convencional JTRP00038393, relator Cunha Barbosa. Para FRANCESCO GALGANO, a venda a retro pode ser um negócio em fraude à lei, em contradição com a proibição do pacto comissório, se puder ser provada a existência de uma relação obrigacional prévia entre comprador e vendedor, se existir correspondência entre o preço do bem e o valor de uma dívida anterior do vendedor perante o comprador e se não existir um pagamento de preço, em virtude da compra e venda (FRANCESCO GALGANO, *Diritto privato*, cit., p. 254-255).

[279] Como nota FRANCO ANELLI, o pressuposto fundamental do reconhecimento de uma função de garantia é a existência de uma obrigação do alienante perante o adquirente, de modo que o negócio translativo possa resultar funcionalmente ligado à relação obrigacional. Fixado este requisito, a linha de demarcação entre a imagem legal da venda a retro e a sua *degeneração* em alienação em garantia depende dos interesses visados pelos contraentes – FRANCO ANELLI, *L' alienazione*, cit., p. 118.

[280] Assim, VIDAL MARTINEZ, *La venta en garantía*, cit., p. 186 ss, NAVARRO MARTORELL, *La propriedad fiduciaria*, cit., pp. 295-296, RODRÍGUEZ-ROSADO, *Fiducia y pacto de retro*, cit., p. 158 ss e, com vastas referências jurisprudenciais, DÚRAN RIVACOBA, *La propriedad en garantía*, cit., p. 181 ss.

comprador transmita o bem a um terceiro, a sequela do direito do vendedor impedirá qualquer conflito de pretensões. O vendedor pode resolver o negócio, pagando ao comprador quantia similar à recebida. Durante o prazo para o exercício desta faculdade, não há uma obrigação do vendedor para com o comprador, não há vinculação, nem, por isso, garantia.

V. Feitas estas distinções, haverá ainda que notar que, sempre que se conclua pela atipicidade de certo negócio de alienação em garantia, deixará de ser possível a aplicação directa do Direito legal do tipo, em particular do tipo compra e venda (cf. artigo 939.º do Código Civil)[281]. O recurso ao *tipo-padrão compra e venda* determinaria uma verdadeira *distorção* da alienação em garantia e um consequente desrespeito pela autonomia privada das partes (cf. artigo 405.º do CC). A recepção acrítica de uma disciplina desconhecida, e na qual o negócio finalisticamente entendido não se revê, criaria vícios idênticos ao de uma conversão de um negócio jurídico com irrelevância do fim visado pelas partes, o que, como é sabido, o Direito não permite (cf. artigo 239.º do CC). Cabe, portanto, ao intérprete, indagar qual o regime jurídico que, nos quadros do sistema, melhor se adequa à regulação de interesses visados pelas partes, evitando a tentação de aplicar, a todo o custo, as disposições normativas estabelecidas para a compra e venda, enquanto negócio translativo[282].

Num figurino ideal, a alienação em garantia deverá constar de um único acordo, o qual pode até ser verbal, tratando-se de coisas móveis e, em geral, de créditos (cf. artigo 219.º do CC)[283]. Contudo, nem

---

[281] PAIS DE VASCONCELOS, *Teoria geral*, cit., pp. 377-378
[282] Em sentido próximo, cf. Ac. do S.T.J. de 9 de Julho de 1998, processo n.º 679/98, *BMJ*, n.º 479, 1998, p. 580 ss. Sobre a analogia jurídica, cf., por todos, CASTANHEIRA NEVES, *Metodologia jurídica. Problemas fundamentais*, Coimbra Editora, Coimbra, 1993, p. 237 ss.
[283] No caso das coisas imóveis o caso será mais complexo, havendo que contar com o disposto nos artigos 221.º do Código Civil e 80.º do Código do Notariado quanto ao pacto acessório. Com efeito, mesmo que formalmente o negócio surja *segmentado*, materialmente tratar-se-á de um único negócio de alienação em garantia. Ora, estando a transmissão da propriedade de coisa imóvel sujeita a escritura pública, pergunta-se se a mesma regra se deve estender ao pacto *acessório*, sempre

sempre é esta a situação com que o intérprete se depara. Aliás, as distorções e segmentações verificadas quanto à forma do negócio que, como vimos, é unitário, têm dificultado uma correcta compreensão da alienação em garantia. Sendo este o caso, e sempre que se detectem aparências formais enganosas, o intérprete poderá socorrer-se de alguns indícios facilitadores da interpretação jurídica, entre os quais se salientam a conservação da posse pelo vendedor, a existência de prévia relação obrigacional entre as partes e, ainda, a declaração segundo a qual o preço já foi pago antes da celebração do contrato [284].

Em casos residuais, e como tivemos oportunidade de demonstrar, já fora do âmbito dos negócios de alienação em garantia propriamente ditos, podemos encontrar negócios simulados (artigo 241.º do CC) e, portanto, nulos (artigo 240.º n.º 2 do CC). Nestas circunstâncias, ao negócio dissimulado deverá ser aplicado o regime jurídico que lhe corresponderia se tivesse sido concluído sem simulação, não sendo a sua validade prejudicada pela nulidade do negócio simulado (artigo 241.º n.º 1) [285]. Haverá, pois, que descortinar o tipo de negócio encoberto, no quadro do Direito das garantias, sem perder de vista as exigências do n.º 2 do artigo 243.º do Código Civil [286].

---

que as partes não tenham adoptado uma forma convencional (cf. artigo 223.º do CC). De acordo com o disposto no n.º 1 do artigo 221.º do Código Civil, as estipulações verbais acessórias anteriores ao documento legalmente exigido para a declaração negocial ou contemporâneas dele são nulas, salvo quando a razão determinante da forma lhes não seja aplicável e se prove que correspondem à vontade do autor da declaração. Parece-nos que uma correcta interpretação do artigo 221.º e do negócio em causa, em muitos casos, garantir a validade do pacto fiduciário verbal ou escrito, mas não reflectido em escritura pública. Porém, o Acórdão do S.T.J. de 11 de Maio de 2006 considerou já que «*não constando de escritura pública do contrato de compra e venda do prédio alguma declaração fiduciária, não pode o referido contrato ser considerado como negócio fiduciário de garantia*».

[284] Com outros desenvolvimentos, IRA BUGANI, *Il divieto del patto commissorio*, cit., pp. 34-37 e MICHELE SESTA, *Le garanzie atipiche*, cit., p. 107 ss, ambos com jurisprudência.

[285] Sobre o regime jurídico da simulação, cf. MENEZES CORDEIRO, *Tratado*, I, I, cit., p. 627 ss, PAIS DE VASCONCELOS, *Teoria geral*, cit., p. 519 ss. CARVALHO FERNANDES, e *Teoria geral*, cit., p. 286 ss.

[286] Este preceito prescreve uma solução tuteladora dos terceiros de boa fé que confiaram na aparência do negócio simulado, retirando a qualquer dos simuladores a possibilidade de lhe opor a nulidade do negócio. Segundo CARVALHO FERNANDES, no conceito de terceiros para efeitos do artigo 243.º devem incluir-se quaisquer tercei-

6.3. Conceito provisório de alienação em garantia

I. Perante o que acabámos de expor, é possível definir a alienação em garantia enquanto *negócio nos termos do qual um sujeito (prestador da garantia) transmite a outro (beneficiário da garantia) a titularidade de um bem ou de um direito, com a finalidade de garantia de um crédito, ficando o beneficiário da garantia obrigado, uma vez extinta esta finalidade, a retransmitir-lhe aquela mesma titularidade*([287]). Este recorte geral, de carácter provisório e revisível, permite clarificar a individualidade dogmática da figura que nos tem ocupado.

---

ros, e não apenas os adquirentes – CARVALHO FERNANDES, *Estudos*, cit., p. 119. No caso de coisas registáveis, será ainda de atender aos artigos 291.º do Código Civil e 17.º do Código do Registo Predial, enquanto disposição subsidiariamente aplicável. Tratando-se de bens móveis sujeitos a registo, a declaração de nulidade só não prejudica os direitos adquiridos sobre os mesmos bens, a título oneroso, pelo terceiro de boa fé que inscreveu o seu direito no registo, se a acção de nulidade não for proposta e registada dentro dos três anos posteriores à conclusão do negócio (cf. n.ºs 1 e 2 do artigo 291.º do CC). Nos demais casos, o adquirente de boa fé não poderá prevalecer, em excepção às regras do registo. Portanto, se a acção for registada nos três anos subsequentes à conclusão do negócio, a posição do adquirente de boa fé que registou o seu direito cederá perante a invalidade do negócio aquisitivo. Note--se, porém, que o artigo 291.º do Código Civil pressupõe que o terceiro consiga inscrever o seu direito no registo. De acordo com o princípio do trato sucessivo, o terceiro não poderá registar se tiver adquirido de quem não conste do registo como proprietário (cf. artigos 9.º e 34.º do CRpr). Se, porventura, o direito for registado em contradição com as exigências do trato sucessivo, o registo é nulo (artigo 16º alínea e) *in fine* do CRpr), com os efeitos constantes do artigo 17.º do CRpr. Sobre os problemas de compatibilização entre o artigo 291.º do Código Civil e o artigo 17.º do CRPr, *vide*, por todos, OLIVEIRA ASCENSÃO, *Direito civil. Reais*, cit., p. 370 ss.

([287]) Na definição de MICHEL CABRILLAC/ CHRISTIAN MOULY/ SÉVERINE CABRILLAC/ PHILIPPE PÉTEL, «*la fiducie est une technique qui repose sur un transfert de propriété au profit du fiduciaire (le créancier), transfert qui n'est ni simule, ni fictif, ni enchâssé dans une vente. Le fiduciaire souscrit des obligations qui limitent ses prérogatives de propriétaire. Le transfer doit être suivi, en cas de paiment de la créance garantie, d'un transfert en sens inverse, qui resulte soit de l'exécution d'une obligation de rétrocession, soit du jeu d'un mécanisme automatique*» (*Droit des sûretés*, cit., p. 395). Segundo MENEZES LEITÃO, a alienação em garantia é a «*situação que se verifica quando o devedor ou um terceiro procede à alienação de um bem para o credor, para garantia do cumprimento de uma obrigação, vinculando-se o credor a apenas utilizar esse bem para obter a realização do seu crédito, devendo o mesmo ser restituído ao alienante em caso de cumprimento da obrigação a que serve de garantia*» – *Garantias*, cit., p. 269. Em sentido próximo, LEITE DE CAMPOS, *Alienação em garantia*, cit., p. 11.

Examinando em detalhe este conceito, podemos distinguir dois *elementos necessários*, correspondentes à transmissão da propriedade (*elemento estrutural*) e à finalidade de garantia (*elemento funcional ou teleológico*), e um *elemento eventual*, que se traduz na obrigação de retransmissão.

Estes aspectos reflectem-se nas três fases da vida da garantia, isto é, na respectiva *constituição, pendência e extinção*. A garantia é constituída com a celebração do negócio transmissivo com escopo de garantia e, até que a obrigação garantida seja cumprida ou que se verifique o seu incumprimento definitivo, protegerá a posição do credor, mediante a atribuição de um direito de propriedade, falando-se, por isso, de *pendência da garantia*. Finalmente, a *extinção* pode suceder mediante *execução* da garantia, em caso de incumprimento da obrigação garantida, ou de *retransmissão* do bem ou direito alienado ao devedor, se o crédito de base tiver sido satisfeito. Esta sequência cronológica pode, porém, ser alterada por determinadas *perturbações da relação de garantia*, ocorridas na fase de *pendência* desta, como sejam a insolvência do beneficiário da garantia e a alienação indevida do bem ou do direito de garantia.

Este enquadramento não sofre desvios significativos no caso de créditos. Com efeitos, também na cessão de créditos em garantia, *o devedor ou cedente transmite um crédito ao cessionário ou beneficiário da garantia, para garantia de cumprimento de uma obrigação*[288]. Entre a transmissão de direito, associada a uma obrigação garantida (*constituição da garantia*), e a retransmissão do crédito, do cessionário para o cedente, nos casos em que este (cedente) cumpra a obrigação garantida (*extinção da garantia*), verifica-se uma coexistência paritária de uma relação obrigacional garantida e de uma relação obrigacional de garantia (*pendência da garantia*).

II. Em coerência com o acima exposto, o âmbito dos negócios de alienação em garantia pode ainda ser delimitado com recurso a *dois critérios*. Segundo uma *primeira bitola*, o credor deve tornar-se titular

---

[288] Cf. COSTA GOMES, *Assunção Fidejussória,* cit. p. 97 e MENEZES LEITÃO, *Cessão de créditos*, cit., nota 13, p. 289.

do bem ou do direito antes de executar a garantia, isto é, deve adquirir a titularidade do bem ou do direito ainda na fase de pendência da garantia. De acordo com um *segundo juízo*, na alienação em garantia a posição jurídica do beneficiário da garantia deve apenas consolidar--se em definitivo com o incumprimento da obrigação garantida[289]. O primeiro critério sem o segundo remeter-nos-ia para o domínio de um negócio translativo simples, por exemplo, de uma compra e venda. Já o segundo critério sem o primeiro não permitiria destrinçar uma alienação em garantia de um penhor executável com recurso a um pacto *apropriativo* (comissório ou marciano).

Deve, porém, clarificar-se que o primeiro elemento – aquisição da titularidade na fase de pendência da garantia – é, sobretudo, de cariz temporal ou formal e não deve constituir, quanto a nós, factor único, nem sequer determinante, da distinção entre um penhor e uma alienação em garantia. Essa função deve ser procurada no segundo critério, no qual confluem ponderações essencialmente materiais. A determinação do sentido a imprimir a este segundo critério depende, naturalmente, de outras premissas que só se deverão revelar ao longo do presente estudo, quando analisarmos o conteúdo da situação jurídica do garante e do garantido, pelo que não dispensará ainda, num momento mais avançado, uma reflexão final conclusiva.

III. Antes de prosseguirmos, cabe sublinhar que a *atipicidade* da alienação em garantia não é afectada por qualquer juízo de censura legal, uma vez que o Direito português não contempla um princípio geral de tipicidade das garantias das obrigações. Por outro lado, o disposto no artigo 604.º, n.º 1, do Código Civil também não deve ser visto como um obstáculo ao reconhecimento de formas atípicas de garantia. Além do reduzido alcance do princípio *par conditio creditorum* no Direito português, o referido artigo alude apenas a *causas de preferência*. O que significa que só no caso de concluirmos que a alienação em garantia confere uma *causa de preferência* ao credor beneficiário é que será devido um regresso ao artigo 604.º, no sentido de determinar se a mesma é, ou não, *legítima*.

---

[289] O critério é próximo do proposto por Pierre Crocq, *Propriété et garantie*, cit., p. 9 ss.

Outra nota digna de relevo prende-se com o significado da *afectação funcional* do direito de propriedade que se verifica por efeito do negócio de alienação em garantia. O reconhecimento de um *fim* ou *função* de garantia à propriedade recebida pelo beneficiário não significa *a priori* que estejamos perante uma garantia real do tipo do penhor ou da hipoteca. Parece-nos até que a *redução* da alienação em garantia ao penhor como *regra geral* surge, muitas vezes, como uma *atenuante* procurada pela doutrina para *suavizar* a *nota de excesso* – excesso do meio perante o fim visado pelas partes.

Aliás, mesmo no ordenamento jurídico alemão onde, como vimos, se tem acolhido um princípio de conversão, não se equipara *directamente* e *em absoluto* o proprietário fiduciário ao credor pignoratício[290]. Esta aproximação só pode, pois, revelar-se caso a caso, à medida que observamos o conteúdo dos direitos reconhecidos ao prestador e ao beneficiário da garantia.

Por outro lado, a circunstância de se admitir que o beneficiário da garantia apenas pode exercer o seu direito em termos limitados nada nos diz sobre a natureza da vinculação deste sujeito – real ou obrigacional –, nem nos permite concluir qual a eficácia que se deverá reconhecer à situação jurídica do prestador da garantia. Também este aspecto só poderá revelar-se quando for examinado o conteúdo da posição jurídica de cada uma das partes no negócio de alienação em garantia.

IV. A obrigação de retransmissão do bem ou do direito implica uma conduta por parte do beneficiário da garantia. A expressão desta obrigação na concreta fisionomia do negócio depende do que for convencionado pelas partes. Isto é, a obrigação de retransmissão pode figurar ou não como um evento de produção automática e imediata, uma vez satisfeita a dívida garantia. Por vezes, as partes estabelecem que «*o bem y é alienado (ou transferido) em garantia de A para B, ficando os efeitos desta alienação condicionados (ou resolutivamente condicionados) pelo incumprimento da obrigação garantida*».

---

[290] Cf., por todos, JÜRGEN OESCHLER, *Sicherungseigentum*, cit., pp. 910 ss.

É inteiramente admissível a subordinação da resolução de um negócio jurídico a um evento futuro e incerto (artigos 270.º, 1.ª parte e 405.º do CC) [291]. Esta hipótese é, aliás, expressamente corroborada quanto ao direito de propriedade pelo artigo 1307.º n.º 1 do Código Civil [292]. A condição representa uma eventualidade negocial e, ainda, uma circunstância externa ao negócio – um *aditivo*, na terminologia de MENEZES CORDEIRO [293] – e não um efeito negocial interno, próprio de um normal negócio de alienação fiduciária em garantia. Trata-se de uma «*cláusula acessória de um negócio jurídico pela qual o seu autor faz depender os efeitos daquele, total ou parcialmente, da verificação de um facto futuro e objectivamente incerto*» [294].

Não raras vezes, porém, a questão da condicionalidade do negócio tem sido observada como uma *condição essencial ou co-natural* ao negócio de alienação em garantia. Na doutrina italiana, há quem defenda que na cessão de créditos em garantia o cumprimento da obrigação principal pelo devedor (cedente) implica uma transmissão automática *ex tunc* do crédito cedido para o seu património [295].

---

[291] Sobre o regime jurídico da condição, cf. GALVÃO TELLES, *Manual*, cit., p. 258 ss, OLIVEIRA ASCENSÃO, *Direito Civil. Teoria Geral*, vol. II, 2.ª edição, Coimbra Editora, 2003, p. 345 ss e MENEZES CORDEIRO, *Tratado*, I, tomo I, cit., p. 509 ss.

[292] Segundo OLIVEIRA ASCENSÃO, é legalmente admissível a propriedade temporária. Esta conclusão resulta da leitura conjugada dos artigos 1307.º n.º 2 e 409.º n.º 1 do Código Civil e, em especial, da previsão, neste preceito, da possibilidade de o alienante nos contratos de alienação reservar para si a propriedade da coisa alienada até ao cumprimento total ou parcial das obrigações da outra parte ou até à verificação de qualquer outro evento – cf. *Direito civil. Reais*, cit., pp. 460-461. Admitindo, de igual modo, a propriedade resolúvel, Ac. da Relação de Lisboa de 24 de Junho de 1986, recurso número 12 279, *CJ*, 1986, tomo III, p. 138 ss.

[293] MENEZES CORDEIRO, *Tratado*, I, I, cit., p. 514.

[294] CASTRO MENDES, «Da condição» BMJ, n.º 263, 1977, (p. 37 ss), p. 43. Em sentido próximo, MENEZES CORDEIRO, *Tratado*, I, I, cit., p. 509.

[295] Cf. NICOLÒ LIPARI, *Il negozio fiduciario*, cit., p. 420 ss, FRANCO ANELLI, *L'alienazione*, cit., p. 224 ss, BRUNO INZITARI, *La cessione del credito*, cit., p. 166 e, do mesmo autor, *Profili del Diritto delle obbligazioni*, cit., p. 503, ALDO DOLMETTA/ GIUSEPPE PORTALE, *Cessione del credito*, cit., pp. 102-103 e p. 108 ss, GIUSEPPE BAVETTA, «La cessione di credito a scopo di garanzia», *DF*, 1995, I, (p. 588 ss), pp. 597-598, MASSIMO LASCIALFARI, «La cessioni di crediti a scopo di garanzia», *Le garanzie rafforzate del credito*, AAVV, a cura di Vincenzo Cuffaro, Utet, Torino, 2000, p. 260 ss, MICHELE SESTA, *Le garanzie atipiche*, cit., p. 245 ss e NICOLA

A doutrina portuguesa encontra-se dividida a este respeito. A orientação seguida por MENEZES LEITÃO preconiza a inexistência de automaticidade da retransmissão, exigindo um novo acordo entre as partes para que o crédito se retransmita [296]. Só assim não sucederá se as partes convencionarem uma condição resolutiva do negócio de cessão. Conhece-se, porém, a posição discordante de VÍTOR NEVES, no sentido da retransmissão automática do direito de crédito [297].

Perante este enquadramento, cabe questionar se a questão da resolutividade do negócio transmissivo representa uma *exigência do carácter de garantia* ou se, pelo contrário, corresponde a uma *determinação da autonomia privada das partes*. Claro está que esta interrogação só se suscita verdadeiramente quando das concretas estipulações negociais não seja possível inferir o sentido – condicionado ou não condicionado – visado pelas partes. Quando apenas se refira, por exemplo, que «*A transmite a B o bem y, com finalidade de garantia do crédito x*», julgamos que, à luz do Direito português vigente, não há razões para *presumir* uma condição resolutiva implícita no negócio

---

CIPRIANI, *Patto commissorio*, nota 157, p. 82. Contra, criticando esta orientação, ARIANNA SCACCHI, «La cessione del credito a scopo di garanzia», *RDCom*, 2001, n.ºs 9 a 12 (p. 613 ss), p. 651 ss. Segundo a autora, a condição deverá resultar de um concreta estipulação contratual, não se presumindo que a cessão de créditos em garantia é um negócio resolutivamente condicionado. No caso de estabelecimento de uma condição, haverá que tomar em linha de conta com os interesses do devedor cedido (ob. cit., p. 652 ss).

[296] Neste sentido, MENEZES LEITÃO, *Garantias*, cit., p. 292 e *Cessão de créditos*, cit., p. 447. PESTANA VASCONCELOS, considerou a cessão de créditos em garantia corresponde à «*transmissão de um direito de crédito resolutivamente condicionada ao cumprimento de uma outra obrigação (ou obrigação principal) de que o cedente é devedor, com vista a assegurar esse mesmo cumprimento*» – *Dos contratos de cessão*, cit., pp. 327-328. Por isso, caso o cedente cumpra a obrigação principal, readquire automaticamente a titularidade do crédito (ob. cit., p. 328). Recentemente, veio entender que a «*o papel que a titularidade do direito na esfera do fiduciário desempenha esgota-se, e este deverá ser retransmitido*» (*Cessão de créditos em garantia*, cit., pp. 151-152) e que, portanto, há um dever de retransmissão do crédito a cargo do cessionário – cf. ainda p. 592 ss *et passim*.

[297] O autor entende que a restituição do crédito ao cedente no caso de cumprimento da obrigação garantida corresponde a um «*efeito automático derivado da necessidade que logicamente se há-de associar ao exaurimento da função para a qual a cessão foi anteriormente celebrada*» – VÍTOR NEVES, «A afectação de receitas futuras em garantia», *Themis*, ano I, n.º 2, 2000, p. (153 ss), p. 176.

de cessão de créditos em garantia. As partes podem convencionar o negócio *sem condição*, caso em que o acordo de transmissão corresponderá a uma nova cessão de créditos, à qual se aplicam, portanto, as mesmas normas jurídicas (nomeadamente os artigos 583.º e 584.º do Código Civil). Se o cessionário não retransmitir o crédito devem aplicar-se as regras do enriquecimento sem causa (artigo 473.º e seguintes do CC)[298]. Tratar-se-á de um caso típico de *restituição da prestação por posterior desaparecimento da causa*[299].

Sempre que seja convencionada uma condição, o negócio revestirá um carácter hipotético, compreenderá uma regulação de interesses alternativa, consoante o facto que constitui a condição se verifique ou não. A pendência da condição gera uma situação de instabilidade e de conflito de pretensões. O adquirente sob condição resolutiva poderá deixar de o ser em certa data, logo, não pode fazer perigar a aquisição do direito pela outra parte, muito embora, enquanto for titular sob condição resolutiva, deva poder extrair utilidades do bem que lhe foi atribuído. A integração desta alternatividade no seio de um negócio unitário de cariz condicional explica, aliás, a complexidade do respectivo regime jurídico, bem como as três directrizes fixadas pelo Código Civil quanto à *pendência do negócio condicionado*: exigência de um comportamento segundo os ditames da boa fé por parte do adquirente sob condição resolutiva (cf. artigo 272.º), possibilidade de prática de actos conservatórios (artigo 273.º) e regime jurídico quanto a actos dispositivos (artigo 274.º do Código Civil). Qualquer destas disposições é influenciada por um princípio de retroactividade da condição: em regra, os efeitos do preenchimento desta cláusula acessória retrotraem-se à data da conclusão do negócio (artigo 276.º, 1.ª parte do CC).

V. Ainda neste contexto alusivo à *condicionalidade*, alguns autores alemães têm invocado, como vimos, uma equiparação da posição do prestador da garantia na alienação em garantia sob condição resolutiva à do comprador na venda com reserva de propriedade,

---

[298] Este é, aliás, um aspecto que permitirá distinguir a alienação em garantia das garantias reais acessórias, como o penhor ou a hipoteca. Adiante retomaremos este aspecto, quando examinarmos a *natureza da garantia* – cf. *infra* Título V.

[299] MENEZES LEITÃO, *Direito das Obrigações*, I, cit., p. 419.

tratando-a, portanto, nos termos de um *direito de expectativa* (*Anwartschaftsrecht*) ([300]). Na alienação em garantia e na reserva de propriedade estariam em causa figuras utilizadas para garantia de um crédito que, distintamente dos direitos reais de garantia, não importariam a constituição de um objecto específico, enquanto meio de satisfação preferencial do credor, mas antes a sua afectação em termos de exclusividade de satisfação do crédito. Assim, na esteira de KARL LARENZ e de MANFRED WOLF, podemos dizer que existirá um *Anwartschaftsrecht* apenas quando exista um tal grau de certeza que essa posição seja vista no comércio jurídico como posição patrimonial actual e possa ser tratada como um direito subjectivo ([301]).

No Direito português, a questão que se poderá suscitar, sempre que o negócio de alienação esteja sujeito a condição, é a de saber se devemos caracterizar a posição do prestador da garantia como uma expectativa jurídica ou como um direito subjectivo.

A doutrina portuguesa, depois da reformulação de GOMES DA SILVA, tem entendido que o direito subjectivo é uma «*permissão normativa específica de aproveitamento de um bem*» (MENEZES CORDEIRO) ([302]), ou uma «*posição concreta de vantagem resultante de pessoas individualmente consideradas resultante da afectação de meios jurídicos para permitir a realização dos fins que a ordem jurídica aceita como dignos de protecção*» (OLIVEIRA ASCENSÃO) ([303]). Relativa-

---

([300]) Cf. DIETRICH REINICKE/KLAUS TIEDTKE, *Kaufrecht*, Hermann Luchterhand, 6.ª ed., Neuwied, 1997, § 1144 ss.

([301]) KARL LARENZ/MANFRED WOLF, *Allgemeiner Teil des Bürgerlichen Rechts*, 8.ª edição, C.H. Beck, Munique, 1997, § 124. Em Itália, GIOVANNI CATTANEO preconizou, em relação às expectativas reais, uma equiparação ao direito subjectivo: o ordenamento jurídico confere-lhes uma tutela particularmente intensa, permitindo antecipar a protecção que será devida ao direito subjectivo – GIOVANNI CATTANEO, *Riserva della proprietà*, cit., p. 946. RENATO SCOGNAMIGLIO duvidou da autonomia dogmática de um conceito abstracto de *diritto di aspetattiva*, entendendo que o ordenamento jurídico não confere uma tutela autónoma à expectativa jurídica, susceptível de fundar uma situação jurídica individualizada. A disciplina jurídica aplicável ao adquirente sob condição suspensiva visaria assegurar o nascimento de um direito futuro. Vide RENATO SCOGNAMIGLIO, «Aspettativa di diritto», *EDir*, III, 1958, Giuffrè, Milão, p. 226 ss.

([302]) MENEZES CORDEIRO, *Tratado*, I, I, cit., p. 166.

([303]) OLIVEIRA ASCENSÃO, *Direito civil*, III, cit., p. 79.

mente à expectativa jurídica, tem sido perfilhada a noção de GALVÃO TELLES, de um «*facto complexo, de formação sucessiva, donde há-de vir a resultar, quando concluído, um direito ou a sua atribuição a determinada pessoa; e que, nesse período de pendência, esta pessoa já goza de uma certa protecção legal*» ([304]). Esta posição influenciou as teses de MOTA PINTO ([305]), MENEZES CORDEIRO ([306]), CARVALHO FERNANDES ([307]) e RAQUEL REI ([308]). Tem-se, assim, entendido que a expectativa concede ao titular uma protecção jurídica, traduzida em providências tendentes a defender o seu interesse ([309]). Admite-se, ainda que a expectativa jurídica possa ser transmitida, nos termos gerais de Direito ([310]).

A orientação dominante defende a equiparação da expectativa jurídica ao direito subjectivo, designadamente para efeitos de determinação do regime jurídico aplicável ([311]). Esta posição é ilustrada pela

---

([304]) GALVÃO TELLES, «Expectativa jurídica (algumas notas)», *O Direito*, 1958, (p. 2 ss), p. 3.

([305]) MOTA PINTO, *Cessão*, cit., p. 373.

([306]) Cf. MENEZES CORDEIRO, *Tratado*, I, I, cit., p. 181.

([307]) CARVALHO FERNANDES, *Teoria geral*, II, cit., p. 595. Para o autor, «*diz-se expectativa de direito ou expectativa jurídica a situação juridicamente relevante de tutela de interesses durante o curso de constituição (ou aquisição) de um direito, cuja constituição (ou aquisição) depende de um facto complexo de produção sucessiva*» (idem, p. 595).

([308]) RAQUEL REI, «Da expectativa jurídica», *ROA*, ano 54, 1994, p. 149 ss.

([309]) GALVÃO TELLES, *Expectativa jurídica*, cit., pp. 3-4.

([310]) Nesse sentido, MANUEL DE ANDRADE, *Teoria geral*, II, cit., p. 379, ANA MARIA PERALTA, *A posição jurídica*, cit., p. 101 ss e RAQUEL REI, *Da expectativa jurídica*, cit., pp. 171-172.

([311]) Para CASTRO MENDES, «*a expectativa jurídica é (...) a posição jurídica potencial do futuro adquirente de um direito subjectivo, que beneficia da circunstância de se haver verificado já alguns elementos do facto complexo de que depende essa aquisição, e de isso por lei lhe conferir já uma certa medida de protecção*» – CASTRO MENDES, *Direito civil*, cit., p. 150. Também para MENEZES LEITÃO, o comprador com venda com reserva de propriedade disporá de um direito absoluto semelhante à propriedade, «*podendo ser visto como um pré-estádio da mesma e, portanto, mais como um minus do que como um aliud em relação a ela*» – MENEZES LEITÃO, *Garantias*, cit., p. 267. Do mesmo modo, MENEZES CORDEIRO reconhece que «*em certos casos, a expectativa dá, desde logo, lugar a uma protecção jurídica a qual, estando na disponibilidade do beneficiário, permite falar de um verdadeiro direito subjectivo, ainda que prévio ou intercalar*» – *Tratado*, I, I, cit., p. 181. Ainda, para PAIS DE

concepção perfilhada por OLIVEIRA ASCENSÃO, para quem «*a expectativa é um direito preliminar no percurso de formação dum direito subjectivo*» que «*cai inteiramente no âmbito do direito subjectivo, como afectação individual, concreta e destinada a criar um espaço de autonomia*» ([312]).

Pela nossa parte, muito embora a expectativa jurídica seja uma etapa intermédia da formação do direito subjectivo, não repugna que o titular do direito sob condição mereça uma tutela próxima da conferida ao titular do direito subjectivo. Materialmente, os poderes e as faculdades que completam o conteúdo da posição jurídica do adquirente condicional são de feição variável, dependendo do momento do processo formativo do direito em que se encontre. Numa fase avançada, os respectivos meios de defesa podem ser de tal modo intensos que, aos olhos do Direito, será como se esse direito já existisse, do ponto de vista da respectiva protecção normativa. Esta identidade, de razões e de regime jurídico, postula uma idêntica analogia quanto à natureza jurídica. Sempre que a consolidação da expectativa seja avançada, dever-se-á, por via analógica, tratar a situação em apreço como um verdadeiro direito subjectivo. O que quer dizer que o adquirente condicional poderá praticar os actos necessários à reaquisição de certo direito na sua esfera jurídica e, portanto, ao afastamento dos obstáculos a um futuro e eventual gozo pleno da coisa, próprio do direito de propriedade.

VASCONCELOS, a expectativa corresponde a um direito subjectivo que tem «*uma estrutura e uma substância diferentes das que ocorrem no direito expectado, mas que lhe está finalisticamente ligado*» – *Teoria geral*, cit., p. 682. Em sentido diverso, MOTA PINTO, *Teoria geral*, cit., p. 575, RAQUEL REI, *Da expectativa jurídica*, cit., p. 176 ss. Também PIRES DE LIMA e ANTUNES VARELA, em anotação ao artigo 272.º do Código Civil, defendem que, na pendência da condição, «*o crédito sujeito a condição suspensiva ainda não existe como direito, mas como simples expectativa*» – *Código Civil Anotado*, vol. I, cit., p. 252.

([312]) OLIVEIRA ASCENSÃO, *Direito Civil*, III, cit., pp. 86-87. A tese de OLIVEIRA ASCENSÃO é clarificada noutra obra, quando adverte que as expectativas reais, como direitos reais que são, estão sujeitas ao princípio da tipicidade – *Direito Civil – Reais*, p. 460. Este autor dedicou, ainda, atenção ao problema da aquisição da propriedade sob condição: nestes casos, o titular do direito real disporia de um direito onerado, enquanto que o beneficiário da produção da condição teria uma situação prodómica cuja eficácia perante terceiros seria assegurada pelo registo – OLIVEIRA ASCENSÃO, *Direito Civil – Reais*, p. 329.

6.4. *Figuras afins*

I. Na delimitação dos contornos provisórios dos negócios de alienação em garantia é de grande utilidade o confronto destas figuras com outros negócios, afins ou contíguos, além da compra e venda e da venda a retro.

Um desses negócios é a dação em cumprimento. De acordo com as considerações expendidas no número anterior, num negócio de alienação em garantia não está em causa o cumprimento da obrigação garantida, mas antes a previsão um meio de satisfação do crédito ou de ressarcimento do credor, *apesar* do incumprimento pelo devedor.

A estrutura e a função da alienação em garantia evidenciam, com clareza, a respectiva finalidade de *garantia*. O devedor permanece adstrito ao cumprimento do programa obrigacional a que se vinculara, com irrelevância do facto de o credor ter adquirido um bem ou direito para garantia desse crédito. Ora, a dação em cumprimento pode desempenhar uma função económica de segurança do crédito, mas a sua finalidade primária é a de um *acto solutório*, assente em prestação diversa da devida. Dito de outro modo, de um ponto de vista *teleológico*, o *programa negocial* das partes é diverso num caso e noutro: na dação, trata-se de permitir o cumprimento da obrigação, mediante um único programa negocial, enquanto que no negócio de garantia intercede um segundo plano negocial, correspondente ao meio de satisfação do credor para o caso de o devedor não cumprir [313].

---

[313] Na esteira de Januário Costa Gomes, a dação em cumprimento distinguir-se-á das garantias das obrigações ainda segundo um critério estrutural e um critério temporal. Estruturalmente, a dação em cumprimento corresponde a uma troca e não a um cúmulo de meios de satisfação do credor, ao contrário do que se verifica no negócio de garantia. Além disso, na dação existirá um único programa negocial, destinado a substituir a prestação debitória primitiva por outra prestação. Essa substituição visará uma satisfação do direito do credor, imediatamente exigível. Do ponto de vista temporal, a dação ocorrerá quando o crédito já se encontra vencido, não sendo esta a circunstância habitual em sede de garantias – Costa Gomes, *Assunção fidejussória*, cit., pp. 53-54. Sobre a distinção entre a cessão de créditos em garantia e a dação *pro solvendo*, cf. Tommaso Mancini, *La cessione dei crediti*, cit., p. 95 ss, Aldo Dolmetta/Giuseppe Portale, *Cessione del credito*, cit., p. 101, Michele Sesta, *Le garanzie atipiche*, cit., p. 166 ss, Massimo Lascialfari, *La cessioni di crediti*, cit., p. 255 ss e 269 ss e Franco Anelli, *L'alienazione*, cit., p. 211 ss. Entre nós, cf. Menezes Leitão, *Cessão de créditos*, cit., pp. 446-447.

II. A alienação em garantia também não se confunde com a cláusula penal (artigo 810.º e ss do CC), nomeadamente com a cláusula penal fixada em espécie ([314]). Seguindo o critério de PINTO MONTEIRO, a cláusula penal pode figurar sob uma de três vestes. A primeira será a da cláusula penal *stricto sensu*, que visa compelir o devedor ao cumprimento, muito embora não acresça à indemnização, nem à execução específica. A segunda corresponderá à cláusula de liquidação prévia do dano ou compensatória, a qual visa tão só facilitar a reparação dos danos. Finalmente, a cláusula penal compulsória, na qual se convenciona uma pena que acresce à execução específica ou à indemnização correspondente ([315]). Em qualquer dos casos, não é forçoso que a cláusula penal se traduza numa quantia em dinheiro, podendo corresponder a uma prestação não pecuniária ou mesmo à perda de direitos ([316]). Mas, mesmo nos casos em que haja transmissão de um direito, a função da alienação é a garantia de um crédito, enquanto que a cláusula penal, em princípio, não corresponderá a um meio quantitativo ou qualitativo de reforço da segurança do credor quanto ao cumprimento de uma obrigação ([317]).

III. A alienação em garantia também não se confunde com o mandato. Desde logo porque, em regra, o beneficiário da garantia não se obriga perante o prestador a praticar um ou vários actos jurídicos por sua conta, como sucede com o mandatário (cf. artigo 1157.º) ([318]). O fim típico da alienação em garantia é, já o dissemos, garantir um crédito, e não permitir a prática de actos em benefício do mandante. O que não invalida, naturalmente, que em alguns casos, em especial

---

([314]) Sobre a cláusula penal, pode ver-se, PINTO MONTEIRO, *Cláusula penal*, Almedina, Coimbra, 1999 e ainda, 531 ss, MENEZES LEITÃO, *Direito das Obrigações*, vol. II, 2.ª edição, Almedina, Coimbra, 2003, p. 273 ss e MENEZES CORDEIRO, *Tratado*, I, I, cit., p. 531 ss. Sobre as finalidades desta figura, cf. MOTA PINTO, *Teoria geral*, cit., p. 589 ss.

([315]) PINTO MONTEIRO, *Cláusula penal*, cit., pp. 282-283 e 601 ss.

([316]) *Idem*, pp. 60 e 69.

([317]) Qualificando a cláusula penal a uma mera forma de pressão do devedor e de facilitação do ressarcimento pelos prejuízos causados ao credor pelo incumprimento, JANUÁRIO COSTA GOMES, *Assunção Fidejussória*, cit., pp. 80-81.

([318]) Pode ver-se, por todos, FERREIRA DE ALMEIDA, *Contratos, II*, cit., p. 191 ss.

na cessão de créditos em garantia, as partes convencionem certos deveres *adicionais* a cargo do beneficiário da garantia que impliquem a prática de actos jurídicos.

Na alienação em garantia, o negócio é celebrado no interesse do beneficiário da garantia (fiduciário) e não do prestador da garantia (fiduciante). A *fiducia cum creditore* visa, primariamente, a satisfação de um interesse do fiduciário e não de um interesse do fiduciante, como sucede na *fiducia cum amico*, da qual o mandato se aproxima ([319]).

Em suma, a circunstância de, na pendência da garantia, o beneficiário estar a adstrito ao cumprimento de certos deveres não justifica, por si só, a identificação com o mandato. Contudo, pode permitir, em certos casos, recorrer a certos aspectos de regime jurídico deste negócio.

IV. O Decreto-Lei n.º 105/2004 prevê o negócio de penhor financeiro com direito de disposição ([320]). Nos termos do n.º 2 do artigo 9.º, «*o beneficiário da garantia pode alienar ou onerar o objecto da garantia prestada, nos termos do contrato, como se fosse seu proprietário, desde que observe a obrigação de restituição*» ([321]). O n.º 3 do

---

([319]) Por isso a doutrina tem admitido a aplicação do regime do mandato ao negócio fiduciário apenas quando este seja celebrado no interesse o fiduciante – assim, PAIS DE VASCONCELOS (*Contratos atípicos*, pp. 293-294).

([320]) Cf. artigo 5.º da Directiva 2002/47/CE. O artigo 9.º do Decreto-lei n.º 105/2004 deve aplicar-se apenas quando o objecto do penhor seja, realmente, *fungível* (cf. a referência do artigo 207.º do CC). Sé-lo-á no caso de créditos pecuniário e de acções admitidas à cotação em mercado regulamentado. Mas poderá não o ser já em relação a valores mobiliários que não sejam transacionados em mercado regulamentado. Como nota MENEZES CORDEIRO, «*o objecto das garantias financeiras cifra-se (...) em realidades líquidas ou liquidáveis, com valor objectivo de mercado e de rápida circulação. O objecto das garantias é, assim, específico, justificando o enérgico regime que, depois, encontraremos*» – *Manual de Direito bancário*, cit., p. 620.

([321]) Este preceito não está em total sintonia com a alínea m) do n.º 1 do artigo 2.º da Directiva (na sua tradução para língua portuguesa) que define direito de disposição enquanto «*direito conferido ao beneficiário da garantia de utilizar ou alienar a garantia financeira prestada nos termos de um acordo de garantia financeira com constituição de penhor, como seu proprietário, nas condições desse acordo de garantia financeira*» (o sublinhado é nosso). Esta circunstância fica provavelmente a dever-se à tradução para língua portuguesa da versão inglesa da Directiva,

referido artigo 9.º exige a publicidade do penhor com direito de disposição: registo em conta, para os escriturais e menção na conta de depósito, para os titulados.

O penhor com direito de disposição desvia-se, portanto, da regra geral constante do Código Civil, segundo a qual o credor pignoratício está obrigado a guardar e administrar a coisa empenhada como um proprietário diligente, respondendo pela sua existência e conservação, a não usar dela sem o consentimento do autor do penhor, excepto se o uso for indispensável à conservação da coisa e, finalmente, a restitui-la, extinta a obrigação a que serve de garantia ([322]).

Os efeitos do penhor financeiro são disciplinados pelo artigo 10.º do aludido Decreto-Lei. Em caso de cumprimento das obrigações financeiras garantidas, caso não haja lugar a compensação de créditos, o beneficiário da garantia ficará obrigado a uma das seguintes prestações: (*i*) entrega ao prestador da garantia de quantia em dinheiro correspondente ao valor que o objecto da garantia tem no momento do vencimento da obrigação de restituição, nos termos acordados pelas partes e segundo critérios comerciais razoáveis ou (*ii*) restituição ao prestador de objecto equivalente ao objecto da garantia financeira original.

Tratando-se de penhor de créditos pecuniários (numerário), hipótese que nos interessará em especial, o objecto equivalente corresponderá a um pagamento do mesmo montante e da mesma moeda. No caso de instrumentos financeiros, exige-se que a restituição se faça mediante a entrega de instrumentos do mesmo emitente ou devedor,

---

e não tanto a uma deficiência de transposição, dado que na versão inglesa se pode ler que «*right of use means the right of the collateral taker to use and dispose of financial collateral provided under a security financial collateral arrangement as the owner of it in accordance with the terms of a security financial collateral arrangement*». Confrontando a letra do referido artigo do Decreto-Lei n.º 105/2004 pode, ainda, questionar-se se é admissível um penhor com direito de disposição em que as partes restrinjam a faculdade do credor ao direito de oneração do objecto da garantia.

([322]) De igual modo, o uso ilegal e administração imprudente da coisa empenhada justificam o direito do autor do penhor de exigir que o credor pignoratício preste caução idónea ou que a coisa seja depositada em poder de terceiro (artigo 673.º do CC).

que façam parte da mesma emissão ou categoria e tenham o mesmo valor nominal, sejam expressos na mesma moeda e tenham a mesma denominação, ou de outros instrumentos financeiros, quando o contrato de garantia financeira o preveja. O objecto equivalente considera-se prestado no momento da constituição da garantia financeira originária (artigo 10.º n.º 3 do Decreto-lei n.º 105/2004). Trata-se de uma consagração específica da regra, de matriz anglosaxónica, de acordo com a qual ao credor garantido é lícito criar um novo *security interest* e, portanto, lhe é reconhecido um *right to repledge*.

Se o beneficiário da garantia exercer o direito de disposição e, portanto, alienar o bem a um terceiro, o adquirente que recebe o bem do beneficiário da garantia não adquire *a non domino*, mas antes de legítimo titular do direito. Nesta hipótese, o prestador perde a titularidade do bem. Do ponto de vista do beneficiário, o direito de garantia mantém-se, muito embora passe a incidir sobre um objecto diferente, mediante um mecanismo de sub-rogação real. Há uma sub-rogação da garantia equivalente (ou da quantia correspondente ao valor da garantia) no lugar da garantia originariamente prestada. Este entendimento é reforçado pelo disposto no n.º 3 do artigo 10.º, nos termos do qual «*o objecto equivalente substitui, para todos os efeitos, a garantia financeira original e considera-se como tendo sido prestado no momento da prestação desta*» e, ainda no n.º 4 deste mesmo artigo, que preceitua que «*os direitos que o beneficiário tenha ao abrigo do penhor financeiro relativamente à garantia financeira original mantêm-se relativamente ao objecto equivalente*».

O receio de perda ou deterioração da coisa empenhada pode motivar a venda antecipada da coisa empenhada, por iniciativa do autor do penhor ou do credor pignoratício (artigo 674.º do CC). Diversamente, de acordo com o regime especial do Decreto-lei n.º 105/2004, o beneficiário da garantia poderá vender o bem sem necessidade de recurso ao processo judicial de venda antecipada. Neste caso, a venda não depende de um determinado motivo, mas tão só da vontade do credor.

Depois desta breve caracterização, cabe questionar, com especial interesse para o nosso tema, se o penhor financeiro com direito de disposição é um negócio de alienação em garantia [323]. A doutrina portuguesa tem distinguido as figuras, afigurando-se ser esta, de facto, a melhor orientação [324].

A especialidade desta figura consiste na circunstância de o credor pignoratício não estar obrigado a restituir a coisa empenhada, mas objecto equivalente. O que significa que o objecto da garantia pode ser substituído, sem efeitos novativos da garantia originariamente prestada. Tratar-se-á, nestes casos, de um penhor rotativo [325]. Porém, o penhor financeiro com direito de disposição não é uma alienação fiduciária em garantia. Se o direito de disposição não tiver sido exercido e os credores do prestador da garantia penhorarem o bem, o beneficiário não poderá deduzir embargos de terceiro, mas apenas reclamar o crédito. Inversamente, na pendência da garantia, o prestador poderá arrogar-se a titularidade do bem.

---

[323] Sobre esta questão MENEZES CORDEIRO, *Manual de Direito bancário*, cit., pp. 629 e 632. Admitindo que no penhor financeiro possa tratar-se de uma dação *pro solvendo*, SOARES DA FONSECA, *Penhor de acções*, Almedina, Coimbra, 2007, p. 130.

[324] MENEZES CORDEIRO, apesar de entender que a faculdade de disposição altera qualitativamente o direito do credor pignoratício, nega que o mesmo se deva considerar um proprietário. No penhor financeiro, o risco corre por conta do prestador da garantia. Depois, o credor pignoratício apenas pode onerar ou alienar o objecto da garantia, sendo, quanto ao mais, tratado como um credor dotado de uma garantia pessoal. O autor conclui, assim, estarmos perante um penhor irregular, em que o titular da garantia pode alienar ou onerar o objecto da garantia independentemente de qualquer incumprimento, devendo entregar o equivalente – MENEZES CORDEIRO, *Manual de Direito bancário*, cit., p. 629. CALVÃO DA SILVA qualifica a situação em apreço como um penhor irregular: «*entrega em penhor de objectos fungíveis (dinheiro ou títulos de crédito), com o credor a adquirir a disponibilidade e tornar-se devedor da restituição do tantundem*» – *Banca, Bolsa*, cit., p. 208.

[325] Sobre o penhor rotativo, pode ver-se GESSICA PAVASINI «Pegno rotativo», *Il pegno nei rapporti commerciali*, AAVV, Giuffrè, Milão, 2005, p. 271 ss, PIETRO RESCIGNO, «Le garanzie rotative convenzionale: fattispecie e problemi di disciplina», *BBTC*, Janeiro-Fevereiro 2001, p. 1 ss, ENRICO GABRIELLI, *I Diritti reali*, cit., p. 223 ss, ANDREA MARIA AZZARO, «Pegno rotativo e operazione economica», *RDCom*, 2000, parte II, p. 259 ss e, com jurisprudência, e FILIPPO BAGGIO/GIUSEPPE REBECCA, *Il pegno di strumenti finanziari*., cit., p. 40 ss e p. 295 ss.

Existem, certamente, outras figuras afins da alienação em garantia, como é o caso da generalidade dos penhores, nos quais, em regra, não há transmissão ([326]). Contudo, uma compreensão aprofundada da fronteira entre uma garantia real acessória tipificada no Código Civil – como é o caso do penhor – e a alienação em garantia exige a posse de diversos elementos quanto à densificação da situação jurídica das partes que só adiante analisaremos, pelo que o conceito provisório de alienação em garantia que aqui consignámos será retomado e finalizado no final da presente dissertação ([327]).

7. *Expressões práticas e questões preliminares de regime jurídico*

I. Determinado o respectivo âmbito geral, é tempo de examinar os *três negócios* que correspondem às manifestações mais divulgadas de alienação em garantia no tráfego jurídico: *(i)* a utilização da alienação em garantia enquanto garantia mobiliária sem desapossamento; *(ii)* a cessão de créditos em garantia; e *(iii)* a garantia financeira ao abrigo do regime especial do Decreto-Lei n.º 105/2004. Deve notar-se que estes dois últimos casos correspondem a negócios jurídicos *sobre créditos*, enquanto na primeira situação estarão em causa *coisas corpóreas*, conforme melhor explicaremos nas páginas que se seguem.

([326]) Pode ainda notar-se que a alienação em garantia tem subjacente a atribuição de uma situação jurídica activa, e não de um encargo, distinguindo-se assim, da cessão de bens aos credores (artigo 831º CC). Por outro lado, não é claro que as figuras partilhem uma mesma função: a alienação em garantia é, necessariamente, um negócio de garantia; já no caso da cessão, a doutrina tem discutido a respectiva natureza. Defendendo tratar-se de uma garantia especial, MENEZES LEITÃO, *Direito das Obrigações*, II, cit., p. 307 e *Garantias*, cit., p. 297 ss. Contra, pode ver-se ROMANO MARTINEZ/FUZETA DA PONTE, *Garantias*, cit., p. 52 ss. Referindo-se à finalidade solutória desta figura, ANTUNES VARELA, *Das obrigações em geral*, II, cit., pp. 158-159.

([327]) Cf. *infra*, Título V.

7.1. *A garantia mobiliária sem desapossamento*

I. Uma das expressões práticas mais divulgadas da alienação em garantia corresponde à sua utilização enquanto garantia mobiliária sem desapossamento, alternativa ao penhor. Foi, como vimos, com este sentido que esta garantia se desenvolveu no ordenamento jurídico alemão ([328]).

Ora, a falta de desapossamento implica algumas considerações adicionais, cabendo desde logo lembrar que, nos ordenamentos jurídicos em que vigora o princípio da *posse vale título*, a segurança do credor garantido poderá tornar-se ilusória, uma vez que o terceiro de boa fé que adquire uma coisa móvel de quem não é titular do direito pode, por força daquele princípio, opor a sua posição jurídica ao verdadeiro titular do direito ([329]). Funciona, pois, a favor do terceiro adquirente de boa fé que possui a coisa, uma presunção inilidível de titularidade do bem. Mas, entre nós, a colocação da posse na disponibilidade do prestador da garantia não envolve um risco tão manifesto, uma vez que a posse *não vale* ou, melhor dizendo *pode não valer título* ([330]), sendo ilidível a presunção do artigo 1268.º n.º 1 do Código Civil ([331]).

Não obstante, a falta de desapossamento desperta alguns problemas de regime jurídico e suscita, desde logo uma interrogação: a que título é que o prestador da garantia conservará a *posse* do bem?

([328]) Cf. *supra*, p. 37 ss.

([329]) Este princípio foi acolhido no Direito alemão, no Direito espanhol, no Direito francês e no Direito italiano (cf. Menezes Cordeiro, *Direitos reais,* cit., p. 289).

([330]) O princípio *posse vale título* significa, portanto, que «*o possuidor de coisa móvel, estando de boa fé, tem a seu favor uma presunção iuris et de iure, indestrutível*» – Menezes Cordeiro, *Direitos reais,* cit., p. 289. Por força daquele princípio, «*o titular de um direito real sobre coisa móvel perde o direito sobre ela e portanto deixa de a poder reivindicar desde que ela tinha sido transmitida a um terceiro de boa fé*» – Oliveira Ascensão, *Direito civil. Reais,* cit., p. 72.

([331]) Sobre este aspecto, cf. Oliveira Ascensão, *Direito civil. Reais,* cit., p. 72, Menezes Cordeiro, *Direitos reais,* cit., p. 289.

II. O Direito português acolheu um conceito objectivo de posse ([332]), qualificando-a como o poder que se manifesta quando alguém actua por forma correspondente ao exercício do direito de propriedade ou de outro direito real (cf. artigo 1251.º do CC). Em caso de dúvida, entende-se que é possuidor quem exerce o poder de facto sobre a coisa (artigo 1252.º n.º 2 do CC). A posse mantém-se enquanto durar a actuação correspondente ao exercício do direito ou a possibilidade de a continuar (artigo 1257.º n.º 1), presumindo-se que continua em nome de quem a começou (artigo 1257.º n.º 2 do CC).

Ora, de acordo com o artigo 1264.º do Código Civil, se o titular do direito real que está na posse da coisa transmitir esse direito a outrem, não deixa de considerar-se transferida a posse para o adquirente, ainda que, por qualquer causa, aquele continue a detê-la. A norma estatui, portanto, o princípio da cessão da posse aquando da transmissão da propriedade, embora admitindo excepções ([333]). Este artigo permite clarificar a natureza da situação possessória do beneficiário da garantia, mas não esclarece quanto à situação do respectivo prestador. Quanto a esta, será discutível se os poderes de facto que o prestador da garantia conserva sobre o bem alienado em garantia correspondem a uma situação de *mera detenção* ou se, pelo contrário, equivalem a uma verdadeira *posse*. A questão releva na medida em que a natureza da situação do prestador da garantia pode importar algumas diferenciações de regime jurídico. Muito embora se possa admitir que a generalidade dos meios possessórios (cf. artigo 1276.º e seguintes) possa ser concedida ao detentor – pensamos, por exemplo, nos embargos de terceiro (cf. artigo 1285.º do CC) – esta regra não constitui uma fór-

---

([332]) OLIVEIRA ASCENSÃO, *Direito civil. Reais,* cit., p. 86 ss, MENEZES CORDEIRO, *Direitos reais,* cit., p. 404 ss e MENEZES LEITÃO, *Direito das obrigações,* vol. III, cit., nota 42, p. 30. A posse é, porém, uma matéria aberta a discussão na doutrina portuguesa. Para OLIVEIRA ASCENSÃO, «*a posse é uma realidade jurídica, que tem como pressuposto uma realidade, ou situação de facto, mas que na sua existência tem autonomia em relação a ela*» (*Direito civil. Reais,* cit., p. 80). Para MENEZES CORDEIRO, tratar-se-ia de um direito real de gozo – cf. MENEZES CORDEIRO, *Direitos reais,* cit., p. 614 ss.

([333]) Segundo OLIVEIRA ASCENSÃO, a lei coloca a transferência da posse na dependência da transmissão da propriedade nos casos de constituto possessório e de sucessão na posse – OLIVEIRA ASCENSÃO, *Direito civil. Reais,* cit., p. 62.

mula geral de equiparação, podendo suscitar questões delicadas quando esteja em causa, por exemplo, um problema de aquisição por usucapião [334].

Atentando ao disposto no artigo 1253.º do Código Civil, não nos parece ser de qualificar o prestador da garantia como um mero detentor. Este sujeito não exerce um poder de facto sem intenção de agir como beneficiário do direito (*alínea a*), nem se aproveita da tolerância do titular do direito (*alínea b*), nem tão pouco pode ser qualificado como um representante ou mandatário do possuidor ou como um possuidor em nome de outrem (*alínea c*) do referido artigo 1253.º). Com efeito, o prestador da garantia exerce um poder sobre a coisa, em nome próprio, sem que haja representação do beneficiário da garantia ou qualquer acto de tolerância por parte deste sujeito.

Apesar de ser pouco provável que haja uma convenção possessória entre as partes (por exemplo, um comodato), a verdade é que, na maioria dos casos, o prestador permanecerá em contacto directo com a coisa. Ora, como nota OLIVEIRA ASCENSÃO, havendo o *corpus* há, em princípio posse, salvo se a causa da situação a desvalorizar para a mera detenção [335]. Também JOSÉ ALBERTO VIEIRA salienta que no caso do contrato promessa em que tenha havido tradição da coisa, bem como na compra e venda com reserva de propriedade, acompanhada de entrega da coisa ao comprador, «*existe corpus possessório; alguém tem o controlo material sobre uma coisa corpórea, podendo, se quiser, actuar sobre ela. O controlo material processa-se nos termos de um direito, que é exteriorizado por aquele que actua sobre a coisa*» [336].

À luz destes ensinamentos, parece-nos que, na maioria dos casos, será de admitir uma *posse especial*, de carácter fiduciário, distinta da posse do proprietário e, por isso, sujeita a um regime jurídico diferenciado, designadamente para efeitos de aquisição por efeito de usucapião.

---

[334] *Vide*, por todos, JOSÉ ALBERTO VIEIRA, *Direitos Reais*, Coimbra Editora, Coimbra, 2008, p. 557 ss.

[335] OLIVEIRA ASCENSÃO, *Direito civil. Reais,* cit., p. 93. Também para MENEZES CORDEIRO o artigo 1263.º do Código Civil integra hipóteses que, se não fosse o teor do próprio artigo, redundariam em posse – MENEZES CORDEIRO, *Direitos reais*, cit., p. 401.

[336] JOSÉ ALBERTO VIEIRA, *Direitos Reais*, cit., p. 560.

III. A conservação da posse fiduciária pelo prestador da garantia suscita ainda o problema de saber qual o regime jurídico aplicável ao risco de perecimento ou deterioração do bem. Caso se conclua que a alienação em garantia corresponde a um negócio translativo, haverá que ponderar a aplicação do regime jurídico do artigo 796.º do Código Civil.

A regra geral, embora supletiva, indica-nos que a transferência da propriedade implica a transmissão do risco de perecimento ou deterioração da coisa por causa não imputável ao alienante (artigo 796.º n.º 1 do CC)([337]). A lei excepciona, porém, as hipóteses de constituição de termo a favor do alienante (n.º 2), bem como de aposição de uma condição (n.º 3).

À primeira vista, poder-se-ia pensar que, na alienação em garantia, estando em causa a constituição de um direito real sobre a coisa, o risco de perecimento ou de deterioração da coisa por causa não imputável ao alienante correria por conta do beneficiário. Julga-se, porém, não ser esta a melhor solução. A lei integra, no n.º 1 do artigo 796.º, duas situações distintas e potencialmente antagónicas: a titularidade do direito real (em virtude de contrato que implique a sua constituição) e o domínio material sobre a coisa. Na alienação em garantia, apesar da transmissão da propriedade, o domínio material sobre o bem pertence ao prestador e é este sujeito que goza das vantagens materiais proporcionadas pelo objecto da garantia. Por outro lado, não tendo sido a coisa entregue ao beneficiário, seria pouco justo fazê-lo suportar os riscos de perecimento ou deterioração. Entendemos, por isso, que, em regra, *será o prestador quem deverá suportar estas contingências*. O carácter de garantia do direito de propriedade do beneficiário reforçará, ainda, esta conclusão ([338]).

([337]) No sentido da supletividade do artigo 796.º, *vide* por todos Antunes Varela/ Pires de Lima, *Código Civil anotado*, com a colaboração de M. Henrique Mesquita, vol. II, 3.ª edição, Coimbra, 1986, p. 52.

([338]) A existência de acordos possessórios contemporâneos do negócio de alienação de garantia não deverá infirmar este enquadramento. Na hipótese, pouco provável, de as partes terem acordado um comodato, haverá que recorrer adicionalmente à solução constante do artigo 1136.º do Código Civil. Assim, caso o comodatário não tenha feito um uso indevido da coisa, se esta perecer ou se deteriorar casualmente, o comodatário é responsável, se estava em seu poder tê-lo evitado, ainda que mediante

Esta solução permite, ainda, respeitar um princípio de coerência com o melhor entendimento da repartição do risco na venda com reserva de propriedade. Com efeito, também neste caso o risco corre por conta do comprador, sempre que a coisa lhe tenha sido entregue, como é usual que suceda ([339]).

Caso a alienação em garantia esteja sujeita a condição resolutiva, haverá que observar o disposto no n.º 3 do artigo 796.º do Código Civil que, excepcionando a regra *res suo domino perit*, segue o princípio segundo o qual, durante a pendência da condição, o risco do perecimento correrá por conta do adquirente, se a coisa lhe tiver sido entregue.

IV. A ausência de desapossamento tem servido de motivo para que se considere que a alienação em garantia constitui um *privilégio* oculto, o que, segundo algumas opiniões, deveria determinar a exclusão liminar desta figura do sistema de garantias. Parece-nos, porém, que esta conclusão poderá, *de iure condito*, revelar-se precipitada. Desde logo porque a difusão de negócios que passam pelo apossamento de um sujeito não proprietário – como, por exemplo, a locação – distorce a equivalência, ainda que presuntiva, entre a posse e a titularidade real do direito de propriedade. Também a reserva de propriedade de coisa móvel não registável, por exemplo, tem sido aceite

---

o sacrifício de coisa própria de valor não superior Devem, porém, ressalvar-se os casos previstos no n.º 3 do artigo 1136.º do Código Civil: se tiver existido avaliação da coisa emprestada ao tempo do contrato, presume-se que as partes quiseram transferir o risco de perecimento ou deterioração causal da mesma para o comodatário, ainda que este não possa evitar este efeito mediante o sacrifício de coisa própria – cf. PIRES DE LIMA/ANTUNES VARELA, *Código Civil anotado*, vol. II, cit., p. 674. Note-se, ainda, que, neste caso, o prestador da garantia (comodatário) gozará de direito de retenção pelos créditos emergentes do contrato (cf. alínea e) do n.º 1 do artigo 755.º do CC).

([339]) Assim, MENEZES LEITÃO, *Garantias*, cit., p. 264 e, do mesmo autor, *Direito das obrigações*, cit., p. 57, LIMA PINHEIRO, *A cláusula de reserva*, cit., p. 44 ss e p. 97 e ROMANO MARTINEZ, *Direito das obrigações*, cit., pp. 41-42. Sobre este problema e entendendo que o risco será suportado por quem detiver a posse do bem, aplicando-se analogicamente o n.º 2 do artigo 796.º do Código Civil, RIBEIRO LUÍS, *O problema do risco nos contratos de compra e venda com reserva de propriedade*, *CJ*, 1981, tomo III, p. 15 ss.

entre nós como uma *garantia oculta*. De um modo geral, é possível considerar que a posse do devedor não é hoje um elemento susceptível de fundar um juízo de solvabilidade aparente por parte de um credor diligente. Em especial, sempre que esteja em causa matéria mercantil, será muito duvidoso que essa posse (do devedor) fundamente uma presunção de existência de um qualquer direito, sobretudo de um direito de propriedade ([340]).

Sem prejuízo das considerações precedentes, não se nega o interesse em diversificar as formas de publicidade associadas à garantia. Em especial, no caso da alienação em garantia de coisas móveis registáveis – navios, veículos automóveis e aeronaves ([341]) –, deve também ponderar-se a susceptibilidade de inscrição no registo. Sabemos, porém, que registar um *contrato atípico* poderá não ser uma tarefa fácil, pelo que se impõem algumas considerações adicionais.

Registar a alienação em garantia equivale a registar um negócio translativo da propriedade com escopo de garantia. Mas, pergunta-se, que negócio? Com que extensão? O negócio transmissivo *tout court* ou, também, as convenções acessórias, nomeadamente a obrigação de retransmissão do bem a cargo do beneficiário da garantia e as limitações à disponibilidade do bem? Do ponto de vista meramente formal, o direito de propriedade do beneficiário da garantia reunirá as condições necessárias para o registo. Já a obrigação de retransmissão do bem a cargo do beneficiário da garantia, bem como as limitações quanto à disponibilidade do mesmo, não constituem, também desta

---

([340]) Deve ainda notar-se que a distinção do Código de Seabra, herdada pelo actual Código Civil, entre o penhor, enquanto garantia com desapossamento, e a hipoteca, assente na publicidade do registo, há muito que é contrariada pela previsão de regimes especiais, seja quanto ao penhor mercantil (artigo 397.º do Código Comercial) ou ao penhor em garantia de crédito de estabelecimentos bancários ou *penhor bancário* (artigo 1.º do Decreto-lei 29 833 de 17 de Agosto de 1939 e artigo único do Decreto-lei 32 032 de 22 de Maio de 1942).

([341]) O registo de automóveis encontra-se disciplinado pelo Decreto-lei n.º 54/75, de 12 de Fevereiro, (alterado pelos Decretos-lei n.ºs 242/82 de 22 de Junho, 217/83, de 25 de Maio, 54/85, de 4 de Março, 403/88, de 9 de Novembro, 182/2002, de 20 de Agosto, 178-A/2005, de 28 de Outubro, 85/2006, de 23 de Maio e 20/2008, de 31 de Janeiro). Os registos de navios e de aeronaves constam, também, de legislação avulsa. O Código do Registo de Bens Móveis, aprovado pelo Decreto-Lei n.º 277/95, de 25 de Outubro, nunca chegou a entrar em vigor.

perspectiva, factos sujeitos a registo, conformando situações meramente obrigacionais (342). Não obstante, tendo em vista a publicidade da situação jurídica dos bens que constitui o fim de qualquer registo, não vemos razões para que o pacto com carácter meramente obrigacional não possa ser inscrito no registo. Diversos argumentos fortalecem esta interpretação. Em primeiro lugar, seria ilógico sujeitar a registo obrigatório a reserva de propriedade (cf. artigo 5.º, n.º 1, alínea b) do Decreto-Lei n.º 54/75, de 12 de Fevereiro) e não admitir o registo facultativo da alienação em garantia. Tratar-se-á, em ambos os casos – e não obstante as diferenças entre as figuras oportunamente expostas – de negócios de transmissão da propriedade com escopo de garantia. Depois, também não seria coerente obrigar a registo o negócio transmissivo da propriedade sem admitir semelhante inscrição das limitações obrigacionais que, de igual modo, compõem o negócio jurídico de alienação em garantia. O registo deve corresponder à situação jurídica que lhe está na base e, enquanto tal, contribuir para a segurança do comércio jurídico: negar a inscrição registal da alienação em garantia é desvirtuar a *função primacial* da publicidade registal.

7.2. A cessão de créditos em garantia

I. A cessão de créditos tem correspondido nos últimos anos a um negócio jurídico com grande projecção negocial, quer sob a forma simples, quer conjugado com outras estipulações negociais – é o caso do *factoring* –, tendo ainda assumido um papel importante no terreno do Direito das garantias (343).

Tal como sucede quanto à alienação em garantia de coisas corpóreas, na cessão de créditos em garantia tratar-se-á, em princípio, de

---

(342) Em matéria de registo automóvel, o Decreto-lei n.º 54/75, de 12 de Fevereiro, na sua versão alterada e actualmente em vigor, estabelece, no artigo 5.º, n.º 1, que estão sujeitos a registo o direito de propriedade (*alínea a), primeira parte*), a reserva de propriedade estipulada em contratos de alienação de veículos automóveis (*alínea b*), a hipoteca (*alínea c), primeira parte*) e a locação financeira e transmissão dos direitos a ela emergentes (*alínea d*), entre outros factos. Nestes casos, a inscrição no registo é condição de oponibilidade a terceiros da situação jurídica registada.

(343) Quanto à admissibilidade da cessão de créditos, cf. VAZ SERRA, *Cessão*, cit., p. 146 ss, MOTA PINTO, *Cessão*, cit., nota 1, p. 229, ANTUNES VARELA, *Das*

um negócio atípico, mediante o qual se transmite um crédito a favor de um terceiro, para garantia de cumprimento de uma obrigação do devedor ([344]). O cessionário sucede ao cedente na titularidade do direito de crédito e, em virtude disso, passa a ser credor de duas prestações: uma a *título principal* – a dívida do seu verdadeiro devedor – e outra a *título de garantia* – a dívida daquele que era terceiro ([345]). Neste caso, como nota MENEZES LEITÃO, «*o devedor realiza ao credor uma transmissão, com carácter fiduciário, de um crédito seu sobre terceiro, por forma a assegurar que o cessionário, passando também a ser titular desse crédito, possa em caso de não cumprimento pelo cedente da sua obrigação, vir cobrar o crédito que este detinha sobre terceiro*» ([346]).

Neste negócio verificam-se sempre três circunstâncias. Em primeiro lugar, uma transmissão de um crédito do cedente para o cessionário, associada a uma obrigação principal. Depois, uma coexistência paritária entre a relação obrigacional garantida e a relação obrigacional de garantia. Finalmente, uma retransmissão do crédito do cessionário para o cedente, caso este cumpra a obrigação principal ([347]).

---

obrigações em geral, II, cit., nota 2, p. 320, MENEZES LEITÃO, *Garantias*, cit., p. 290 ss, COSTA GOMES, *Assunção fidejussória*, cit., pp. 98-99, LIMA PINHEIRO, *A cláusula de reserva*, cit., nota 158, p. 88 ss, ROMANO MARTINEZ/FUZETA DA PONTE, *Garantias*, cit., p. 238 ss, PESTANA DE VASCONCELOS, *Dos contratos de cessão*, cit., p. 327 ss, VÍTOR NEVES, *A afectação de receitas*, cit., p. 174 ss. Cf. também, PAIS DE VASCONCELOS, *Contratos atípicos*, cit., pp. 284-285. Quanto à cessão de créditos futuros em garantia, MOTA PINTO, *Cessão*, cit., p. 226 ss, ANTUNES VARELA, *Das obrigações em geral*, II, cit., p. 316 ss, MENEZES LEITÃO, *Garantias*, cit., p. 291 e *Cessão de créditos*, cit., p. 414 ss, PESTANA DE VASCONCELOS, *Dos contratos de cessão*, cit., p. 432 *et passim* e recentemente, *A cessão de créditos em garantia*, cit., p. 456 ss e RIBEIRO DE FARIA, *Direito das obrigações*, cit., p. 521 ss.

([344]) Cf. COSTA GOMES, *Assunção fidejussória,* cit. p. 97 e MENEZES LEITÃO, *Cessão de créditos*, cit., nota 13, p. 289.

([345]) Segundo PESTANA DE VASCONCELOS, «*a cessão de um crédito em garantia faz parte de um negócio pelo qual uma das partes, no seio de uma regulamentação contratual mais ampla, cede à outra um crédito pecuniário sobre um terceiro seu devedor, com vista a garantir uma obrigação principal, normalmente decorrente de um empréstimo pecuniário*» – A cessão de créditos em garantia, cit., p. 347. Cf. também ROMANO MARTINEZ/ FUZETA DA PONTE, *Garantias*, cit., p. 257.

([346]) MENEZES LEITÃO, *Cessão de créditos*, cit., p. 441.

([347]) Neste sentido, MICHELE SESTA, *Le garanzie atipiche,* cit., p.169.

Neste quadro, a obrigação garantida configura uma primeira situação creditícia, cujo cumprimento é assegurado pela transmissão de um outro direito de crédito. A existência deste *duplo plano* creditício, bem como a circunstância de a situação de garantia envolver uma relação obrigacional com um terceiro (o devedor cedido), são razões que imprimem uma nota de complexidade à cessão de créditos em garantia.

A garantia versa sobre um direito de crédito, o qual, por seu turno, procede de uma relação obrigacional com um devedor (isto é, com o devedor cedido). As diversas perturbações desta relação com o devedor cedido podem ter impacto na própria garantia. Pense-se, por exemplo no caso de a conduta daquele sujeito originar o aparecimento de um direito indemnizatório: deve este direito, na fase de pendência da garantia, integrar a titularidade do beneficiário da garantia?[348]. Além disto, a dependência do *cumprimento pelo devedor cedido* determina que o risco desta garantia seja maior do que o que se verifica na alienação em garantia de coisas[349].

Apesar da complexidade que lhe é inerente, este negócio tem sido considerado válido pela doutrina portuguesa[350]. Da nossa parte, não vemos motivos para duvidar da bondade desta orientação. Aliás, somos levados a considerar que as principais interrogações que se

---

[348] Sobre a questão, *vide*, por todos, MENEZES LEITÃO, *Cessão de créditos*, cit., pp. 448-449.

[349] A intensidade deste risco dependerá de, pelo menos, dois factores. Em primeiro lugar, da concreta distribuição de riscos tida em vista pelas partes no pacto fiduciário. Em segundo lugar, da circunstância de ter havido (ou não) notificação do devedor cedido. Com efeito, caso o devedor cedido tenha sido notificado da cessão de créditos em garantia, o *risco* do cedente deverá, em princípio, aumentar. Não só porque o devedor poderá cumprir perante o cessionário, desobrigando-se, como também porque aquela notificação habilitará a uma maior intervenção do cessionário na relação com o devedor cedido. Não ficará, ainda, arredada a possibilidade de o devedor cedido procurar invocar excepções para não cumprir perante o cessionário.

[350] Neste sentido, VAZ SERRA, *Cessão*, cit., p. 146 ss, MOTA PINTO, *Cessão*, cit., nota 1, p. 229, ANTUNES VARELA, *Das obrigações em geral*, II, cit., nota 2, p. 320, MENEZES LEITÃO, *Garantias*, cit., p. 290 ss e, do mesmo autor, *Cessão de créditos*, cit., p. 440 ss, COSTA GOMES, *Assunção fidejussória*, cit., pp. 98-99, LIMA PINHEIRO, *A cláusula de reserva*, cit., nota 158, p. 88 ss, ROMANO MARTINEZ/ FUZETA DA PONTE, *Garantias*, cit., p. 234 ss, PESTANA DE VASCONCELOS, *Dos contratos de cessão*, cit., p. 327 ss, VÍTOR NEVES, *A afectação de receitas*, cit., p. 174 ss. Cf. também, PAIS DE VASCONCELOS, *Contratos atípicos*, cit., pp. 284-285.

dirigem a esta garantia não são tanto *de admissibilidade* ou *de validade*, mas antes *de regime jurídico*.

Já vimos que a alienação em garantia não é um negócio indirecto de compra e venda, mas antes um negócio atípico. Quanto à cessão de créditos em garantia, o regime-base dos artigos 577.º e seguintes do Código Civil não se limita a um tipo único, permitindo antes a adaptação do negócio a um conjunto de situações diversas, incluindo a cessão de créditos em garantia. Esta circunstância, muito embora facilite a interpretação e a aplicação das normas jurídicas, não significa que a cessão de créditos em garantia seja um negócio abstracto, nem que a causa-função de garantia não seja importante na conformação do negócio e do respectivo regime jurídico. Com efeito, de acordo com o n.º 1 do artigo 578.º, «*os requisitos e efeitos da cessão entre as partes definem-se em função do tipo de negócio que lhe serve de base*». Por outro lado, o n.º 1 do artigo 587.º determina que «*o cedente garante ao cessionário a existência e a exigibilidade do crédito ao tempo da cessão, nos termos aplicáveis ao negócio, gratuito ou oneroso, em que a cessão se integra*». Ora, a remissão para o negócio-base equivalerá, no caso que nos ocupa, ao estabelecimento de uma *ligação* ao regime aplicável à garantia. O que, por seu turno, convoca o problema, intrincado, de saber *qual* o regime jurídico aplicável *à garantia:* a disciplina das garantias acessórias, prevista no Código Civil, ou um regime específico, que procura coadunar a criação da autonomia privada das partes com as regras imperativas e princípios previstos no nosso ordenamento jurídico em matéria de Direito das garantias? Procuraremos dar resposta a esta interrogação ao longo da presente dissertação, em particular quando examinarmos o conteúdo da posição jurídica do prestador e ao beneficiário da garantia ([351]).

II. Centrando, por ora, a nossa atenção na génese da cessão de créditos em garantia, há alguns aspectos relativos ao negócio transmissivo que devem ser destacados e que *não são determinados pela específica feição da garantia*. Entre estes aspectos, é de destacar o papel da notificação do devedor cedido. No Direito português, a cessão

---

([351]) *Vide* infra – Título III.

de créditos opera independentemente do consentimento do devedor (cf. artigo 577.º do CC) e, sem prejuízo do disposto no artigo 578.º do Código Civil, não está sujeita a forma legal ([352]).

Nestes termos, na cessão em garantia, o crédito transmite-se por mero efeito do contrato ([353]). O que sucede é que a titularidade do direito de crédito – adquirida por efeito do contrato – só é oponível *ao devedor* se lhe for notificada, se ele a aceitar (artigo 583.º n.º 1 do CC) ou, ainda, se dela tiver conhecimento (artigo 583.º n.º 2) do CC) ([354]).

A notificação ao devedor cedido não depende de formalidades especiais. Valem aqui as regras gerais vigentes quanto a declarações negociais, de entre as quais se salientam a liberdade de forma (cf. artigo 219.º do CC). Do ponto de vista do Direito constituído – e embora o ponto seja discutível, parece ser de reconhecer um dever de

---

([352]) Nos termos do n.º 2 do artigo 578.º do Código Civil, a cessão de créditos hipotecários deve ser realizada por escritura pública, quando não seja feita em testamento e a hipoteca incida sobre bens imóveis. Nesta situação, a cessão de créditos estará, também, sujeita a registo (cf. artigo 2.º n.º 1 alínea i) do CRPr).

([353]) Assim MENEZES LEITÃO, *Cessão de créditos*, cit., p. 314 ss, PESTANA DE VASCONCELOS, *A cessão de créditos em garantia*, cit., p. 395 ss. A solução portuguesa é marcadamente distinta da solução gaulesa da *lei Dailly* (cf. *supra*, p. 56 ss), bem como do sistema proposto por MANCINI, segundo o qual só os efeitos do negócio dependeriam da notificação do devedor cedido – TOMMASO MANCINI, *La cessione dei crediti*, cit., p. 25 ss.

([354]) Quanto ao cessionário, as convenções de incedibilidade de créditos são-lhe oponíveis se ele as conhecia no momento da cessão (artigo 577.º n.º 2 do CC). Em relação ao devedor, tudo se passa nos termos gerais previstos no artigo 583.º n.º 1 do Código Civil: a cessão produz efeitos em relação ao devedor desde que lhe seja notificada ou que a aceite. Nos casos em que o cessionário conheça o *pactum de non cedendo*, o devedor pode invocar este pacto, em via de excepção, para cumprir a prestação perante o cedente, com eficácia liberatória. Nesta hipótese, ainda que o devedor tenha conhecimento da cessão, a eficácia deste negócio é restringida em virtude da acção da convenção de incedibilidade. A inoperatividade da cessão de créditos notificada ao devedor não é, portanto, geral, nem resulta de uma pretensa regra de oponibilidade absoluta da posição jurídica do devedor que convencionou a incedibilidade, antes devendo funcionar como solução restringida aos casos de prévio conhecimento da incedibilidade pelo cedente. Sobre esta questão, pode ver-se MENEZES LEITÃO, *Garantias,* cit., p. 291 e, desenvolvidamente, *Cessão de créditos,* cit., p. 305 ss, PESTANA DE VASCONCELOS, *A cessão de créditos em garantia*, cit., p. 379 ss.

notificação do devedor cedido, enquanto dever secundário de prestação do cedente perante o cessionário ([355]).

Se o devedor cedido for notificado da existência de uma cessão, não será irrelevante o conteúdo dessa mesma notificação. Distinguir-se-ão, em particular, os casos em que o devedor é notificado da *mera transmissão* e as situações em que é levado ao seu conhecimento a própria *cessão de créditos em garantia*. A relevância da distinção projecta-se não tanto no plano da adstrição do devedor cedido – este sujeito mantém, em princípio, a sua situação debitória conforme aos termos em que originariamente se obrigara perante o cedente do crédito –, mas sobretudo na conformação dos deveres a cargo do cessionário, enquanto titular fiduciário. Com a notificação, o cessionário passa a poder adoptar um conjunto mais vasto de condutas com relevância quanto à relação obrigacional e, por isso, quanto ao *valor do crédito*.

As considerações precedentes aplicam-se, de igual modo, à cessão de créditos em garantia, isto é, à transmissão do prestador (cedente) para o beneficiário da garantia (cessionário) e, também, à retransmissão do crédito, caso aquele sujeito satisfaça a obrigação garantida em momento anterior ao do vencimento do crédito de garantia.

([355]) Contra, MENEZES LEITÃO, *Cessão de créditos*, cit., p. 368 e MARIA DE ASSUNÇÃO CRISTAS, *Transmissão contratual do direito de crédito. Do carácter real do direito de crédito*, Almedina, Coimbra, 2005, p. 187 ss. Em sentido favorável, PESTANA DE VASCONCELOS, *Dos contratos de cessão*, cit., p. 295 e, desenvolvidamente, *A cessão de créditos em garantia*, cit., p. 409 ss e p. 425 ss. Segundo o autor, «recaindo, em princípio, sobre o cedente o dever (secundário de prestação, segundo nos parece) de notificar o devedor cedido da cessão do crédito (...), se ele aceitar a prestação do devedor de boa fé (ou com ele realizar algum negócio jurídico relativo ao crédito), além de não cumprir culposamente a obrigação de notificar o devedor, atinge igualmente por facto que lhe é imputável a referida garantia, o que significa, verificados os restantes pressupostos, que incorre em responsabilidade perante o cessionário», considerando que «mesmo que a notificação esteja a cargo do cessionário e este não a tenha ainda realizado, deve o cedente, face à pretensão de cumprimento do devedor, informá-lo (notificando-o) da transmissão do direito, sob pena de atingir a exigibilidade do crédito por ele garantida» – *Cessão de créditos em garantia*, cit., pp. 409-410.

III. Se o devedor foi notificado da cessão ou dela teve conhecimento, deve efectuar a prestação devida ao cessionário, com o que ficará, em princípio, desobrigado [356]. Ainda que a cessão de créditos não se tenha verificado ou seja inválida ou ineficaz, o devedor, notificado da cessão pelo cedente e desconhecendo aquelas circunstâncias, pode satisfazer a prestação debitória perante o cessionário, com efeito liberatório pleno (artigo 770.º alínea f) do CC). Mais: se cumprir perante o cedente, este acto não produzirá efeitos liberatórios, podendo o cessionário exigir-lhe o pagamento devido [357]. Apenas será de ressalvar os casos em que o devedor cedido tinha conhecimento da ineficácia ou invalidade da cessão, hipótese em que o cumprimento perante credor aparente pode ser considerado abusivo (artigo 334.º do CC) [358].

Se o devedor pagar ao cedente sem que tenha conhecimento da cessão – porque não lhe foi notificada, não a aceitou, nem dela tomou conhecimento [359] –, este acto extingue o crédito (cedido) e libera o devedor da prestação debitória, sendo oponível ao cessionário. Tratar-se-á de um caso de prestação feita a terceiro com efeito extintivo da obrigação (cf. artigo 770.º alínea f) do CC). Este efeito não priva, porém, o cessionário dos meios de reacção próprios da responsabilidade

---

[356] Cf., porém, MENEZES LEITÃO, *Cessão de créditos*, cit., pp. 368-369.

[357] Neste caso, poderá, ainda pensar-se na hipótese de o cessionário se dirigir ao cedente, exigindo-lhe a devolução do que foi indevidamente prestado, com base em enriquecimento sem causa – neste sentido, MARIA DE ASSUNÇÃO CRISTAS, *Transmissão contratual*, cit, pp. 144-145.

[358] Cf. MENEZES LEITÃO, *Cessão de créditos*, cit., p. 362 ss.

[359] Os casos de notificação, aceitação e conhecimento não têm, porém, um tratamento unitário na lei. A notificação ou a aceitação da cessão produzem efeitos imediatos em relação ao devedor, passando, a partir desse momento a considerar-se que a cessão operou eficazmente perante ele (artigo 583.º n.º 1). Já o conhecimento da cessão pelo devedor a que se refere o n.º 2 do artigo 583.º do Código Civil corresponderá aos casos em que o devedor soube da cessão sem que esta lhe tenha sido notificada e sem que a tenha aceite. Nestas circunstâncias, a lei prevê que o cessionário possa provar que o devedor tinha conhecimento da cessão para que, por exemplo, o pagamento feito perante o cedente não lhe seja oponível. Existe, portanto, um ónus probatório a cargo do cedente. Por outro lado, enquanto que nas hipóteses do n.º 1 é irrelevante a conduta ética do devedor, no n.º 2 tratar-se-á de casos de má fé deste sujeito.

contratual ou, subsidiariamente, do enriquecimento sem causa [360]. Deste enquadramento excepcionam-se os casos em que o devedor sabia da cessão de créditos em garantia, em relação aos quais o cessionário poderá ainda contar com o disposto no n.º 2 do artigo 583.º do Código Civil. Se o cessionário provar que o devedor tinha efectivo conhecimento da cessão de créditos em garantia pode exigir-lhe o cumprimento da prestação debitória. Nessa hipótese, o crédito cedido manter-se-á e o cumprimento perante *terceiro* não possuirá um carácter liberatório.

IV. A notificação importa também para justificar a eficácia liberatória do pagamento pelo devedor cedido perante credor aparente sempre que a cessão de créditos seja inválida ou inexistente [361]. A solução legal concede ao devedor a possibilidade de opor ao cessionário, ainda que este os ignorasse, todos os meios de defesa que lhe seria lícito invocar contra o cedente, com ressalva dos que provenham de facto posterior ao conhecimento da cessão (cf. artigo 585.º do Código Civil) [362]. O *favor debitoris* impõe, portanto, uma adequação do regime jurídico da cessão, permitindo a convocação, no seio da relação entre o devedor e o cessionário, de meios jurídicos respeitantes à relação entre esse devedor e o cedente. Quer dizer que, apesar de o cessionário não suceder na posição jurídica do cedente na relação obrigacional

---

[360] ANTUNES VARELA, *Das obrigações em geral*, II, cit., pp. 320-321, MENEZES LEITÃO, *Cessão de créditos*, cit., p. 410 ss.

[361] Esta solução é dominante na doutrina portuguesa (cf. MENEZES LEITÃO, *Cessão de créditos*, cit., p. 359 ss, MARIA DE ASSUNÇÃO CRISTAS, *Transmissão contratual*, cit, p. 135 ss PESTANA DE VASCONCELOS, *A cessão de créditos em garantia*, cit., p. 438 ss), apesar das divergências da tese de MOTA PINTO (*Cessão*, cit., p. 462 ss). O Direito português não impõe ao devedor cedido um dever de indagar da existência ou da validade da cessão, da legitimidade daquele que lhe é apresentado como o credor ou da veracidade da notificação. A boa fé intercede apenas pela negativa: para evitar que o devedor de má fé se aproveite da situação, em detrimento do cessionário. Daí o n.º 2 do artigo 583.º do CC.

[362] Cf. MENEZES LEITÃO, *Cessão de créditos*, cit., p. 371 ss, MARIA DE ASSUNÇÃO CRISTAS, *Transmissão contratual*, cit, p. 151 ss, ANTUNES VARELA, *Das obrigações em geral*, II, cit., p. 327 ss. Referindo-se a um dever, a cargo do cedente, de informar a outra parte de eventuais meios de defesa que o devedor cedido possa vir a exercer, enquanto manifestação da boa fé e da tutela da confiança nos negócios fiduciários, PESTANA DE VASCONCELOS, *A cessão de créditos em garantia*, cit., p. 518 ss.

perante o devedor (cf. artigo 424.º do CC), a lei prevê que, em certas circunstâncias, tudo se passe como se tal sucessão tivesse efectivamente operado [363]. Esta solução reforça a importância da notificação do devedor cedido para o cessionário [364].

V. Em regra, a notificação do devedor cedido não é condição de eficácia da cessão perante terceiros [365]. Porém, este acto, juntamente com a aceitação da cessão pelo devedor, desempenha o papel de critério de resolução de conflitos de pretensões aquisitivas, quando o mesmo crédito seja cedido mais do que uma vez a pessoas diversas, em virtude do disposto no artigo 584.º do Código Civil [366]. Se o

---

[363] O devedor pode, inclusivamente, prevalecer de excepções inerentes à dívida cedida (v.g. excepção do não cumprimento do contrato – artigo 428.º do CC), mesmo que apareçam depois da cessão, desde que anteriores à notificação ou conhecimento da cessão pelo devedor. Porém, o devedor não pode invocar perante o cessionário quaisquer excepções emergentes do próprio negócio de garantia. Não pode, por exemplo, recusar o cumprimento perante o cessionário com fundamento em alegada violação do acordo de garantia, em virtude de uma cobrança do crédito cedido antes do vencimento do crédito garantido.

[364] Diversamente, no Direito alemão o devedor cedido pode opor ao cessionário os negócios relativos ao crédito celebrados com o cedente depois da realização da cessão, ainda que, a esta data, não tivesse conhecimento dos mesmos (cf § 407 do BGB). Neste sistema, a protecção do devedor cedido é marcada, temporalmente, pela ocorrência da própria cessão, e não pela notificação ou conhecimento.

[365] No mesmo sentido, MARIA DE ASSUNÇÃO CRISTAS, *Transmissão contratual*, cit., p. 135 ss, em especial 167 ss, MENEZES LEITÃO, *Cessão de créditos*, cit., p. 391 ss e PESTANA DE VASCONCELOS, *A cessão de créditos em garantia*, cit., p. 407.

[366] Sobre os problemas suscitados pela pluralidade de cessões do mesmo crédito cf. MENEZES LEITÃO, *Cessão de créditos*, cit., p. 393 ss, MARIA DE ASSUNÇÃO CRISTAS, *Transmissão contratual*, cit, p. 167 ss, VÍTOR NEVES, *A afectação de receitas*, cit., p. 182 ss e PESTANA DE VASCONCELOS, *A cessão de créditos em garantia*, cit., p. 414 ss. Uma solução curiosa foi encontrada em Itália pela *legge* 52/1991, de 21 de Fevereiro, que aprovou a disciplina da cessão de créditos no âmbito de actividades empresariais. Esta lei estabeleceu que, em caso de conflito, prevalece a titularidade do sujeito que primeiramente tenha pago a contraprestação, tenha notificado o devedor cedido ou tenha beneficiado de uma aceitação da cessão por parte deste sujeito (n.º 1 do artigo 5.º). Os três critérios ordenam-se segundo uma ordem estritamente temporal. Sobre este regime jurídico pode ver-se, MAURO BUSSANI, *Contratti moderni*, p. 93 ss, RENATO CLARIZIA, *I contratti per il finanziamento*, cit., p. 425 ss e ALDO DOLMETTA, «La cessione dei crediti: dala disciplina codicistica alla novela 52/1991», *La cessione dei crediti d' impresa*, org. Giovanni Tatarano, Edizioni

mesmo crédito for cedido a várias pessoas, prevalece a cessão que primeiro for notificada ao devedor ou que por este tiver sido aceite, com os limites que resultam do princípio da boa fé. Assim, no Direito português, o segundo cessionário que notifica pode adquirir o crédito, muito embora adquira *a non domino*. Se, porém, não tendo havido notificação, o devedor conhecer a prioridade da primeira cessão e aceitar a segunda, pagando ao segundo cessionário, pode aplicar-se, por analogia, o disposto no n.º 2 do artigo 583.º ([367]). Parecendo-nos ser este o melhor entendimento, não podemos deixar de concluir que, no plano do Direito constituído, e ressalvados os casos do número 2 do artigo 577.º do Código Civil, a solução acolhida no nosso ordenamento jurídico prescinde, em larga medida, de juízo de (des) valor quanto à conduta do cessionário.

O alcance do artigo 584.º revela o papel que o sistema do Código Civil atribuiu à notificação na cessão de créditos em garantia, com implicações (e inversões) na distribuição de riscos, contrariando, em certa medida, a ideia da alienação em garantia como sublimação do *favor creditoris*.

Scientifiche Italiane, Nápoles, 1995, (p. 11 ss), em especial p. 15 ss e, entre nós, MENEZES LEITÃO, *Cessão de créditos*, cit., p. 210 ss. Na Alemanha, tal como no sistema da *cession Dailly* francesa, vigora o princípio da prioridade temporal, enquanto critério de solução de conflitos (*Prioritätsgrundsatz*) – assim, *vide*, por todos, ELEANOR CASHIN-RITAINE, *Les cessions contractuelles*, cit., p. 464 ss.

([367]) A posição tradicional, defendida por PIRES DE LIMA e por ANTUNES VARELA, vai no sentido da aplicação isolada do dispositivo do artigo 584.º do Código Civil – *Código Civil anotado*, vol. I, cit., p. 600. MENEZES LEITÃO ensaiou uma via diferente, que nos parece correcta, fazendo notar que o artigo 584.º não exclui a aplicação do n.º 2 do artigo 583.º. Sempre que o devedor não tenha sido notificado mas tenha conhecimento da cessão, o primeiro cessionário pode alegar que o pagamento ao segundo cessionário não lhe é oponível. No dizer do autor, deve «*interpretar-se restritivamente o artigo 584.º e considerar-se que a aceitação pelo devedor de uma das cessões só releva para escolha do cessionário nos casos em que o devedor desconhece a existência de várias cessões*» – *Cessão de créditos*, cit., pp. 396-397. MARIA DE ASSUNÇÃO CRISTAS vai mesmo mais longe, concluindo que «*ainda que tenha havido notificação a favor do segundo cessionário, não faz sentido admitir o pagamento com efeito liberatório a este, quando o devedor sabe que ele não é verdadeiro titular do direito de crédito*» – *Transmissão contratual*, cit, p. 176. Sobre a questão pode ainda ver-se PESTANA DE VASCONCELOS, *A cessão de créditos em garantia*, cit., nota 812, p. 416 ss.

132 | *Alienação em Garantia*

VI. Na cessão de créditos futuros em garantia – figura também admitida na doutrina portuguesa([368]) –, a garantia do cessionário é meramente eventual, dependendo do nascimento do crédito futuro. Se esta circunstância não se vier a verificar, o cessionário contará apenas com a garantia geral de satisfação do seu crédito à custa do património do cedente (devedor). Pode, ainda, suceder que, em virtude do lapso de tempo entre o negócio de garantia e o aparecimento do crédito, o cedente cumpra a obrigação antes do crédito de garantia nascer. Neste caso, não se verificará qualquer cessão de créditos em garantia.

Sempre que o crédito é futuro, tem-se questionado se o seu surgimento se verifica na esfera jurídica do cessionário (*Direkterwerb* ou aquisição directa) ou se, pelo contrário, se concretiza na esfera do cedente, com posterior transmissão (*Durchgangserwerb* ou aquisição indirecta).

A aquisição directa é defendida pela *teoria da imediação*, segundo a qual o crédito nasce directamente na esfera jurídica do cessionário. Já a corrente oposta, correspondente à *teoria da transmissão*, preconiza a existência de uma aquisição indirecta, entendendo que o crédito deve passar pelo património do cedente antes de ingressar no do cessionário([369]). Entre nós, a teoria da transmissão foi defendida por VAZ SERRA([370]), MOTA PINTO([371]), RIBEIRO DE FARIA([372]) e MENEZES LEITÃO([373]).

([368]) Nesse sentido, MOTA PINTO, *Cessão*, cit., p. 226 ss, ANTUNES VARELA, *Das obrigações em geral*, II, cit., p. 316 ss, MENEZES LEITÃO, *Garantias*, cit., p. 291 e *Cessão de créditos*, cit., p. 414 ss, PESTANA DE VASCONCELOS, *Dos contratos de cessão*, cit., p. 432 *et passim* e RIBEIRO DE FARIA, *Direito das obrigações*, cit., p. 521 ss.

([369]) Sobre estas orientações, pode ver-se ELEANOR CASHIN-RITAINE, *Les cessions contractuelles*, cit., p. 238 ss. Entre nós, cf. MOTA PINTO, *Cessão*, cit., p. 227 ss, ANTUNES VARELA, *Das obrigações em geral*, II, cit., p. 316 ss, PESTANA DE VASCONCELOS, *Dos contratos de cessão*, cit., p. 145 ss e 433 ss e MENEZES LEITÃO, *Cessão de créditos*, cit., p. 421 ss.

([370]) VAZ SERRA, *Cessão*, cit., p. 38 ss.

([371]) MOTA PINTO, *Cessão,* cit., p. 230 ss.

([372]) RIBEIRO DE FARIA, *Direito das obrigações*, cit., p. 525 ss.

([373]) MENEZES LEITÃO, *Cessão de créditos*, cit., pp. 423-424. Segundo o autor, a teoria da imediação não é possível no âmbito do nosso ordenamento jurídico, atentas as soluções acolhidas nos artigos 1058.º e 821.º do Código Civil. Da primeira norma resulta que são inoponíveis ao sucessor entre vivos do locador a liberação ou cessão de rendas ou alugueres não vencidos, na medida em que tais rendas respeitem a

Outra orientação, inspirada em soluções defendidas na Alemanha, preconiza uma *terceira via* ([374]). Para Antunes Varela, nos casos em que os créditos se traduzem em obrigações simples, a constituir só no futuro, mas tendo como base relações duradouras já constituídas à data da cessão, o crédito nasce directamente na titularidade do cessionário, aplicando-se a teoria da imediação, na medida em que o cedente terá transmitido ao cessionário, além do crédito, a expectativa de aquisição do mesmo. Se, porventura, o crédito respeitar a relações contratuais ainda não constituídas à data da cessão, o crédito nascerá na esfera do cedente, aplicando-se, portanto, o raciocínio da teoria da transmissão ([375]). Pestana de Vasconcelos corroborou a posição de Antunes Varela, sublinhando, porém, a necessidade de enfatizar a relevância da existência ou não de uma verdadeira expectativa jurídica enquanto critério distintivo das situações ([376]). Também Vítor Neves considera a possibilidade de o crédito surgir na esfera jurídica do cessionário, nos casos em que a constituição do crédito tenha sido antecedida de uma expectativa quanto ao surgimento do mesmo ([377]).

O acolhimento de uma ou de outra teoria não é indiferente, do ponto de vista das consequências patrimoniais associadas. Por exemplo, tem-se discutido a quem pertencerá o direito de crédito se, entre a cessão de créditos futuros em garantia e a constituição do direito de crédito cedido, uma das partes for sujeita a um processo de insol-

---

períodos de tempo não decorridos à data da sucessão. De acordo com o artigo 821.º, são inoponíveis ao exequente a liberação ou cessão, antes da penhora, de rendas e alugueres não vencidos, que respeitem a períodos de tempo posteriores à data da penhora.

([374]) No sentido da aquisição directa, Peter Büllow, *Recht der Kreditsicherheiten*, cit., § 1419. Vide, ainda, Dietrich Reinicke/Klaus Tiedtke, *Kreditsicherung*, cit., § 614 e Dieter Medicus, *Schuldrecht*, I, cit., § 713.

([375]) Antunes Varela, *Das obrigações em geral*, II, cit., pp. 318-319.

([376]) Pestana de Vasconcelos, *Dos contratos de cessão*, cit., p. 433 ss. Segundo o autor, «*o ponto fulcral desta questão consiste em saber se o cedente é já titular do «tronco do direito», de uma verdadeira expectativa jurídica, e se as partes visam transmiti-la de imediato ao cessionário. Nessa eventualidade, será na sua esfera jurídica que o crédito irá nascer*» (ob. cit., p. 435). Recentemente, o Autor reafirmou esta posição – *Cessão de créditos em garantia*, cit., p. 463 ss.

([377]) Vítor Neves, *Afectação de receitas*, cit., nota 35, p. 171.

vência (378). Parece-nos que a questão da determinação da titularidade do direito de crédito implicará, em última instância, saber se o cedente transmite ou não ao cessionário uma verdadeira expectativa jurídica. Em caso afirmativo, não se vê porque é que o direito subjectivo, quando surgir, tenha que passar pela esfera jurídica do cessionário. A evolução da expectativa jurídica para o direito subjectivo não implica alterações de titularidade da situação jurídica.

7.3. A garantia financeira (Decreto-Lei n.º 105/2004)

I. O regime jurídico dos contratos de garantia financeira consta do Decreto-lei n.º 105/2004, de 8 de Maio, que transpôs a Directiva 2002 /47/CE, do Parlamento Europeu e do Conselho, de 6 de Junho de 2002 (379). Para que este regime especial seja aplicável, basta que se encontrem preenchidos certos requisitos, de índole subjectiva e objectiva (artigo 2.º n.º 1 do Decreto-lei n.º 105/2004).

Assim, desde logo, os contratantes (prestador e beneficiário da garantia) devem ser uma das entidades referidas nas diversas alíneas do n.º 1 do artigo 3.º, isto é, entidades públicas, bancos centrais ou bancos similares, instituições sujeitas a supervisão prudencial, contraparte central, agente de liquidação ou câmara de compensação, ou ainda uma pessoa que não seja pessoa singular que actue na qualidade de fiduciário ou de representante por conta de uma ou mais pessoas e qualquer pessoa colectiva, desde que a outra parte no contrato seja alguma das entidades acabadas de mencionar. O legislador português não fez uso do disposto no n.º 3 do artigo 1.º da Directiva 2002/47/CE

---

(378) DIETRICH REINICKE/KLAUS TIEDTKE *Kreditsicherung*, § 614. No Direito português, já se entendeu que o disposto no CIRE, designadamente no artigo 115.º, fortalece o acolhimento da tese da transmissão – assim, cf. MENEZES LEITÃO, *Código da insolvência e da recuperação de empresas anotado*, cit., p. 118. Com a declaração de insolvência, o insolvente perde a disposição do crédito futuro, o qual passa a integrar a massa da insolvência, podendo o administrador decidir se mantém a cessão do crédito ou se recusa o seu cumprimento – MENEZES LEITÃO, *Cessão*, cit., p. 435.

(379) Em geral, sobre o regime jurídico dos contratos de garantia financeira *vide*, por todos, MENEZES CORDEIRO, *Manual de Direito Bancário*, cit., p. 614 ss e CALVÃO DA SILVA, *Banca, Bolsa*, cit., p. 211 ss.

e optou por integrar os contratos de garantia financeira concluídos entre uma instituição de crédito, por exemplo, e uma pessoa colectiva ([380]).

Do ponto de vista objectivo, exigem-se, pelo menos, *três condições*. Em *primeiro lugar*, o objecto das obrigações garantidas deve corresponder a uma liquidação em numerário ou a uma entrega de instrumentos financeiros (artigo 4.º). Na lógica do diploma os instrumentos financeiros são valores mobiliários, instrumentos do mercado monetário e créditos ou direitos relativos a quaisquer dos instrumentos financeiros referidos (cf. artigo 5.º do Decreto-lei n.º 105/2004) ([381]), sendo por isso recondutíveis, em geral, a realidades dotadas de liquidez e que, do ponto de vista jurídico, apresentam uma *perfeita equivalência económico-social*. O numerário, por seu turno, é entendido como o saldo disponível de uma conta bancária, denominada em qualquer moeda, ou créditos similares que confiram o direito à restituição de dinheiro, tais como depósitos no mercado monetário.

A *segunda condição* refere-se ao objecto da garantia. Segundo o diploma, este objecto deve também traduzir-se em numerário ou em instrumentos financeiros (cf. artigo 5.º do Decreto-lei n.º 105/2004). Julga-se que, de entre as diversas realidades que compõem o conceito de garantia financeira, desempenharão um papel de destaque os créditos pecuniários e as acções de sociedades anónimas. Atendendo ao respectivo objecto – créditos e valores mobiliários – estarão em causa situações jurídicas desprovidas de natureza real ([382]).

([380]) Aliás, segundo observa o relatório da Comissão a propósito da implementação da directiva, só a Áustria utilizou a faculdade de *opt-out* – Report from the Commission to the Council and the European Parliament – evaluation report on the Financial Collateral Arrangements Directive (2002/47/EC), p. 8.

([381]) Sobre o conceito de valor mobiliário, cf. artigo 1.º n.º 1 do CVM. O artigo 46.º CVM determina ainda que os valores mobiliários são escriturais ou titulados, conforme sejam representados por registo em conta ou por documentos em papel (títulos).

([382]) Tendo em consideração a noção de direitos reais prevalente no nosso ordenamento jurídico e o conteúdo e objecto das garantias acabadas de referir, não pode deixar de causar alguma estranheza que o legislador, movendo-se numa área que, *de iure condito*, corresponde maioritariamente a direitos de crédito ou pessoais, tenha

Um *último requisito* impõe que a garantia tenha sido efectivamente prestada (artigo 6.º do mesmo diploma). A lei considera prestada a garantia financeira cujo objecto tenha sido entregue, transferido, registado ou que de outro modo se encontre na posse ou sob o controlo do beneficiário da garantia ou de pessoa que actue em nome deste, incluindo a composse ou o controlo conjunto com o proprietário (artigo 6.º n.º 2). Trata-se, portanto, de uma perspectiva ampla e funcional do processo de constituição da garantia, apta a integrar no conceito de desapossamento certas formas de ligação ou de controlo do objecto da garantia independentes de posse propriamente dita [383]. A prestação efectiva da garantia constitui, simultaneamente, um meio de publicidade e uma forma de tutela do credor.

A falta de qualquer dos requisitos legalmente exigidos implicará a nulidade da garantia prestada enquanto garantia financeira (artigo 280.º, n.º 1 do Código Civil). Pode, porém, ponderar-se a possibilidade de conversão do negócio nulo num negócio de conteúdo diferente, do qual contenha os requisitos essenciais de substância, nos termos o artigo 293.º do Código Civil. Isto é, pode a garantia manter-se ao abrigo do regime geral do Código Civil ou de outro regime especial aplicável (designadamente mercantil ou bancário), mas à margem do Decreto-lei n.º 105/2004.

Tanto os contratos de garantia, como as próprias garantias financeiras, devem ser susceptíveis de prova por documento escrito ou equivalente, nomeadamente registo em suporte electrónico (artigo 7.º n.ºs 1 e 2). Nesta sede, o legislador português afastou-se ligeiramente do texto da Directiva, impondo, além da exigência de uma forma *ad probationem*, que a prova da prestação da garantia financeira permita identificar o respectivo objecto (artigo 7.º n.º 3) e distinguindo, depois,

---

tido a preocupação de sublinhar no preâmbulo do Decreto-lei em apreço que «*com a consagração de uma nova forma de transmissão da propriedade, ainda que a título de garantia, é alargado o numerus clausus pressuposto pelo artigo 1306.º do Código Civil*». No sentido de que a previsão no Decreto-Lei n.º 105/2004 da alienação fiduciária em garantia implica um alargamento do *numerus clausus* previsto no n.º 1 do artigo 1306.º do Código Civil, CALVÃO DA SILVA, *Banca, Bolsa*, cit., p. 212.

[383] Em sentido próximo, ENRICO GABRIELLI, *I diritti reali*, cit., p. 71.

em que situações é de presumir a existência de suficiente identificação (artigo 7.º n.º 4). Entre estas, a lei menciona, no que se refere à alienação fiduciária em garantia, o registo do crédito na conta do beneficiário, caso se trate de numerário, ou o registo da aquisição fiduciária, na situação de garantias financeiras sobre valores mobiliários escriturais [384].

Sintetizando os elementos acabados de enunciar, dir-se-á que os contratos de garantia financeira são *acordos que, tendo em vista o reforço dos direitos de credores de obrigações financeiras, estabelecem garantias especiais das obrigações efectivamente prestadas.* Verificadas as condições acabadas de reproduzir, o Decreto-lei n.º 105/2004 é aplicável, podendo os respectivos destinatários constituir uma garantia financeira.

II. Na esteira da Directiva comunitária, o legislador nacional optou por um sistema de *two track approach*, distinguindo duas formas possíveis de garantia: o penhor financeiro e a alienação fiduciária em garantia [385]. Interessa-nos, em especial, a alienação fiduciária em garantia que tenha por objecto o saldo de uma conta bancária ou créditos similares (portanto, créditos sobre numerário).

Segundo o disposto no artigo 2.º, n.º 2, do Decreto-lei n.º 105/2004 a cessão de créditos em garantia corresponde a uma «*transmissão da propriedade para o beneficiário da garantia, ainda que com*

---

[384] CALVÃO DA SILVA, *Banca, Bolsa*, p. 202.

[385] A formulação *alienação fiduciária em garantia*, adoptada pelo Decreto-lei 105/2004, é original. A tradução portuguesa da directiva aludia, porém, a *acordo de garantia financeira com transferência da titularidade* e não a alienação fiduciária em garantia. A alínea b) do n.º 1 do artigo 2.º da Directiva considera acordo de garantia financeira com transferência de titularidade «*um acordo, incluindo os acordos de recompra, ao abrigo do qual o prestador da garantia transfere a propriedade da garantia financeira para o beneficiário da garantia a fim de assegurar a execução das obrigações financeiras cobertas ou de as cobrir de outra forma*». Apesar de na nossa ordem jurídica ser costume utilizar a expressão *cessão* para designar negócios onerosos ou gratuitos translativos de créditos, o Decreto-lei em apreço preferiu a designação mais ampla de alienação fiduciária em garantia, abrangendo, além da cessão de créditos em garantia, a alienação de outros direitos em garantia, como é o caso de direito sobre valores mobiliários.

função de garantia» (artigo 2.º n.º 2). O legislador ressalvou, ainda, que nesta garantia se deve incluir o reporte (cf. artigo 2.º n.º 3) ([386]).

A obrigação de garantia influi no propósito do negócio translativo, justificando, em especial, que o beneficiário da garantia fique obrigado a restituir o bem alienado em garantia ou objecto equivalente, uma vez cumprida a obrigação financeira garantida ([387]).

Na pendência da garantia, o beneficiário adquire uma situação jurídica plena, que apenas é limitada pela previsão legal de deveres associados à passagem da fase de pendência para a fase de extinção da garantia, em virtude do cumprimento da obrigação garantida.

Até à data convencionada para o cumprimento das obrigações financeiras garantidas, o beneficiário da garantia deve (*i*) restituir ao prestador a garantia financeira prestada ou objecto equivalente (cf. artigo 13.º) ou, (*ii*) entregar-lhe quantia em dinheiro correspondente ao valor que o objecto da garantia tem no momento do vencimento da obrigação de restituição, nos termos acordados pelas partes e segundo critérios comerciais razoáveis ou, finalmente, (*iii*) livrar-se da obrigação por meio de compensação, avaliando-se nos mesmos termos o crédito do prestador (artigo 14.º). Pretendeu-se, portanto, garantir que, uma vez satisfeita a obrigação financeira garantida, o prestador da garantia possa contar com a efectiva restituição da garantia prestada (ainda que indirectamente, mediante compensação) ou de objecto que lhe equivalha.

Apesar de a lei não o mencionar, o beneficiário não estará obrigado a cumprir os deveres atrás assinalados se estivermos perante um cenário de incumprimento das obrigações financeiras garantidas. Com efeito, na hipótese de vencimento e de incumprimento da obrigação garantida, o beneficiário deverá poder permanecer na titularidade do direito que lhe foi transmitido ([388]).

([386]) Para uma visão geral do contrato de reporte, MENEZES CORDEIRO, «Do reporte: subsídios para o regime jurídico do mercado de capitais e da concessão de crédito», *O Direito*, ano 121, n.º 3 (Julho-Setembro, 1989), p. 443 ss.

([387]) No mesmo sentido CALVÃO DA SILVA, *Banca, Bolsa*, cit., p. 213. O autor retira, porém, da mesma circunstância a conclusão de que a propriedade do beneficiário da garantia é temporária e fiduciária.

([388]) No mesmo sentido, CALVÃO DA SILVA, *Banca, Bolsa*, cit., p. 213-214.

A possibilidade de prestação de objecto equivalente é especialmente importante no âmbito do Decreto-lei n.º 105/2004, uma vez que permite a rotatividade da garantia. Entende-se por objecto equivalente, no caso de numerário, um pagamento do mesmo montante e na mesma moeda e, no caso de instrumentos financeiros, instrumentos financeiros do mesmo emitente ou devedor, que façam parte da mesma emissão ou categoria e tenham o mesmo valor nominal, sejam expressos na mesma moeda e tenham a mesma denominação, ou outros instrumentos financeiros, quando o contrato de garantia financeira o preveja, na ocorrência de um facto respeitante ou relacionado com os instrumentos financeiros prestados enquanto garantia financeira original [389].

A lei prevê que as partes possam convencionar o vencimento antecipado da obrigação de restituição do beneficiário da garantia e o cumprimento da mesma por compensação, se ocorrer um facto que desencadeie a execução, como é o caso do não cumprimento do contrato ou facto a que as partes atribuam efeito análogo (artigo 12.º n.ºs 1 e 2, aplicável por força da remissão do artigo 15.º). Trata-se da cláusula de *close-out netting*. Esta possibilidade pode desempenhar um papel relevante quanto à protecção do prestador da garantia, permitindo-lhe recuperar a titularidade dos bens alienados em garantia, caso o beneficiário da garantia falte a quanto se obrigara, nos termos do contrato.

O Decreto-lei em análise é omisso quanto à possibilidade de o beneficiário da garantia se poder apropriar definitivamente do objecto da garantia, uma vez verificado o incumprimento. Esta situação contrasta com a previsão do pacto comissório quanto ao penhor financeiro (o artigo 11.º) [390]. Dever-se-á entender que o beneficiário da aliena-

---

[389] O Código Civil prevê a possibilidade de substituição do objecto do penhor e da hipoteca, nos artigos 670.º, alínea c), e 701.º, respectivamente. Perante estas disposições normativas, CALVÃO DA SILVA conclui que «*não pode ser posta em causa a validade, desde o princípio, de floating charges, quando as partes introduzam no contrato de garantia cláusula de rotação ou substituição dos bens objecto da garantia a fim de conservar a integridade do valor do vínculo*» – Banca, Bolsa, cit., p. 225.

[390] O reconhecimento da faculdade de apropriação pelo credor pignoratício foi deixado ao critério dos Estados-membros – cf. artigo 4.º n.º 3 da directiva 2002/47/CE.

ção fiduciária em garantia não pode fazer seu definitivamente o objecto da garantia financeira? A resposta a esta questão será dada em sede própria, quando analisarmos, em detalhe, a proibição do pacto comissório.

III. Um outro aspecto importante de regime jurídico respeita à eficácia do negócio de alienação fiduciária em garantia de créditos.

A regra geral do Direito português é a de que o efeito da transmissão da titularidade do crédito se verifica desde o momento da celebração do contrato e, em princípio, a partir desta data, o direito à prestação debitória (isto é, ao crédito cedido) passa a caber ao cessionário, tal como as garantias e outros acessórios do crédito que não sejam inseparáveis da pessoa do cedente (n.º 1 do artigo 582.º do CC).

O Decreto-lei n.º 105/2004 não alude à notificação do devedor cedido, nem desenvolve os aspectos de regime jurídico relativos à relação entre cedente e cessionário, por um lado, e entre estes e o devedor, por outro lado. Não obstante, de acordo com o n.º 1 do artigo 8.º deste diploma, a validade, a eficácia ou a admissibilidade como prova de um contrato de garantia financeira e da prestação de uma garantia financeira não dependem da realização de qualquer acto formal, sem prejuízo das exigências dos artigos 6.º e 7.º. Quererá isto dizer que neste domínio especial ficam arredado o sistema de cessão de créditos previsto nos artigos 577.º do Código Civil [391]?

Dentro das exigências dos artigos 6.º e 7.º é de salientar o disposto no n.º 2 do artigo 6.º, segundo o qual se considera prestada *«a garantia financeira cujo objecto tenha sido entregue, transferido, registado ou que de outro modo se encontre na posse ou sob o controlo do beneficiário da garantia ou de uma pessoa que actue em nome deste, incluindo a composse ou o controlo conjunto com o proprietário»*. Caso a prestação corresponda à notificação do devedor cedido (tratando-se, por exemplo, de cessão de saldo de conta bancária), não deve-

---

[391] O legislador francês ao transpor a directiva previu expressamente os casos em que a cessão de créditos em garantia deve ser notificada ao devedor e os casos em que todos os efeitos se produzem com a celebração do contrato de garantia financeira (cf. L-431-7-1 do CMF).

rão surgir especiais problemas de compatibilização com o disposto no Código Civil. Mais complexos serão já as hipóteses em que a garantia seja prestada através de uma *mera transferência* ([392]). Nesta situação, deve ou não o regime em apreço deve ser conjugado com o regime geral aplicável à cessão de créditos? Parece-nos que a resposta deverá ser afirmativa. O regime do Código Civil, à falta de regime especial, será aplicável, quer de acordo com os cânones gerais de aplicação e interpretação das normas jurídicas, quer ainda nos termos do artigo 22.º do Decreto-lei n.º 105/2004. Assim, em princípio, a alienação fiduciária em garantia de créditos deverá produzir efeitos em relação ao devedor, desde que lhe seja notificada, ainda que extrajudicialmente ou desde que ele a aceite (artigo 583.º n.º 1 do CC).

([392]) Certo é que, na hipótese de o registo permitir uma notificação do devedor cedido, haverá um desvio ao regime do Código Civil. Com efeito, a notificação do devedor deixará de constituir uma mera faculdade, figurando antes como um ónus, para efeitos do artigo 6.º do Decreto-Lei n.º 105/2004.

CAPÍTULO II
Outros Negócios de Alienação em Garantia?

8. *A reserva de propriedade*

I. Recentemente, a locação financeira e a reserva de propriedade têm sido estudadas em conjunto com as garantias das obrigações e, em especial, no âmbito dos negócios de transmissão da propriedade com fim de garantia (393). À luz do exposto no capítulo anterior, procuraremos determinar se aqueles negócios partilham com a alienação em garantia uma mesma estrutura ou natureza.

8.1. *Da acessorização da garantia (exemplos francês e espanhol) à propriedade dividida (Eigentumsvorbehalt)*

I. A natureza da cláusula de reserva de propriedade tem suscitado viva polémica em diversos ordenamentos jurídicos.

No Direito francês, a recente reforma do Código Civil, de 23 de Março de 2006 (*Ordonnance* n.º 2006-346), veio considerar a reserva de propriedade uma verdadeira garantia das obrigações (*sûreté*) –

---

(393) Entre nós, LEITE DE CAMPOS, *Alienação em garantia,* cit., p. 10, PINTO DUARTE, *Curso,* cit., pp. 150 ss e 248 ss, MENEZES LEITÃO, *Garantias,* cit., p. 254 ss. Na doutrina estrangeira, pode ver-se STÉPHANE PIEDELIÈVRE, *Les sûretés,* Armand Colin, Paris, 2004, p. 189 ss, LAURENT AYNES/ PIERRE CROCQ, *Les surêtés,* cit., p. 305 ss, ROLF SERICK, *Le garanzie mobiliari* cit., p. 23 ss, DIETRICH REINICKE/KLAUS TIEDTKE *Kreditsicherung,* Hermann Luchterhand, 4.ª ed., Neuwied, 2000, § 655 ss, PETER BÜLLOW, *Recht der Kreditsicherheiten,* cit., § 721 ss, WALTER GERHARDT, *Mobiliarsachenrecht,* C.H. Beck, 5.ª edição, Munique, 2000, p. 153 ss e HANS-JÜRGEN LWOWSKI, *Das Recht das Kreditsicherung,* cit., § 963 ss.

artigo 2367.º e seguintes do *Code Civil* ([394]). Além disto, veio também prever o carácter acessório da garantia (artigo 2367.º), a possibilidade de *rotatividade* da garantia sobre bens fungíveis (artigo 2369.º) e, finalmente, um mecanismo de sub-rogação real, mediante a qual o bem reservado é *substituído* pelo crédito do preço de revenda ou por crédito indemnizatório (artigo 2372.º).

II. Em Espanha, sobretudo após publicação da *Ley* 28/1998, de 13 de Julho (*Ley de Ventas a Plazos de Bienes Muebles*, também designada por LVPBM) e da Ley 22/2003, de 9 de Julho, (*Ley Concursal*), parece ter sido também reforçado o carácter de garantia da reserva de propriedade. De acordo com a LVPBM, a reserva de propriedade no contrato de compra e venda a prestações de bens deve ser inscrita num registo especial de venda a prestações de bens móveis. Esta inscrição garante ao titular da reserva um direito de crédito e uma faculdade de *ejecución separada,* em termos idênticos aos credores com garantia real, em processo de insolvência do comprador (artigo 16.5 LVPBM). Além disto, o primeiro parágrafo do artigo 56.º n.º 1 da *Ley Concursal* impõe que os credores com garantia real sobre bens do insolvente afectos à sua actividade profissional ou empresarial ou a uma unidade produtiva da sua titularidade não possam iniciar a execução da garantia (*ejecución o realización forzosa*) até que as condições previstas na lei se concretizem. O artigo 90.º, n.º 1, 4.º da *Ley concursal* estabelece, por seu turno, que são créditos com garantia especial de cumprimento (*privilegio especial* – cf. artigo 89.º n.º 2 e 155.º da *Ley concursal*) os que correspondam ao preço de contratos de compra e venda com reserva de propriedade.

([394]) Michel Cabrillac/ Christian Mouly/ Séverine Cabrillac/ Philippe Pétel, *Droit des sûretés*, p. 400 ss, Dominique Legeais, *Sûretés et garanties du crédit*, cit., p. 494 ss. Antes da reforma, a venda com reserva de propriedade não se encontrava expressamente prevista no Código civil francês, mas foi desde sempre admitida, com base no carácter supletivo dos artigos 1583.º e 1138.º deste Código, que ligam a transmissão da propriedade à conclusão do contrato. Sobre a venda com reserva de propriedade no Direito francês pretérito, pode ver-se Philippe Simler/Philippe Delebecque, *Droit civil*, cit., p. 583 ss, Michel Cabrillac/Christian Mouly, *Droit des sûretés*, 6.ª edição, Litec, Paris, 2002, p. 719 ss, Laurent Aynès/ Pierre Crocq, *Les suretés*, cit., p. 309 ss, Stéphane Piedelièvre, *Les sûretés,* cit., p. 191 ss.

À luz deste regime jurídico, a aceitação do carácter de garantia – de direito real de garantia – é defendida, entre outros, por RODRÍGUEZ-CANO [395] e por CARRASCO PERERA/CORDERO LOBATO/MARÍN LÓPEZ [396]. Em sentido diverso, SANCHEZ LORENZO tem entendido que a reserva de propriedade constitui o paradigma da propriedade em garantia [397].

III. No Direito alemão, a reserva de propriedade de coisa móvel (*Eigentumsvorbehalt*) tem sido tratada com especial profundidade.

A lei permite que o contrato real de transmissão fique sujeito à condição suspensiva do pagamento integral do preço emergente do contrato obrigacional de compra e venda (§ 449, 1 do BGB), muito embora o comprador adquira a posse do bem e se torne, por isso, possuidor imediato em nome alheio. A vantagem é evidente: o vendedor com reserva da propriedade pode reclamar a titularidade do bem mediante resolução do contrato de compra e venda (§ 449, 2 do BGB).

Deixando de parte fórmulas complexas, de prolongamento (*verlängerter Eigentumsvorbehalt*) e de ampliação (*erweiterte Eigentumsvorbehalt*), a reserva de propriedade *simples* tem sido concebida, na maioria dos casos, como um reforço da segurança do credor distinto da garantia emergente da alienação em garantia mas, também, do que resulta do penhor [398].

---

[395] RODRÍGUEZ-CANO, «El pacto de reserva de dominio y la función de garantia del *leasing* financiero», *Tratado de las garantias en la contratacion mercantil*, tomo II, volume 1, coordenação de Ubaldo Nieto Carol e Miguel Muñoz Cervera, Civitas, Madrid, 1996, p. 379 ss.

[396] CARRASCO PERERA/CORDERO LOBATO/MARÍN LÓPEZ, *Tratado,* cit., pp. 972-973 e p. 1012 ss. Também segundo a opinião de JOSÉ GARRIDO, trata-se de uma causa atípica de preferência (*Tratado*, cit., p. 505 ss).

[397] SANCHEZ LORENZO, *Garantias reales,* cit., p. 71 ss.

[398] Esta distinção corresponde *grosso modo* à contraposição entre cláusulas de prolongamento horizontal (reserva de propriedade ampliada) e cláusulas prolongamento vertical (reserva de propriedade prolongada), referenciada, por exemplo, por ELEANOR CASHIN-RITAINE, *Les cessions contractuelles,* cit., p. 396 ss. A reserva de propriedade prolongada constitui uma criação de índole consuetudinária, destinada a prover soluções adequadas à constituição de garantias sobre bens económicos integrados no circuito produtivo, traduzindo-se em cláusulas de cessão antecipada de créditos em garantia (*Vorausabtretungsklausel*) e em cláusulas de transformação (*Verarbeitungsklausel*). Na *cláusula de cessão antecipada*, o adquirente do bem com

Tem-se ainda entendido que o vendedor conserva o seu direito de propriedade, enquanto garantia do cumprimento da obrigação emergente do contrato de compra e venda, podendo opô-lo em acção executiva aos credores do comprador, mediante embargos de terceiro (*Drittwiderspruchsklage*), de acordo com o § 771 da ZPO [399].

Caso o comprador se torne insolvente depois da compra e venda com reserva de propriedade, o administrador da insolvência pode optar entre cumprir ou não cumprir o contrato, nos termos do § 107, 2,

---

reserva de propriedade é autorizado a revendê-lo no curso normal de negócios (cf. § 185, 1 do BGB), concedendo ao vendedor, em contrapartida, a garantia correspondente à cessão dos créditos emergentes da revenda do bem. Nesta hipótese, o terceiro adquirente torna-se proprietário pleno do bem (cf. § 185 e § 929 do BGB). Caso não exista esta autorização, o comprador apenas pode alienar o seu *direito de expectativa*. Na *cláusula de transformação* o comprador é autorizado a transformar o bem vendido com reserva de propriedade no âmbito da sua actividade, mas ao vendedor é contratualmente assegurado o direito de propriedade do bem transformado. Em caso de conflito entre o direito de crédito do vendedor ao abrigo de uma reserva de propriedade prolongada e o direito de crédito do cessionário, nos termos de uma cessão global de créditos celebrada em momento anterior àquela venda, o critério da garantia primeiramente constituída tem sido afastado, com base no argumento da *teoria da quebra do contrato* (*Vertragsbruchstheorie*): a cessão global prévia que integre créditos objecto de uma reserva de propriedade prolongada, ainda que posterior, pode contrariar os bons costumes (cf. § 138 do BGB), se o cessionário do crédito soubesse ou devesse saber, ao exigir a cessão global de créditos, que o devedor ficaria privado da possibilidade de constituir uma segunda cessão, exigida pelos seus fornecedores. Em geral sobre estas utilizações da reserva de propriedade prolongada e ampliada, pode ver-se MANFRED WOLF, *Sachenrecht*, cit., § 706 ss, ROLF SERICK, *Le garanzie mobiliari*, cit., p. 53 ss e p. 133 ss, DIETRICH REINICKE/ KLAUS TIEDTKE, *Kreditsicherung*, § 722 ss e, dos mesmos autores, *Kaufrecht*, cit., § 1172 ss, HANS-JÜRGEN LWOWSKI, *Das Recht das Kreditsicherung*, cit., § 966 ss e, entre nós, cf. MOTA PINTO, *Cessão da posição contratual*, Almedina, Coimbra, 2003 (reimpressão), nota 1, pp. 227-228, MENEZES LEITÃO, *Direito das obrigações*, vol. III, cit., p. 52, nota 91, do mesmo autor, *Garantias*, cit., pp. 259-260 e, ainda, *Cessão de créditos*, cit., nota 505, p. 459 e LIMA PINHEIRO, *A cláusula de reserva*, cit., p. 86 ss. Sobre a teoria da quebra do contrato, pode ver-se PETER BÜLLOW, *Recht der Kreditsicherheiten*, cit., § 1460 ss. Entre nós, MENEZES LEITÃO, *Cessão de créditos*, cit., p. 458 ss, e PESTANA DE VASCONCELOS, *Dos contratos de cessão financeira (factoring)*, Coimbra Editora, Coimbra, 1999, p. 98 ss.

[399] Assim, MANFRED WOLF, *Sachenrecht*, cit., § 704, DIETRICH REINICKE/KLAUS TIEDTKE, *Kreditsicherung*, § 674 e, dos mesmos autores, *Kaufrecht*, cit., § 1122 e ULRICH FOERSTE, *Insolvenzrecht*, cit., § 239.

da InsO ([400]). Em qualquer caso, o vendedor conservará o respectivo direito de propriedade, seja em definitivo (caso a venda seja recusada), seja enquanto garantia do pagamento do preço (caso a venda seja aceite e até que o preço seja pago). Enquanto proprietário, estará habilitado a *separar* o bem da massa insolvente, de acordo com o § 47 da InsO ([401]).

Quanto ao comprador, se os credores do vendedor executarem o bem vendido sob reserva de propriedade – o que será raro, dado que, em regra, o comprador se encontra na posse do bem –, é-lhe reconhecido o direito de deduzir embargos de terceiro nos termos do § 771 da ZPO ([402]). Os credores do vendedor poderão, neste caso, exigir o pagamento do preço ao comprador ou solicitar a resolução do negócio ([403]). No caso de insolvência do vendedor, o comprador pode exigir o cumprimento do contrato de compra e venda (§ 107, 1, da InsO) e, pagando o preço acordado, adquirirá a propriedade do bem, o que lhe permitirá separá-lo da restante massa insolvente do vendedor ([404]).

Tem-se considerado que, na hipótese de o vendedor alienar indevidamente o bem, o comprador poderá contar com o regime jurídico do § 161 do BGB, relativo à ineficácia das disposições realizadas durante o período de pendência da condição (*Unwirksamkeit von Verfügungen während der Schwebezeit*).

Por influência de RAISER (*Dingliche Anwartschaften*, 1961), a doutrina tem ainda reconhecido ao comprador um *Anwartschaftsrecht* ([405]),

---

([400]) Cf. ULRICH FOERSTE, *Insolvenzrecht*, cit., § 239 ss.
([401]) Nesse sentido, ROLF SERICK, *Le garanzie mobiliari,* cit., p. 29, DIETRICH REINICKE/KLAUS TIEDTKE, *Kreditsicherung*, § 675 e, dos mesmos autores, *Kaufrecht*, cit., §§ 1122 e 1123, ULRICH FOERSTE, *Insolvenzrecht*, cit., § 241.
([402]) Assim, MANFRED WOLF, *Sachenrecht*, cit., § 702, DIETRICH REINICKE/KLAUS TIEDTKE, *Kreditsicherung*, § 691 e, dos mesmos autores, *Kaufrecht*, cit., § 1139 e ainda STEFAN LEIBLE, *La reserva de dominio*, cit., p. 273.
([403]) Assim, MANFRED WOLF, *Sachenrecht*, cit., § 702.
([404]) Nesse sentido, MANFRED WOLF, *Sachenrecht*, cit., § 705, REINICKE/KLAUS TIEDTKE, *Kreditsicherung*, § 692. No domínio da anterior KO, cf. STEFAN LEIBLE, *La reserva de dominio*, cit., pp. 273 ss.
([405]) Assim, MANFRED WOLF, *Sachenrecht*, cit., § 675 ss, DIETRICH REINICKE/ KLAUS TIEDTKE, *Kreditsicherung*, § 696 ss e, dos mesmos autores, *Kaufrecht*, cit., § 1144 ss, ROLF SERICK, *Le garanzie mobiliari,* cit., p. 30 ss, STEFAN LEIBLE, *La reserva de dominio*, cit., p. 267 ss). Esta construção conquistou também adeptos noutros países, como é o caso de Espanha (cf. RODRÍGUEZ-CANO, *El pacto de reserva*, cit., p. 379 ss e SANCHEZ LORENZO, *Garantias reales*, cit., p. 122 *et passim*) e de Itália (GIOVANNI CATTANEO, *Riserva della proprietà*, cit., em especial p. 990 ss.

isto é, um direito de expectativa com um regime jurídico similar ao do direito de propriedade [406]. Na alusão de SERICK, estamos perante um «*direito real que ainda se encontra na dependência causal própria de um direito de crédito ou um direito de crédito que apresenta traços de realidade*» [407]. Este *direito de expectativa* representa ainda um bem patrimonial, susceptível de transmissão ou de penhor e, ainda, de penhora pelos credores do comprador (§ 857 ss ZPO) [408].

8.2. *O sistema português: o reconhecimento do carácter de garantia da reserva de propriedade; posição adoptada e relevo quanto aos negócios de alienação em garantia*

I. No Direito português, a regra geral é a de que a propriedade de um bem se transmite por mero efeito do contrato (princípio do consensualismo) [409]. Todavia, é permitido ao vendedor reservar a propriedade de um bem, até pagamento integral do preço (artigo 408.º n.º 1

---

[406] Assim, ROLF SERICK, *Le garanzie mobiliari*, cit., pp. 31-32 e KARL LARENZ/ MANFRED WOLF, *Allgemeiner Teil*, cit., §§ 123 e 124.

[407] ROLF SERICK, *Le garanzie mobiliari*, cit., p. 32.

[408] Assim, MANFRED WOLF, *Sachenrecht*, cit., § 692, ROLF SERICK, *Le garanzie mobiliari*, cit., p. 30 ss, STEFAN LEIBLE, *La reserva de dominio*, cit., p. 269 ss.

[409] O princípio do consensualismo foi acolhido no Código de Seabra (cf. artigos 715.º, 716.º e 1549.º desde Código) por via do Código Napoleónico, contrariando a tradição romana (cf. por todos MENEZES LEITÃO, *Direito das obrigações,* vol. III, cit., p. 20 ss). Até à entrada em vigor do Código de Seabra, a partir do qual a doutrina maioritária passa a considerar a compra e venda um contrato real *quoad effectum*, a compra e venda tinha carácter obrigatório. O artigo 408.º do Código Civil vigente preceitua que a constituição ou transferência de direitos reais sobre coisa determinada dá-se por mero efeito do contrato, salvas as excepções previstas na lei. Apesar da excepção constante da parte final deste artigo, a doutrina tem negado a admissibilidade de uma compra e venda obrigatória (assim, RAÚL VENTURA, *O contrato*, cit., p. 593 ss, MENEZES LEITÃO, *Direito das obrigações,* volume III, 3.ª edição, Almedina, Coimbra, 2005, p. 25 ss e PEDRO DE ALBUQUERQUE, *Contrato de compra e venda*, cit., p. 25). Nos quadros deste sistema, a constituição ou transferência dos direitos reais depende unicamente da existência de um título aquisitivo, *maxime* um contrato de compra e venda. Daí o disposto no artigo 1317.º a) do Código Civil.

parte final e artigo 409.º do CC)[410]. Trata-se da cláusula de reserva de propriedade, oponível a terceiros[411].

Havendo *traditio*, esta cláusula permite que o vendedor acautele o seu direito de resolução do contrato, afastando o artigo 886.º, com os limites do artigo 934.º, ambos do Código Civil. Assim, se o comprador não cumprir a sua obrigação – *maxime* de pagamento do preço – o vendedor poderá resolver o contrato e poderá ainda dispor do direito a ser indemnizado pelos danos causados pelo incumprimento.

A natureza da cláusula de reserva de propriedade tem sido controvertida[412]. A posição tradicional compreendia a venda com reserva de propriedade no quadro de um negócio translativo sob condição

---

[410] Sobre os aspectos de regime jurídico da reserva de propriedade, pode ver-se Raúl Ventura, *O contrato*, cit., p. 605 ss, Lima Pinheiro, *A cláusula de reserva*, cit., p. 17 ss, Menezes Leitão, *Garantias*, cit., p. 255 ss e, do mesmo autor, *Direito das obrigações*, vol. III, cit., p. 53 ss e Pedro de Albuquerque, *Contrato de compra e venda*, cit., p. 37 ss.

[411] No caso de bem imóvel ou de bem móvel sujeito a registo, o registo é condição de eficácia *erga omnes* (artigo 409.º n.º 1 do CC). Quanto a coisa móvel não registável, a doutrina maioritária entende que a cláusula de reserva de propriedade é oponível a terceiros (credores e sub-adquirentes do comprador), apesar da falta de publicidade – assim, Almeida Costa, *Direito das obrigações*, cit., p. 266, Pires de Lima/ Antunes Varela, *Código Civil anotado*, vol. I, cit., p. 736 e Antunes Varela, *Das obrigações em geral*, I, cit., p. 306, Menezes Leitão, *Garantias*, cit., p. 262 e, do mesmo autor, *Direito das obrigações*, vol. III, cit., p. 54, Lima Pinheiro, *A cláusula de reserva*, cit., p. 31 e p. 81, Ana Maria Peralta, *A posição jurídica*, cit., p. 49 ss, França Gouveia/Maria De Assunção Cristas, «Transmissão da propriedade de coisas móveis e contrato de compra e venda. Estudo comparado dos Direitos português, espanhol e inglês», em Assunção Cristas, França Gouveia e Vítor Neves, *Transmissão da propriedade e contrato*, Almedina, Coimbra, 2001, p. 53. Contra esta orientação pronunciou-se Romano Martinez, *Direito das obrigações*, cit., p. 38. Em sentido crítico desta posição, Menezes Leitão, *Garantias*, cit., p. 262, nota 591, *Direito das obrigações*, volume I, 5.ª edição, Almedina, Coimbra, 2005, nota 396, pp. 186-187 e *Direito das obrigações*, vol. III, cit., pp. 54-55, nota 102. Pinto Duarte, *Curso*, cit., p. 250 aceita a oponibilidade *de iure condito*, mas critica-a por frustar as expectativas de terceiros (*idem*, nota 607, p. 205).

[412] Para uma indicação das diversas orientações possíveis no plano do Direito comparado, cf. Menezes Leitão, *Direito das obrigações*, vol. III, cit., p. 58 ss. Para uma exposição detalhada das diversas posições, nacionais e estrangeiras, cf. Ana Maria Peralta, *A posição jurídica*, cit., p. 7 ss.

suspensiva ([413]). Esta orientação mereceu, porém, vários reparos críticos, que nos parecem justificados. Desde logo porque o devedor está, desde a celebração do negócio, obrigado ao pagamento do preço (cf. alínea c) do artigo 879.º). Depois, porque a aquisição da propriedade pelo vendedor sucede com o pagamento do preço, mas não retroage à data da celebração do contrato, como resultaria do regime do artigo 276.º. Finalmente, esta tese não é capaz de conferir tutela satisfatória ao adquirente, nem consegue explicar os regimes jurídicos aplicáveis em matéria de passagem do risco (cf. artigo 796.º do CC) e de insolvência do vendedor. Já se arguiu, também, que na reserva de propriedade não está em causa uma condição suspensiva da transmissão da propriedade, uma vez que as condições a que se refere o regime civil são cláusulas condicionantes de todos os efeitos do negócio e não apenas de parte, como seria o caso da reserva de propriedade ([414]).

Também a tese da condicionalidade resolutiva de CUNHA GONÇALVES tem sido rejeitada ([415]). Desde logo porque esta orientação não explica a oponibilidade *erga omnes* da cláusula de reserva de propriedade, em desvio ao regime traçado pelo artigo 435.º do Código Civil ([416]).

([413]) Nesse sentido, RAÚL VENTURA, *O contrato*, cit., p. 615 ss, GALVÃO TELLES, *Direito das obrigações*, 7.ª edição, Coimbra Editora, Coimbra, 1997, pp. 83-84, PIRES DE LIMA/ANTUNES VARELA, *Código Civil anotado*, vol. I, cit., p. 376, ALMEIDA COSTA, *Direito das obrigações*, cit., p. 266 e ROMANO MARTINEZ, *Da cessação*, pp. 253-254, nota 500 e, do mesmo autor, *Direito das obrigações*, cit., pp. 36-37, nota 4. ROMANO MARTINEZ e FUZETA DA PONTE qualificam a reserva de propriedade de garantia indirecta, mas advertindo que «*não obstante conferir uma protecção própria de direitos reais, não constitui uma garantia real*» – ROMANO MARTINEZ/ FUZETA DA PONTE, *Garantias*, cit., nota 574, p. 238.

([414]) Sobre estes aspectos, cf. ANA MARIA PERALTA, *A posição jurídica*, cit., p. 117 ss.

([415]) CUNHA GONÇALVES, *Tratado de Direito civil em comentário ao Código Civil português*, volume VIII, Coimbra Editora, Coimbra, 1934, p. 349. Alegou-se que esta orientação não explica a oponibilidade *erga omnes* da cláusula de reserva de propriedade – neste sentido, LIMA PINHEIRO, *A cláusula de reserva*, cit., p. 99 e MENEZES LEITÃO, *Direito das obrigações,* vol. III, cit., p. 60. Fez-se, ainda, notar que a mesma não se harmoniza com a melhor interpretação do artigo 409.º n.º 1, em conjugação com o artigo 408.º – cf. ANA MARIA PERALTA, *A posição jurídica*, cit., p. 118 ss.

([416]) Neste sentido, LIMA PINHEIRO, *A cláusula de reserva*, cit., p. 99 e MENEZES LEITÃO, *Direito das obrigações*, vol. III, cit., p. 60

À luz das razões acabadas de invocar, a doutrina portuguesa, na esteira de outros sistemas, evoluiu no sentido do reconhecimento do carácter de garantia, pronunciando-se nesse sentido LIMA PINHEIRO [417], ANA MARIA PERALTA [418], MENEZES LEITÃO [419], PINTO DUARTE [420] e PESTANA DE VASCONCELOS [421]. A jurisprudência recente acompanhou esta alteração [422].

II. A análise da posição de cada uma das partes permite, de facto, corroborar a perspectiva acabada de enunciar.

É pacífico que, no concurso de credores, o vendedor tem direito de defender a sua propriedade, deduzindo embargos de terceiro (artigo 351.º do CPC) [423]. Mas é sobretudo em processo de insolvência do

---

[417] LIMA PINHEIRO, *A cláusula de reserva*, cit., p. 93 ss. Para LIMA PINHEIRO, o vendedor com reserva de propriedade é titular de um direito de garantia (*A cláusula de reserva*, cit., p. 105 e p. 108 ss). Segundo o autor, a utilização da propriedade em garantia assenta no emprego de uma condição; trata-se de uma reserva de propriedade em garantia, «*em simetria com a alienação da propriedade em garantia*» – idem, cit., p. 109. LIMA PINHEIRO sublinha, ainda que «*a construção como venda com efeito translativo da propriedade condicionado a título de garantia tem virtualidades na revelação do direito aplicável, sugerindo uma dupla atracção: pelo regime da condição em tudo o que corresponda à sua função de garantia, pelo regime dos direitos reais de garantia, na medida do compatível com a utilização de um direito de propriedade condicionado*» – idem, p. 110.

[418] ANA MARIA PERALTA, *A posição jurídica*, cit., p. 117 ss.

[419] MENEZES LEITÃO, *Garantias*, cit., p. 267 ss. Cf., também, embora com menor desenvolvimento, *Direito das obrigações*, volume I, 5.ª edição, Almedina, Coimbra, 2005, pp. 289-290. Em *Direito das obrigações*, vol. III, cit., o autor considerou o carácter controverso da questão, sem, porém, tomar posição expressa – cf. p. 56, nota 104.

[420] PINTO DUARTE, *Curso*, cit., p. 252.

[421] PESTANA DE VASCONCELOS, *Cessão de crédios em garantia*, cit., p. 699.

[422] Cf., por todos, Acórdão de Uniformização de Jurisprudência do Supremo Tribunal de Justiça n.º 10/2008, processo n.º 3965/07 – 1.ª secção. O tribunal considerou, porém, que «*apesar da sua função de garantia de cumprimento de uma obrigação pecuniária, não assume a reserva de propriedade a estrutura de garantia real de cumprimento obrigacional, além do mais, por não fazer parte do respectivo elenco típico (artigo 1306.º, n.º 1 do CC). A exclusão da reserva de propriedade da caracterização dos direitos de garantia implica não poder ser a mesma cancelada oficiosamente, nos termos das normas referidas (...)*».

[423] Esta faculdade é admitida na doutrina processualista – assim, TEIXEIRA DE SOUSA, *Acção Executiva Singular*, Lex, Lisboa, 1998, pp. 308-309.

comprador que a particular natureza da reserva de propriedade se manifesta [424]. Com efeito, de acordo com o disposto no artigo 104.º do CIRE, a cláusula de reserva de propriedade pode ser invocada pelo vendedor perante a massa falida do comprador. Para evitar fraudes, sempre que o comprador seja o insolvente e a cláusula de reserva de propriedade respeite a contratos de alienação de coisa determinada, exige-se uma condição adicional de oponibilidade da cláusula à massa da insolvência. Esta condição consiste na estipulação da cláusula de reserva de propriedade por escrito até ao momento da entrega da coisa – é o que resulta do n.º 4 do artigo 104.º do CIRE) [425].

O n.º 5 deste mesmo artigo 104.º remete para o regime geral do n.º 3 do artigo 102.º do CIRE, embora com algumas especialidades [426]. Deste modo, a lei deixa claro que o administrador pode recusar o cumprimento do contrato de compra e venda com reserva de propriedade, sempre que *o comprador seja o insolvente* [427]. Assim, se o administrador decidir cumprir o contrato de compra e venda, produzir-se-ão os efeitos típicos deste negócio jurídico (artigo 879.º do CC), designadamente transmissão da propriedade. O preço, devido ao vendedor, constituirá uma dívida da massa da insolvência, de acordo com

---

[424] Sobre o artigo 104.º do CIRE e o regime insolvencial da reserva de propriedade *vide*, por todos, Pestana de Vasconcelos, *Cessão de créditos em garantia*, cit., p. 702 ss.

[425] Esta exigência deve ser conjugada com o n.º 2 do artigo 409.º do Código Civil. Com efeito, pareceria pouco razoável que se pudesse estabelecer em processo de insolvência um desvio à regra geral da exigência de registo para a oponibilidade da reserva de propriedade de coisas imóveis ou móveis registáveis. O vendedor apenas poderá, pois, contar com a oponibilidade da cláusula de reserva de propriedade se tiver cumprido as formalidades constantes do CIRE e, também, do Código Civil. Esta solução era já defendida por Ana Maria Peralta em face do artigo 1190.º do CPC – assim, cf. *A posição jurídica,* cit., pp. 57-58.

[426] Deve ainda notar-se que, por força do disposto no artigo 104.º n.º 5 do CIRE, o vendedor poderá exigir a diferença entre o montante das prestações previstas até ao final do contrato, actualizadas para a data da declaração de insolvência por aplicação do estabelecido no n.º 2 do artigo 91.º, e o valor da coisa na data da recusa. Sobre alguns aspectos de regime deste artigo, cf. Menezes Leitão, *Direito da Insolvência*, Almedina, Coimbra, 2009, p. 177 ss.

[427] O n.º 3 do artigo 104.º refere-se depois ao prazo para o administrador da insolvência exercer a sua opção de recusa ou de cumprimento do contrato.

o disposto no artigo 51.º n.º 1 alínea f) e, sendo a reserva de propriedade oponível à massa, a *garantia* do vendedor manter-se-á até que este crédito seja satisfeito ([428]). Se o administrador recusar cumprir o contrato de compra e venda, o vendedor conservará definitivamente a titularidade do bem, sem prejuízo dos direitos indemnizatórios reconhecidos por lei ([429]). A declaração de insolvência do comprador não prejudica, porém, a possibilidade de o vendedor reclamar a separação da massa do bem reservado, uma vez que se trata de um bem *do qual o insolvente não tem a plena e exclusiva propriedade* (artigo 141.º, alínea c) do CIRE).

Quanto ao comprador, tem-se reconhecido a titularidade de um *direito de expectativa* ou de uma expectativa jurídica real, que se aproximará, em maior ou menor medida, de um direito real de aquisição ([430]). Trata-se, em qualquer caso, de uma situação jurídica que pode ser vista como um *pré-estádio* ou um *minus* do direito de propriedade ([431]).

Por um lado, o comprador pode, ressalvadas as regras do registo, deduzir embargos de terceiro, em acção executiva movida pelos credores do vendedor com reserva de propriedade (cf. artigo 351.º do

---

([428]) De acordo com a alínea f) do n.º 1 do artigo 51.º do CIRE é dívida da massa insolvente qualquer dívida resultante de contrato bilateral cujo cumprimento não seja recusado pelo administrador da insolvência, salvo na medida correspondente à contraprestação já realizada pela outra parte anteriormente à declaração de insolvência ou em que se reporte a período anterior a essa declaração. Cf. MENEZES LEITÃO, *Direito da Insolvência*, cit., p. 179, PESTANA DE VASCONCELOS, *Cessão de créditos em garantia*, cit., pp. 715-717.

([429]) Cf. artigo 102.º n.º 3 e 104.º n.º 5 do CIRE.

([430]) Assim, cf. LIMA PINHEIRO, *A cláusula de reserva*, cit., pp. 54 e 57, MENEZES LEITÃO, *Garantias*, cit., p. 265 e p. 267 ss, *Direito das obrigações*, vol. I, cit., pp. 189-190 e *Direito das obrigações*, vol. III, cit., p. 56 e 63 s, ANA MARIA PERALTA, *A posição jurídica*, cit., p. 154 ss, em especial p. 165 e ROMANO MARTINEZ, *Da cessação*, cit., p. 254, nota 500 e *Direito das obrigações*, cit., p. 40 e, do mesmo autor, «Alguns aspectos das alterações legislativas introduzidas pela nova versão do CPC», *Aspectos do novo processo civil*, Lex, Lisboa, 1997, p. 334. Na doutrina processualista, pode ver-se TEIXEIRA DE SOUSA, *Acção executiva singular*, cit., pp. 308-309.

([431]) MENEZES LEITÃO, *Garantias*, cit., p. 267.

CPC)(432) e, por essa via, pode assegurar a conservação da sua expectativa de aquisição após a venda executiva do bem(433).

Por outro lado, na insolvência do vendedor mantém-se a venda com reserva de propriedade e o comprador pode, pagando o preço, adquirir a propriedade plena do bem. Segundo o n.º 1 do artigo 104.º do CIRE, o comprador pode fazer valer a sua posição e, portanto, exigir o cumprimento do contrato, se a coisa já lhe tiver sido entregue na data da declaração de insolvência (artigo 104.º n.º 1 do CIRE)(434). Se o administrador puder recusar o cumprimento, o comprador terá apenas direito, como crédito da insolvência, à diferença positiva entre as prestações previstas até ao fim do contrato e o valor da coisa na

---

(432) MENEZES LEITÃO, *Direito das obrigações,* vol. III, cit., p. 56 e *Garantias,* cit., p. 265, TEIXEIRA DE SOUSA, *Acção executiva singular,* cit., pp. 308-309. Contra, MIGUEL MESQUITA, *Apreensão de bens em processo executivo e oposição de terceiro,* 2.ª edição, Almedina, Coimbra, 2001, pp. 212-213.

(433) Cf. TEIXEIRA DE SOUSA, *Acção executiva singular,* cit., p. 309.

(434) O CPEREF dispunha, no nº 1 do artigo 163.º, que nos casos de venda a prestações ao falido, com reserva de propriedade, e de locação de certa coisa, com cláusula de que ela se tornará propriedade do locatário depois de satisfeitas todas as rendas pactuadas, pode o liquidatário optar pelo cumprimento ou pela resolução do contrato. Sob vigência deste Código, LIMA PINHEIRO defendia já a oponibilidade da reserva à massa e, portanto, sacrifício de créditos, mesmo privilegiados, em benefício do crédito do vendedor – *A cláusula de reserva,* cit., p. 75 ss. Antes do início de vigência do CPEREF, o artigo 1197.º do CPC preceituava que a declaração de falência não implica a resolução dos contratos bilaterais celebrados pelo falido, incluindo os contratos de alienação de coisa determinada com cláusula de reserva de propriedade. Previa, ainda, que o administrador da falência pudesse escolher entre cumprir ou não o contrato. Contudo, se o contrato tivesse sido incumprido pelo comprador antes da declaração de falência, o administrador podia obstar à resolução, cumprindo as obrigações assumidas pelo vendedor. Esta solução era criticada porque atribuía ao administrador da falência poderes que o próprio falido não dispunha – ANA MARIA PERALTA, *A posição jurídica,* cit., p. 64. No plano do Direito comunitário vigente, o n.º 2 do artigo 7.º do Regulamento CE n.º 1346/2000, do Conselho, de 29 de Maio de 2000, estabelece que a abertura de um processo de insolvência contra o vendedor de um bem após a entrega desse bem, não constitui fundamento de resolução ou de rescisão da venda, nem obsta à aquisição pelo comprador da propriedade do bem vendido, desde que, no momento da abertura do processo, esse bem se encontre no território de um Estado-Membro que não o Estado da abertura do processo. Cf., também, o artigo 4.º Directiva 2000/35/CE, do Parlamento Europeu e do Conselho, de 29 de Junho de 2000.

data da recusa (artigo 104.º n.º 5 do CIRE). Tem-se observado que a possibilidade de recusa pelo administrador da insolvência reveste carácter excepcional, pelo que, em regra, o direito do comprador será oponível à massa da insolvência e aos demais credores do vendedor [435].

Além disto, se o vendedor alienar o bem a terceiro, a posição jurídica do comprador prevalece, sancionando-se a venda com o regime da venda de bens alheios artigo 892.º do CC), com ressalva do disposto no artigo 1301.º do Código Civil [436].

III. À luz do exposto, podemos concluir que não faz sentido sustentar uma oposição entre a tese que preconiza que o comprador adquire suspensivamente a propriedade e que, até lá, o vendedor conserva um direito real de gozo, por um lado, e a construção que defende uma equiparação do vendedor a um credor dotado de um direito real de garantia (penhor ou à hipoteca), por outro lado. Na síntese de LIMA PINHEIRO, na reserva de propriedade trata-se de «*uma convenção de garantia acessória do contrato de compra e venda, convenção esta que reserva a faculdade de resolver o contrato, mas que se socorre instrumentalmente de uma condição suspensiva do efeito translativo, para alcançar o seu efeito característico: a oponibilidade erga omnes da resolução*» [437]. É certo que há diferimento da transmissão do direito de propriedade. Todavia, nada impede a atribuição de um carácter de garantia a um direito de gozo, isto é, a admissibilidade de uma propriedade em garantia, distinta do penhor e da hipoteca.

A reserva de propriedade na compra e venda a prestações corresponde a uma garantia de pagamento do preço. Existe uma ligação funcional entre a satisfação de um crédito – o preço – e um reforço suplementar da posição do vendedor, característica das garantias especiais. O tratamento do vendedor como titular de um direito de garantia

---

[435] MENEZES LEITÃO, *Direito das obrigações,* vol. III, cit., p. 56.
[436] MENEZES LEITÃO, *Garantias,* cit., pp. 265-266 e, do mesmo autor, *Direito das obrigações,* vol. III, cit., pp. 56-57, LIMA PINHEIRO, *A cláusula de reserva,* cit., p. 78 ss e ANA MARIA PERALTA, *A posição jurídica,* cit., p. 40 ss.
[437] LIMA PINHEIRO, *A cláusula de reserva,* cit., p. 115.

não é incompatível com o entendimento segundo o qual a propriedade só se transmite com o pagamento integral do preço, precisamente porque se trata de uma *propriedade em garantia*. A limitação dos poderes próprios do direito de propriedade do vendedor não contende com a permanência do direito real de gozo [438].

De resto, a reserva de propriedade também se distingue com clareza dos direitos reais de garantia [439]. Naquela, não há afectação de bens do devedor ou de terceiro ao pagamento de certa dívida. O bem é do credor (vendedor) e por isso, este sujeito pode deduzir embargos de terceiro em acção executiva (cf. artigo 351.º do Código de Processo Civil).

IV. Matéria conexa com a que vimos de analisar é da admissibilidade da penhora do bem vendido com reserva de propriedade em acção executiva movida pelo vendedor com reserva de propriedade.

Nos casos de recusa do exequente em proceder ao cancelamento da reserva de propriedade, têm-se colocado duas questões. Por um lado, questiona-se se a mera propositura de acção executiva, juntamente com a eventual indicação de bens à penhora, poderá valer como renúncia tácita à reserva de propriedade. Por outro lado, havendo renúncia, pergunta-se se o tribunal pode ordenar o cancelamento oficioso do registo da reserva de propriedade, aplicando-se o disposto no n.º 2 do artigo 824.º do CC e no artigo 888.º do CPC, ou se, pelo contrário, deve a execução ser suspensa até que se mostre comprovado o cancelamento do registo pelo exequente [440].

---

[438] Já se tem considerado a este respeito que, enquanto não ocorrer o incumprimento e mesmo que este não chegue a ocorrer, a função típica de gozo possa ser substituída por uma função de garantia – assim, ANA MARIA PERALTA, *A posição jurídica*, cit., pp. 131-132.

[439] Para FRANCO ANELLI, a situação jurídica do vendedor com reserva de propriedade constitui uma propriedade com fim meramente económico de garantia, cuja natureza é diferente dos direitos reais de garantia (Cf. FRANCO ANELLI, *L' alienazione*, cit., p. 340 ss, em especial pp. 345-346); tratar-se-ia de um meio de pressão psicológica do devedor no sentido do cumprimento, mas não de uma garantia em sentido técnico (idem, p. 36). Esta posição foi sufragada, também, por ANDREA SASSI, (*Garanzia del credito*, cit., p. 148 ss). Em sentido diverso, considerando tratar-se de uma garantia, cf. ANNA VENEZIANO, *Le garanzie mobiliari*, cit., p. 42.

[440] De acordo com o disposto no n.º 2 do artigo 824.º do CC, na venda em execução os bens são transmitidos livres dos direitos de garantia que os onerarem,

Esta matéria deu origem a extensa controvérsia nos nossos tribunais, sobretudo no âmbito de vendas com reserva de propriedade de veículos automóveis. De acordo Decreto-Lei n.º 54/75, de 12 de Fevereiro, alterado pelo Decreto-lei n.º 178-A/2005, de 28 de Outubro, a reserva de propriedade estipulada em contratos de alienação de veículos automóveis está obrigatoriamente sujeita a registo (artigo 5.º) e, não cumpridas as obrigações do devedor, o titular do registo da reserva de propriedade pode requerer em juízo a apreensão do veículo e dos seus documentos (artigos 15.º n.º 1 e 16.º n.º 1 do mesmo diploma). Segundo a corrente maioritária, representada pelo Acórdão do S.T.J. de 29 de Abril de 2008, a reserva de propriedade «*nunca será juridicamente um direito real de garantia*», pelo que «*não constitui uma garantia real coberta pelas normas dos artigos 824.º do Código Civil ou do artigo 888.º do Código de Processo Civil, que apenas abarcam os direitos reais de garantia e os demais direitos reais (como a reserva de propriedade) que não tenham registo anterior ao registo da penhora*» ([441]). Já de acordo com a orientação ilustrada pelo

---

bem como dos demais direitos reais que não tenham registo anterior ao de qualquer arresto, penhora ou garantia, com excepção dos que, constituídos em data anterior, produzam efeitos em relação a terceiros independentemente do registo. O artigo 888.º do CPC determina que, após a venda e pagamento do preço, se promova oficiosamente o cancelamento dos direitos reais que caducam nos termos do referido n.º 2 do artigo 824.º do CC.

([441]) Ac. do S.T.J. de 29 de Abril de 2008, processo n.º 3084/2008-1, relator José Gabriel Silva. Também segundo o Ac. do S.T.J. de 5 de Dezembro de 2005 (processo n.º 05B993, relator Araújo Barros), no caso de penhora do bem a favor do titular da reserva de propriedade, «*a execução só poderá prosseguir quanto ao automóvel cuja reserva de propriedade está inscrita a favor da exequente desde que esteja demonstrada a renúncia à reserva de propriedade, bem como o registo de tal renúncia*». Ainda nesta esteira, o Acórdão do T.R.L. de 13 de Janeiro de 2004 fez notar que «*não pode ser penhorado um veículo automóvel quando exista sobre ele reserva de propriedade, devidamente registada anteriormente, em nome do exequente, pois a nomeação de tal bem à penhora não inculca renúncia tácita à vantagem derivada daquela cláusula e também não basta declaração expressa de renúncia em requerimento apresentado na execução*» – Ac. do T.R.L. de 13 de Janeiro de 2004, processo n.º 8847/2003, relator Ana Grácio. Pelos mesmos motivos, o T.R.L., no Ac. de 14 de Dezembro de 2004, concluiu que «*a reserva de propriedade não constitui uma garantia real cuja caducidade resulte da venda do bem, nos termos do artigo 824.º do CC e do artigo 888.º do CPC, o seu cancelamento constitui um ónus do exequente e não uma tarefa de que deva encarregar-se o tribunal ou que deva*

Acórdão do S.T.J. de 2 de Fevereiro de 2006 a reserva de propriedade corresponde a um direito real de garantia pelo que «*ao menos pela analogia, deve-lhe ser aplicado o regime do artigo 824.º do CC, do cancelamento oficioso da sua inscrição registal*» ([442]).

---

ser transferida para o adquirente do bem em venda judicial». De acordo com o Acórdão do T.R.L. de 21 de Fevereiro de 2002, «*se o exequente nomeia à penhora veículo sobre o qual incide reserva de propriedade a seu favor, daí não resulta que tenha renunciado tacitamente a essa reserva*» e, por isso, «*neste caso, a execução deve ser suspensa relativamente a essa penhora, não se procedendo à venda do bem enquanto não se mostrar cancelado o registo da referida reserva de propriedade*» – cf. a anotação de GRAVATO MORAIS, «Reserva de propriedade a favor do financiador», CDP, 2004, n.º 6, p. 43 ss. O acórdão do T.R.L., de 12 de Dezembro de 2002, advertiu que «*é inadmissível a penhora de bens do próprio exequente e é isso o que acontece quando este instaura execução sendo titular de registo de reserva de propriedade que não pretende cancelar*» e que «*não vale a instauração da execução como acto tácito de renúncia, nem tão pouco releva qualquer declaração expressa nesse sentido quando afinal o exequente se recusa a proceder em conformidade, cancelando o registo*» – Ac. do TRL de 12 de Dezembro de 2002, número convencional JTRL00046142, relator Salazar Casanova. No mesmo sentido, cf. o Ac. do T.R.L. de 5 de Julho de 2007, processo 5671/2007-8, com o mesmo relator. Em sentido idêntico ou próximo, pode ver-se, ainda, Acs. do TRL de 12 de Fevereiro de 2008 (processo 582/2008-7, relator Graça Amaral), 4 de Dezembro de 2006 (processo 7961/2007-1, relator Rui Vouga) de 18 de Março de 2004 (processo n.º 2097/2004, relator Granja da Fonseca), de 20 de Março de 2003 (número convencional JTRL00048498, relator Fernanda Isabel Pereira), de 13 de Maio de 2003 (processo n.º 1410/2003, relator Rosa Maria Coelho), de 27 de Maio de 2003 (processo n.º4667/2003, relator António Geraldes), de 9 de Julho de 2003 (processo n.º 4400/2003, relator Graça Amaral), de 16 de Outubro de 2003 (processo n.º 7341/2003, relator Granja da Fonseca), 20 de Abril de 2002 (número convencional JTRL00041613, relator Rua Dias), de 11 de Abril de 2002 (número convencional JTRL00041269, relator Salvador da Costa), de 5 de Dezembro de 2002 (número convencional JTRL00045475, relator Granja da Fonseca).

([442]) Cf. Ac. do S.T.J. de 2 de Fevereiro de 2006, número convencional JSTJ000, relator Bettencourt de Faria. Segundo o Ac. do T.R.L. de 22 de Junho de 1999, CJ, 1999, tomo III, p. 118 ss, «*é possível proceder à penhora de veículo vendido com reserva de propriedade, requerida pelo respectivo titular pois, ao nomeá-lo à penhora, aquele titular está a renunciar àquela reserva*». Também no Acórdão do T.R.L., de 20 de Junho de 2002, se entendeu que «*renunciando tacitamente o exequente à reserva de propriedade com a indicação à penhora do respectivo bem, apesar de permanecer registada a reserva, nada obsta à prossecução da execução*» e, ainda que, aquando da venda executiva, o tribunal poderá ordenar o cancelamento de todos os registos, por força do artigo 824.º do Código Civil (número convencional JTRL00043072, relator Arlindo Rocha). Também no sentido da

Na doutrina, as posições também não são uniformes ([443]). Para RAÚL VENTURA, a renúncia à reserva de propriedade não pode ser inferida da propositura de uma acção executiva, desde logo porque a referida reserva é uma declaração negocial, acordada entre ambas as partes, e não uma declaração de vontade do vendedor ([444]). Em sentido contrário, ISABEL MENÉRES CAMPOS considerou que o vendedor pode renunciar unilateralmente à reserva de propriedade ([445]). Segundo a autora, nos casos em que «*é o próprio titular da reserva que manifesta intenção de prosseguir com a execução, não se vê qual o fundamento para que esta não corra sem que se mostre efectuado o seu cancelamento*» e, por isso, «*numa perspectiva funcional (...) a reserva de propriedade é equiparada aos direitos reais de garantia, pelo que, ainda que analogicamente, não nos repugna que lhe sejam aplicadas as disposições destes: a reserva caduca com a venda judicial, cumprindo a função que lhe estava destinada*» ([446]).

Recentemente, a matéria foi objecto de apreciação pelo Acórdão de Uniformização de Jurisprudência do S.T.J. n.º 10/2008, de 9 de Outubro ([447]). Este Acórdão uniformizou a jurisprudência anterior sobre o prosseguimento de acção executiva instaurada por um credor a favor do qual esteja registada a reserva de propriedade do bem penhorado ou a penhorar nos seguintes termos: «*a acção executiva na qual se penhorou um veículo automóvel, sobre o qual incide registo*

---

renúncia à reserva de propriedade Ac. do T.R.L. de 29 de Junho de 2004 (processo n.º 3904/2004, relator Ferreira Pascoal), de 14 de Março de 2002 (número convencional JTRL00041128, relator Maria Manuela Gomes), de 22 de Novembro de 2001, número convencional JTRL00037600, relator Urbano Dias, 6 de Fevereiro de 2001 (número convencional JTRL00038051), relator Lopes Bento.

([443]) Na doutrina, cf. ISABEL MENÉRES CAMPOS, «Algumas reflexões em torno da cláusula de reserva de propriedade a favor do financiador», *Estudos em comemoração do 10.º aniversário da licenciatura em Direito da Universidade do Minho*, Almedina, Coimbra, 2004, p. 631 ss e, da mesma autora, «Cancelamento do registo da reserva de propriedade», CDP, 2006, n.º 15, Julho/ Setembro, p. 53 ss, RAÚL VENTURA, O contrato, cit., p. 613 e ANA MARIA PERALTA, *A posição jurídica*, cit., p. 116.

([444]) RAÚL VENTURA, *O contrato*, cit., p. 613.

([445]) ISABEL MENÉRES CAMPOS, *Algumas reflexões*, cit., p. 649 e *Cancelamento do registo*, cit., p. 59.

([446]) ISABEL MENÉRES CAMPOS, *Cancelamento do registo*, cit., pp. 60-61.

([447]) Processo n.º 3965/07, publicado no Diário da República, 1.ª série, de 14 de Novembro de 2008.

de reserva de propriedade a favor do exequente, não pode prosseguir para as fases de concurso de credores e da venda, sem que este promova e comprove a inscrição, no registo automóvel, da extinção da referida reserva» ([448]). Contou, porém, com sete declarações de voto vencido ([449]).

([448]) Os factos podem ser sinteticamente descritos nos termos que se seguem. Em Janeiro de 2001, um banco (anteriormente sociedade financeira) celebrou com um particular um contrato de mútuo, tendo em vista a aquisição de um veículo automóvel. O mutuário não satisfez uma das prestações convencionadas e, de acordo com o disposto no contrato, venceram-se imediatamente as demais prestações contratualmente devidas. O banco instaurou uma acção executiva para cobrança coerciva de determinada quantia em dívida, acrescida de juros vincendos e encargos, referente ao aludido mútuo, indicando à penhora, entre outros bens, o veículo automóvel cuja aquisição foi por si financiada. Penhorado este bem, o juiz constatou que sobre o mesmo incidia uma reserva de propriedade a favor do exequente, convidando este titular a fazer prova da renúncia à reserva. Não tendo sido realizada esta prova, o juiz decretou a suspensão da execução até se mostrar cancelado o registo em causa. O exequente intentou recurso de agravo, tendo a Relação de Lisboa confirmado a decisão de primeira instância. Inconformado, o exequente interpôs novo recurso de agravo, alegando, no essencial que *«o facto de a reserva de propriedade estar registada [a seu favor] não impede o prosseguimento da execução, pois de acordo com o disposto nos artigos 824.º do Código Civil e 888.º do Código de Processo Civil, aquando da venda do bem penhorado, o Tribunal deve, oficiosamente, ordenar o cancelamento de todos os registos que sobre tal bem incidam»*.

([449]) O voto de vencido do Conselheiro Sebastião Póvoas considera que *«a reserva de propriedade a favor do mutuante mais não é, nos seus objectivos e formulação, do que uma figura próxima da hipoteca tendo indubitavelmente, como já se disse, a natureza de direito real de garantia»* e *«assim, estando a propriedade do bem penhorado reservada a favor do exequente, e não se tratando de reserva clássica mas de reserva garantia, e este declara prescindir dessa reserva, o que equivale a prescindir da garantia, a execução pode prosseguir»*, indicando a formulação alternativa do segmento uniformizador nos seguintes termos: *«constando do registo a reserva de propriedade de um bem penhorado a favor do exequente, não tendo sido este o vendedor do bem, e declarando expressamente renunciar à reserva, a execução pode prosseguir quanto àquele bem, pr a reserva atípica ser uma mera garantia do crédito, sendo aplicáveis os artigos 824.º do CC e 888.º do CPC quanto à determinação oficiosa do cancelamento dos registos»*. De realçar, ainda, o entendimento do Conselheiro Oliveira Vasconcelos, segundo o qual *«quando a titularidade do direito de propriedade é atribuída a um sujeito, não para que ele desfrute da coisa, mas sim como garantia de um seu crédito, então configura-se uma utilização da propriedade como garantia. Esta utilização da propriedade com função de garantia é realizada através da estipulação de uma condição ou de um complexo de condições, concebida tradicionalmente como subordinação do efeito translativo ao pagamento integral do preço»*.

V. Perante o exposto, são devidas algumas considerações. Saliente-se, como ponto prévio, que não se afigura lógico que as dívidas do executado possam ser satisfeitas com um bem alheio (cf. artigo 601.º do CC), nem que o vendedor «*beneficie*» da penhora de um bem próprio. Se assim é, resta saber se, não havendo cancelamento da reserva de propriedade pelo seu titular, é possível inferir da conduta do exequente uma renúncia àquela garantia.

Como ponto de partida, deve considerar-se que a penhora do bem não é, por si só, garantia da satisfação do direito do credor, pelo que será difícil inferir da mera conduta processual do exequente que intenta a acção uma renúncia tácita ao direito substantivo registado[450]. Haverá renúncia ao direito sempre que o exequente declare que prescinde da reserva de propriedade constituída a seu favor. Porém, nesta última hipótese, coloca-se o problema do cancelamento do registo[451]. O que nos faz regressar à questão: *será a reserva de propriedade uma garantia análoga ao penhor e à hipoteca?* Vejamos.

O n.º 1 do artigo 824.º do Código Civil contém a regra geral, segundo a qual «*a venda em execução transfere para o adquirente os direitos do executado sobre a coisa vendida*». O n.º 2 deste mesmo preceito vem, depois, dispor que «*os bens são transmitidos livres dos direitos de garantia que os onerarem, bem como dos demais direitos reais que não tenham registo anterior ao de qualquer arresto, penhora*

---

[450] Acresce que, como bem nota o Ac. do S.T.J. de 5 de Dezembro de 2005, já citado, que se assim não fosse «*permitir-se-ia a manutenção nos autos de uma situação claramente contraditória: por um lado, através da penhora (devidamente registada) e subsequente sujeição à venda executiva, atingir-se-ia o pagamento do exequente (e eventuais credores reclamantes) pelo produto da venda do bem; por outro lado, e enquanto durasse a execução, no período que antecedesse a venda continuaria, por força da reserva de propriedade (também devidamente registada) o exequente a gozar da faculdade de exercer o seu direito de resolução do contrato, ressarcindo-se, nomeadamente, através da restituição do veículo*».

[451] Discorda-se, por isso, em parte do teor do Ac. do T.R.L. de 5 de Julho de 2007 (processo 5671/2007-8, relator Salazar Casanova) quando se refere que «*não vale a instauração da execução como acto tácito de renúncia, nem tão pouco releva qualquer declaração expressa nesse sentido quando afinal o exequente se recusa a proceder em conformidade cancelando o registo*». A questão do meio para proceder ao cancelamento não deve perturbar o problema, conexo da declaração de vontade do exequente no sentido do cancelamento, ainda que haja que extrair efeitos processuais da conduta (ou da inércia) do exequente.

ou garantia, com excepção dos que, constituídos em data anterior, produzam efeitos em relação a terceiros independentemente do registo». Pergunta-se, pois, se a reserva de propriedade é um «*direito de garantia que onera os bens*» para efeitos deste artigo. A questão deve ser devidamente enquadrada, conjugando o sentido ínsito nesta norma com a natureza da reserva de propriedade.

O artigo 824.º n.º 2 acima citado alude a *direitos de garantia*. Aparentemente, se o elemento a considerar fosse tão só e apenas a letra da lei, dir-se-ia que poderia, também, referir-se a quaisquer formas de direitos de *propriedade em garantia*. Não parece, porém, que assim seja, atendendo ao sentido teleológico da norma, que é o de permitir *libertar* o bem a transmitir em acção executiva dos direitos que não prevalecem perante a penhora. Ora, um direito real de gozo é, por natureza, um direito susceptível de impedir a penhora do bem, ressalvadas as regras do registo. Não se nega que o artigo 824.º deva ler-se segundo uma orientação actualista ou funcional. O que não parece é que, em virtude da existência deste artigo, conjugado com o artigo 888.º do Código de Processo Civil, se possa desvirtuar a natureza especial de garantia da reserva de propriedade, convertendo-a num direito análogo ao penhor e à hipoteca, em desrespeito do princípio da autonomia privada das partes, da liberdade contratual e das regras que norteiam a interpretação dos negócios jurídicos. Trata-se de reconhecer limites à analogia jurídica e não de negar *a priori* um juízo de semelhança entre âmbitos normativos. Em suma: não nos parece que deva *vingar uma visão funcionalista extrema, susceptível de ignorar traços estruturais marcantes e, sobretudo, diferenças de valoração e de intenção prática, para reduzir o universo das garantias das obrigações a uma só realidade dogmática*. Um tal funcionalismo poderia, até, revelar-se, quase ironicamente, *formalista*, ao pretender reduzir a complexidade negocial a uma categoria pré-existente no sistema, mediante um raciocínio meramente dedutivo e alheado das *circunstâncias particulares da venda com reserva de propriedade*.

VI. Compreendidas as *diferenças* entre garantias acessórias e reserva de propriedade, é chegado o momento de confrontarmos a própria venda com reserva de propriedade com a alienação em garantia, dando assim resposta à interrogação acima suscitada: existem *outros negócios de alienação em garantia*? Ou, dito doutro modo, *existe um conceito funcional unitário de transmissão da propriedade com escopo de garantia no Direito português*?

A questão não tem passado despercebida à doutrina estrangeira. Como nota HARTMANN, a alienação em garantia e a reserva de propriedade partilham dois aspectos *económicos*: por um lado, em ambos os casos o devedor pode utilizar o bem, apesar de não ser proprietário; por outro lado, ambas as garantias atribuem o direito de propriedade ao credor em momento anterior ao pagamento da obrigação garantida [452].

Uma leitura meramente *funcional* poderia concluir que a compra e venda com reserva de propriedade a favor do vendedor partilha com a alienação em garantia uma finalidade de *garantia de um crédito* e que, também, em ambos os casos se trata de negócios de utilizam o *direito de propriedade* com um fim de garantia, pelo que as figuras seriam idênticas ou semelhantes. A verdade, porém, é que a reserva de propriedade não se confunde com o negócio de alienação em garantia [453]. As diferenças sobressaem à luz de critérios teleológicos e estruturais.

Do ponto de vista *teleológico*, atendendo ao *programa negocial* das partes, deve sublinhar-se que na alienação em garantia não há finalidade *primária* de atribuição de um bem, como na compra e venda, ainda que com reserva de propriedade. Na reserva de propriedade, a *garantia* surge precisamente porque se pretende *transmitir* a titularidade do bem, enquanto que na alienação em garantia sucederá o inverso, isto é, *transmite-se porque se pretende garantir uma obrigação autónoma da transmissão*.

Depois, na *estrutura* do negócio, não é possível distinguir a reserva de propriedade do negócio *garantido* de compra e venda ou de alienação. Na compra e venda, a transmissão do bem ou crédito é

---

[452] PETER HARTMANN, *Die Sicherungsübereignung*, cit., p. 15 ss.
[453] Para FRANCO ANELLI, a situação jurídica do vendedor com reserva de propriedade constitui uma propriedade com fim meramente económico de garantia, cuja natureza é diferente dos direitos reais de garantia – *L' alienazione*, cit., p. 340 ss, em especial pp. 345-346; tratar-se-ia de um meio de pressão psicológica do devedor no sentido do cumprimento, mas não de uma garantia em sentido técnico (*idem*, p. 36). Esta posição foi sufragada, também, por ANDREA SASSI, *Garanzia del credito*, cit., p. 148 ss.

correspectiva da entrega de dinheiro e não existe uma *relação obrigacional garantida prévia, exterior* ou *autónoma* do negócio. Na alienação em garantia ou cessão de créditos em garantia, a entrega de dinheiro é correspectiva não da transmissão do bem ou do crédito, mas de uma obrigação de restituição do capital e juros, de que a cessão de crédito ou a alienação funcionam como garantia. Há uma ligação funcional entre a transmissão do bem ou direito e uma relação obrigacional exterior e prévia que se pretende garantir, que é assegurada por um acordo exterior à obrigação garantida. Estas circunstâncias não se concretizam na venda em que a reserva está *dentro* do negócio de alienação, condicionando-o. Esta relação entre negócio de compra e venda e reserva da propriedade justifica, por exemplo, que o vendedor com reserva de propriedade tenha que resolver o negócio de compra e venda para poder conservar, em definitivo, o direito de propriedade sobre o bem.

Por outro lado, a estrutura da venda com reserva de propriedade assenta num diferimento da transmissão da propriedade do bem, ou, se quisermos, numa condicionalidade suspensiva do efeito translativo da compra e venda. A *força* da condição não só se reflecte na posição jurídica do vendedor, que mantém um direito de propriedade, como, também, no reforço dos meios ao dispor do comprador, o qual, além de contar com a atribuição de um *direito de expectativa*, confia que, com o pagamento do preço (ou outro evento acordado), a propriedade se transfira imediatamente para a sua esfera jurídica, prescindindo de novo acordo do vendedor. Ora, na alienação em garantia pode não haver condicionalidade ínsita no próprio negócio, o que não deixará de se reflectir na conformação dos direitos e dos deveres do prestador e beneficiário da garantia ([454]).

([454]) Para além dos desafios da ideia de que há garantias, com carácter real, para além das expressamente consagradas na lei, a construção do negócio de alienação em garantia envolve dificuldades adicionais. O facto de não existir uma ligação co-natural entre negócio garantido e garantia, como na reserva de propriedade, implica que se compreenda o papel do negócio ou pacto fiduciário enquanto de elemento de ligação entre uma atribuição e um propósito de garantia. Por outro lado, a fisionomia do negócio-meio para atribuição da propriedade desenha-se para além dos domínios do contrato de compra e venda, já dentro dos terrenos próprios da atipicidade.

As diferenças acabadas de apontar exprimem a *diversa colocação dogmática* da reserva de propriedade e da alienação em garantia, dificultando uma *teoria unitária dos direitos de propriedade com escopo de garantia*. Porém, não invalidam uma apreciação dos casos concretos de alienação em garantia e, em certas circunstâncias – *sintetizando*, sempre que as *semelhanças superem in casu as diferenças* –, da susceptibilidade de aplicação analógica de uma norma legalmente prevista para a reserva de propriedade. Poderá, por exemplo, ser o caso da alienação em garantia sujeita a condição, sempre que ao prestador da garantia seja de reconhecer um *direito de expectativa* análogo ao direito do comprador com reserva de propriedade.

8.3. *A chamada «reserva de propriedade» a favor do financiador*

I. Nos últimos anos, tem-se assistido ao aparecimento de uma nova figura, correspondente à chamada «reserva de propriedade a favor do financiador».[455]. A utilização desta *«garantia»* tem sido frequente em situações em que uma entidade financiadora pretende constituir a seu favor uma garantia traduzida na própria propriedade do bem cuja aquisição foi por si financiada. Assim, tem-se constatado ser usual a seguinte factualidade: as partes celebram um contrato de compra e venda de veículo automóvel com reserva de propriedade, o vendedor transmite a uma entidade financiadora – que celebrou com o comprador um contrato de mútuo (artigo 1142.º e ss do CC) – os seus direitos de crédito sobre o comprador, emergentes do contrato de compra e venda, bem como as inerentes garantias gerais e especiais, nomeadamente a reserva de propriedade do bem. O financiador inscreve a reserva de propriedade no registo automóvel (cf. artigo 5.º do Decreto-lei n.º 54/75, de 24 de Fevereiro, com a redacção dada pelo Decreto-lei n.º 178-A/2005, de 28 de Outubro).

Ora, vencidas e não pagas as obrigações do mutuário que originaram a reserva de propriedade, o titular do respectivo registo pode requerer em juízo a apreensão do veículo e do certificado de matrícula

---

[455] Desenvolvidamente, GRAVATO DE MORAIS, *Contratos de crédito ao consumo*, Almedina, Coimbra, 2007, p. 297 ss.

(n.º 1 do artigo 15.º e n.º 1 do artigo 16.º do Decreto-lei n.º 54/75). Segundo este regime jurídico, no prazo de 15 dias a contar da data da apreensão do veículo, o titular do registo da reserva de propriedade deve propor acção de resolução do contrato de alienação (artigo 18.º do diploma citado).

A relação negocial que conduz ao efectivo registo da reserva de propriedade a favor do financiador nem sempre é expressa com clareza. Como notou já o S.T.J., «*não se descortina (...) com facilidade o processo negocial que veio a permitir o registo da reserva de propriedade a favor da mutuante (terá havido uma dupla venda, primeiro da fornecedora à financiadora e depois desta ao adquirente? Terá ocorrido uma sub-rogação contratual da financiadora nos direitos que, ab initio, pertenciam à devedora? Ter-se-ão procurado, afinal, efeitos semelhantes aos da alienação fiduciária em garantia que, entre nós, ainda não alcançou consagração legal?*» ([456]).

Perante este enquadramento, tem-se discutido se a entidade financiadora tem legitimidade para requerer a providência cautelar de apreensão de veículo e certificado de matrícula. Por um lado, o artigo 15.º parece ter por destinatário o «titular do registo» e não o titular da propriedade do bem. Mas, por outro lado, o artigo 18.º faz depender o sucesso da providência cautelar de apreensão do veículo de subsequente acção de resolução do contrato de alienação, e não do contrato de mútuo. *Quid iuris?*

II. A jurisprudência maioritária tem negado, no plano do direito substantivo, a possibilidade de a reserva de propriedade constituir uma garantia a favor de uma entidade que apenas financiou (e não vendeu) o bem, na medida em que «*a reserva de propriedade artigo 409.º do CC) é exclusiva do alienante, não se aplicando ao financiador*» ([457]). Nos termos da decisão do S.T.J., em Ac. de 10 de Julho de 2008, «*a interpretação actualista deve ser aplicada com a necessária prudência, estando, logo à partida, condicionada pelos factores hermenêuticos,*

([456]) Ac. do S.T.J. de 5 de Dezembro de 2005, processo n.º 05B993, relator Araújo Barros.

([457]) Ac. do T.R.L. de 3 de Julho de 2007, processo 6118/2007-1, relator Rijo Ferreira.

designadamente pela ratio da norma interpretanda e pelos elementos gramatical e sistemático» e, à luz desta ideia, «*no artigo 409.º do CC, quer o elemento gramatical, quer o escopo ou finalidade visada pela norma, afastam a possibilidade de uma interpretação actualista, no sentido de alargar o seu alcance ao contrato de mútuo ou financiamento, mesmo quando se trate de um contrato de mútuo a prestações conexionado com o contrato de compra e venda do bem financiado*» ([458]). Nesta linha, o Acórdão do T.R.P., de 1 de Junho de 2004, cuidou que «*a entidade financiadora do crédito para aquisição de uma viatura, vendida por terceiro ao consumidor, não pode reservar para si o direito de propriedade desse veículo, por tal direito não existir na sua esfera jurídica*» uma vez que «*a entidade financiadora nada alienou*», mas «*limitou-se a conceder crédito ao consumidor, para lhe possibilitar a compra de um veículo automóvel vendido por terceiro*» ([459]). Quer dizer, «*só o vendedor, o titular do direito de propriedade sobre o veículo automóvel poderia manter na sua esfera jurídica a propriedade daquilo que vendera, não admitindo a lei a cláusula da reserva de propriedade a favor do mutuante (terceiro para efeitos do contrato de alienação), mas tão só a favor do alienante*» ([460]). Tem-se, ainda, invocado o carácter excepcional do artigo 409.º, conjugado com o cânone do artigo 11.º do Código Civil ([461]),

---

([458]) Ac. do S.T.J. de 10 de Julho de 2008, processo 09B1480, relator Santos Bernardino. No mesmo sentido, Ac. do S.T.J. de 27 de Setembro de 2007, processo 07B2212, relator Santos Bernardino, Ac. do T.RL. de 29 de Junho de 2006, processo n.º 4888/2006, relator Maria José Mouro, Ac. do T.R.L. de 12 de Outubro de 2006, processo 3815/2006-2, relator Neto Neves e Ac. do T.R.P. de 15 de Janeiro de 2007, processo 0651966, relator Cura Mariano.

([459]) Ac. do T.R.P. de 1 de Junho de 2004, número convencional JTRP00036 958, relator Alberto Sobrinho. Também no Ac. do T.R.L. de 22 de Junho de 2006, se consagrou que o mutuante não tem legitimidade para propor a acção de resolução do contrato de alienação, ainda que tenha conseguido o registo da reserva de propriedade do veículo vendido a seu favor – processo número 4921/2006, relator Salazar Casanova. No mesmo sentido, veja-se ainda Ac. do T.R.L. de 12 de Outubro de 2006, processo 3815/2006-2, relator Neto Neves, Ac. do TRL, de 27 de Setembro de 2007, processo n.º 6409/2007-8, relator Pedro Lima Gonçalves.

([460]) Ac. do T.R.L. de 8 de Fevereiro de 2007, processo 957/2007-2, relator Maria José Mouro.

([461]) Ac. do T.R.L. de 5 de Julho de 2007, processo 567/2007-8, relator Salazar Casanova.

bem como a circunstância de a nossa lei não admitir «*a cláusula de reserva de propriedade a favor do mutuante, mas tão-somente a favor do alienante (artigo 409.º n.º 1 do Código Civil)*» ([462]). Conceder à entidade mutuante uma propriedade resolúvel seria «*permitir-se instrumentalizar o processo executivo para a realização coerciva de um direito real de garantia que a nossa lei não reconhece, desrespeitando-se o princípio da tipicidade dos direitos reais, mediante a criação por via jurisprudencial de um novo direito real de garantia de índole similar à alienação fiduciária em garantia*» ([463]). Da soma destes argumentos resultaria a conclusão inevitável de que a reserva de propriedade a favor do financiador seria nula ([464]).

Num outro plano, há quem procure compreender se a figura em apreço deriva de uma *mutação* da própria reserva de propriedade. Nesta sede, tem-se colocado a hipótese da sub-rogação, mas a mesma não tem, também, colhido entendimento favorável, uma vez que, na maioria dos casos, «*a constituição da reserva de propriedade acordada entre financiador e adquirente não se reveste, pois, de qualquer aspecto de sub-rogação, constituindo antes um negócio autónomo em que o adquirente consente em transferir para o financiador o direito de propriedade que adquiriu em garantia, com carácter real, do cumprimento do contrato de financiamento*» ([465]).

Pelos motivos expostos, tem-se concluído que o «*mutuante que não for o alienante do veículo, ainda que tenha logrado registo de reserva de propriedade a seu favor, não pode pedir a resolução do contrato de alienação a que se refere o artigo 18.º do Decreto-Lei n.º 54/75, de 12 de Fevereiro*», dado que «*não se justifica uma interpretação actualista de modo a considerar-se «acção de resolução do*

([462]) Ac. do T.R.L. de 22 de Junho de 2006, já citado.

([463]) Ac. do T.R.L. 5 de Julho de 2007, processo 567/2007-8, relator Salazar Casanova.

([464]) Expressamente neste sentido cf., entre outros, Acs. do S.T.J. de 10 de Julho de 2008, processo 09B1480, relator Santos Bernardino, do S.T.J. de 27 de Setembro de 2007, processo 07B2212, com o mesmo relator, do T.RL. de 29 de Junho de 2006, processo n.º 4888/2006, relator Maria José Mouro, do T.R.L. de 12 de Outubro de 2006, processo 3815/2006-2, relator Neto Neves, Ac. do T.R.P. de 15 de Janeiro de 2007, processo 0651966, relator Cura Mariano.

([465]) Ac. do T.R.L. de 3 de Julho de 2007, processo 6118/2007-1, relator Rijo Ferreira.

contrato de alienação» equivalente a «acção de resolução do contrato de financiamento» designadamente quando o sistema jurídico faculta mecanismos que permitem a satisfação dos interesses dos mutuantes que financiam a aquisição a crédito de veículos automóveis» [466].

O artigo 409.º do Código Civil, tal como os artigos 15.º e 18.º do Decreto-lei n.º 54/75, pressupõe «*a existência de um contrato de alienação do veículo, em que tenha sido convencionada a reserva de propriedade, só dela podendo lançar mão o alienante*», defendendo-se que «*tal não é contrariado pelo disposto na alínea f) do n.º 3 do artigo 6.º do Decreto-lei n.º 359/91, de 21 de Setembro – diploma que rege sobre os contratos de crédito ao consumo – que tem em vista apenas situações em que o crédito é concedido para financiar o pagamento de um bem alienado pelo próprio credor, ou seja, em que a pessoa ou entidade financiadora é a detentora do direito de propriedade do bem aliena*do» [467].

Tem-se ainda considerado que, na cessão de créditos, não se transmite a posição contratual do vendedor com reserva de propriedade [468]. O S.T.J. também se pronunciou sobre o assunto, julgando, no Acórdão de 12 de Maio de 2005, que «*só o vendedor de veículo automóvel a prestações, com reserva de propriedade, que é titular do respectivo registo, detém legitimidade para requerer, em processo cautelar, a apreensão do veículo*» e que «*se o alienante do veículo e

---

[466] Ac. do T.R.L., de 14 de Dezembro de 2007, processo n.º 899/2007-7, relator Roque Nogueira. Também o Ac. do T.R.L. de 8 de Fevereiro de 2007, processo 957/2007-2, relator Maria José Mouro decidiu que «*não podendo a requerente, embora com reserva de propriedade inscrita a seu favor, propor a acção de resolução do contrato de alienação de que o presente procedimento seria dependência (apenas podendo intentar acção referente à resolução do contrato de financiamento, único por si celebrado com o requerido) face ao disposto nos artigos 15.º e 18.º do Decreto-lei n.º 54/75, de 12-2, a providência cautelar requerida – apreensão de veículo e respectivos documentos – não deveria ser decretada*». Em sentido idêntico, Ac. do T.R.L. de 15 de Abril de 2008, processo 2596/2008-7 relator Orlando Nascimento, Ac. do T.R.L. de 3 de Julho de 2007, processo 6118/2007-1, relator Rijo Ferreira, Ac e, com especial interesse, Ac. do T.R.L. de 22 de Maio de 2007, processo 4139/2007-7, relator Abrantes Geraldes.

[467] Ac. do S.T.J. de 10 de Julho de 2008, processo 08B1480, relator Santos Bernardino.

[468] Ac. do T.R.L. de 18 de Dezembro de 2001, número convencional JTRL00039331, relator Quinta Gomes.

a financiadora da respectiva aquisição forem pessoas diferentes, não pode esta última, ainda que em associação com aquela, instaurar providência cautelar destinada à apreensão do veículo vendido» ([469]).
Além disso, e ainda nos quadros da orientação contrária à figura em análise, é de sublinhar o argumento que destaca que *«se a reserva de propriedade fosse transmissível como as garantias reais transmissíveis (penhor e hipoteca), perderia a natureza de cláusula contratual que se limita a diferir a transmissão da propriedade para momento posterior ao do contrato»* ([470]).

Sintetizando esta orientação, podemos descortinar dois limites à transmissibilidade da reserva de propriedade. Por um lado, a reserva não pode transmitir-se sem o direito de crédito relativo ao preço do contrato de compra e venda. Por outro lado, o direito à resolução do contrato de compra e venda, pressuposto na reserva, não pode transmitir-se por via de uma mera cessão de créditos ([471]).

III. A tese contrária considera que a cláusula de reserva de propriedade a favor do financiador é válida e eficaz, porque *«embora a reserva de propriedade, tal como está prevista na lei, tenha sido pensada para contratos de compra e venda, o certo é que o artigo 409.º n.º 1 abrange, na sua letra e espírito, a hipótese de conexão entre o contrato de mútuo a prestações e o contrato de compra e venda do veículo automóvel por virtude do objecto mediato do primeiro constituir o elemento preço do segundo, situação que se configura como se o pagamento do preço relativo ao contrato de compra e venda do veículo automóvel fosse fraccionado no tempo»* ([472]).

([469]) Ac. do S.T.J. de 12 de Maio de 2005, processo 2838/2004, relator Araújo Barros. Recentemente, o S.T.J. vem reiterar a inadmissibilidade da reserva de propriedade em favor do financiador, remetendo para a argumentação expendida por GRAVATO MORAIS em *Reserva de propriedade,* cit., p. 49 e ss – Ac. de 27 de Setembro de 2007, número convencional JSTJ000, relator Santos Bernardino.

([470]) Ac. do T.R.L. de 5 de Julho de 2007, processo 5671/2007-8, relator Salazar Casanova.

([471]) Cf. Acórdão do T.R.L. de 15 de Abril de 2008, processo 2596/2008-7, relator Orlando Nascimento.

([472]) Ac. do T.R.L. de 18 de Março de 2004, processo n.º 2097/2004, relator Granja da Fonseca. Pode ainda ver-se o Ac. do T.R.L. de 21.02.2002, anotado por GRAVATO MORAIS em *Reserva de propriedade,* cit., p. 43 ss.

Neste sentido, tem-se invocado que a própria lei «*permite como condicionante à transferência da propriedade qualquer outro evento futuro que não apenas o cumprimento das obrigações decorrentes do contrato de compra e venda (artigo 409.º n.º 1 in fine do CC)*» e que «*ao aceitar-se a formal e redutora interpretação de que só o incumprimento e consequente resolução do contrato de alienação conduz à apreensão e entrega do veículo alienado, a cláusula de reserva de propriedade deixaria de ter qualquer efeito prático, sempre que a aquisição do veículo fosse feita através do financiamento por terceiro – o que é hoje a regra face à evolução verificada nessa forma de aquisição*» [473].

Outras vezes, a sugestão de um caminho funcionalista surge, mesmo, quase evidente, entendendo-se que negar a reserva de propriedade a favor do financiador equivaleria ao «*resultado indesejado de o comprador remisso não poder ser desapossado do veículo de que não é proprietário*» e que na interpretação das normas «*não deve marginalizar-se a ponderação das consequências negativas que advêm de uma estrutura concepção formalista, devendo viabilizar as expectativas prático-sociais presentes nas convenções das partes*» [474].

Tem-se ainda notado que o contrato de compra e venda e o contrato de mútuo, na modalidade de crédito ao consumo (Decreto-lei n.º 359/91) «*embora coexistindo com autonomia têm, entre si, uma estreita e forte conexão, expressamente afirmada no n.º 1 do artigo 12.º do Decreto-lei n.º 359/91, cuja validade, designadamente quanto ao seu conteúdo, se possibilita pelo princípio da autonomia privada consagrado no artigo 405.º do CC*» [475].

---

[473] Ac. do T.R.L. de 5 de Maio de 2005, processo n.º 3843/2005, relator Carlos Valverde.

[474] Ac. do T.R.L. de 28 de Março de 2006, processo n.º 447/2006, relator Isabel Salgado. No Ac. do T.R.L. de 30 de Maio de 2006, processo n.º 3228/2006, relator Isabel Salgado, o tribunal retomou este entendimento. Pode, ainda, ver-se, no sentido da admissibilidade desta reserva, Acs. do T.R.L. de 31 de Janeiro de 2008, processo n.º 405/2008-6, relator Olindo Geraldes e, ainda, com data de 22 de Janeiro de 2008, n.º 7355/2007-1, relator Rijo Ferreira.

[475] Ac. do T.R.P. de 15 de Abril de 2008, processo 0821988, relator Cândido Lemos.

IV. A doutrina encontra-se, de igual modo, dividida, entre a posição que defende a validade desta «*garantia*» e a orientação que preconiza a respectiva nulidade.

Isabel Menéres Campos considerou a hipótese da sub-rogação do financiador na posição do vendedor (artigo 589.º e ss do CC) [476]. No dizer da autora, «*com esta transmissão, opera também a transferência das garantias e dos acessórios do crédito, em consequência do conhecido aforismo acessorium sequitur principale*», pelo que «*aplicando, pois, as regras da sub-rogação ao nosso caso, temos que o financiador, quando entrega o preço ao comprador, subroga-se nos direitos do vendedor, transmitindo-se os créditos e os seus acessórios, incluindo a cláusula de reserva de propriedade a favor deste*» [477]. Recentemente, a autora vem corroborar esta tese ao defender que «*numa perspectiva funcional (...) a reserva de propriedade é equiparada aos direitos reais de garantia*» [478].

Já segundo Gravato Morais, deve entender-se que a cláusula de reserva de propriedade a favor do financiador é nula, à luz do disposto no artigo 294.º do Código Civil [479]. Para o autor, no artigo 409.º do CC «*a finalidade do legislador, ainda que interpretada actualisticamente, não terá sido a de permitir a quem não aliena um bem, mas tão-só o financia, a constituição em seu favor de uma reserva de domínio sobre esse objecto – que não produziu nem forneceu – apenas em razão do fraccionamento das prestações*» [480].

É certo que o registo da reserva de propriedade a favor do financiador faz presumir que o direito existe e pertence ao titular inscrito, pelo que, à falta de ilisão da presunção, a titularidade do bem deverá ter-se por verdadeira. É por isso que o artigo 15.º, n.º 1 do citado Decreto-Lei n.º 54/75 reconhece legitimidade para a acção de apreensão

---

[476] Nesse sentido, Isabel Menéres Campos, *Algumas reflexões*, cit., p. 640 ss.
[477] *Idem*, p. 643.
[478] Isabel Menéres Campos, *Cancelamento do registo*, cit., p. 60.
[479] Gravato Morais, *União de contratos de crédito e venda para consumo. Efeitos para o financiador do incumprimento pelo devedor*, Coimbra, 2004, p. 307, nota 572, *Reserva de propriedade*, cit., p. 50 ss e *Contratos de crédito ao consumo*, cit., p. 304 ss.
[480] Gravato Morais, *Reserva de propriedade*, cit., p. 52.

de veículo automóvel ao titular do registo da reserva de propriedade e não, simplesmente, ao vendedor com reserva de propriedade.

Porém, não é possível ignorar a difícil compatibilização entre uma reserva de propriedade a favor de quem *não é vendedor do bem* e o disposto no artigo 409.º do Código Civil. Com efeito, na sua acepção típica, a reserva de propriedade é uma cláusula acessória de um negócio de compra e venda. Há uma inquestionável ligação à compra e venda, reforçada pela circunstância de o efeito translativo da propriedade se encontrar suspenso durante certo período. Esta ligação não é desmentida pelo facto de, na parte final do n.º 1 do artigo 409.º, se prever ser lícito ao alienante reservar para si a propriedade da coisa até à verificação de outro evento que não o cumprimento das obrigações da outra parte. O regime jurídico português, embora admita alguma flexibilidade ao referir-se a *alienação* (e não apenas a compra e venda) e a *outro evento condicionante* (e não apenas ao pagamento do preço), não parece consentir que a reserva de propriedade se possa desligar, em absoluto, do contrato translativo([481]). Trata-se, em qualquer caso – e, portanto, mesmo nas hipóteses em que a reserva se associe a um *outro evento* que não o pagamento do preço –, de uma cláusula que deverá favorecer o alienante e não uma terceira entidade.

O elemento gramatical exprime, inequivocamente, o entendimento segundo o qual o artigo 409.º, n.º 1, tem em vista contratos de alienação, e não contratos de mútuo. Esta conclusão não é desmentida por quaisquer elementos hermenêuticos da interpretação. Aliás, à luz da teleologia da norma, somos levados a concluir que do que daí se trata é da criação de uma possibilidade – excepcional perante a regra do artigo 408.º, n.º 1, do CC – de reservar a propriedade de um bem que se alienou para garantir um crédito emergente dessa alienação. Não se nega que o artigo 409.º deva ser objecto de uma interpretação objectivista e actualista – aliás, compatível com o artigo 9.º do Código Civil – nem que esta norma, ainda que excepcional, possa ser objecto de extensão teleológica. Porém, é precisamente a *ratio legis* do artigo

---

([481]) Diversamente, de acordo com o § 449, 3 do BGB a reserva de propriedade é nula se a transmissão da propriedade estiver dependente do cumprimento, por parte do comprador, de obrigações de um terceiro.

409.º que revela o carácter da reserva, enquanto retenção condicional da propriedade pelo vendedor tendo em vista o cumprimento do contrato de compra e venda, que dificulta a sua aplicação a outras hipóteses desligadas da compra e venda e, por isso, da faculdade de resolução do contrato pelo vendedor.

Por estes motivos, não nos parece possível estabelecer uma reserva de propriedade a favor do financiador sem que o vendedor tenha reservado a propriedade do bem aquando da compra e venda [482].

Um entendimento diverso do que defendemos esbarraria com obstáculos decisivos, não sendo possível uma dissociação efectiva, de regime jurídico, entre o direito de resolução do contrato, próprio do titular da posição jurídica de vendedor, e o direito do titular de uma reserva de propriedade. Este aspecto prende-se, aliás, com outro ponto fundamental. É que a reserva de propriedade não sofre uma alteração *objectiva* pela circunstância de se alterar a respectiva titularidade. Quer dizer que, independentemente da natureza do evento transmissivo, a verdade é que a mudança de titularidade do direito (e da posição no contrato) não é um evento susceptível de conformar uma alteração da configuração da própria reserva, nem tão pouco de a *transfigurar* numa garantia acessória das obrigações, idêntica ao penhor ou à hipoteca. Concordamos, pois, em absoluto com o entendimento do S.T.J. quando adverte que «*ainda que a reserva de propriedade haja sido funcionalmente utilizada e registada para garantia do pagamento da dívida do financiador, nunca será juridicamente um direito real de garantia mas, em termos de rigor, uma condição suspensiva aposta com respeito à transmissão da propriedade*» [483].

Parece-nos, porém, que as circunstâncias apontadas não permitem concluir, sem mais, que a reserva de propriedade a favor do financiador é nula, por força do artigo 294.º do CC. Com efeito, e sem menosprezo pelas dificuldades interpretativas, caberá indagar se não estaremos perante um negócio de alienação em garantia em benefício do financiador, ainda que sob a *errónea aparência* de uma venda com

---

[482] Nesse sentido, cf. CARRASCO PERERA/CORDERO LOBATO/MARÍN LÓPEZ, *Tratado*, cit., p. 983.

[483] Ac. do S.T.J. de 29 de Abril de 2008, processo 3084/2008-1, relator José Gabriel Silva.

reserva de propriedade (484). Nos casos em que não tenha havido prévia reserva, a interpretação do negócio jurídico poderá permitir concluir que o comprador mutuário pretendeu alienar o bem que comprou ao vendedor mutuante, enquanto garantia do cumprimento das obrigações emergentes do contrato de mútuo. Algumas das dificuldades suscitadas pelos Acórdãos atrás examinados radicam na errónea qualificação do negócio, que por vezes conduz a que se subsuma uma certa expressão negocial a um espaço de relevância normativa materialmente diverso. Esta advertência tem especial importância no âmbito da alienação em garantia, não fosse o *desconforto* da atipicidade um pretexto para, muitas vezes, se sujeitar o negócio a um quadro que não lhe pertence, seja o da compra e venda, seja o da reserva de propriedade, seja mesmo o das garantias reais acessórias. Não acompanhamos, por isso, o entendimento de Gravato Morais segundo o qual *«não dispomos no nosso ordenamento jurídico de mecanismos, como a alienação da propriedade em garantia, consagrada no direito brasileiro, ou como a transmissão da propriedade em garantia (Sicherungsübertragung), resultante do direito alemão, que permitam afirmar a licitude de uma tal cláusula»* (485). Pelos mesmos motivos, rejeitamos a posição subjacente ao Ac. do T.R.L. quando, referindo-se à reserva de propriedade a favor do financiador conclui que *«o tribunal não pode consentir aquilo que seria uma fraude à lei (artigo 280.º do CC): proceder-se à alienação do veículo propriedade da entidade mutuante como se ela o pudesse fazer por dispor de uma propriedade resolúvel que lhe impõe a venda no caso de não pagamento pelo*

---

(484) A este propósito, o Ac. do T.R.P. de 15 de Janeiro de 2007 (processo 0651966, relator Cura Mariano) considerou que *«não é defensável pretender-se, neste caso, que, apesar da terminologia utilizada, tal cláusula possa ser interpretada (artigo 236.º n.º 1 do CC) ou convertida (artigo 293.º do CC) numa alienação fiduciária em garantia, cuja admissibilidade no nosso ordenamento jurídico é defendida por alguns. Na verdade, exigindo esta figura uma primeira transmissão do bem em causa da esfera patrimonial do mutuário para o mutuante e uma segunda transmissão do mesmo bem da esfera deste para aquele, após o cumprimento da obrigação garantida, não resulta dos elementos apurados nesta acção que essa tenha sido a vontade real, hipotética ou presumível das partes, até porque tais transmsisões estavam obrigatoriamente sujeitas a registo de transmissão e não de simples reserva de propriedade, como foi efectuado»*.

(485) Gravato Morais, *Reserva de propriedade*, cit., p. 52.

devedor fiduciante» uma vez que *«permitindo-se o prosseguimento da execução estaria a permitir-se instrumentalizar a execução para a realização coerciva de um direito real de garantia que a nossa lei não reconhece desrespeitando-se o princípio da tipicidade dos direitos reais mediante a criação por via jurisprudencial de um novo direito real de garantia de índole similar à alienação fiduciária em garantia»* [486].

É ainda de salientar que a qualificação do negócio como alienação em garantia não consiste no preenchimento de uma lacuna, mas num resultado da interpretação do negócio jurídico [487]. A existir analogia, enquanto processo de busca de um círculo de semelhança valorativa, esta intercederá entre dita *«reserva de propriedade»* a favor do financiador e a alienação em garantia.

Nos casos em que seja inequívoco o acordo prévio de uma reserva de propriedade prévia a favor do vendedor, pode discutir-se se o financiador poderá ter-se por sub-rogado nos direitos do vendedor perante o comprador mutuário (artigo 589.º e ss do CC). Nesta hipótese, haverá que tomar em consideração algumas especialidades de regime jurídico [488]. Por força da remissão operada pelo artigo 594.º para o artigo 582.º, a sub-rogação importa a transmissão, para o cessio-

---

[486] Ac. do T.R.L. de 5 de Julho de 2007 (processo 5671/2007-8, relator Salazar Casanova). Em sentido idêntico, pode ver-se Ac. do T.R.L. de 12 de Dezembro de 2002, número convencional JTRL00046142, do mesmo relator.

[487] O Ac. do T.R.L. de 22 de Maio de 2007 (processo 4139/2007-7, relator Abrantes Geraldes) num caso em que se tratava da apreensão de veículo automóvel requerida por financiadora titular de registo de reserva de propriedade do bem que *«admitir-se a presente providência a favor do mutuante com reserva de propriedade traduz-se numa verdadeira aplicação analógica, não existindo no sistema legal lacuna a carecer de ser suprida pelo juiz visto que o ordenamento jurídico proporciona ao mutuante vários meios que acautelem os riscos por si assumidos (v.g. sub-rogação, constituição de hipoteca sobre o veículo, contrato de locação financeira e porventura o contrato de alienação fiduciária em garantia) para além do facto de nos encontrarmos perante normas de natureza excepcional que não admitem analogia».*

[488] A título exemplificativo, no caso decidido no Acórdão de Uniformização de Jurisprudência do S.T.J. n.º 10/2008, já citado, considerou-se que *«a hipótese de sub-rogação (...) não se poderia equacionar no caso concreto, já que isso implicaria a prévia estipulação da cláusula de reserva a favor do vendedor/proprietário (...) e a sua posterior transmissão para o mutuante/financiador, por via de sub-rogação, o que não se verificaria, pois o registo da reserva aparece directamente efectuado em benefício do financiador».*

nário, das garantias e outros acessórios do direito transmitido que não sejam inseparáveis da pessoa do credor. Mesmo alheando-nos da matéria, complexa, do sentido a atribuir às garantias referidas no aludido n.º 1 do artigo 582.º do Código Civil, haverá que reconhecer, com MENEZES LEITÃO, que na reserva de propriedade «*é duvidoso que esta possa ser transmitida com a cessão do crédito, uma vez que para o seu exercício seria necessária a resolução do contrato por falta de pagamento do preço e que este é um poder que apenas no âmbito da cessão da posição contratual pode ser transmitido*»[489]. Assim, apesar de a reserva de propriedade ser transmissível, com base no princípio da autonomia privada, deverá operar nos quadros de uma cessão da posição contratual (artigo 424.º e ss do CC)[490].

9. *A locação financeira*

I. Outra figura que já foi englobada no âmbito da transmissão da propriedade com finalidade de garantia é a locação financeira ou *leasing*. Trata-se de um negócio que, apesar de relativamente recente, é familiar a diversos sistemas jurídicos[491].

Pode ser definido como negócio mediante o qual «*uma das partes (o locador) se obriga, mediante retribuição, a ceder à outra (o locatário) o gozo temporário de uma coisa, móvel ou imóvel, adquirida ou*

---

[489] MENEZES LEITÃO, *Cessão de créditos*, cit., p. 332. Cf., também, PESTANA DE VASCONCELOS, *Cessão de créditos em garantia*, cit., p. 489 ss e 497 ss.

[490] Deve, contudo, notar-se que a transmissão da posição contratual não será viável se o vendedor reservou para si a propriedade até que lhe fosse pago o preço integral do bem. Com efeito, este evento verifica-se, precisamente, quando a entidade financiadora lhe entrega o montante em dívida pelo comprador, extinguindo-se, nesta data, a reserva de propriedade.

[491] Na doutrina estrangeira, pode ver-se, entre outros, MARIO GIOVANOLI, *Le crédit-bail (leasing) en Europe: Développement et nature juridique. Étude comparative avec référence particulière aux droits français, allemand, belge, italien et suisse*, Libraries Techniques, Paris, 1980, p. 117 ss, PACHECO CAÑETE, *El contrato de leaseback*, Marcial Pons, Madrid, 2004, p. 28 ss, MAURO BUSSANI, *Contratti moderni*, cit., p. 269 ss e RENATO CLARIZIA, *I contratti per il finanziamento*, cit., p. 144 ss, DARIO PURCARO, *La locazione finanziaria. Leasing*, Cedam, Padova, 1998, p. 3 ss, DIETER MEDICUS, *Schuldrecht*, I, cit., § 598 ss e DIETRICH REINICKE /KLAUS TIEDTKE, *Kaufrecht*, cit., § 1503 ss.

construída por indicação desta, e que o locatário pode comprar, decorrido o período acordado, por um preço nele determinado ou determinável mediante simples aplicação dos critérios nele fixados» (artigo 1.º do Decreto-lei n.º 149/95 de 24 de Junho) [492].

O *leasing* assenta numa relação jurídica triangular, na qual intervém, além do locador e do locatário financeiro, o fornecedor ou construtor do bem. As obrigações das partes revelam a especificidade do contrato em apreço, distinto de uma mera locação. O locador deve conceder o gozo do bem ao locatário, para os fins a que se destina e fica, ao contrário do que sucede na mera locação (cf. artigo 1031.º do CC), obrigado a adquirir ou mandar construir o bem a locar (artigo 9.º n.º 1 alínea a) do Decreto-lei n.º 149/95). Não obstante, a lei permite que o locatário exerça contra o vendedor ou empreiteiro todos os direitos relativos ao bem locado ou resultantes do contrato de compra e venda ou de empreitada (cf. artigo 13.º do Decreto-lei n.º 149/95). Findo o contrato, o locador deve vender o bem ao locatário, caso este o queira (cf. artigos 9.º n.º 1 alíneas c) e 10.º n.º 2 do Decreto-lei n.º 149/95).

As vinculações do locatário financeiro correspondem, em parte, às preceituadas no Código Civil quanto ao locatário (cf. artigo 1028.º do CC e artigo 10.º n.º 1 do Decreto-lei n.º 149/95). Existem, porém, desvios decisivos. Assim, na locação financeira, salvo estipulação em contrário, o risco de perda ou deterioração do bem corre por conta do locatário, à semelhança do que sucederia num contrato translativo com entrega do bem (cf. artigo 15.º do Decreto-lei n.º 149/97).

Distingue-se ainda do regime civil (cf. artigo 1032.º) a falta de responsabilidade do locador financeiro pelos vícios do bem locado e pela sua inadequação face aos fins do contrato, salvo o disposto no

---

[492] A locação financeira foi introduzida pelo Decreto-lei n.º 171/79, de 6 de Junho e, mais tarde, pelo Decreto-lei n.º 10/91, de 9 de Janeiro. Actualmente, o regime jurídico aplicável resulta do Decreto-lei n.º 149/95, de 24 de Junho, alterado pelo Decreto-lei n.º 265/97, de 2 de Outubro e pelo Decreto-Lei n.º 30/2008, de 25 de Fevereiro, e, ainda, do Decreto-lei n.º 285/2001, de 3 de Novembro. Acerca dos aspectos de regime jurídico do *leasing*, cf. MENEZES CORDEIRO, *Manual de Direito bancário*, cit., p. 559 ss, MENEZES LEITÃO, *Garantias*, cit., p. 279 ss e GRAVATO MORAIS, *Manual de locação financeira*, Almedina, Coimbra, 2006, p. 25.

artigo 1034.º do Código Civil (artigo 12.º do Decreto-lei n.º 149/95). A renda devida pelo locatário é, também, objecto de disposição especial (cf. artigo 4.º do Decreto-lei n.º 149/95).

II. Num campo vizinho da locação financeira, encontramos a locação financeira restitutiva, *sale and lease-back* ou *lease-back*[493], na qual «*determinado sujeito, normalmente uma empresa, transfere a propriedade de um bem, normalmente um instrumento necessário à sua actividade, a uma empresa de leasing, a qual simultaneamente lhe atribui uma soma em dinheiro e concede-lhe o mesmo bem em locação financeira, contra o pagamento de uma prestação periódica*»[494].

---

[493] Entendendo não existir qualquer diferença essencial entre o *leasing* e o *sale and lease-back*, LEITE DE CAMPOS, «Nota sobre a admissibilidade da locação financeira restitutiva (lease-back) no Direito português», *ROA*, ano 42, Setembro--Dezembro de 1982, (p. 776 ss), p. 780. Em sentido próximo, MAURO BUSSANI, *Proprietà-garanzia*, cit., p. 163, ALDO DOLMETTA, «Lease-back e patto commissorio: un raporto complesso», *GCom*, 29.3, Maio-Junho, 2002, p. 306 ss, GIORGIO DE NOVA, «Identità e validità del lease-back», *RIL*, ano V, 1989, 3, (p. 471 ss), p. 472, PACHECO CAÑETE, *El contrato de lease-back*, cit., p. 24 ss. Contra, salientando a diferenças entre as figuras, ANGELO LUMINOSO, *I contratti tipici e atipici*, Giuffrè, Milão, 1995, p. 420 ss CARRASCO PERERA/CORDERO LOBATO/MARÍN LÓPEZ, *Tratado*, cit., pp. 1049--1050 e, entre nós, PINTO DUARTE, *A locação financeira*, Editora Danúbio, Lisboa, 1983, p. 54 ss e REMÉDIO MARQUES, *Locação financeira*, cit., p. 592.

[494] É a definição proposta por MENEZES LEITÃO, *Garantias*, cit., p. 281. ROMANO MARTINEZ e FUZETA DA PONTE referem-se ao *lease-back* como o contrato em que «*o titular do bem (por exemplo, o proprietário) vende-o a uma sociedade de locação financeira a qual, depois, cede o mesmo bem em leasing ao primeiro*» (ROMANO MARTINEZ / FUZETA DA PONTE, *Garantias de Cumprimento*, cit. p. 250). Já para REMÉDIO MARQUES, trata-se do negócio em que uma pessoa, proprietária de certos bens, os vende a outra entidade, para dela os tomar imediatamente em locação, mediante o pagamento de uma prestação periódica e, uma vez decorrido o período acordado, os poder (re) comprar por um preço previamente determinado ou determinável (REMÉDIO MARQUES, *Locação financeira*, cit., p. 589). Sobre o *lease-back* pode ver-se RENATO CLARIZIA, *I contratti per il finanziamento*, cit., p. 382 ss, DARIO PURCARO, *La locuzione finanziaria*, cit., p. 283 ss, STEFANO D' ERCOLE, *Sull' alienazione*, cit. p. 253, ROSSANA DE NICTOLIS, *Nuove garanzie*, cit., p. 437 ss e, da mesma autora, *Divieto del patto*, cit., p. 553 ss, CARLO QUARTAPELLE, *Divieto del patto commissorio*, cit. p. 256, ILARIA RIVA, «Il contratto di sale and lease back e il divietto del patto commissorio», *Contratto e impresa*, ano 17, n.º 1, 2001, p. 300 ss p. 302 ss, MAURO BUSSANI, *Proprietà-garanzia*, cit., p. 161 ss e, do mesmo autor, *Contratti moderni*, cit., p. 372 ss, ALDO DOLMETTA, *Lease-back*, cit., p. 306 ss, GIORGIO DE NOVA,

O locatário financeiro conserva a propriedade da coisa mediante constituto possessório (cf. artigo 1264.º n.º 1 do CC)([495]). Apesar de não estar expressamente consagrada na lei, a doutrina tem admitido a validade deste negócio([496]).

III. Na locação financeira não há restituição de uma quantia *mutuada* ([497]). No mútuo, uma das partes empresta à outra dinheiro ou outra coisa fungível, embora a segunda fique obrigada a restituir outro tanto do mesmo género e qualidade (artigo 1142.º). Com a entrega, as coisas mutuadas tornam-se propriedade do mutuário (artigo 1144.º). Ora, na locação financeira o locador não entrega dinheiro ou outra coisa fungível ao locatário, nem este adquire a propriedade das coisas locadas. Por outro lado, o locatário financeiro não fica obrigado a restituir outro tanto, do mesmo género e qualidade. Finalmente, no mútuo não se verifica a concessão do uso do bem.

Afigura-se, todavia, consensual a consideração da locação financeira como negócio de financiamento ou de crédito([498]). Este carácter

---

«Appunti sul sale and lease back e il divieto del patto commissorio», *RIL*, ano I, 1985, 2, p. 307 ss, p. 307 e CARRASCO PERERA/CORDERO LOBATO/MARÍN LÓPEZ, *Tratado,* cit., pp. 1048-1049. A figura é, também, conhecida do Direito inglês, onde tem sido caracterizada como *quasi-security* – ROY GOODE, *Legal problems of credit and security*, 3.ª edição, Sweet and Maxwell, Londres, 2003, pp. 27-28, GERARD MCCORMACK, *Secured credit*, cit., p. 51 ss.

([495]) As vantagens desta figura estão à vista. O locatário beneficia da conservação da posse e consegue obter liquidez, resultante do preço da venda do bem, sem ter que recorrer ao endividamento bancário. O locador, por seu turno, conserva a propriedade do bem, pelo menos até ao pagamento integral das rendas.

([496]) Nesse sentido, LEITE DE CAMPOS, *Nota sobre a admissibilidade,* cit., p. 790 ss, CALVÃO DA SILVA, «Locação financeira e garantia bancária», *Estudos de direito comercial (pareceres)*, Almedina, Coimbra, 1999, nota 3, p. 12, ROMANO MARTINEZ/ /FUZETA DA PONTE, *Garantias,* cit., p. 198, MENEZES LEITÃO, *Garantias,* cit., p. 282 e REMÉDIO MARQUES, *Locação financeira,* cit., p. 603 ss e GRAVATO MORAIS, *Manual,* cit., p. 37 ss, em especial p. 40.

([497]) Referindo a restituição do mútuo, NICOLA CORBO, *Autonomia privata e causa de finanziamento*, Giuffrè, Milão, 1990, p. 183. Contra, LEITE DE CAMPOS, *Locação financeira,* cit., p. 134 ss e, do mesmo autor, «Ensaio de análise tipológica do contrato de locação financeira», *BFDUC*, 1987, p. 67 ss e ANGELO LUMINOSO, *I contratti tipici,* cit., p. 377 ss.

([498]) Neste sentido, MENEZES CORDEIRO, *Manual de Direito bancário,* cit., p. 563, LEITE DE CAMPOS, *Nota sobre a admissibilidade,* cit., p. 780, MENEZES LEITÃO,

advém da função económico-social do negócio e dos seus traços gerais, *maxime* do preço do *leasing* (cf. artigo 4.º do Decreto-lei n.º 149/95), da responsabilidade diminuída do locador quanto aos riscos e vícios da coisa (cf. artigos 12.º e 15.º) e de, na maioria dos casos, existir um relacionamento directo entre o vendedor ou o empreiteiro e o locatário (cf. artigo 13.º)([499]). Tratar-se-á ainda, em regra, de um negócio estruturalmente híbrido, conjugando elementos da locação e da compra e venda ([500]).

Garantias, cit., p. 278, CALVÃO DA SILVA, *Direito bancário*, Almedina, Coimbra, 2001, pp. 417-418, REMÉDIO MARQUES, «Locação financeira restitutiva (sale and lease-back) e a proibição de pactos comissórios – negócio fiduciário, mútuo e acção executiva», *BFDUC*, LXXVII, Coimbra, 2001, (p. 575 ss), p. 582 e GRAVATO MORAIS, *Manual*, cit., p. 260 ss. Na jurisprudência, o acórdão do T.R.L. de 8 de Junho de 2000 considerou que «*o objectivo final do contrato de locação financeira é o de concessão de crédito para financiamento do uso do bem e de disponibilização de acrescidos instrumentos tendentes a possibilitar o exercício de uma actividade produtiva*» – Ac. do T.R.L. de 8 de Junho de 2000, número convencional JTRL00026227, relator Salvador da Costa. No Direito estrangeiro, esta posição é, também, pacífica – cf. PACHECO CAÑETE, *El lease-back*, cit., p. 83 ss e, sobretudo, p. 91, RODRÍGUEZ-CANO, *El pacto de reserva*, cit., p. 410 ss, ANGELO LUMINOSO, *I contratti tipici*, cit., p. 384 ss, ALESSANDRO MUNARI, *Il leasing finanziario nella teoria dei crediti di scopo*, Giuffrè, Milão, 1989, p. 121 ss, MARIO GIOVANOLI, *Le crédit-bail*, cit., p. 235 ss *et passim*, NICOLA CORBO, *Autonomia privata*, cit., p. 180 ss e CARLO QUARTAPELLE, *Divieto del patto commissorio*, cit., p. 256 ss.

([499]) Este argumento suscita a questão de saber qual a natureza da actuação da locadora financeira quanto à compra do bem que será locado. Segundo CALVÃO DA SILVA, trata-se-á de uma compra e venda celebrada pelo locador financeiro em nome próprio e por conta própria – «Locação financeira e garantia bancária», em *Estudos de direito comercial (pareceres)*, Almedina, Coimbra, 1999, (p. 5 ss), p. 18 e, do mesmo autor, *Direito bancário*, cit., p. 425.

([500]) A recondução da locação financeira a uma compra e venda a prestações com reserva de propriedade poderia ser atraente, especialmente nos casos em que o valor residual do bem é praticamente irrisório. Contudo, a tentação será aparente, impressionando o facto de a locação financeira, ao contrário da venda com reserva de propriedade, não possuir uma finalidade de transmissão da propriedade de um bem, dado que o locatário financeiro pode nunca exercer a opção de compra do bem. Por esta razão se tem dito que a intenção do negócio é proporcionar ao locatário a posse e a utilização do bem e não a sua propriedade. Outros factores ditarão idêntico afastamento: o locador financeiro não responde pelos vícios da coisa locada, ao contrário do que sucederia numa compra e venda «*normal*», e a estrutura do *leasing* assenta numa relação triangular, o que não sucede na reserva de propriedade. Convencida por estes argumentos, a doutrina portuguesa tem recusado a equiparação da

Esta conclusão é também plenamente aplicável à locação financeira restitutiva ([501]).

IV. Recentemente, tem-se questionado se o *leasing* importa a constituição de uma garantia a favor do locador e, em caso afirmativo, quais as consequências de regime jurídico. A análise desta questão deve partir da compreensão da própria ligação funcional entre o negócio de *leasing* e a garantia de um crédito ([502]).

---

locação financeira à venda a prestações. Neste sentido, em especial, cf. MENEZES CORDEIRO, *Manual de Direito bancário,* cit., p. 563, LEITE DE CAMPOS, *Locação financeira,* cit., p. 59 e, do mesmo autor, *Ensaio de análise tipológica,* cit., p. 63 ss e GRAVATO MORAIS, *Manual,* cit., p. 50 ss, em especial p. 52. Sobre a questão em geral, opinando no sentido do carácter híbrido da locação financeira, cf. MENEZES CORDEIRO, *Manual de Direito bancário,* cit., pp. 563-564, LEITE DE CAMPOS, *Locação financeira,* cit., p. 141 e, do mesmo autor, *Ensaio de análise tipológica,* cit., p.71 ss. Recentemente, GRAVATO MORAIS veio qualificar a locação financeira como contrato de crédito com características específicas – *Manual,* cit., p. 260 ss. Contra, seguindo a tese locatícia, PINTO DUARTE, *A locação financeira,* cit., p. 92. Segundo o autor, à locação acresceria um contrato promessa unilateral sobre a coisa locada. Entre esta promessa e a locação intercederia um nexo próprio da união de contratos (*ibidem*). Na doutrina estrangeira, pode esta distinção pode encontrar-se, entre outros autores, em PACHECO CAÑETE, *El contrato de lease-back,* cit., pp. 40-41 e NICOLA CORBO, *Autonomia privada,* cit., p. 175 ss.

([501]) Sobre a natureza deste negócio pode ver-se, no direito estrangeiro, CLAUDE WITZ, *La fiducie,* cit., p. 154, PIERRE CROCQ *Propriété et garantie,* cit., p. 33, ROSSANA DE NICTOLIS *Nuove garanzie,* cit., p. 528 ss e, da mesma autora, *Divieto,* cit., p. 553 ss, em especial p. 555, DARIO PURCARO, *La locazione finanziaria,* cit., p. 286 ss, MAURO BUSSANI, *Contratti moderni,* cit., p. 119 e, do mesmo autor, *Proprietà-garanzia,* cit., p. 196 ss e «Il contratto di lease back», *Contratto e impresa,* 1986, Cedam, Padova, p. 558 ss, em especial p. 607 ss, RENATO CLARIZIA, *I contratti per il finanziamento,* cit., p. 390, ALESSANDRO MUNARI, *Il leasing,* cit., p. 375 ss CARRASCO PERERA/CORDERO LOBATO/MARÍN LÓPEZ, *Tratado,* cit., p. 1052 e PACHECO CAÑETE, *El contrato de lease-back,* cit., p. 70 ss.

([502]) Referindo esta ligação, GALVÃO TELLES, *Manual,* cit., p. 501, MENEZES LEITÃO, *Garantias,* cit., pp. 278-279, COSTA GOMES, *Assunção fidejussória,* cit., p. 95, PINTO DUARTE, *Curso,* cit., pp. 252-253, REMÉDIO MARQUES, *Locação financeira,* cit., p. 582, ROMANO MARTINEZ / FUZETA DA PONTE, *Garantias,* cit., p. 228 e CALVÃO DA SILVA, *Locação financeira,* cit., p. 18 ss, em especial, p. 20. Com interesse para o tema, pode ver-se ainda, na doutrina italiana, ANGELO LUMINOSO, *I contratti tipici,* cit., p. 368 ss, FRANCO ANELLI, *L'alienazione,* cit., p. 349 ss, RENATO CLARIZIA, *I contratti per il finanziamento,* pp. 314 ss e 338 ss, NICOLA CORBO, *Autonomia privata,* cit., p. 175 ss.

MAURO GIOVANOLI defende a proximação da situação do locador a uma *propriedade em garantia*. Tratar-se-ia de uma situação semelhante à do credor dotado de um garantia sem desapossamento, mas dotada de maior eficácia, uma vez que o locador conservaria a sua propriedade ([503]).

Também JEAN-FRANÇOIS RIFFARD nega o carácter de *sûreté* do *crédit bail*, uma vez que, numa perspectiva teleológica ou funcional, as partes não terão querido garantir o pagamento da renda da locação, nem de um eventual reembolso do valor do bem ([504]).

Em Espanha, a *Ley Concursal* refere-se ao direito do locador financeiro como direito equiparável a um *acreedor privilegiado* (artigo 90.º), mas, ao mesmo tempo, alude à conservação do direito de propriedade do locador (artigo 56.º). Em virtude destas especialidades de regime jurídico, tem-se discutido se o direito do locador financeiro de coisa móvel corresponde a uma propriedade em garantia ou, pelo contrário, a um direito de garantia equiparável ao penhor ([505]).

Entre nós, MENEZES LEITÃO defendeu já que a locação financeira cria uma verdadeira garantia a favor do locador, «*apenas se afastando das garantias tradicionais pelo facto de que a propriedade não é atribuída ao locador com esse fim exclusivo, nem a garantia resulta de uma convenção acessória de determinada obrigação*» ([506]). PESTANA

([503]) MARIO GIOVANOLI, *Le crédit-bail*, cit., pp. 268-269. Admitindo, de igual modo, a utilização do *crédit-bail* enquanto *garantie* (mas não enquanto *sûreté*), LAURENT AYNÈS/ PIERRE CROCQ, *Les suretés*, cit., p. 157 e pp. 314-315.

([504]) JEAN-FRANÇOIS RIFFARD, *Le Security interest*, cit., p. 224 ss, em especial p. 226. PIERRE CROCQ qualifica a locação financeira enquanto «*propriedade-garantia não fiduciária*» – *Propriété et garantie*, cit., p. 43 ss

([505]) Na doutrina, aludindo ao carácter de garantia do *leasing*, BOUZA VIDAL, *Garantias mobiliárias e nel comercio internacional*, Marcial Pons, Madrid, 1991, p. 58 ss, JOSÉ GARRIDO, *Tratado*, cit., p. 58 ss, SANCHEZ LORENZO, *Garantias reales*, cit., p. 205 ss, CARRASCO PERERA/CORDERO LODATO/MARÍN LÓPEZ, *Tratado*, cit., p. 1031 ss. Contra, PACHECO CAÑETE, *El contrato de lease-back*, cit., pp. 80 e 92 *et passim*.

([506]) Assim, MENEZES LEITÃO, *Garantias*, cit., p. 278. Em sentido próximo, PINTO DUARTE começou por fazer ver que «*se é certo que na locação financeira o direito de propriedade é utilizado para fins de garantia de direitos de crédito, não é menos seguro que ele não preenche exclusivamente tal função*» – PINTO DUARTE, *A locação financeira*, cit., p. 95. Mais tarde, veio defender, quanto ao processo de insolvência

DE VASCONCELOS alude mesmo ao carácter fiduciário da locação financeira restitutiva, aproximando a figura da alienação em garantia [507].

Contra o carácter de garantia tem-se invocado que, terminado o contrato, o locador não está obrigado a transmitir o bem ao locatário, só o devendo fazer se for exercida a opção de compra [508].

Na jurisprudência portuguesa, o entendimento unânime é o de que o locador é proprietário do bem, o que não prejudica a finalidade económica de garantia. Assim, o Acórdão do S.T.J. de 12 de Julho de 2005 considerou que «*o locador é, por definição legal, o dono do objecto locado até ao fim do prazo acordado no contrato de locação financeira*» e que «*por isso mesmo, a reserva legal a seu benefício, da propriedade do bem locado, garante-lhe o financiamento durante a vida do contrato, enquanto locador/proprietário desse bem*» [509].

Tendo presentes as considerações anteriores, ninguém negará o esvaziamento do direito de propriedade do locador financeiro, nem o correlativo enriquecimento da posição jurídica do locatário. Do ponto de vista material, quem utiliza o bem e extrai as utilidades económicas associadas – suportando, também, o respectivo risco (cf. artigo 15.º) – é o locatário financeiro. Assiste-lhe, ainda, uma opção de compra do bem no final do contrato e é, também por isso, titular de uma expectativa jurídica de aquisição do bem. Estas circunstâncias têm, aliás,

---

do locatário, uma diferença de tratamento consoante o montante de rendas em dívida e, ainda, considerando o carácter da locação financeira em apreço (*financial full-pay-out leasing* ou *non-full-pay-out leasing*), concluindo, em face do regime do anterior CPEREF, que «*o melhor será (...) aplicar o regime traçado para a venda com reserva ou o regime traçado para o arrendamento, consoante, em concreto, o contrato dê ou não uma razoável certeza de que o locatário financeiro exercerá a opção de compra*» – PINTO DUARTE, «Regime da locação financeira e da locação com opção de compra em caso de falência do locatário», *Escritos sobre o leasing e factoring*, Principia, Cascais, 2001, pp. 196-197. Recentemente, este autor aceitou que o direito de propriedade do locador financeiro é direito de propriedade em garantia «*pelo menos quando o valor pelo qual o locatário financeiro tem o direito de comprar o bem seja tão baixo que o exercício de tal direito seja uma inevitabilidade económica*» – PINTO DUARTE, *Curso*, cit., p. 253.

[507] PESTANA DE VASCONCELOS, *Cessão de créditos em garantia*, cit., p. 291 ss.
[508] Cf. PACHECO CAÑETE, *El contrato de lease-back*, cit., p. 76.
[509] Ac. do S.T.J. de 12 de Julho de 2005, processo 6567/04, relator Neves Ribeiro.

legitimado a atribuição ao locatário de um direito de dedução de embargos de terceiro, em processo executivo movido pelos credores do locador [510]. Justificam, ainda, a faculdade que lhe é reconhecida de usar acções possessórias, mesmo contra o locador (cf. artigo 10.º n.º 2 alínea c) do Decreto-lei n.º 149/95), ou dos meios necessários à defesa da integridade do bem e do seu gozo (cf. artigo 10.º n.º 2 alínea c) do mesmo regime jurídico).

Porém, o locador conserva o seu direito de propriedade, ainda que reduzido nas suas faculdades de gozo, e pode fazer uso dos respectivos meios de defesa, nomeadamente dedução de embargos de terceiro em acção executiva movida pelos credores do locatário financeiro [511].

Se procurarmos compreender a situação do locador e do locatário financeiro perante concursos de pretensões, encontramos, desde logo, um aspecto determinante no que respeita ao regime insolvencial. Com efeito, nos termos do artigo 104.º do CIRE, na insolvência do locatário, o administrador pode optar entre cumprir e recusar o cumprimento do contrato de locação financeira. Ressalvada a especialidade quanto ao prazo de decisão prevista no n.º 3 do artigo 104.º, caso o administrador opte por cumprir o contrato, os direitos de crédito do locador, nomeadamente quanto às rendas, serão considerados créditos sobre a massa da insolvência, ao abrigo do artigo 51.º n.º 1 alínea f). Se, porém, a decisão for no sentido da recusa, o locador conservará a propriedade do bem. Em caso de insolvência do locador, o locatário que está na posse do bem poderá exigir o cumprimento do contrato, se a coisa lhe tiver sido entregue na data de declaração da insolvência, nos termos conjugados dos números 1 e 2 do artigo 104.º do CIRE. Se o bem não tiver sido entregue, será de seguir a regra geral contemplada no artigo 102.º, cabendo, assim, ao administrador da insolvência determinar se recusa ou não o cumprimento do contrato.

Os aspectos de regime jurídico acabados de examinar explicam a natureza peculiar do direito do locador financeiro. Não se contesta que este sujeito conserve o direito de propriedade do bem. Porém, este

---

[510] Reconhecendo a possibilidade de dedução de embargos, TEIXEIRA DE SOUSA, *Acção executiva singular*, cit., p. 309.

[511] Assim, TEIXEIRA DE SOUSA, *Acção executiva singular*, cit., p. 308 e LEITE DE CAMPOS, *Locação financeira*, cit., p. 42.

direito é instrumentalizado ou funcionalizado, tendo por fim a satisfação de um direito de crédito. Quer dizer que, na locação financeira, tal como na reserva de propriedade, o locador conserva a propriedade do bem, enquanto garantia da satisfação dos créditos correspondentes ao pagamento das rendas durante a vigência do contrato. Não se trata, porém, de um direito de garantia equiparável ao penhor ou à hipoteca, mas de uma situação jurídica singular, no contexto das garantias do crédito.

Quanto à locação financeira restitutiva, o S.T.J. entendeu já, em termos que nos parecem de acolher, que «*na locação financeira, na modalidade de lease back ou locação financeira restitutiva (sale and lease back), o bem imóvel é adquirido pela sociedade de locação, em vez de ser o utente (locatário) do bem a obter daquela, um bem móvel ou imóvel que ela adquiriu ou mandou construir a terceiro*», decidindo que «*na locação em lease back o devedor transfere para o credor a propriedade de um bem a título de garantia do crédito obtido*» ([512]).

Também neste caso, a posição do locador é análoga à de um credor dotado de garantia, muito embora não possa ser assimilada pela lógica própria dos direitos reais de garantia *clássicos*, atendendo às marcadas divergências de regime jurídico em processo insolvencial e em acção executiva ([513]).

Em suma, do exposto parece ser de concluir que, tal como o vendedor com reserva de propriedade, o locador financeiro conserva a propriedade do bem enquanto garantia da satisfação dos créditos correspondentes ao pagamento das rendas durante a vigência do contrato. Tal como na reserva de propriedade, o bem é do credor (locador) e por isso, este sujeito pode deduzir embargos de terceiro em acção executiva, (cf. artigo 351.º do Código de Processo Civil).

V. Dito isto, é tempo de confrontar o negócio que acabamos de caracterizar com aquele que constitui o nosso tema. Ora, ponderados os diversos elementos, podemos concluir que a locação financeira,

---

([512]) Ac. do S.T.J. de 25 de Janeiro de 1999, processo n.º 951/98, relator Dionísio Correia.

([513]) Nesse sentido, pode ver-se PESTANA DE VASCONCELOS, *Cessão de créditos em garantia*, cit., p. 282 e ROMANO MARTINEZ / FUZETA DA PONTE, *Garantias*, cit., p. 250.

simples ou restitutiva, não se confunde com o negócio de alienação em garantia [514]. Socorrendo-nos dos mesmos critérios que utilizámos para a venda com reserva de propriedade, podemos proceder a uma distinção teleológica e a uma distinção estrutural.

Observando o fim visado pelas partes, podemos concluir que, em regra, na locação financeira, mesmo que restitutiva, a finalidade primária é proporcionar o gozo da coisa e não garantir uma obrigação. Na locação financeira, simples ou restitutiva, o programa negocial primário integra o dever de pagar a renda contra a concessão do gozo do bem e só em termos secundários é que integra o dever de pagamento do valor residual *vs* transmissão do bem pelo locador ao locatário. Depois, na locação financeira, satisfeita a finalidade do contrato «*de garantia*», o locador não fica imediatamente obrigado a retransmitir o bem. Dito de outro modo, o cumprimento integral das prestações pelo locatário não é correlativo da obrigação do locador financeiro quanto à restituição do bem [515]. Finalmente, tal como se verifica na reserva de propriedade, na locação não há ligação funcional entre uma situação de garantia e uma situação obrigacional prévia e exterior. A *garantia* integra-se na própria *obrigação garantida* [516]. Será, portanto, diferente a *técnica de ligação da garantia ao crédito* [517].

---

[514] Recentemente, qualificando a locação financeira restitutiva como negócio fiduciário de garantia, PESTANA DE VASCONCELOS, *Cessão de créditos em garantia*, cit., p. 272 ss.

[515] Assim, PINTO DUARTE, *A locação financeira,* cit., p. 95, PACHECO CAÑETE, *El contrato de lease-back,* cit., pp. 76-77.

[516] Podem ainda invocar-se outras circunstâncias, como o facto de na locação financeira o bem não provir do património do devedor.

[517] Na locação financeira, restitutiva ou não, o propósito primário é a atribuição do gozo do bem e não do bem em si mesmo, o que a distingue, desde logo, da reserva de propriedade. Aliás, na locação financeira a transmissão da propriedade pode ocorrer sem que haja uma *perturbação* do programa negocial. Esta circunstância, juntamente com o facto de a venda com reserva de propriedade se apoiar num mecanismo condicional, explica a necessidade de análise diferenciada da natureza da locação financeira e da reserva de propriedade.

TÍTULO III
CONTEÚDO DA SITUAÇÃO DE GARANTIA E DA SITUAÇÃO FIDUCIÁRIA

CAPÍTULO I
Riscos e Deveres Fiduciários

10. Enquadramento geral: da violação de deveres na pendência da garantia à recusa de transmissão do bem depois de satisfeito o crédito garantido

I. A doutrina portuguesa tem compreendido a fidúcia enquanto negócio translativo do direito real de propriedade, limitado por deveres obrigacionais resultantes do pacto fiduciário [518]. Entre os diversos entendimentos, é de realçar a posição defendida por PAIS DE VASCONCELOS, autor que dedicou especial atenção à matéria do negócio fiduciário [519]. PAIS DE VASCONCELOS procurou explicar que o negócio fiduciário não é um negócio em que exista uma divergência entre o meio e o fim, afastando-se, assim, das teses dos autores italianos, como CESARE GRASSETTI e FRANCESCO FERRARA [520]. Rejeitou a teoria do poder de abuso do fiduciário de REGELSBERGER, concluindo que *«é a tensão interna entre poder e abuso, entre a titularidade fiduciária e a convenção adequadora»* que caracteriza o acto em apreço [521]. A vinculação obrigacional do fiduciário limita-se, segundo

---

[518] Assim, PAIS DE VASCONCELOS, *Em tema de negócio fiduciário,* cit., p. 11 ss, COSTA GOMES, *Assunção fidejussória,* cit., pp. 86-87, MENEZES LEITÃO, *Garantias,* cit., p. 276, LEITE DE CAMPOS/VAZ TOMÉ, *A propriedade fiduciária,* cit., p. 201.

[519] A primeira incursão por esta matéria consta da dissertação *Em tema de negócio fiduciário.* Em *Contratos atípicos,* o autor retoma o tema, desenvolvendo-o sobretudo quanto aos efeitos do negócio fiduciário (*Contratos atípicos,* cit., pp. 289-290). Cf., também, *Teoria geral,* cit., p. 478 ss.

[520] Pode, por exemplo, ver-se PAIS DE VASCONCELOS, *Em tema de negócio fiduciário,* cit., p. 11 ss.

[521] PAIS DE VASCONCELOS, *Em tema de negócio fiduciário,* cit., p. 22.

o autor, à relação interna, com o fiduciante ([522]). De tal modo que pode considerar-se ser *próprio* do negócio em causa a aceitação pelo fiduciante de um risco de infidelidade do fiduciário. Contudo, nem todos os terceiros podem alhear-se da existência do pacto fiduciário: apenas os terceiros de boa fé, isto é, aqueles que desconheçam ou não devam conhecer o abuso ([523]). Alguns aspectos atenuariam o risco de infidelidade. Por um lado, admite-se a execução específica do pacto fiduciário, verificados os requisitos do artigo 830.º do Código Civil ([524]). Por outro lado, convocam-se os regimes próprios do abuso do direito, tutela da boa fé e bons costumes, responsabilidade civil contratual e, ainda, subsidiariamente, enriquecimento sem causa ([525]).

Recentemente, MENEZES LEITÃO considerou autonomamente a alienação fiduciária em garantia enquanto utilização da propriedade com fins de garantia, ao lado da reserva de propriedade e da locação. Segundo o autor, «*a alienação fiduciária em garantia caracteriza-se por atribuir a propriedade plena do bem garantido ao credor, quer em relação ao devedor, quer em relação a terceiros, ainda que no âmbito da relação interna o credor se comprometa a respeitar o fim de garantia*» ([526]). Contudo, no final da exposição, o autor adverte que «*a doutrina mais moderna tem vindo ainda a reconhecer a existência na alienação fiduciária em garantia de um «direito de expectativa»*

([522]) PAIS DE VASCONCELOS, *Teoria geral*, cit., pp. 479-480.
([523]) *Idem*, p. 480.
([524]) *Idem*, p. 482. Segundo o autor, «*quando o fiduciário tiver a obrigação, por exemplo, de transferir a coisa ou direito em que estiver fiduciariamente investido e se recuse a fazê-lo, nada impede que o fiduciante recorra a juízo e obtenha a execução específica. Quanto a infidelidade se traduza numa transmissão feita pelo fiduciário em benefício de terceiro, com violação do pacto, a execução específica só será possível se tiver sido expressamente estipulada, se lhe tiver sido atribuída eficácia real e se o pacto tiver sido registado. Ainda que não lhe tenha sido atribuída eficácia real, o registo da acção constitutiva de execução específica dar-lhe-á oponibilidade às alienações posteriores ao registo da acção*» (*idem*, p. 482). Cf., também, *Contratos atípicos*, cit., p. 286 e *Em tema de negócio fiduciário*, cit., p. 121 ss.
([525]) PAIS DE VASCONCELOS, *Teoria geral*, cit., pp. 482-483, *Contratos atípicos*, cit., p. 287.
([526]) MENEZES LEITÃO, *Garantias*, cit., p. 276.

(Anwartschaftsrecht) do devedor, semelhante ao que ocorre na venda com reserva de propriedade» ([527]).

Também PESTANA DE VASCONCELOS veio defender que «*o negócio fiduciário tem como elemento fundamental caracterizador (...) a transferência do fiduciante ao fiduciário de um direito para um determinado fim (administração, cobrança, garantia), estando a outra parte obrigada a exercê-lo nos termos negocialmente previstos e, eventualmente, decorrido certo período de tempo ou verificado certo condicionalismo, a retransmiti-lo ao primeiro (ou a um terceiro)*» ([528]).

Na jurisprudência, é de salientar os Acórdãos do S.T.J. de 17 de Dezembro de 2002 ([529]) e de 11 de Maio de 2006 ([530]). O Acórdão do S.T.J. de 17 de Dezembro de 2002 considerou que «*pode entender-se por negócio fiduciário o negócio atípico pelo qual as partes adequaram através de um pacto – pactum fiduciae – o conteúdo de um negócio típico a uma finalidade diferente da que corresponde ao negócio instrumental por elas usado*» e que o mesmo constitui «*um único negócio e não uma dualidade negocial*». Refere, ainda que as partes querem celebrar o negócio, não existindo, por isso, simulação. Finalmente, considerou que «*é evidente que se a fiducia, designadamente a fiducia cum creditore envolver fraude à lei ou não se demarcar suficientemente da simulação relativa, existirá uma invalidade, mas por esse motivo e não pela causa fiduciária*» e que não existindo qualquer obstáculo legal, nada parece impedir a admissibilidade dos negócios fiduciários. Seguindo uma orientação próxima, o Acórdão do S.T.J. de 11 de Maio de 2006 decidiu que «*o negócio fiduciário, atípico, é aquele pelo qual as partes, mediante a inserção de uma cláusula obrigacional – pactum fiduciae – adequam o conteúdo de um negócio típico à consecução de uma finalidade diversa, por exemplo a de garantia*».

([527]) Idem, p. 276.

([528]) PESTANA DE VASCONCELOS, *A cessão de créditos em garantia*, p. 129.

([529]) Ac. S.T.J. de 17 de Dezembro de 2002, processo n.º 148/03, relator Pinto Monteiro.

([530]) Ac. do S.T.J. de 11 de Maio de 2006, sem indicação do número de processo, n.º convencional JSTJ000, relator Salvador da Costa.

Neste contexto, e tendo por base estes ensinamentos, procuraremos determinar qual o conteúdo da situação jurídica do prestador da garantia (*situação fiduciária*) e da situação do beneficiário da mesma (*situação de garantia*), examinando os riscos fiduciários. Esta temática é, na verdade, o centro de gravidade desta dissertação e merece especial detalhe quanto à determinação da situação de cada uma das partes no confronto com terceiros, em particular com credores que disponham de pretensões concorrentes. Como nota OLIVEIRA ASCENSÃO «*uma vez admitida a figura do negócio fiduciário, a questão principal que se levanta é a da determinação dos meios que a ordem jurídica permite usar contra a infidelidade do fiduciário*»[531].

II. Os riscos fiduciários podem ser agrupados em três conjuntos de situações gerais: *(i)* recusa de retransmissão do bem ou direito fiduciado, *(ii)* violação do pacto fiduciário, e, finalmente, *(iii)* ameaça de agressão do bem fiduciado em concurso de credores. Esta última situação, dado o seu alcance e implicações, será examinada detalhadamente em capítulo autónomo. As palavras que se seguem pretendem, por isso, esclarecer alguns aspectos relativos aos dois primeiros riscos fiduciários acabados de assinalar (recusa de retransmissão do bem ou direito fiduciado e violação do pacto fiduciário).

III. No negócio fiduciário de garantia, o destino final do bem é *a priori* incerto. Por este motivo, entende-se que o fiduciário está vinculado a um dever agravado de correcção na execução do contrato, fazendo uso de padrões elevados de diligência e de lealdade de modo a não defraudar as expectativas nele depositadas pelo fiduciante[532]. A referida incerteza quanto à afectação final do bem exige, portanto, que a liberdade de actuação do beneficiário da garantia, enquanto titular do bem, seja limitada.

Na alienação em garantia os deveres do beneficiário resultam, em regra, do próprio negócio jurídico. Como vimos, é frequente que o

---

[531] OLIVEIRA ASCENSÃO, *Direito civil*, III, cit., p. 309.
[532] Em sentido próximo, CARNEIRO DA FRADA, *Teoria da confiança*, cit., pp. 510-511.

negócio de transmissão surja acompanhado de um pacto fiduciário, no qual as partes determinam as limitações à titularidade do direito pelo beneficiário da garantia. Os deveres fiduciários podem conformar situações positivas, exigindo determinada prestação ao fiduciário, ou negativas, implicando um dever de abstenção de prática de actos susceptíveis de lesar o fiduciante

Tendo em vista esta distinção, é de salientar *dois deveres* do fiduciário, no nosso caso beneficiário da garantia. Por um lado, o *dever de retransmitir* o bem ao devedor que prestou a garantia, uma vez satisfeita a obrigação garantida. Por outro lado, o *dever de conservação da integridade do bem fiduciado* na pendência da garantia e até que se finalize a retransmissão do bem, se esta for devida.

Ora, um dos casos mais *graves* de violação do pacto fiduciário corresponde à alienação indevida do bem ou do direito a terceiro na pendência da garantia. *Outra situação* inspiradora de especial cautela respeita já à situação particular dos deveres do cessionário em garantia. Ambas as situações merecem, por isso, em conjunto, a nossa atenção.

IV. Deve, desde logo, salientar-se que o tratamento das matérias acabadas de aflorar é distinto consoante exista ou não uma condição associada ao negócio de alienação em garantia.

Sempre que tenha sido aposta uma condição resolutiva ao negócio transmissivo de garantia, os actos de disposição realizados na pendência da condição, ficam sujeitos à eficácia ou ineficácia do próprio negócio, salvo estipulação em contrário (artigo 274.º n.º 1 do CC). Se a condição resolutiva se verificar (isto é, se o devedor cumprir a obrigação), o beneficiário da garantia vê o seu direito de propriedade destruído, com efeito retroactivo (artigo 276.º do CC), e o negócio é havido como ineficaz.

Por outro lado, de acordo com o n.º 2 do artigo 274.º, se houver lugar à restituição do que tiver sido alienado, a lei manda aplicar o disposto nos artigos 1269.º e seguintes do Código Civil, em relação ao possuidor de boa fé. O regime jurídico em apreço deve aplicar-se – embora por analogia – se o adquirente não for possuidor [533].

---

[533] PIRES DE LIMA/ANTUNES VARELA, *Código Civil Anotado*, vol. I, cit., p. 253.

Deve, de igual modo, considerar-se que, à luz do artigo 276.º do Código Civil, os efeitos do preenchimento da condição retrotraem à data da conclusão do negócio, a não ser que, pela vontade das partes ou pela natureza do acto, hajam de ser reportados a outro momento. Quer dizer que, se as partes nada disserem, é como se o negócio nunca tivesse existido, com ressalva do disposto no artigo 277.º do Código Civil [534]. A destruição automática e retroactiva dos efeitos do negócio jurídico ocasionará a perda de eficácia dos actos dispositivos praticados pelo credor condicional [535].

A retroactividade a que se refere a lei opera sem necessidade de qualquer declaração de vontade nesse sentido, de forma imediata e automática. No âmbito do programa negocial das partes, o cumprimento da obrigação garantida representa um evento condicional, na disponibilidade do prestador da garantia. Trata-se de um facto incerto, determinado (*condição potestativa*) ou, em certos casos, meramente influenciado pela vontade do devedor que presta a garantia (*condição mista*) [536]. A doutrina portuguesa é unânime em considerar que a condição opera retroactivamente e *ipso iure*, mesmo perante terceiros [537]. Os efeitos da verificação da condição resolutiva retrotraem-se

---

[534] Este preceito salvaguarda a irretroactividade relativamente a contratos de execução continuada (n.º 1), actos de administração ordinária entretanto praticados (n.º 2) e, finalmente, o direito aos frutos do titular de boa fé (n.º 3).

[535] No mesmo sentido, MOTA PINTO, *Teoria geral*, cit., p. 575.

[536] Sobre esta figura, MANUEL DE ANDRADE, *Teoria Geral,* II, cit., p. 367 ss, MENEZES CORDEIRO, *Tratado*, I, I, cit., p. 511, MOTA PINTO, *Teoria Geral*, cit., pp. 565-566 e PEDRO PAIS DE VASCONCELOS, *Teoria geral*, cit., p. 448 ss. O cumprimento de uma obrigação pode não ser o caso de uma condição potestativa, se o devedor dispuser de um património insuficiente, mas esperar auferir receitas provenientes de um novo negócio ou, se por exemplo, a contraíu na esperança de lhe ser devolvida uma quantia mutuada a um terceiro. Nestes casos, a capacidade para honrar a dívida não dependerá apenas do querer do devedor, mas também da vontade de terceiro ou de acontecimentos do mundo exterior. Tratar-se-á, portanto, de uma condição mista. Já no caso de o devedor dispor de um património avultado, poder-se-á considerar que a satisfação do direito do credor dependerá, em princípio, apenas da sua vontade.

[537] Neste sentido, MANUEL DE ANDRADE, *Teoria Geral,* II, cit., p. 383, GALVÃO TELLES, *Manual*, cit., p. 273, PIRES DE LIMA/ANTUNES VARELA, *Código Civil Anotado*, vol. I, cit., p. 254, OLIVEIRA ASCENSÃO, *Direito civil*, II, cit., p. 351 ss, MENEZES CORDEIRO, *Tratado*, I, I, cit., p. 518, MOTA PINTO, *Teoria geral*, cit., p. 575, PEDRO

à data da celebração do negócio (artigo 276.º), pelo que, ressalvados os efeitos substantivos do registo, a situação jurídica do prestador da garantia será oponível a terceiros credores do beneficiário da garantia.

Quando não seja de seguir o regime do negócio condicional – *v.g.* por não ser possível extrair esta estipulação acessória da declaração de vontade das partes (cf. artigos 236.º e 237.º do CC) –, o prestador da garantia não poderá fazer valer *erga omnes* a sua posição jurídica emergente do pacto fiduciário (artigo 406.º n.º 2 do CC)[538]. Por isso, ressalvadas as regras do registo, bem como as especialidades do artigo 584.º quanto à cessão de créditos em garantia, o terceiro adquirente deverá adquirir o bem ou direito fiduciado. Esta circunstância não invalida, porém, o apuramento da responsabilidade do beneficiário da garantia no contexto do negócio fiduciário. Na verdade, a alienação a um terceiro na pendência da garantia constitui uma violação do dever de conservação do bem ou direito alienado. Resultando este dever da convenção fiduciária, a conduta do beneficiário da garantia poderá ser caracterizada como incumpridora de uma obrigação, correspondendo-lhe, nos termos gerais, as consequências próprias da *responsabilidade civil contratual* (artigo 798.º do Código Civil)[539]. Nesta sede, a especificidade do negócio jurídico em apreço poderá importar algumas especialidades de regime jurídico. Efectivamente, o carácter fiduciário implica uma especial intensidade de determinados deveres a cargo do

---

PAIS DE VASCONCELOS, *Teoria geral*, cit., p. 452 ss e CARVALHO FERNANDES, *Teoria Geral*, vol. II, cit., p. 393. Já segundo o regime da resolução fundada na lei ou no contrato, esta não opera automaticamente, mas mediante uma declaração de vontade nesse sentido e, apesar de retroactiva (cf. artigo 434.º do CC), não prejudica os direitos adquiridos por terceiro (artigo 435.º n.º 1 do CC).

[538] Nesse sentido, MENEZES LEITÃO, *Garantias,* cit., p. 276. VAZ SERRA invoca, também nesta sede, um argumento de semelhança entre a inoponibilidade do pacto fiduciário aos subadquirentes de boa fé e a inoponibilidade do negócio simulado aos terceiros que adquiram o bem – *Cessão*, cit., pp. 182-183.

[539] No mesmo sentido, PAIS DE VASCONCELOS, *Contratos atípicos*, cit., p. 287 ss e NAVARRO MARTORELL, *La propriedad fiduciaria*, cit., p. 270. Com opinião idêntica quanto à cessão de créditos em garantia, MENEZES LEITÃO, *Cessão de créditos*, cit., p. 450. Contra, entendendo que, por efeito da verificação da condição resolutiva do cumprimento da obrigação garantida, dever-se-ão considerar extintas as cessões subsequentes operadas pelo cessionário, VÍTOR NEVES, *Afectação de receitas*, cit., p. 188.

fiduciário, destinatário da confiança do fiduciante. Por um lado, um dever acrescido de informação a cargo do fiduciário, de forma a não lesar a confiança investida pelo fiduciante. Por outro lado, um dever, também agravado, de correcção na execução do contrato, fazendo uso de padrões elevados de diligência e de lealdade de modo a não defraudar as expectativas legitimamente depositadas no fiduciário pelo fiduciante ([540]).

Não fica, ainda, excluída, dentro de certos limites, a possibilidade de recurso ao regime jurídico do abuso do direito (artigo 334.º). ([541]). De acordo com o artigo 334.º do Código Civil, é ilegítimo o exercício de um direito quando o titular exceda manifestamente os limites impostos pela boa fé, pelos bons costumes ou pelo fim social ou económico desse direito. Se o beneficiário da garantia dispuser do bem, excedendo os limites impostos pela função de garantia, o prestador poderá prevalecer do instituto do abuso do direito. É, porém, impraticável uma determinação, em abstracto, do tipo abusivo que poderá estar em causa – muito embora se anteveja um campo fértil de convocação do argumento do desequilíbrio no exercício de posições jurídicas –, bem como das consequências de regime jurídico que lhe deverão estar associadas, para além do efeito de paralisação ou impedimento do exercício do direito em termos abusivos.

Subsidiariamente – dado que nos termos da lei, não há lugar à restituição por enriquecimento quando a lei facultar ao empobrecido outro meio de ser indemnizado ou restituído, negar o direito à restituição ou atribuir outros efeitos ao enriquecimento (artigo 474.º do CC)([542]) –, deve ainda admitir-se o recurso ao enriquecimento sem causa (artigo 473.º)([543]). Com efeito, poderá ser este um dos casos em

---

([540]) Sobre este aspecto, cf. CARNEIRO DA FRADA, *Teoria da confiança e responsabilidade civil*, Almedina, Coimbra, 2004, pp. 510-511.

([541]) Neste sentido PAIS DE VASCONCELOS, *Contratos atípicos*, cit., p. 287 e, ainda, NAVARRO MARTORELL, *La propriedad fiduciaria*, cit., p. 262 ss. Sobre o problema do abuso do direito, cf. por todos MENEZES CORDEIRO, *Tratado*, I, I, cit., p. 240 ss.

([542]) Negando a subsidiariedade *absoluta*, MENEZES LEITÃO, *Direito das obrigações*, I, p. 402.

([543]) No mesmo sentido, PAIS DE VASCONCELOS, *Contratos atípicos*, cit., p. 287 e NAVARRO MARTORELL, *La propriedad fiduciaria*, cit., p. 271 ss. Sobre o instituto do enriquecimento sem causa, cf., por todos, MENEZES LEITÃO, *Direito das obrigações*, I,

que «*alguém efectua uma prestação a outrem, mas se verifica uma ausência de causa jurídica para que possa ocorrer por parte deste a recepção da prestação*» [544]. Se a acção do fiduciário der azo a um enriquecimento à custa do fiduciante sem causa justificativa, aquele sujeito ficará adstrito à restituição daquilo com que injustamente se locupletou (artigo 473.º n.º 1 do CC). Apesar de o bem ser atribuído ao fiduciário na fase de *pendência da garantia*, essa atribuição não é absoluta, mas limitada por deveres fiduciários. Por outro lado, pode considerar-se que, uma vez satisfeita a obrigação garantida, o valor patrimonial recebido pelo fiduciário mediante a alienação do bem a terceiro pode ser visto como um enriquecimento obtido através de uma ingerência não autorizada num património que lhe estava fiduciado.

V. Às considerações gerais acabadas de referir, deve ainda ser adicionado um aspecto peculiar da cessão de créditos em garantia. Tendo em consideração que este negócio transmissivo se refere a uma *prestação do devedor cedido*, pode questionar-se se do vínculo fiduciário entre cedente e cessionário resultarão, ainda, deveres especiais no que se refere à relação com o devedor cedido. Um primeiro passo no sentido de esclarecer esta interrogação passará, necessariamente, pela interpretação das declarações de vontade das partes expressas no próprio negócio fiduciário. Nada impede que as partes convencionem um dever, a cargo do cessionário, de gerir e de dispor do crédito, de forma a garantir que o valor do mesmo não sofra *oscilações negativas*. Do mesmo modo, nada parece obstar a que as partes prescindam da notificação do devedor cedido, mantendo a gestão da relação com o devedor cedido a cargo do cedente.

Deve ainda notar-se que se, como é frequente, as partes condicionarem o negócio de alienação em garantia, haverá que ter em consideração algumas especialidades de regime jurídico. O beneficiário da garantia deverá, na pendência da condição, agir segundo os ditames da

---

cit., p. 401 ss e, desenvolvidamente, do mesmo autor, *O enriquecimento sem causa no Direito civil (estudo dogmático sobre a viabilidade da configuração unitária do instituto, face à contraposição entre as diferentes categorias de enriquecimento sem causa)*, Almedina, Coimbra, 2005, p. 441 ss.

[544] MENEZES LEITÃO, *Direito das obrigações*, I, p. 414.

boa fé, para que não comprometa a integridade do direito da outra parte (artigo 272.º do CC). Trata-se de uma expressão da regra da boa fé objectiva, a despertar, por um lado, a tutela da confiança e, por outro, a primazia da materialidade subjacente [545]. No âmbito do negócio que nos ocupa este ditame envolverá, para o beneficiário da garantia (fiduciário), um dever acrescido, em termos de boa fé, de respeito pela posição jurídica do prestador da garantia e, portanto, de cumprimento do pacto fiduciário. Esta *exigibilidade reforçada* imporá, desde logo, uma obrigação de abstenção de actos que comprometam a expectativa de (re) aquisição da coisa pelo prestador da garantia. Caso o beneficiário impossibilite ou, com culpa, viole esta regra de actuação, prejudicando a (re) aquisição do direito pelo prestador da garantia, este disporá do direito a ser indemnizado pelos danos sofridos (artigo 798.º do CC).

Os casos mais complexos de determinação dos deveres do beneficiário da garantia serão aqueles em que as partes nada tenham convencionado (isto é, não tenha estipulado uma condição, nem disposto acerca dos deveres a cargo do beneficiário da garantia), mas o devedor cedido tenha sido notificado da cessão de créditos em garantia [546]. Nesta hipótese, parece-nos que, com os limites dados pelo próprio pacto fiduciário e pela distribuição de riscos dele emergente (cf. artigo 239.º do CC), o carácter transitório, fiduciário e de garantia da situação jurídica do cessionário poderá justificar a imposição de *especiais deveres de cuidado, de diligência e de informação* quanto à relação com o devedor cedido visando, em especial a conservação ou perda de valor do crédito cedido na pendência da garantia [547]. Estes

---

[545] MENEZES CORDEIRO, *Tratado*, I, I, cit., pp. 519-520.

[546] Não nos parece que, na generalidade dos casos, haja interesse das partes em notificar o devedor cedido da mera *cessão do crédito*, ocultando o carácter de garantia.

[547] A doutrina portuguesa tem considerado que «*o cessionário está obrigado a tomar em consideração os interesses do cedente, no âmbito da gestão do crédito cedido, em ordem a poder retransmiti-lo sem que este seja objecto de qualquer desvalorização*» – assim, MENEZES LEITÃO, *Cessão de créditos*, cit., p. 447. Desenvolvidamente, cf. PESTANA DE VASCONCELOS, *A cessão de créditos em garantia*, p. 151 ss e, em especial, 347 ss. Segundo este autor, no negócio fiduciário para garantia «*o dever de protecção compreenderá actos que, na linha da doutrina*

deveres reflectir-se-ão, em especial, na cobrança do crédito cedido em garantia perante o respectivo devedor, caso este se vença antes do crédito garantido ([548]). Na falta de acordo entre as partes a este respeito, deve entender-se que o cessionário pode cobrar o crédito cedido, mesmo que este se vença antes da dívida garantida e conservar o produto da sua cobrança em seu poder até à data de vencimento da obrigação garantida ([549]). Caso a obrigação garantida não seja satisfeita, haverá que apurar se o cessionário pode apropriar-se definitivamente do crédito ou do montante pecuniário auferido em virtude da sua cobrança ([550]). Se, pelo contrário, a mesma for satisfeita, a garantia

---

clássica consagrada entre nós, poderíamos denominar de administração ordinária, muito embora limitada, Isto é, tendo por conteúdo «prover à conservação dos bens administrados», só se estendendo a *«promover a sua frutificação normal»* quando tal seja estritamente necessário para evitar a diminuição do valor patrimonial do direito» (idem, pp. 154-155). Na cessão de créditos em garantia, PESTANA DE VASCONCELOS considera que o fiduciário está adstrito a deveres de protecção, traduzidos na administração limitada do direito *«por forma a que não se verifique uma diminuição do valor patrimonial deste»* e na prática dos actos necessários a evitar a perda do crédito em virtude da acção de terceiros – ob. cit., pp. 350-351. Quanto à conservação e cobrança do crédito, o autor admite a aplicação analógica do disposto nos artigos 683.º e 685.º, n.º 1 do Código Civil (relativos ao penhor) à cessão de créditos em garantia – *idem*, p. 615. Os deveres de administração seriam, na *fiducia cum creditore*, alargamentos do dever de protecção, e não deveres principais de prestação (idem, p. 155).

  ([548]) Na generalidade dos casos, os deveres do cessionário resultarão, portanto, dos termos do pacto fiduciário. Tratando-se de deveres tendo em vista a prática de actos jurídicos, não fica excluída uma aproximação ao regime jurídico do mandato. Parece-nos, porém, ser diversa a posição de MENEZES LEITÃO quando, tratando em conjunto a alienação do crédito de garantia e a sua cobrança, refere que *«como é convencionada a afectação do crédito em garantia, o cessionário fica vinculado para com o cedente a não proceder à obtenção do valor do crédito (através da cobrança ou da alienação), uma vez que o deverá retroceder em caso de satisfação do crédito que se visou garantir»* – MENEZES LEITÃO, *Cessão de créditos*, cit., p. 445.

  ([549]) Assim, ALDO DOLMETTA/GIUSEPPE PORTALE, *Cessione del credito*, cit., p. 112, de GIUSEPPE BAVETTA, *La cessione di credito*, cit., p. 596 e de MASSIMO LASCIALFARI, *La cessione di crediti*, cit., p. 257. Criticando esta posição e entendendo que o cessionário pode optar entre liquidar o crédito devido pelo cedente apropriando-se do produto da cobrança do crédito cedido ou, pelo contrário, aguardar o cumprimento por parte do cedente, ARIANNA SCACCHI, *La cessione*, cit., p. 647.

  ([550]) Parece-nos que estará aqui em causa uma questão de limites da garantia, por eventual aplicação analógica da proibição do pacto comissório e das exigências impostas pelo sistema jurídico ao pacto marciano, que analisaremos no Título IV.

sobre o produto da cobrança extingue-se, devendo o bem ser devolvido ao cedente, mediante retransmissão ou, melhor diríamos, retrocessão do direito de crédito.

As consequências do incumprimento dos deveres fiduciários que adstringem o cessionário em garantia não diferem substancialmente das que examinámos quanto à violação de deveres fiduciários, *maxime dever de indemnizar*, caso do mesmo resultem danos na esfera jurídica do cedente (artigo 798.º do CC)[551].

Antes de finalizarmos, cabe realçar dois aspectos. Por um lado, do exposto resulta que as limitações à titularidade do beneficiário da garantia emergem do carácter fiduciário e não, como no penhor, de norma legal que expressamente o imponha (artigos 683.º e 685.º do Código Civil)[552]. Por outro lado, há que ter em consideração que, no caso de alienação fiduciária em garantia de créditos ao abrigo do Decreto-lei n.º 105/2004, não se colocam a maioria dos riscos fiduciários acabados de examinar. Nada impede que o beneficiário da garantia aliene a um terceiro os créditos que constituem a garantia, desde que, no final do contrato e caso a obrigação financeira garantida seja cumprida, restitua ao devedor objecto equivalente.

---

[551] Deve notar-se também que, caso o incumprimento do pacto fiduciário determine o aparecimento de um direito de crédito indemnizatório do prestador perante o beneficiário da garantia, poderá operar uma compensação entre este direito e o crédito garantido, dentro dos limites legais (cf. artigo 847.º do CC). Daí que se tenha notado já que «*o momento de máximo risco (...) para o fiduciante nestes negócios verifica-se aquando do cumprimento da obrigação principal, se aí o fiduciário se recusar a realizar a sua prestação ou se a tornar impossível por transmissão do crédito a um terceiro, na medida em que o fiduciante não pode já recorrer à compensação*» – PESTANA DE VASCONCELOS, *A cessão de créditos em garantia*, p. 353.

[552] As limitações previstas na lei quanto aos poderes do credor pignoratício resultam, desde logo, do facto de este sujeito apenas dispor de um direito real de garantia e não de um direito de propriedade ou equiparado. Por isso, de acordo com o artigo 683.º, «*o credor pignoratício é obrigado a praticar os actos indispensáveis à conservação do direito empenhado e a cobrar os juros e mais prestações acessórias compreendidas na garantia*», impondo, ainda, a regra geral do n.º 1 do artigo 685.º que «*o credor pignoratício deve cobrar o crédito empenhado logo que este se torne exigível, passando o penhor a incidir sobre a coisa prestada em satisfação desse crédito*». No caso de o crédito ter por objecto prestação em dinheiro ou de outra coisa fungível haverá que tomar em linha de conta as especialidades de regime jurídico resultantes do n.º 2 do artigo 685.º.

VI. Quando não é possível extrair da vontade das partes a sujeição da transmissão em garantia a uma verdadeira *condição*, o cumprimento da obrigação garantida implica o aparecimento de um dever de retransmissão do bem a cargo do beneficiário da garantia. Quer dizer, o prestador da garantia (fiduciante) não readquire imediatamente a propriedade do bem, com o pagamento da dívida que originou a garantia ([553]). Ora, nestas hipóteses, nada garante ao devedor que fiduciou o bem que o beneficiário da garantia agirá em conformidade com o convencionado no pacto fiduciário, nisto residindo um dos riscos fiduciários que convirá acautelar.

Se as partes tiverem convencionado no pacto fiduciário um prazo, o beneficiário da garantia deverá nesse período retransmitir o bem ao prestador da garantia, sob pena de mora (artigo 805.º n.º 2 alínea a) do Código Civil). Se nada tiver sido convencionado, o fiduciante deverá interpelar o ex-beneficiário para cumprir (artigo 805.º n.º 1 do Código Civil). Em qualquer dos casos, «*a simples mora constitui o devedor na obrigação de reparar os danos causados ao credor*» (artigo 804.º do Código Civil). Se a mora se converter em incumprimento definitivo, o fiduciário pode incorrer em responsabilidade civil (artigo 798.º do Código Civil) e, nessa medida, pode ser-lhe imputado o dever de indemnizar o fiduciante pelos prejuízos causados pelo incumprimento.

A doutrina tem, ainda, admitido a possibilidade de recurso à execução específica da obrigação de retransmissão, mediante aplicação analógica da norma jurídica consagrada no artigo 830.º do CC ([554]). Sem prejuízo das dificuldades, recentemente reforçadas na jurisprudência do S.T.J., de *extensão* da norma acabada de referir ([555]), parece-nos

---

([553]) Como nota MENEZES LEITÃO, em matéria de cessão de créditos em garantia «*a retransmissão do crédito garantido não se processa automaticamente parea o cedente, antes depende de um novo negócio celebrado entre os doi, podendo, porém, as partes convencionar que o cumprimento funcione como condição resolutiva da cessão*» – *Cessão de créditos*, cit., p. 447.

([554]) Cf. PAIS DE VASCONCELOS, *Contratos atípicos*, cit., p. 286 e *Em tema de negócio fiduciário*, cit., p. 121 ss. Desenvolvidamente, PESTANA DE VASCONCELOS, *Cessão de créditos em garantia*, cit., p. 167 ss.

([555]) Neste âmbito, salienta-se o Acórdão do S.T.J. de 22 de Janeiro de 2008, que considerou que «*a execução específica prevista no artigo 830.º, n.º 1, do CC apenas é aplicável à obrigação emergente de contrato-promessa, face à letra do indicado preceito e aos respectivos trabalhos preparatórios*» e que «*por isso o*

que o *núcleo de semelhança* entre o contrato-promessa incumprido e o caso que nos ocupa pode constituir fundamento bastante para aplicar analogicamente a execução específica contemplada no artigo 830.º ao caso da violação da obrigação de retransmissão, uma vez cumprida a obrigação garantida ([556]).

Em síntese, à luz do que acabámos de expor, não nos parece, assim, que escolher um negócio fiduciário implique *abdicar, em absoluto, de tutela*. Por estes motivos, não concordamos em absoluto com a visão de Grassetti, segundo a qual uma das características do negócio fiduciário seria a *sujeição voluntária* das partes a um esquema legal que *abdica de rigorosos meios de coação legal*, para se apoiar, quase em exclusivo, na confiança que o fiduciante deposita no *comportamento leal* do fiduciário ([557]). Por outro lado, deve notar-se que admitir o negócio fiduciário não significa «*apoiar situações condenadas por um natural e espontâneo sentimento de Justiça*», ao contrário do que pretende Castro y Bravo ([558]). No nosso sistema jurídico, existe um conjunto de mecanismos jurídicos que permitem acautelar a posição do prestador da garantia perante a violação de deveres fiduciários. Além disso, a intensificação do risco liga-se directamente à *intensificação da confiança* que uma parte deposita na outra ao cele-

---

instituto da execução específica não tem aplicação à obrigação do mandatário de transferir para o mandante os direitos adquiridos em execução do mandato sem representação» – Ac. S.T.J., processo 07A4417, relator Azevedo Ramos. Sobre a admissibilidade da aplicação do artigo 830.º fora do âmbito do contrato-promessa, vide, por todos, Pestana de Vasconcelos, *A cessão de créditos em garantia*, p. 170 ss, em especial notas 368 e 369.

([556]) Assim, cf. Ac. do T. R. P. de 11 de Abril de 2002, processo n.º 119/00, relator João Vaz.

([557]) Segundo Grassetti, «*il negozio fiduciario è mezzo per adattare gli schemi giuridici alla vita, e la sua essenza sta in un vincolo puramente obbligatorio che limita gli effetti del negozio tipico reale, se è vero che sua caratteristica è che non dai rigorosi mezzi di coazione legale, ma solo dal comportamento leale del fiduciario si puo attendere il pieno raggiungimento dello scopo pratico perseguito, occorre dire che la fiducia che è divenuta legale, cioè che è tutelata in modo assoluto dalla legge, e non permette potestà di abuso, non è più fiducia in senso tecnico*» – Cesare Grassetti, *Trust anglosassone, proprietà fiduciaria e negozio fiduciario*, separata da «Rivista del Diritto Commerciale», 1936, parte I, n.ºs 9 e 10, Casa editrice Dottor Francesco Vallardi, Milão, 1936 (p. 3 ss), p. 7.

([558]) Castro y Bravo, *El negocio juridico*, cit., p. 383.

brar o negócio fiduciário. A *confiança reforçada* ou, nas palavras de PAIS DE VASCONCELOS, «*o fortíssimo investimento na confiança que funda os contratos fiduciários*» desempenha um papel *modelador* das obrigações que se impõem ao fiduciário, como decorrência da tutela da boa fé [559].

Por isso, a doutrina que equipara o negócio fiduciário a um negócio simulado mais não exprime, no nosso entender, do que uma tentativa de *negar a admissibilidade a um negócio cujo risco não se consegue eliminar*. Isto é, a pretexto de um *problema de vontade*, procura atenuar uma *questão material de equilíbrio*, travando um negócio em que a posição das partes perante o risco é, *ab initio*, diferente.

O princípio da autonomia privada permite a celebração de negócios jurídicos dotados de uma *margem natural de risco*, desde que não sejam usurários (cf. artigo 405.º do Código Civil) [560]. Na alienação em garantia, o intuito das partes é atribuir a titularidade do bem em garantia, assumindo o risco como componente do *equilíbrio interno* ou da *justiça interna* do negócio [561]. Esta circunstância pode assumir-se como uma *premissa orientadora* da análise subsequente dos deveres fiduciários e dos meios de protecção do prestador da garantia.

---

[559] PAIS DE VASCONCELOS, *Contratos atípicos*, cit., p. 288.

[560] O reconhecimento do *risco* do negócio fiduciário surge também evidente, ainda que com contornos diversos, nas palavras de COSTA GOMES: «*o contrato fiduciário (...) carrega (...) em si o risco de abuso do fiduciário, propiciado pela evidente – mas no caso necessária – desproporção entre meio e fim*» – COSTA GOMES, *Assunção fidejussória*, cit. p. 88

[561] Segundo PESTANA DE VASCONCELOS, «*pelo facto de se verificar uma transmissão "plena" do direito, que passa a integrar o património geral do fiduciário, e este estar obrigado a exercê-lo de determinado modo e, eventualmente, verificado um determinado condicionalismo, retransmiti-lo à outra parte, esta corre o risco (o que chamamos o "risco fiduciário") de o perder*» – PESTANA DE VASCONCELOS, *A cessão de créditos em garantia*, p. 67. O autor reconhece ainda que «*o risco corrido, tal como o delimitamos, é fruto da adopção dessa particular estrutura*» (idem).

CAPÍTULO II

O Caso Especial da *Agressão* do Bem Fiduciado em Acção Executiva e em Processo Insolvencial

11. Enquadramento geral: a penhora do bem fiduciado e a legitimidade para a dedução de embargos de terceiro

I. No contexto dos riscos fiduciários atrás assinalados, é decisiva a determinação da posição jurídica do prestador e do beneficiário da garantia perante o *concurso de credores*. Examinaremos, de seguida, estes aspectos, distinguindo o momento da *pendência da garantia* – desde a celebração do negócio de alienação em garantia até à data de vencimento da obrigação garantida – e a fase da *retransmissão do objecto da garantia*, que se inicia após o cumprimento da obrigação garantida.

Uma possível ameaça patrimonial ao bem alienado em garantia é a penhora [562]. Seguindo a regra do artigo 601.º do Código Civil, o bem alienado em garantia responde pelas dívidas do respectivo titular, sendo susceptível de penhora [563]. Ora, qualquer das partes pode ser confrontada com uma apreensão do bem alienado em garantia, em virtude de penhora ocorrida em execução movida pelos credores do outro.

---

[562] Sobre a fase da penhora, em geral, pode ver-se Teixeira de Sousa, *A reforma da acção executiva,* Lex, Lisboa, 2004, p. 122 ss e 149 ss, Costa e Silva, *A reforma da acção executiva,* 3.ª edição, Coimbra Editora, Coimbra, 2003, p. 80 ss e Lebre de Freitas, *A acção executiva depois da reforma,* Coimbra Editora, Coimbra, 2004, p. 205 ss.

[563] São susceptíveis de penhora os bens que, de acordo com as regras substantivas, sejam da titularidade do executado (artigo 821.º n.º 1 do CPC), mesmo que se encontrem em poder de terceiro (artigo 831.º n.º 1 do CPC).

Ressalvadas as regras do registo, a penhora acarreta a inoponibilidade à execução dos actos de disposição, oneração ou arrendamento dos bens penhorados (artigo 819.º do CC), determinando o direito do exequente a ser pago com preferência a qualquer credor que não tenha garantia real anterior (artigo 822.º do CC)([564]). Permite, ainda, mediante o recurso a um mecanismo de sub-rogação real, que o credor exequente possa conservar o direito que tinha sobre a coisa em relação a créditos indemnizatórios resultantes do ressarcimento por danos causados na coisa penhorada, ocorridos depois da penhora (artigo 823.º do CC).

No caso de alienação em garantia de coisa móvel não sujeita a registo, não havendo desapossamento pode presumir-se que o bem pertence ao devedor, prestador da garantia (artigos 1268.º n.º 1 e 1251.º do CC), mesmo para efeitos de penhora (artigo 848.º n.º 2 do CPC). Ora, encontrando-se em poder do prestador da garantia, o bem pode ser penhorado, em acção executiva movida pelos seus credores, tanto na fase de pendência da garantia, quanto na fase de retransmissão([565]). Se se tratar de bem sujeito a registo, o agente de execução

---

([564]) A doutrina tem discutido o carácter de direito real de garantia da penhora. Segundo MENEZES CORDEIRO, trata-se de um verdadeiro direito real de garantia – *Direitos reais,* cit., pp. 771-772. No mesmo sentido MENEZES LEITÃO, *Garantias,* cit., p. 254 e PINTO DUARTE, *Curso,* cit., p. 245. Para TEIXEIRA DE SOUSA, a penhora não é um direito real de garantia, mas mera fonte de uma preferência sobre o produto da venda dos bens penhorados (*Acção executiva,* cit., p. 249 ss). A negação do carácter de garantia real da penhora é, também, apoiada por ALMEIDA COSTA, *Direito das obrigações,* cit., 919. Sem pretender escamotear, nesta sede, os diversos argumentos que nesta sede têm sido invocados, parece-nos que, na medida em que a penhora atribua uma preferência ao exequente (cf. artigo 822.º do CC) e lhe confira ainda uma posição jurídica dotada de oponibilidade *erga omnes* (cf. artigo 819.º do CC), não será de rejeitar a sua inserção no âmbito das garantias do crédito. As circunstâncias de existirem limitações à preferência caso sobrevenha insolvência do executado (cf. artigo 822.º) e de o meio técnico de garantia da penhora se servir de uma espécie de *cativação* do bem em benefício do exequente não parecem ser suficientes para arredar o carácter de garantia desta figura.

([565]) Neste caso, o bem será objecto de apreensão e de imediata remoção para depósitos, assumindo o agente de execução que efectuou a diligência a qualidade de fiel depositário (artigo 848.º n.º 1 do Código de Processo Civil). Sobre a penhora de coisas móveis não registáveis, antes da alteração de 2008, cf. TEIXEIRA DE SOUSA, *A reforma da acção executiva,* cit., pp. 163-164 e RUI PINTO, *A acção executiva depois da reforma,* Lex, Lisboa, 2004, pp. 149-150.

executará o bem no património de quem for titular do registo, seguindo-se as regras da penhora aplicáveis, consoante o tipo de bem [566].

Tratando-se de créditos, o direito é penhorado na esfera jurídica do devedor cedido. Neste caso, a penhora realiza-se mediante a notificação ao devedor do executado de que o crédito fica à ordem da execução (artigo 856.º n.º 1 do Código de Processo Civil). Existem, depois, regras especiais aplicáveis a certas penhoras de direitos, como é o caso das penhoras de direitos incorporados ou de depósitos bancários [567]. Sendo penhorado algum direito de crédito do devedor, a extinção dele por causa dependente da vontade do executado ou do seu devedor, verificada depois da penhora, é igualmente ineficaz em relação ao exequente (artigo 820.º do CC).

Das regras do processo resulta, portanto, que o bem ou o direito alienado em garantia pode ser penhorado em acção intentada pelos credores do beneficiário da garantia, podendo ainda suceder que esse mesmo bem ou direito seja objecto de penhora em acção executiva interposta pelos credores do prestador da garantia. Na primeira situação, o bem é penhorado no património em que se integra, uma vez que foi transmitido ao beneficiário da garantia, restando, portanto, a ques-

---

[566] Tratando-se de bem móvel sujeito a registo, o regime jurídico aplicável será, com as devidas adaptações, o previsto para a penhora de bens imóveis, ressalvadas as especialidades previstas no artigo 851.º. Assim, a penhora efectiva-se mediante apreensão ou imobilização do bem, podendo o registo ser requerido por via electrónica pelo agente de execução ao serviço competente. O sistema actual faz coincidir a apreensão com o registo, seguindo-se uma imobilização e dispensando-se, em regra, a remoção do bem para depósitos. Sobre estas especialidades, antes da alteração de 2008, pode ver-se TEIXEIRA DE SOUSA, *A reforma da acção executiva*, cit., pp. 164-165, RUI PINTO, *A acção executiva*, cit., pp. 150-151.

[567] Sobre a penhora de direitos de crédito, pode ver-se, antes da alteração ao Código de Processo Civil de 2008, TEIXEIRA DE SOUSA, *A reforma da acção executiva*, cit., p. 154 ss, COSTA GOMES, «Penhora de direitos de crédito. Breves notas», *Themis*, ano IV, n.º 7, 2003, p. 105 ss, REMÉDIO MARQUES, «A penhora de créditos na reforma processual de 2003, referência à penhora de depósitos bancários», *Themis*, ano V, n.º 9, 2004, p. 137 ss, COSTA E SILVA, *A reforma da acção executiva*, cit., p. 96 ss e RUI PINTO, *A acção executiva*, cit., p. 152 ss e «Penhora e alienação de outros direitos. Execução especializada sobre créditos e execução sobre direitos não creditícios na Reforma da Acção Executiva», *Themis*, ano IV, n.º 7, 2003, (p. 133 ss) p. 135 ss.

tão de saber quais são os meios de defesa ao dispor do prestador da garantia. No segundo caso, tratando-se de acção executiva movida pelos credores do prestador da garantia, não fica arredada a hipótese de penhora do bem fiduciado, em particular sempre que esteja em causa uma alienação em garantia de coisas corpóreas, a qual, como vimos, conserva a posse na titularidade do prestador da garantia, ou sempre que a cessão de créditos em garantia seja oculta. Esta possibilidade é, aliás, agravada perante o actual modelo da acção executiva, o qual, assentando num pressuposto de *inversão de contencioso*, ordena que os bens sejam penhorados em momento anterior ao da citação do executado para deduzir oposição[568]. A doutrina tem por isso procurado delimitar os meios de reacção do beneficiário de garantia em acção executiva movida pelos credores do prestador da garantia[569].

---

[568] O executado pode opor-se à execução que lhe foi movida, no prazo de 20 dias a contar da sua citação, a qual, na maioria das situações, há-de verificar-se depois da penhora do bem. Sobre a oposição à execução, pode ver-se TEIXEIRA DE SOUSA, *A reforma da acção executiva*, cit., p. 99 ss e 122, COSTA E SILVA, *A reforma da acção executiva*, cit., p. 68 ss e LEBRE DE FREITAS, *A acção executiva depois da reforma*, cit., p. 171 ss. Os fundamentos da oposição à execução dependem do título executivo de que o exequente dispôs (artigo 814.º ss do CPC). A oposição à execução corre por apenso e, se for recebida, o exequente é notificado para contestar, seguindo-se os demais termos do processo sumário de declaração (artigo 817.º n.ºs 1 e 2 do CPC). Se for julgada procedente a oposição, a execução extingue-se, no todo ou em parte (artigo 817.º n.º 4 do CPC) e pode ainda dar-se o caso de o exequente ter que responder pelos danos causados nos termos e limites previstos no artigo 819.º do CPC. Quanto aos efeitos da oposição à execução sobre a acção executiva em curso, a lei distingue consoante tenha ou não havido citação prévia; caso o executado não tenha sido citado previamente, a oposição à execução suspende a execução, sem prejuízo do reforço ou da substituição da penhora (artigo 818.º do CPC). Pode ainda, em alternativa ou cumulativamente (cf. artigo 813.º n.º 2 do CPC) impugnar a penhora do bem alienado em garantia, nomeadamente deduzindo oposição à penhora (artigo 863-A e B do CPC), ou reclamando para o juiz dos actos praticados pelo agente de execução (artigo 809.º n.º 1 c) do CPC).

[569] Como nota PESTANA DE VASCONCELOS, «*os bens fiduciados podem ser penhorados em acção interposta pelos credores do fiduciário, exactamente nos mesmos termos que o podem ser quaisquer dos outros bens de que este seja titular, uma vez que não se gera aqui um património autónomo, enquanto os mesmos bens (transmitidos, embora temporariamente, ao fiduciário), por outro lado, não são susceptíveis de ser penhorados em acção interposta pelos credores do fiduciante, e se o forem, o fiduciário poderá defender-se com os instrumentos que a lei processual coloca ao seu alcance*» – *Cessão de créditos em garantia*, cit., p. 204.

Assim enquadrada a questão, cabe examinar a posição jurídica de cada uma das partes – prestador e beneficiário da garantia – e verificar se o regime jurídico português lhes permite a defesa da titularidade dos respectivos direitos.

II. O meio de reacção de um terceiro, estranho à execução, perante a penhora de um bem corresponde aos embargos de terceiro (artigo 351.º n.º 1 do Código de Processo Civil, cf., também artigo 1285.º do CC)(570). De acordo com o artigo 351.º n.º 1 do Código de Processo Civil, «*se a penhora ou qualquer acto judicialmente ordenado de apreensão ou entrega de bens, ofender a posse ou qualquer direito incompatível com a realização ou o âmbito da diligência, de que seja titular quem não é parte na causa, pode o lesado fazê-lo valer, deduzindo embargos de terceiro*».

A apreensão em que consiste a penhora destina-se à realização coactiva do direito do exequente, a qual poderá culminar numa venda em execução e, nestes termos, na transferência, para o adquirente, dos direitos do executado sobre a coisa vendida (artigo 824.º n.º 1 do CC)(571). Nesta hipótese, os bens são transmitidos livres dos direitos

---

(570) Os embargos de terceiro eram, tradicionalmente, um meio possessório negado ao proprietário não possuidor e ao possuidor em nome alheio. A partir da Reforma do Código de Processo Civil de 1995/1996, passa a ser também motivo de embargos a defesa da titularidade do direito de fundo. A reforma da acção executiva de 2003 deu uma nova redacção ao artigo 351.º n.º 1 do CPC, passando a prever expressamente a penhora como fundamento dos embargos de terceiro, mas não introduziu alterações significativas nesta matéria. O terceiro deve, no prazo de 30 dias subsequentes à penhora ou ao momento em que teve conhecimento desta, desde que antes de o bem ter sido judicialmente vendido ou adjudicado, apresentar uma petição de embargo (artigo 353.º n.º 2). Caso os embargos sejam rejeitados poderá, ainda, propor acção judicial para reconhecimento da titularidade do direito que obsta à penhora ou acção de reivindicação da coisa apreendida (artigo 355.º do CPC). Sobre os principais aspectos de regime jurídico deste meio de defesa, pode ver-se Teixeira de Sousa, *Acção executiva singular,* cit., p. 300 ss, Remédio Marques, *Curso de processo executivo comum à face do Código revisto,* SPB Editores, Porto, 1998, p. 264 ss e Lebre de Freitas, *A acção executiva,* cit., p. 281 ss.

(571) Actualmente, na venda de bens móveis penhorados é o agente de execução quem decide sobre a modalidade da venda, determina o valor de base de cada bem e, em geral, organiza a transmissão. A intervenção do juiz está reduzida a casos especiais ou urgentes ou a reclamações. De acordo com o disposto no n.º 1 do artigo

de garantia que os onerarem, bem como dos demais direitos reais que não tenham registo anterior ao de qualquer arresto, penhora ou garantia, com excepção dos que, constituídos em data anterior, produzam efeitos em relação a terceiros independentemente de registo (n.º 2 do artigo 824.º do CC)([572]). Se a penhora implicar a *libertação* de certos direitos, os respectivos titulares são tutelados mediante uma espécie de sub-rogação real, através da qual a lei transfere para o produto da venda dos respectivos bens os direitos que anteriormente detinham (artigo 824.º n.º 3 do CC).

III. Neste contexto, a incompatibilidade com a penhora é aferida de acordo com a susceptibilidade de os direitos em causa impedirem que os bens penhorados possam ser incluídos no património do executado, o qual responde, nos termos gerais, pela dívida exequenda. Segundo o critério proposto por Teixeira de Sousa, «*são incompatíveis com a realização ou o âmbito da penhora os direitos de terceiros sobre os bens penhorados que não se devam extinguir com a sua venda executiva*» ([573]). Este critério tem sido aceite pela doutrina

---

907.º-A do Código de Processo Civil, a regra subsidiária é a da venda dos bens móveis mediante venda em depósito público. Se não for de seguir a venda em bolsa, a venda directa, a venda por negociação particular ou a venda em estabelecimento de leilão, nos casos especialmente previstos na lei, aplicar-se-á o regime jurídico da venda em depósito público. A venda mediante proposta em carta fechada está limitada a imóveis e estabelecimento comercial de valor elevado (artigo 889.º e 901-A Código de Processo Civil), sendo a modalidade regra relativamente a este tipo de bens. Existe ainda outra forma de venda não prevista no artigo 886.º, que é a adjudicação (artigo 875.º ss). A adjudicação significa a entrega dos bens ao exequente ou a credor reclamante, em relação a bens sobre os quais haja invocado garantia real. A adjudicação implica a aplicação da modalidade de venda por proposta em carta fechada, mesmo que se trate de móveis. Contudo, tratando-se de adjudicação, o processo é centralizado no agente de execução. Questão complexa é a do regime jurídico aplicável à venda de bens móveis sujeitos a registo, os quais podem não ter sido removidos aquando da penhora e, mais do que isso, podem não ser removíveis para depósito. Sobre a venda executiva, cf. Teixeira de Sousa, *A reforma da acção executiva*, cit., p. 192-201, Lebre de Freitas, *A acção executiva*, cit., p. 327 ss. e Paula Costa e Silva, *A reforma da acção executiva*, cit., p. 124.

([572]) Sobre a origem deste artigo, cf. Menezes Cordeiro, «Da retenção do promitente na venda executiva», *ROA,* ano 57, 1997, (p. 547 ss), p. 553 ss.

([573]) Teixeira de Sousa, *Acção executiva singular,* cit., p. 303.

processualista, sendo adoptado por Lebre de Freitas ([574]) e Remédio Marques ([575]) e seguido pela jurisprudência ([576]).

Tem havido consenso em considerar apenas incompatíveis, para os efeitos acabados de referir, *os direitos reais de gozo que tenham sido registados ou constituídos antes da penhora* ([577]). Caso assim não suceda (ou porque não houve registo, ou porque este é posterior à inscrição da penhora), o direito de propriedade não poderá sobrepor-se a eventuais direitos adquiridos em virtude de uma penhora do bem ([578]). Tratando-se de direito sobre bens móveis não sujeitos a registo, o titular pode deduzir embargos se for possível considerar preenchidas duas condições. Em primeiro lugar, o direito deve ter sido constituído em data anterior à do auto da penhora; em segundo lugar, deve tratar-se de direito que produza efeitos em relação a terceiros independentemente do registo (artigo 824.º n.º 2, parte final).

Por outro lado, *a titularidade de um direito real de garantia* não habilita, em princípio, à dedução de embargos de terceiro, se for legítimo concluir que *esse direito real de garantia não sobrevive à venda executiva* ([579]). Haverá, assim, que analisar, perante o disposto no n.º 2 do artigo 824.º do Código Civil, se o direito em causa deve ou não caducar com a venda executiva do bem ([580]).

([574]) Lebre de Freitas, A acção executiva, cit., p. 288 ss.

([575]) Remédio Marques, Curso, cit., p. 275 ss.

([576]) Assim, Teixeira de Sousa, Acção executiva singular, cit., p. 303.

([577]) Cf. Teixeira de Sousa, Acção executiva singular, cit., pp. 308-309 e pp. 387-388, Lebre de Freitas, A acção executiva, cit., p. 289.

([578]) A oponibilidade em apreço abrange não apenas a posição do titular do direito perante o exequente, como, também, perante os credores reclamantes. A prioridade do registo deve ser analisada também do ponto de vista dos direitos dos credores reclamantes. Uma hipótese complexa gerada por este concurso de pretensões configura-se sempre que o direito real de gozo do terceiro tenha constituição ou registo anterior à penhora, mas posterior à constituição ou ao registo de um direito real de garantia de um credor reclamante. Segundo Lebre de Freitas, o credor com garantia real deve requerer a extensão da penhora ao objecto da sua garantia e o terceiro deve ser citado para tomar a posição do executado – assim, Lebre de Freitas, A acção executiva, cit., p. 340. Neste caso, tratar-se-á de um direito com constituição ou registo posterior a uma garantia, hipótese que segundo o artigo 824.º n.º 2 não origina uma transmissão livre do bem onerado.

([579]) Cf. Teixeira de Sousa, Acção executiva singular, cit., pp. 307-308, Lebre de Freitas, A acção executiva, cit., pp. 289-290.

([580]) A doutrina dominante tem considerado que a excepção da parte final do n.º 2 do artigo 824.º («*com excepção dos que, constituídos em data anterior, produzam*

IV. À luz deste mesmo critério, a doutrina tem convergido no sentido da *insusceptibilidade de o credor pignoratício deduzir embargos de terceiro* [581]. A sede própria para um credor com garantia real defender o seu direito é a reclamação de créditos (artigos 824.º n.º 2 do CC e 864.º n.º 3 alínea b) e 865.º 1 do CPC) [582]. E o chamamento

---

efeitos em relação a terceiros independentemente do registo») se refere a todas as garantias reais que se extinguem com a venda executiva, sejam anteriores ou posteriores à penhora. Assim, TEIXEIRA DE SOUSA *Acção executiva singular*, cit., p. 387. Também PIRES DE LIMA e ANTUNES VARELA e ROMANO MARTINEZ depõem neste sentido – PIRES DE LIMA e ANTUNES VARELA, *Código Civil Anotado*, vol. II, cit., p. 99, ROMANO MARTINEZ, *Alguns aspectos*, cit., p. 329 ss. Em sentido contrário, cf. MENEZES CORDEIRO, *Da retenção*, cit., p. 559. Será legítimo considerar que o penhor de coisa móvel, enquanto direito cuja eficácia não depende de registo, deve sobreviver à venda executiva. Não se vê que assim seja, sob pena de introduzir uma distorção significativa quanto ao núcleo de poderes e faculdades que caracterizam um direito real de garantia, determinada em função do sistema de publicidade próprio de cada um desses direitos. Parece-nos, pelo contrário, mais plausível limitar os casos de excepção referidos na aludida norma aos direitos reais de gozo, excluindo, portanto, os direitos de garantia.

[581] Assim, TEIXEIRA DE SOUSA, *Acção executiva singular*, cit., p. 307 ss e MIGUEL MESQUITA, *Apreensão de bens*, cit., p. 157 ss. O credor pignoratício é um detentor, nos termos do direito de propriedade, possuindo a coisa em nome do proprietário, apesar de ser possuidor em nome próprio nos termos do seu direito de penhor (cf. ROMANO MARTINEZ e FUZETA DA PONTE, *Garantias*, cit., p. 174 e MENEZES LEITÃO, *Garantias*, cit., p. 200). Esta circunstância não o priva de defender a sua posse, mesmo contra o dono da coisa, através das acções de prevenção, de manutenção e de restituição da posse, previstas nos artigos 1276.º, 1278.º e 1285.º do CC. Contudo, não pode embargar de terceiro contra o arresto ou penhora da coisa empenhada em execução movida por terceiro contra o respectivo proprietário (cf. SALVADOR DA COSTA, *O concurso*, cit., pp. 43-44).

[582] O actual Código de Processo Civil elege um modelo de acção executiva singular, representado pela actuação processual de um exequente e de um executado e no qual a intervenção dos credores é admitida em termos restritos e na medida do necessário à eliminação de limitações que possam bulir com a venda ou adjudicação executivas dos bens que integram o património do executado. Assim, apenas são convocados, para intervirem na acção, os credores do executado que sejam titulares de direito real de garantia, registado ou conhecido (artigo 864.º n.º 3 b) do CPC). Isto sem prejuízo da possibilidade oferecida aos credores com garantia real de intervirem espontâneamente no processo, reclamando o seu crédito, desde que o façam até à transmissão dos bens penhorados (artigo 865.º n.º 3 do CPC). Este modelo não corresponde ao esquema que era seguido pelo Código de Processo Civil de 1939. Diverge, de igual modo, dos sistemas da maioria dos países europeus continentais – sobre este aspecto, pode ver-se LEBRE DE FREITAS, *A acção executiva*, cit., nota 3,

dos credores com garantia real ao processo é imprescindível, precisamente porque a venda executiva determina a extinção dos direitos reais de garantia que recaem sobre o bem (artigo 824.º n.º 2 do CC)([583]).

O critério da posse não é susceptível de alterar este enquadramento jurídico. Com efeito, tem-se ainda considerado que o possuidor formal não pode deduzir embargos de terceiro([584]). A posse a que se referem as normas dos artigos 351.º do Código de Processo Civil e 1285.º do Código Civil é, portanto, a posse causal, ligada à titularidade do direito real em função do qual é exercida([585]).

---

p. 304-305. Depois da reforma de 2003, deixaram de ser citados os credores desconhecidos. Ora, tratando-se de um credor com garantia real não registada – por exemplo, um penhor mercantil sem desapossamento sobre coisa móvel –, se o exequente não colaborar, conforme deve, no fornecimento da informação necessária à verificação das garantias que oneram o seu património (cf. artigo 864.º n.º 7 do CPC), aquele credor não será citado, ficando a possibilidade de reclamação do seu crédito dependente de o mesmo ter estado atento às vicissitudes que ocorram no património do devedor e, em especial, às eventuais acções executivas que lhe possam ter sido movidas. Sobre a reclamação de créditos, pode ver-se, entre outros, Teixeira de Sousa, *A reforma da acção executiva*, cit., p. 181 ss, Lebre de Freitas, *A acção executiva*, cit., p. 304 ss, Costa e Silva, *A reforma da acção executiva*, cit., p. 113 ss, Salvador da Costa, *O concurso*, cit., p. 237 ss e Ribeiro Mendes, «Reclamação de créditos no processo executivo», *Themis*, ano IV, n.º 7, 2003, p. 215 ss.

([583]) Caso se trate de uma hipoteca, há que distinguir consoante haja ou não registo anterior ao da penhora. Havendo registo da hipoteca anterior, o credor hipotecário é citado para reclamar o seu crédito. Caso o registo da penhora seja anterior ao da garantia, a constituição da hipoteca é inoponível à execução (cf. artigo 819.º do CC) e, portanto, o credor não será citado. Tratando-se de penhor, a possibilidade de citação do prestador da garantia acha-se na disponibilidade do executado, o qual deverá colaborar na execução, identificando os credores com garantia real sobre o bem penhorado. Fora desta hipótese, restará ao credor pignoratício intervir espontaneamente no processo, desde que no prazo legalmente fixado (artigo 865.º n.º 3 do CPC).

([584]) Assim, Teixeira de Sousa, *Acção executiva singular*, cit., p. 312, Remédio Marques, *Curso*, cit., p. 271 ss. Cf., porém, Lebre de Freitas, *A acção executiva*, cit., p. 283 ss e Miguel Mesquita, *Apreensão de bens*, cit., p. 109 ss.

([585]) A posse pode ser exercida pelo titular do direito real (posse causal) ou por um terceiro que não é titular de qualquer direito sobre a coisa, mas que age como se fosse (posse formal) – assim, Menezes Cordeiro, *Direitos reais*, cit., p. 602 e *A posse*, cit., pp. 85-86.

12. A posição jurídica do beneficiário da garantia

I. À luz dos critérios examinados, é possível considerar que se, na fase de *pendência da garantia*, o bem fiduciado for penhorado em acção executiva movida pelos credores do prestador da garantia, o beneficiário da garantia, estará, em princípio habilitado a deduzir embargos de terceiro. O seu direito real de gozo – ainda que funcionalizado a um propósito de garantia – será *incompatível com a penhora*[586]. Aquele sujeito disporá, ainda, da faculdade de intentar uma acção reivindicação (artigo 1311.º do CC), cuja procedência implicará o levantamento da penhora e a anulação da venda executiva dos bens reivindicados (artigo 909.º n.º 1 alínea d) do CPC)[587]. Em ambos os casos, deverão ficar ressalvadas as regras do registo.

Na propriedade em garantia, a base de sustentação da segurança do credor é o próprio direito de propriedade, é a atribuição de um direito real de gozo sobre o bem, e uma mera oneração, como sucederia no penhor. A autonomia privada das partes permite que possa haver garantias além das previstas no Código Civil, não se vislumbrando motivos para equiparar o beneficiário da garantia a um titular de um direito (acessório) de garantia, para efeitos do n.º 2 do artigo 824.º do Código Civil. Por outro lado, não parece que a tese que defendemos possa colocar em causa o disposto no n.º 1 do artigo 604.º do CC, vulgarmente associado a uma expressão do princípio *par con-*

---

[586] Seguindo a doutrina que considera que a posse é um direito real de gozo, poder-se-á entender que se trata de um direito que produz efeitos em relação a terceiros independentemente de registo (n.º 2 do artigo 824.º) e que, portanto, não se extingue com a venda executiva, legitimando a dedução de embargos de terceiro pelo respectivo titular. Cf. MENEZES CORDEIRO, *Direitos reais,* cit., p. 614 ss e *A posse,* cit., p. 159 ss. Contra, OLIVEIRA ASCENSÃO, *Direito civil. Reais,* cit., p. 130 ss.

[587] Os embargos de terceiro diferem da acção de reivindicação. Enquanto que o recebimento dos embargos determina, pelo menos, a suspensão da penhora (artigo 356.º do CPC), a propositura da acção de reivindicação (ou o protesto) implica apenas algumas exigências quanto à entrega do bem ao adquirente e prestação de caução pelo exequente que vise levantar o produto da venda (artigo 910.º n.º 1 e 911.º do CPC). Sobre a acção de reivindicação, cf. TEIXEIRA DE SOUSA, *Acção executiva singular,* cit., p. 317 ss, OLIVEIRA ASCENSÃO, «Propriedade e posse. Reivindicação e reintegração», *Separata da revista luso-africana de Direito,* n.º 1, 1997, p. 9 ss e MENEZES CORDEIRO, *Direitos reais,* cit., p. 591 ss.

ditio creditorum. O que esta norma nos diz é que «*não existindo causas legítimas de preferência, os credores têm o direito de ser pagos proporcionalmente pelo preço dos bens do devedor, quando ele não chegue para integral satisfação dos débitos*». Ora, a situação de garantia criada pela alienação em garantia não consubstancia uma forma de preferência, como o penhor ou a hipoteca. É uma situação *mais intensa* que a mera preferência, semelhante, quanto a este aspecto, à situação em que é investido o vendedor com reserva de propriedade e a outras situações em que o direito de propriedade é instrumentalizado com escopo de garantia. Por outro lado, não nos parece que por *causas legítimas* se deva entender *causas legais*, mas antes *causas cuja admissibilidade não seja contrariada por norma imperativa do sistema jurídico*.

A tese que acabamos defender tem sido aceite sem contestação, mesmo nos ordenamentos jurídicos que recorrem um princípio de *conversão da alienação em garantia em penhor perante casos especiais de pretensões concorrentes em concurso de credores*. É o caso do sistema alemão, no qual, conforme tivemos oportunidade de analisar, a orientação dominante reconhece que o beneficiário pode, perante uma penhora do bem requerida pelos credores do prestador, deduzir embargos de terceiro, para defesa do seu direito de propriedade (*Drittwiderspruchsklage*) [588].

---

[588] Nesse sentido, MANFRED WOLF, *Sachenrecht,* cit., § 784, HANSJÖRG WEBER, *Kreditsicherheiten,* cit., p. 176, JÜRGEN BAUR/ ROLF STÜRNER, *Sachenrecht,* cit., p. 724, DIETRICH REINICKE/KLAUS TIEDTKE, *Kreditsicherung,* cit., § 452 e sobretudo § 543 e ss, HARM WESTERMANN, *BGB – Sachenrecht,* cit., § 169, KARL SCHWAB/ HANNS PRÜTTING, *Sachenrecht,* cit., § 421, STEFAN GREVIN, *Der Treuhandgedanke,* cit., p. 41, NORBERT REICH, *Die Sicherungsübereignung,* cit., p. 106 e KARL HAEGELE, *Eigentumsvorbehalt,* cit., p. 114 ss. A posição minoritária entende, porém, que ao beneficiário da garantia assiste um mero direito de pagamento preferencial (§ 805 ZPO) e não um direito de dedução de embargos de terceiro – nesse sentido, PETER BÜLLOW, *Recht der Kreditsicherheiten,* cit., § 1272. Para um confronto entre as duas teses, pode ver-se DIETRICH REINICKE/KLAUS TIEDTKE, *Kreditsicherung,* cit., § 543, ROLF SERICK, *Eigentumsvorbehalt,* cit., p. 207 ss, NORBERT REICH, *Die Sicherungsübereignung,* cit., p. 106 e KARL HAEGELE, *Eigentumsvorbehalt,* cit., p. 114 ss, ANJA FUNK, *Die Sicherungsübereignung,* cit., p. 180 ss.

II. Também na cessão de créditos em garantia, pode o direito de crédito que constitui a garantia do cessionário ser penhorado. Neste caso, o devedor cedido é notificado de que o crédito fica à ordem do tribunal (cf. artigo 856.º do Código de Processo Civil)[589]. O cessionário torna-se, em virtude da cessão, titular pleno do crédito e, em princípio, o seu direito é bastante para justificar a dedução de embargos de terceiros, para oposição à penhora[590]. Esta solução mantém-se no caso de o devedor cedido ter sido notificado da penhora (cf. artigo 856.º do CPC), mas não da cessão de créditos em garantia, uma vez que, conforme se viu, a notificação do devedor cedido não é condição de oponibilidade a terceiros da cessão[591].

III. O cenário acabado de descrever pode alterar-se substancialmente na *fase da retransmissão da garantia*, isto é, depois vencida e paga a obrigação garantida. Conforme se viu, uma vez satisfeita a

---

[589] O devedor estará obrigado, de acordo com o n.º 2 do artigo 856.º do Código de Processo Civil, a declarar que a titularidade do direito de crédito assiste ao cessionário e não ao cedente. Colocar-se-á nesta sede a questão de saber, perante o disposto no n.º 3 do artigo 856.º do Código de Processo Civil, quais os efeitos do silêncio do devedor relativamente à identidade do credor. Processualmente, apesar de não ser parte na execução, pode ser condenado enquanto litigante de má fé (n.º 4 do artigo 856.º do Código de Processo Civil). Do ponto de vista do direito substantivo, não parece que a regra constante do n.º 3 do artigo 856.º do Código de Processo Civil pretenda afastar o regime jurídico substantivo quanto à titularidade do direito de crédito. O que se verifica é que o devedor ficará obrigado a prestar perante o cessionário (artigo 583.º n.º 1 do Código Civil) e, também, perante o credor a quem o crédito venha a ser vendido ou adjudicado em resultado da acção executiva. A solução é, portanto, idêntica à do devedor que, tendo sido notificado da cessão, cumpra perante o cedente; não fica, em virtude disso mesmo, desobrigado perante o cessionário.

[590] Neste sentido, MENEZES LEITÃO, *Cessão de créditos*, cit., p. 399. Cf., também, VÍTOR NEVES, *A afectação de receitas*, cit., pp. 185-186. MARIA DE ASSUNÇÃO CRISTAS também examina a questão, concluindo que, caso se adopte o sistema do contrato translativo, o cessionário estará protegido perante a penhora dos credores do cedente, podendo deduzir embargos de terceiro (artigo 351.º do Código de Processo Civil) – *Transmissão contratual*, cit., p. 339. No sentido da admissibilidade de embargos de terceiro para defesa de qualquer direito, desde que incompatível com a penhora, MIGUEL MESQUITA, *Apreensão de bens*, cit., p. 239 ss, em especial p. 243.

[591] Cf. PESTANA DE VASCONCELOS, *Cessão de créditos em garantia*, cit., p. 413 ss.

obrigação garantida, ou o bem se transmite automaticamente para a esfera jurídica do prestador da garantia, ou o beneficiário da garantia fica obrigado a retransmitir o bem fiduciado para o prestador da garantia.

No primeiro caso, havendo cumprimento, o património do prestador da garantia *readquire imediatamente* o bem fiduciado, passando por isso a responder pelas dívidas do respectivo titular (artigo 601.º do CC). Do mesmo modo, o beneficiário da garantia *perde automaticamente* quaisquer direitos sobre o bem fiduciado, pelo que não lhe será permitida a dedução de embargos de terceiro perante uma penhora em acção movida pelos credores do prestador da garantia.

Na segunda hipótese, parece-nos que haverá que reconhecer aos credores do prestador da garantia *meios que permitam obstar a que o beneficiário da garantia simultaneamente viole o pacto fiduciário e exerça direitos deveriam ter sido transmitidos ao prestador da garantia*. Nesta sede, será de considerar o recurso à sub-rogação para executar especificamente a obrigação de retransmissão do bem fiduciado. De acordo com o disposto no n.º 1 do artigo 606.º do CC, *«sempre que o devedor o não faça, tem o credor a faculdade de exercer contra terceiro, os direitos de conteúdo patrimonial que competem àquele, excepto se, pela sua própria natureza ou disposição da lei, só poderem ser exercidos pelo respectivo titular»*. Esta norma jurídica habilitará os credores do prestador da garantia a exercer quaisquer direitos de conteúdo patrimonial de que este *disponha sem exercer*, incluindo o direito de execução específica (artigo 830.º do CC).

13. *A posição jurídica do prestador da garantia*

I. Na *pendência da garantia*, o alienante do bem sob condição resolutiva disporá, em princípio, do direito de praticar actos que impliquem uma *conservação do seu direito*. De acordo com o artigo 273.º do Código Civil, na pendência da condição suspensiva, o adquirente do direito pode praticar actos conservatórios e igualmente os pode realizar, na pendência da condição resolutiva, o devedor ou alienante condicional [592]. *Dever-se-á integrar no âmbito destes actos conservatórios os meios de reacção, judicial a uma penhora do bem fiduciado?* Parece-nos que sim, desde que a defesa judicial seja uma providência necessária para acautelar o direito futuro [593]. A lei não distingue meios de reacção, não nos parecendo haver motivos para o fazer. Aliás, a *reacção judicial* será mesmo um *meio paradigmático* de exercício de direitos de conservação da posição jurídica daquele a quem a condição aproveita.

Sendo o prestador da garantia titular de uma *expectativa*, será de admitir que os respectivos credores possam penhorar aquela situação jurídica, nos termos previstos no n.º 1 do artigo 860-A do Código de Processo Civil [594]. Neste caso, as formalidades de penhora a observar são, com as devidas adaptações, as dispostas no Código de Processo Civil para a penhora de créditos [595]. Contudo, se a coisa sobre a qual recai o direito ou a expectativa estiver na posse ou detenção do executado, esta poderá ser apreendida, segundo o regime da apreensão de coisas (artigo 860-A n.º 2) [596]. Se as condições necessárias à aquisi-

---

[592] Por actos de conservação devem entender-se «*aqueles que se destinam a assegurar a integridade do património ou do direito de um determinado sujeito, em ordem a garantir a utilidade de uma posição jurídica do titular do direito de agir conservatoriamente*» – RAQUEL REI, *Da expectativa jurídica*, cit., p. 170.

[593] Esta hipótese é, entre nós implicitamente considerada por TEIXEIRA DE SOUSA, ao preconizar a possibilidade de dedução de embargos de terceiro «*nas situações de propriedade do executado sujeita a uma condição resolutiva, como, por exemplo, a alienação em garantia a favor daquela parte*» – TEIXEIRA DE SOUSA, *Acção executiva singular*, cit., p. 309. Deve, porém, notar-se que no caso de coisas corpóreas registáveis, o exercício de um acto conservatório em termos oponíveis a terceiros dependerá, naturalmente, da verificação de condições de publicidade quanto à própria condição.

[594] Na doutrina portuguesa, também TEIXEIRA DE SOUSA defendeu, já antes da reforma da acção executiva, a inclusão no artigo 860.º-A da expectativa do «*vendedor na alienação com função de garantia à restituição da coisa*» – TEIXEIRA DE SOUSA, *Acção executiva singular,* cit., p. 284.

[595] Assim, a penhora é feita mediante notificação da contraparte no contrato de que o direito que assiste ao executado se encontra à ordem do tribunal (cf. artigo 856.º do CPC).

[596] Entendendo tratar-se de uma penhora, idêntica ao regime da penhora de direitos reais não susceptíveis de apreensão, RUI PINTO, *A acção executiva,* cit., p. 168-169.

ção do direito se verificarem antes da venda executiva, a penhora, originariamente de direitos, converter-se-á em penhora de coisa móvel (artigo 860-A n.º 3 do CPC)[597]. Caso, no decurso da acção executiva, a obrigação garantida se vença e o devedor não cumpra, a penhora extingue-se, por desaparecimento do seu objecto.

II. Nos demais casos, isto é, quando a alienação em garantia surge *desligada de qualquer* condição, o prestador da garantia disporá de uma tutela meramente obrigacional. No elenco dos direitos reconhecidos pelo n.º 2 do artigo 824.º não se integram direitos meramente relativos, relacionados com o cumprimento de obrigações. Por este motivo, o prestador da garantia que não beneficie dos *poderes próprios do alienante condicional* não deverá contar com a possibilidade de deduzir embargos de terceiro[598]

Também na cessão de créditos em garantia, se for ordenada a penhora do crédito em execução movida por credores do cessionário na fase da pendência da garantia, em princípio o cedente não poderá opor-se à penhora do bem, por não dispor de um direito incompatível com a penhora[599]. Esta situação verificar-se-á mesmo nos casos especiais de alienação fiduciária em garantia ao abrigo do Decreto-lei n.º 105/2004.

Esta solução merece, porém, desvios sempre que, recaindo a garantia sobre coisas corpóreas, o prestador mantenha a *posse fiduciária* do bem. Nestas hipóteses, o critério possessório poderá habilitar à dedução de embargos de terceiro[600].

---

[597] Cf. TEIXEIRA DE SOUSA, *Acção executiva singular,* cit., p. 285 e RUI PINTO *Penhora e alienação,* cit., pp. 153-154.

[598] Assim, VAZ SERRA, *Cessão*, cit., pp. 194-195, MENEZES LEITÃO, *Garantias,* cit., p. 276 e PAIS DE VASCONCELOS, *Contratos atípicos,* cit., pp. 289-290, *Teoria geral,* cit., p. 484.

[599] *Vide,* porém, PESTANA DE VASCONCELOS, *Cessão de créditos em garantia,* cit., p. 210 ss.

[600] O mesmo deverá verificar-se se o prestador da garantia for locatário do bem. Apesar das dúvidas quanto à natureza do direito do locatário (real ou pessoal), bem como a sua relação com a norma do artigo 824.º n.º 2 do Código Civil (inclusão ou exclusão, respectivamente), a doutrina converge quanto à possibilidade de o locatário cujo direito tenha sido constituído ou registado antes da penhora deduzir embargos de terceiro, de acordo com o disposto nos artigos 1057.º e 1037.º n.º 2 do

III. A tese que perfilhamos *quanto à situação do prestador da garantia na fase de pendência desta* implica um afastamento das orientações que, partindo de uma dissociação entre situações materiais e situações formais, intensificam a tutela do prestador da garantia, em detrimento da atribuição de direitos ao beneficiário da mesma. São elas a *teoria da propriedade material ou dividida* e a *tese do mandato*, entre nós divulgada por PESTANA DE VASCONCELOS.

A ideia de uma propriedade material ou dividida foi defendida por GIUSTO JAEGER. Este autor preconizou, na esteira de DERNBURG, que o fiduciante, embora não seja proprietário, disporá de um direito à restituição do bem, susceptível de fundar um *ius separationis* em processo de insolvência do fiduciário [601]. Esta tese foi também seguida em Espanha por DÍEZ-PICAZO e ANTÓNIO GULLÓN [602] e por HERNÁNDEZ GIL [603].

Influenciou, ainda, a doutrina germânica dominante, segundo a qual, como se viu, ao prestador da garantia é reconhecido o direito de dedução de embargos de terceiro, bem como o direito de separação do bem em processo de insolvência do beneficiário da garantia. Neste ordenamento jurídico, tem-se realçado que as posições jurídicas das partes na alienação em garantia não são estáticas, podendo adquirir conformações diversas, por força do princípio de conversão (*Umwandlungsprinzip*) [604]. Este princípio permite, por outro lado, fazer prelavecer a titularidade material ou económica do bem (*wirtschaftliche Vermögenzugehörigkeit*), em detrimento da sua pertença meramente formal. O beneficiário seria proprietário do bem perante todos, excepto perante o prestador da garantia, a quem, na relação interna, assistirá o direito de propriedade [605]. ROLF SERICK nota ainda que existe trans-

---

Código Civil – TEIXEIRA DE SOUSA, *Acção executiva singular*, cit., pp. 311 ss e 390 ss e MIGUEL MESQUITA, *Apreensão de bens*, cit., p. 188 ss. Diversamente, quanto à situação do comodatário, cf. TEIXEIRA DE SOUSA, *Acção executiva singular*, cit., pp. 311-312 e MIGUEL MESQUITA, *Apreensão de bens*, cit., p. 192 ss.

[601] GIUSTO JAEGER, *La separazione*, cit., p. 330 ss.
[602] DÍEZ-PICAZO/ANTÓNIO GULLÓN, *Sistema de derecho civil*, vol. II, cit., p. 89.
[603] *Apud* RODRÍGUEZ-ROSADO, *Fiducia y pacto de retro*, cit., p. 118, nota 23.
[604] ROLF SERICK, *Le garanzie mobiliari*, cit., pp. 20-21.
[605] ANJA FUNK, *Die Sicherungsübereignung*, cit., p. 130 ss.

missão da propriedade, mas por via do costume, admite-se a força *quase real* do direito do prestador da garantia[606].

Para a teoria da propriedade material, o tratamento da relação entre o fiduciário e terceiros (vertente externa) não se confunde com a tutela dispensada ao relacionamento entre o fiduciário e o fiduciante (vertente interna do negócio fiduciário). Perante terceiros, o fiduciário será o proprietário pleno do bem, enquanto que perante o fiduciante será um simples mandatário ou um credor com garantia real. Nesta tese, o direito de propriedade seria desmembrado, figurando com um carácter formal ou material, consoante as circunstâncias[607]. Considera-se que o fiduciante é o proprietário material do bem, sendo apenas a propriedade formal transmitida ao fiduciário. Nesta medida, entende-se que aquele sujeito poderá separar o bem fiduciado no processo de insolvência do fiduciário e que estará, ainda, habilitado a deduzir embargos de terceiro, em caso de penhora do bem ou do direito fiduciado. Perante terceiros, prevalecerá a propriedade formal do fiduciário, o que também explica que a alienação que o fiduciário fizer do seu direito seja válida e oponível ao fiduciante.

Esta construção não tem, porém, merecido o acolhimento da doutrina dominante nos ordenamentos jurídicos causais[608]. Nas palavras de GARRIGUES DIAZ-CAÑABATE: «*no nosso Direito ou se é proprietário ou não se é; mas não há uma posição intermédia de propriedade que o seja perante determinadas pessoas e não o seja perante outras*»[609].

---

[606] ROLF SERICK, *Eigentumsvorbehalt*, cit., p. 206 e, do mesmo autor, *Le garanzie mobiliari*, cit., pp. 19-20. Cf., também, ANJA FUNK, *Die Sicherungsübereignung*, cit., p. 138 ss. Referindo-se também aos efeitos *quase reais* da alienação fiduciária em garantia, STEFAN GREVIN, *Der Treuhandgedanke*, cit., pp. 53-54, DIETRICH REINICKE/KLAUS TIEDTKE *Kreditsicherung*, cit., § 504.

[607] Cf. CARRASCO PERERA/CORDERO LOBATO/MARÍN LÓPEZ, *Tratado*, cit., pp. 1060-1061 e SANCHEZ LORENZO, *Garantias reales*, cit., pp. 170-171.

[608] JORDANO BARREA, *El negocio fiduciario*, cit., p. 105 ss, NAVARRO MARTORELL, *La propriedad fiduciaria*, cit., pp. 98-99, 175 e 193 ss, VIDAL MARTÍNEZ, *La venta en garantia*, cit., p. 221, LAURA SANTORO, *Il negozio fiduciario*, cit., pp. 200-201, GARRIGUES DIAZ-CAÑABATE, *Negocios fiduciarios*, cit., p. 82 ss, LUIGI CARIOTA-FERRARA, *I negozi fiduciari*, cit., p. 30 ss.

[609] GARRIGUES DIAZ-CAÑABATE, *Negocios fiduciarios,* cit., p. 85. Também para SANCHEZ LORENZO os resultados desta teoria são louváveis, mas a sua construção é forçada e não se harmoniza com o princípio causalista – SANCHEZ LORENZO, *Garantias*

Parece-nos que a teoria da propriedade dividida apresenta uma colocação correcta das pretensões concorrentes do beneficiário e do prestador da garantia sobre o bem fiduciado. Contudo, será difícil atribuir ao prestador da garantia uma *tutela real*, em particular nos casos em que a propriedade em garantie verse sobre uma coisa corpórea. De acordo com o n.º 1 do artigo 1306.º, não é permitida a constituição, com carácter real, de restrições ao direito de propriedade ou de figuras parcelares deste direito senão nos casos previstos na lei, mais se determinando que toda a restrição resultante de negócio jurídico, que não esteja nestas condições, tem natureza obrigacional [610]. O *numerus clausus* não se tem restringido ao direito de propriedade, nem a faculdades que o componham. Integra, também, quaisquer outros direitos reais, de gozo ou de aquisição e, ainda, garantias reais [611]. Assim, podemos assentar num recorte de direito real como afectação de uma coisa corpórea aos fins ou interesses de um sujeito privado, traduzida, portanto, num direito dotado de inerência, sequela e, tendencialmente oponível *erga omnes* [612]. Ora, a tipicidade pode

---

reales, cit., p. 170. Em Itália, LUIGI CARIOTA-FERRARA opôs-se a esta possibilidade, notando que a propriedade relativa ou formal é um *non senso*; não há uma propriedade interna e externa, porque «*a propriedade existe enquanto tal apenas se existe e vale perante todos*» – LUIGI CARIOTA-FERRARA, *I negozi fiduciari*, cit., p. 30.

[610] Sobre este artigo, veja-se ANTUNES VARELA/PIRES DE LIMA, *Código Civil Anotado*, com a colaboração de M. Henrique Mesquita, *Código Civil Anotado*, vol. III, 2.ª edição, Coimbra Editora, Coimbra, 1987, p. 95 e OLIVEIRA ASCENSÃO, *A tipicidade dos Direitos reais,* Lisboa, 1968, p. 82 ss. O Código de Seabra não contemplava uma disposição idêntica, muito embora o princípio da tipicidade já fosse admitido pela doutrina e pela jurisprudência.

[611] MENEZES CORDEIRO, *Direitos reais,* cit., p. 335.

[612] Ultrapassadas as doutrinas clássicas que equipararam o direito real a um poder directo e imediato sobre uma coisa e afastada a orientação dita moderna da pandectística alemã, do direito real como direito absoluto, oposto a todos, violável por todos e oponível a todos, a reordenação do conceito de direito real, tendo por base uma reformulação da noção de direito subjectivo, foi iniciada por GOMES DA SILVA (GOMES DA SILVA, *Curso de Direitos reais*, Apontamentos das lições proferidas no curso do 4.º ano jurídico de 1955-57 proferidas pelo Sr. Prof. Doutor Gomes da Silva, compilados pelas alunas Maria de Jesus Lamas Moreira e Maria Tereza Pires Vicente, AAFDL, Lisboa, 1955, p. 5 ss.), tendo sido, mais tarde, desenvolvida, ainda que em sentidos diversos, por OLIVEIRA ASCENSÃO e por MENEZES CORDEIRO. OLIVEIRA ASCENSÃO defende o carácter absoluto dos direitos reais, na medida em que a ordem jurídica garante uma posição absoluta ao seu titular, independentemente de

ser entendida como portadora de dois efeitos. Por um lado, «*nos sectores dominados pela tipicidade normativa, tudo quanto não caiba nos tipos legais não é jurídico, para efeito desses sectores*» ([613]). Por outro lado, impede ou dificulta a aplicação das normas que retratam situações típicas a casos análogos. Na perspectiva de OLIVEIRA ASCENSÃO, a criação de um *novo* direito de carácter real ficará confinada aos casos de criação consuetudinária e de revelação de uma regra *implícita* numa determinada norma jurídica ([614]).

À luz destas considerações, parece-nos que o sistema jurídico português actual não admite a atribuição ao fiduciante de direitos com carácter real sem que tal concessão resulte do texto da lei ([615]). Por

---

qualquer relação particular (*Direito civil.Reais*, cit., p. 44 ss. Cf., também, do mesmo autor, *Propriedade e posse*, cit., p. 10 e p. 13). O autor indica ainda como características dos direitos reais a inerência e a afectação funcional, traços dos quais decorrem, depois, as marcas da sequela e da prevalência. A absolutidade apenas será afastada se «*alguém, tendo adquirido posteriormente, de boa fé, e a título oneroso, um direito incompatível sobre a mesma coisa, o registar antes de o verdadeiro titular o ter feito*» – OLIVEIRA ASCENSÃO, *Direito civil. Reais*, cit., p. 362 ss. Do ponto de vista deste autor, a situação específica do adquirente que não regista é explicável pelo facto de o direito real ter uma eficácia absoluta resolúvel. A resolução corresponderia à verificação de um facto composto por aquisição aparente a título oneroso por parte de terceiro de boa fé e registo dessa aquisição – *Direito civil. Reais*, cit., p. 362. A orientação de OLIVEIRA ASCENSÃO é seguida pela maioria da doutrina portuguesa (cf. ANTUNES VARELA, *Das Obrigações em Geral*, vol. I, 10.ª edição, Almedina, Coimbra, 2000, p. 166 ss, MENEZES LEITÃO, *Direito das obrigações*, I, cit., p. 97 ss e CARVALHO FERNANDES, *Lições de Direitos reais*, 4.ª edição, Quid Iuris, Lisboa, 2004, p. 44 ss, entre outros). Contra este entendimento, pronunciou-se MENEZES CORDEIRO. Este autor veio propor uma definição de direito real enquanto «*afectação jurídico-privada de uma coisa corpórea aos fins das pessoas individualmente consideradas*» – *Direitos reais,* cit., p. 255. Para MENEZES CORDEIRO, o nosso sistema jurídico não teria acolhido um princípio de eficácia *erga omnes* dos direitos reais, sendo de aceitar hipóteses de direitos reais inoponíveis, como é o caso do direito real do adquirente que não regista perante um segundo adquirente, que, apesar de adquirir o bem *a non domino* do transmitente, registou essa aquisição – *Direitos reais,* cit., p. 302 ss. As marcas distintivas dos direitos reais seriam, assim, apenas sequela, a inerência, a sua referência exclusiva a coisas corpóreas e, tendencialmente, a publicidade.

([613]) MENEZES CORDEIRO, *Direitos reais,* cit., p. 332.
([614]) Nesse sentido, OLIVEIRA ASCENSÃO, *Direito civil. Reais*, cit., p. 161 ss.
([615]) A solução adoptada pelo Código Civil é a de que a criação de direitos reais atípicos não é possível, devendo esse direito converter-se num direito de cariz obrigacional (cf. artigo 1306.º n.º 1 *in fine*). Apenas se esta conversão não for possível,

isso, do ponto de vista do Direito constituído, não encontramos razões que sustentem uma construção *prater legem* nem, muito menos, contrária ao disposto no artigo 1306.º do Código Civil ([616]).

Além da difícil compatibilidade com o princípio da tipicidade dos direitos reais, outros argumentos obstam à adopção da teoria da propriedade material. Com efeito, constata-se uma relativa indefinição quanto aos termos da recondução do direito de propriedade formal do beneficiário da garantia a um direito real de garantia.

Por outro lado, a teoria da propriedade material não permite uma distinção clara entre direitos reais de garantia e direitos reais que desempenham uma função de garantia, mas que não partilham a estrutura típica daqueles. A alienação fiduciária em garantia dá origem a uma situação jurídico-real que tutela o credor e que, portanto, lhe serve de garantia. Contudo, *não deve ser reconduzida aos direitos reais de garantia típicos previstos na lei, sob pena de se fazer tábua rasa da vontade das partes, expressa naquele negócio jurídico.*

Acrescem outras dificuldades quando, tratando-se de uma situação puramente civil e relativa a coisa móvel não sujeita a registo, o pres-

---

é que haverá que prescrever uma solução de nulidade, por contrariedade a uma norma legal imperativa (artigo 280.º do Código Civil).

([616]) O ponto merece, porém, reflexão quanto ao Direito a constituir. O princípio da tipicidade dos Direitos reais foi, durante muito tempo, marcado por um certo sentido liberal, próprio das codificações oitocentistas, em especial das seguidoras do Código Civil napoleónico. A evolução social ditou-lhe, contudo, uma mudança de significado e de alcance. O sentido contemporâneo da tipicidade não é – nem pode ser – o de uma limitação legal da autonomia privada das partes, baseada numa premissa de valor máximo dos ditames do legislador na ordenação da vida social. Com efeito, pode considerar-se que, nos dias de hoje, falham os motivos que tradicionalmente explicavam este princípio. Tem-se dito que a tipicidade pretende obstar à constituição de situações indesejáveis, do ponto de vista económico e social e clarificar o próprio sistema dos direitos reais, nomeadamente por facilitação do conhecimento do conteúdo dos mesmos e da sua inscrição no registo. Porém, a inadequação de certa situação pode ser reprimida pelo Direito por outras vias de correcção negocial, não sendo necessário restringir *a priori* a autonomia privada das partes. Por outro lado, arredado o motivo do *controlo social*, será questionável se os imperativos da tipicidade não serão, afinal, propósitos do princípio da publicidade a que qualquer direito oponível *erga omnes* deveria estar sujeito. Para uma apreciação crítica do referido princípio da tipicidade dos direitos reais, *vide*, por todos, OLIVEIRA ASCENSÃO, *A tipicidade,* cit., p. 76 ss *et passim.*

tador da garantia conserve a posse da coisa: *como poderá o direito em apreço ser convertido em penhor?*

IV. Um outro ponto de vista foi recentemente defendido por PESTANA DE VASCONCELOS. Este autor veio defender a susceptibilidade de aplicação analógica da regra prevista no artigo 1184.º do Código Civil quanto ao mandato sem representação a situações análogas respeitantes, *grosso modo*, a negócios que pudessem ser qualificados de fiduciários, entre os quais se incluiria a cessão de créditos em garantia [617].

O artigo 1184.º do Código Civil estabelece que «*os bens que o mandatário haja adquirido em execução do mandato e devam ser transferidos para o mandante, nos termos do n.º 1 do artigo 1181.º não respondem pelas dívidas daquele, desde que o mandato conste de documento anterior à data da penhora desses bens e não tenha sido feito o registo da aquisição, quando este esteja sujeita a registo*». O legislador considerou que o património resultante de aquisições realizadas em execução do mandato não deve responder pelas dívidas do mandatário. Trata-se, evidentemente, de uma norma excepcional que visa tutelar o mandante e os respectivos credores [618].

PESTANA DE VASCONCELOS começa por considerar que o mandato para adquirir consiste num *exemplo límpido, no nosso ordenamento, de um negócio fiduciário* [619]. O mandatário, tal como o fiduciário, adquiriria uma titularidade instrumental, um acréscimo patrimonial meramente temporário. Por isso, segundo o autor, no artigo 1184.º «*trata-se de decidir (...) uma questão mais lata: saber se, em caso de penhora, num negócio fiduciário, os bens adquiridos pelo fiduciário em execução desse contrato, atendendo à natureza da sua titularidade, deve ter tratamento diverso dos seus restantes bens, no que diz respeito à responsabilidade pelas suas obrigações*», considerando ainda ser

---

[617] PESTANA DE VASCONCELOS, *Cessão de créditos em garantia*, cit., p. 210 ss.

[618] Como nota JANUÁRIO COSTA GOMES, «*seria injusto que os credores do mandatário pudessem sempre fazer-se pagar por bens que, à partida e a final, se destinam a outrem e cuja titularidade jurídica não corresponde summo rigore, a um acréscimo patrimonial*» – COSTA GOMES, «Mandato», *Direito das obrigações*, 3.º vol., coord. MENEZES CORDEIRO, AAFDL, 1991, pp. 404-405. Cf, também, PESSOA JORGE, *Mandato sem representação*, cit., pp. 286-287.

[619] PESTANA DE VASCONCELOS, *Cessão de créditos em garantia*, cit., p. 213.

possível «*afirmar que o artigo 1184.º, embora consagre, efectivamente, uma regra oposta à do regime geral da responsabilidade do património pelas obrigações do seu titular, é ele próprio consagração de um critério decisório do legislador no que diz respeito a negócios com estruturas fiduciárias, de que haverá que averiguar a transponibilidade para outros negócios que recorram a essas estruturas*» ([620]). Na tese deste autor, os riscos emergentes das limitações à oponibilidade *erga omnes* do pacto fiduciário seriam apaziguados pela aplicação de um regime jurídico especial de separação ou segregação patrimonial.

Esta construção, de inegável interesse, revela, porém, um *alcance limitado* no âmbito da questão que nos ocupa (isto é, da determinação da posição jurídica do prestador da garantia perante uma penhora do bem fiduciado pelos credores do beneficiário). É certo que existe um círculo de *dissemelhança* entre mandato e *fiducia cum creditore*, circunstância que, aliás, PESTANA DE VASCONCELOS não nega, reconhecendo que o artigo 1184.º só *por analogia* poderá ser aplicado aos negócios fiduciários para garantia ([621]). Mas não é esta a razão que,

---

([620]) Idem, p. 223.

([621]) *Idem, Cessão de créditos em garantia*, cit., p. 219 e p. 221. A prática de actos jurídicos poderá, quanto muito, colocar-se nas hipóteses, restritas, de cessão de créditos em garantia em que, tendo havido notificação do devedor cedido, o cessionário esteja obrigado a gerir as relações com este, em especial tendo em vista a cobrança do crédito cedido em garantia. Mas, ainda nestas, haverá que atender, em primeira linha, à declaração de vontade expressa pelas partes no próprio pacto fiduciário. Também PAIS DE VASCONCELOS refere que «*a qualificação do negócio fiduciário como mandato sem representação é redutora e que o mandato sem representação, como tipo contratual, não se adequa, pois, aos contratos fiduciários, de cuja realidade não cobre mais do que uma parte*» (*Contratos atípicos*, p. 256, nota 522). PESTANA DE VASCONCELOS também não nega a diferente natureza da relação fiduciária para administração e da relação fiduciária para garantia, reconhecendo que «*não há neste caso um dever de administração dos direitos transmitidos (ou coisas seu objecto), pelo menos, como dever principal de prestação*» – *Cessão de créditos em garantia*, cit., p. 151 – e ainda que «*no negócio fiduciário para gestão, o direito é transmitido com essa finalidade: para que o fiduciário proceda à administração. No negócio fiduciário em garantia, qualquer administração que venha a ser desempenhada, além do seu carácter mais restrito, será meramente instrumental à conservação do valor patrimonial que o objecto da garantia representa*» e «*por isso se pode dizer que o dever de protecção no negócio fiduciário em garantia é mais amplo do que o dever de protecção – paralelo – que se verifica no negócio fiduciário para administração*» (ob. cit., p. 155).

quanto a nós, deve afastar a aplicação do artigo 1184.º sempre que o bem fiduciado seja atacado por credores do beneficiário da garantia na sua esfera jurídica, estando a obrigação garantida pendente de cumprimento.

A razão que nos distancia de PESTANA DE VASCONCELOS é a *diferente destinação do bem* no caso do mandato e da fidúcia para garantia *na fase da pendência da garantia*. Como vimos, no mandato sem representação trata-se de bens que, parafraseando COSTA GOMES, *à partida e a final, se destinam a outrem*. Ora, na alienação em garantia não é possível determinar, na data da celebração do negócio, se o bem *se destina, a final, a outrem*. Por dois motivos. Em primeiro lugar, porque na alienação em garantia a pertença definitiva do bem só será conhecida quando a obrigação garantida se vencer, pois só nesse momento é possível determinar se o beneficiário da garantia pode manter a titularidade do bem ([622]). Na pendência da garantia (e, portanto, no prazo para cumprimento da obrigação garantida), não há um dever de retransmissão do bem para o fiduciante e, mesmo na fase de execução da garantia (isto é, após o incumprimento da obrigação garan-

---

([622]) Diferentemente, PESTANA DE VASCONCELOS considera que «*a titularidade do fiduciante (...) não levando a um acréscimo patrimonial líquido, é uma titularidade temporária e instrumental*» (ob. cit., nota 499, p. 227 ss. O autor entende, por isso que, «*a titularidade do fiduciário é meramente provisória e insere-se num arranjo contratual mais amplo; o direito não se firma definitivamente no adquirente, porque, mesmo no caso de incumprimento por parte do fiduciante, o fiduciário, em regra, terá de o alienar para se satisfazer com o produto da transacção, embora se possa admitir que este fique com ele em determinados casos que não ofendam a proibição do pacto comissório*» – idem, p. 226. O autor reconhece a distinção entre as situações de pendência e de retransmissão da garantia, mas entende que a titularidade funcional e temporária, análoga à do mandatário, existe tanto num caso como no outro. Esta perspectiva resulta com clareza das palavras do autor, quando refere que «*quando o devedor/fiduciante/garante tiver cumprido a sua obrigação, nasce (...) a obrigação do credor/fiduciário/garantido de retransferência; do ponto de vista do conflito de interesses, estamos perante um caso muito semelhante àquele previsto directamente pelo artigo 1184.º, justificando-se a aplicação analógica deste preceito. A situação é diferente na eventualidade de a obrigação não ter sido cumprida, uma vez que o crédito à retransmissão está dependente do cumprimento. Porém, mesmo nesta hipótese (...), a natureza da titularidade (...) não se altera pelo facto de a obrigação garantida ainda não ter sido cumprida*» – PESTANA DE VASCONCELOS, *Cessão de créditos em garantia*, cit., pp. 235-236.

tida), há sempre a possibilidade do fiduciário fazer seu o bem alienado em garantia, cumpridas as condições do pacto marciano que adiante trataremos. Quer dizer que é da natureza própria da garantia que, incumprida a obrigação garantida, o credor possa, dentro de certos limites, apropriar-se em absoluto – sem qualquer condicionamento, ainda que obrigacional – do objecto da garantia ([623]). Ora, se assim é, falha a previsão da norma que se refere a bens que o mandatário haja adquirido e devam ser transferidos para o mandante. Na pendência da garantia não há possibilidade de saber se o bem deve ou não ser transferido para o mandante. Esta situação é meramente eventual e depende de uma circunstância que o beneficiário da garantia não controla. No mandato para adquirir, tal como na venda com reserva de propriedade, se o bem não for transmitido para o seu destinatário final (o comprador ou o mandante, respectivamente), é porque houve uma *perturbação no figurino obrigacional* traçado pelo negócio. Já na alienação em garantia, o incumprimento da obrigação garantida *não é uma perturbação do negócio de alienação em garantia*, mas de um *outro negócio*, a montante deste, do qual deriva a obrigação garantida. Ora, assim sendo, a pertença do bem ao património do beneficiário da garantia é superior na alienação em garantia. Nesta, não se trata de um bem que, nas palavras do artigo 1184.º, *deva ser transmitido*, mas de um bem que *poderá dever ser transmitido ao prestador da garantia*. Acresce que a regra da *imunização* do bem fiduciado perante o concurso de credores do beneficiário da garantia merecerá, certamente, um enfoque diverso nos casos em que a alienação em garantia tenha sido convencionada sob condição resolutiva do cumprimento da obrigação.

---

[623] Parece-nos, porém, quanto a este ponto ser diversa a tese de Pestana de Vasconcelos, na medida em que o autor pressupõe que, se o devedor não cumprir, o credor «*poderá satisfazer-se através do produto da liquidação dos direitos transferidos em garantia*» – Cessão de créditos em garantia, cit., p. 15; cf. ainda pp. 133, 152, 163 *et passim*. Na lógica do autor, «*na eventualidade de o cedente não realizar a sua prestação dentro do prazo fixado, o cessionário poderá satisfazer-se da quantia em dívida através do montante cobrado (se o crédito transferido já se tiver vencido e se o devedor cedido tiver pago), ou através do produto da alienação desse direito, se o crédito tiver uma data de vendimento posterior, em ambos os casos com extinção da obrigação garantida*» – idem, p. 348.

Na alienação em garantia, caso haja incumprimento da obrigação garantida, o beneficiário pode *fazer sua a coisa onerada*, desde que respeite certas condições, que adiante examinaremos. Quer dizer que não há razão para supor que, em caso de inadimplemento, o beneficiário da garantia só possa satisfazer o seu crédito com o produto da venda do bem a terceiro. Parece, porém, ser outro o entendimento de Pestana de Vasconcelos, quando refere que «*em caso de inadimplemento (...), desencadeia-se uma relação de liquidação onde se insere o dever de o credor/fiduciário alienar o direito a um terceiro para se satisfazer com a quantia assim obtida*» ([624]).

Finalmente, observe-se que a *aproximação da alienação em garantia ao mandato* não poderia, coerentemente, servir apenas para justificar a aplicação analógica da norma do artigo 1184.º do CC na fase de pendência da garantia. Com efeito, este argumento deveria, ainda, determinar a aplicação, em processo insolvencial, do disposto no artigo 110.º do CIRE, o que não se verifica ([625]).

As circunstâncias que acabamos de referir cingem-se, naturalmente, ao regime jurídico positivado, nada impedindo que o Direito português avance para uma solução próxima do actual sistema francês, reconhecendo que na vigência do contrato, os bens fiduciários constituem um património distinto da restante massa patrimonial do fiduciário, não podendo, em regra, ser objecto de penhora pelos credores deste, nem ser englobados na massa insolvente do fiduciário (artigo 2024.º e 2025.º do *Code Civil*)

V. O resultado será diverso se a penhora ocorrer na *fase de retransmissão da garantia*. Em regra, ficando o negócio transmissivo condicionado à existência de uma obrigação garantida, verificando-se o cumprimento desta, o prestador da garantia *readquirirá imediatamente* o bem fiduciado, assumindo os direitos e as faculdades reconhecidas ao titular do direito. Poderá, nesta medida, deduzir embargos de terceiro.

---

[624] Pestana de Vasconcelos, *Cessão de créditos em garantia*, cit., p. 133.
[625] A respeito deste artigo 110.º do CIRE, pode ver-se as considerações críticas registadas por Menezes Leitão, *Direito da Insolvência*, p. 188 ss.

232 | *Alienação em Garantia*

Por outro lado, nos casos em que o negócio transmissivo não tenha sido condicionado, não será de afastar a possibilidade de aplicação analógica do disposto no artigo 1184.º do Código Civil quanto *à responsabilidade dos bens adquiridos pelo mandatário*. As razões que nos conduziram a afastar este artigo nos casos em que o bem fiduciado seja penhorado ou apreendido no património do beneficiário da garantia pelos seus credores na fase de pendência da garantia *não se verificam na fase de retransmissão*. Com efeito, neste momento, é clara a destinação do bem: uma vez cumprida a obrigação garantida, torna-se claro que o bem deve regressar à esfera jurídica do prestador da garantia, sendo por isso evidente a *transitoriedade* do bem na esfera jurídica do beneficiário da garantia.

Deve, porém, salientar-se que, não havendo qualquer resquício de prática de actos jurídicos por conta do prestador da garantia (artigo 1157.º), é duvidoso que este sujeito possa ser *em geral* equiparado ao mandatário, para efeitos da aplicação do regime do mandato à alienação em garantia. A *extensão teleológica* da norma do artigo 1184.º deve ser rigorosamente examinada, em função das circunstâncias do caso concreto, uma vez que a norma jurídica em apreço contraria a *regra geral* segundo a qual o património do devedor responde pelas suas dívidas (cf. artigo 601.º do CC), fazendo prevalecer a *titularidade material* do mandante em detrimento da *titularidade formal* do mandatário ([626]).

([626]) Outro argumento obstaria, ainda, à aplicação directa do artigo 1184.º do CC ao caso de penhora do bem fiduciado pelos credores do prestador da garantia. Com efeito, parece que o 1184.º pretendeu disciplinar *apenas* os casos em que o mandatário adquire um bem a terceiro por conta do mandante (*mandato para adquirir*) e não os casos em que o mandatário recebe um bem do próprio mandatário para alienar a um terceiro (*mandato para alienar*). Segundo JANUÁRIO COSTA GOMES, o n.º 1 do artigo 1181.º, para o qual o artigo 1184.º remete, aplica-se apenas ao mandato para adquirir, em relação ao qual vigoraria o princípio da dupla transferência – COSTA GOMES, *Em tema de revogação do mandato civil*, Almedina, Coimbra, 1989, p. 124. Segundo o autor, no mandato para alienar vigoraria a tese da projecção imediata, uma vez que o próprio mandato confereria legitimidade para alienar o bem, autorizando o mandatário a destacar o bem do património do mandante para o alienar a terceiro.

VI. Apesar de configurar uma hipótese de raríssima verificação – em especial porque o beneficiário da garantia pode, mesmo que não haja convenção nesse sentido, proceder à venda extraprocessual do bem fiduciado –, pode equacionar-se a hipótese de uma acção executiva intentada pelo beneficiário da garantia, tendo o respectivo prestador como executado e como propósito a satisfação da obrigação garantida.

Neste cenário, haverá, naturalmente, que considerar a insusceptibilidade de penhora do bem fiduciado. Só assim não seria se o beneficiário da garantia fosse um mero titular de um direito de garantia análogo ao penhor. Esta hipótese redundaria, porém, como já tivemos oportunidade de realçar, num frontal desrespeito pela natureza própria da alienação em garantia e pela autonomia das partes, que elegeu um figurino atípico para prosseguir um escopo de garantia.

Para além deste aspecto, remetemos para os argumentos já invocados quanto à insusceptibilidade de penhora do bem sobre o qual incide uma reserva de propriedade sem que haja prévia renúncia e cancelamento da reserva. Também na alienação em garantia, não haverá impedimentos legais a que o credor renuncie à titularidade do bem ou do direito, para se satisfazer pelas vias judiciais. Todavia, opõe-se-lhe a própria ilogicidade económica da situação, uma vez que é precisamente das vantagens da autosatisfação fora das vias executivas que nasce a atracção pela alienação em garantia, enquanto garantia do crédito.

14. *O regime geral do CIRE*

I. Para além do risco da penhora, pode suceder que qualquer das partes fique impossibilitada de cumprir as suas obrigações vencidas (artigo 3.º n.º 1 CIRE) e, em consequência, seja requerido um processo de insolvência[627]. Enquanto processo de execução universal, a insolvência permitirá a liquidação do património de um devedor insolvente e a repartição do produto obtido pelos credores (artigo 1.º do CIRE).

---

[627] MENEZES LEITÃO, *Direito da Insolvência*, cit., p. 78 ss.

Com a declaração de insolvência vencem-se todas as obrigações do insolvente, desde que não subordinadas a condição suspensiva (artigo 91.º n.º 1 do CIRE), e o insolvente é privado dos poderes de administração e de disposição dos bens integrantes da massa insolvente, os quais passam a competir ao administrador da insolvência (artigo 81.º n.º 1 do CIRE)([628]). A sentença de declaração de insolvência determina ainda, entre outros efeitos legalmente previstos, a insusceptibilidade de prosseguimento de acções ou providências executivas contra o insolvente (artigo 88.º do CIRE), a imediata apreensão de todos os bens que integram a massa insolvente, mesmo que arrestados, penhorados ou de outro modo apreendidos (cf. artigos 36.º g) e 149.º ss do CIRE), a extinção de certos privilégios creditórios, de garantias reais sujeitas a registo e não registadas e de garantias acessórias de créditos subordinados (artigo 97.º do CIRE) e, finalmente, a produção de determinados efeitos jurídicos sobre os negócios em curso do insolvente (artigo 102.º e ss do CIRE).

Visando a insolvência a repartição do produto da liquidação de um património pelos credores, revestem inegável importância as disposições legais relativas à massa da insolvência (activo) e aos créditos da insolvência (passivo). Sobre estes aspectos é, desde logo, de reter que a *massa da insolvência* se destina à satisfação dos credores da insolvência, depois de pagas as suas próprias dívidas e, salvo disposição em contrário, abrange todo o património do devedor à data da declaração de insolvência, bem como os bens e direitos que ele adquira na pendência do processo (cf. artigo 46.º, n.º 1, do CIRE). Por outro lado, devem considerar-se credores da insolvência os titulares de direitos de crédito de natureza patrimonial sobre o insolvente ou garantidos por bens integrantes da massa insolvente, cujo fundamento seja anterior à data dessa declaração, distinguindo-se várias *categorias*, desde os credores garantidos aos credores comuns (cf. artigo 47.º, n.º 4, do CIRE)([629]).

([628]) *Vide,* por todos, MENEZES LEITÃO, *Direito da Insolvência,* cit., p. 149 ss.

([629]) A lei distingue credores garantidos, privilegiados, subordinados e comuns (artigo 47.º n.º 4 do CIRE). A ordem de graduação principiará pelos credores garantidos, de acordo com a prioridade que lhes caiba (n.º 1 do artigo 174.º do CIRE). Seguir-se-ão os credores privilegiados, cuja satisfação é feita à custa dos bens não afectos a garantias reais prevalecentes e cuja graduação é realizada com respeito pela

Se o juiz não concluir que o património do devedor é presumivelmente insuficiente para a satisfação das custas do processo e das dívidas previsíveis da massa insolvente (cf. artigo 39.º n.º 1 do CIRE), os credores da insolvência devem, no prazo fixado na sentença condenatória, reclamar a verificação dos seus créditos (cf. artigo 128.º do CIRE)[630]. A lei portuguesa seguiu, ressalvado o caso especial dos créditos subordinados, um modelo de relativa paridade de poderes de cada categoria de credores no desenrolar do processo[631].

---

prioridade que lhes caiba e na proporção dos seus montantes (artigo 175.º n.º 1 do CIRE). O pagamento dos credores comuns terá lugar na proporção dos seus créditos, se a massa for insuficiente para a respectiva satisfação integral (artigo 176.º do CIRE). Finalmente, serão pagos os credores subordinados (artigo 177.º do CIRE). Apesar de a modalidade de alienação dos bens ser escolhida pelo administrador da insolvência (podendo optar por qualquer uma das formas admitidas em processo executivo), nos termos do artigo 164.º n.º 2 do CIRE o credor com garantia real sobre o bem a alienar é sempre ouvido sobre a modalidade da alienação e informado sobre o valor base fixado ou o preço da alienação projectada a entidade determinada. O credor pode propor a aquisição do bem, ainda que limitada pelo valor base fixado (artigo 164.º n.º 3 do CIRE). De acordo com o n.º 1 do artigo 166.º do CIRE, transitada em julgado a sentença declaratória da insolvência e realizada a assembleia de apreciação do relatório, o credor com garantia real deve ser compensado pelo prejuízo causado pelo retardamento da alienação do bem objecto da garantia que não lhe seja imputável, bem como pela desvalorização do mesmo resultante da sua utilização em proveito da massa insolvente.

[630] Cf. SALVADOR DA COSTA, *O concurso*, cit., p. 328 ss. Os credores garantidos devem, no prazo fixado na sentença que declara a insolvência (cf. artigo 36.º ss do CIRE), dirigir ao administrador da insolvência um requerimento indicando quais os seus créditos (nomeadamente montante e natureza, garantias e juros) e reclamando-os (artigo 128.º do CIRE). No prazo de quinze dias após o termo do prazo de reclamação, o administrador da insolvência apresenta na secretaria uma lista de todos os credores, tanto os que reconhece quanto aqueles que não reconhece. Caso não haja impugnações da lista, é logo proferida a sentença de verificação e de graduação dos créditos (artigo 130.º n.º 3 do CIRE). Caso haja impugnação, segue-se um prazo de resposta (artigo 131.º do CIRE) e de diligências judiciais, desde a tentativa de conciliação (artigo 136.º do CIRE), até a diligências instrutórias (artigo 137.º do CIRE), culminando na audiência de discussão e de julgamento (artigo 138.º do CIRE), após a qual haverá proferimento de uma sentença de verificação e graduação dos créditos (artigo 140.º do CIRE).).

[631] Este nivelamento regista-se, desde logo, quanto à composição da comissão de credores, a qual, segundo o disposto no n.º 1 do artigo 66.º do CIRE, é nomeada pelo juiz, devendo o encargo da presidência recair de preferência sobre o maior credor da empresa e a escolha dos restantes assegurar a adequada representação das

Um dos efeitos fundamentais da declaração de insolvência respeita aos *negócios em curso*. Segundo o *princípio geral* aplicável a contratos bilaterais ainda não cumpridos, cabe ao administrador da insolvência optar pela execução ou recusar o cumprimento do contrato, o qual ficará, entretanto, suspenso (artigo 102.º, n.º 1, do CIRE)[632]. Caso o administrador opte pela recusa, nenhuma das partes tem direito à restituição daquilo que prestou e a outra parte ou o insolvente, consoante seja este ou aquela quem tenha já efectuado a prestação, pode exigir ao outro o valor da contraprestação correspondente (cf. artigo 102.º n.º 3)[633]. Os artigos 103.º e seguintes do CIRE conferem, depois, um tratamento especial a certo tipo de casos, como o da venda com reserva de propriedade e da locação financeira (artigo 104.º), da venda sem entrega (artigo 105.º) e da promessa de contrato (artigo 106.º).

À luz deste enquadramento legal, cabe questionar: quais são, afinal, os efeitos da declaração de insolvência sobre o negócio jurídico de alienação em garantia *durante o período de pendência de cumprimento da obrigação garantida*? Esta interrogação implica que se determine se a alienação em garantia corresponde, ainda que mediante analogia, a alguma hipótese especial prevista na lei (artigo 103.º e

---

várias classes de credores, com excepção dos credores subordinados. A assembleia de credores, por seu turno, é composta por todos os credores da insolvência (cf. n.º 1 do artigo 72.º do CIRE) e nela dispõem de direito de voto todos os credores, à excepção dos subordinados (cf. artigo 73.º do CIRE).

[632] Para uma apreciação crítica deste preceito, cf. OLIVEIRA ASCENSÃO «Insolvência: efeitos sobre os negócios em curso», *Direito e Justiça*, vol. XIX, tomo II, 2005, (p. 233 ss), p. 239 ss.

[633] Segundo o n.º 3 do artigo 102.º do CIRE, «*recusado o cumprimento pelo administrador da insolvência, e sem prejuízo do direito à separação da coisa, se for o caso: a) nenhuma das partes tem direito à restituição daquilo que prestou; b) a massa insolvente tem o direito de exigir o valor da contraprestação correspondente à prestação já efectuada pelo devedor, na medida em que não tenha sido ainda realizada pela outra parte; c) a outra parte tem o direito a exigir, como crédito sobre a insolvência, o valor da prestação do devedor, na parte incumprida, deduzido do valor da contraprestação correspondente ou, sendo inferior, do da contraprestação que estiver em dívida: d) o direito à indemnização dos prejuízos causados à outra parte pelo incumprimento: (i) apenas existe até ao valor da obrigação eventualmente imposta nos termos da alínea b); (ii) é abatido do quantitativo a que a outra parte tenha direito, por aplicação da alínea c) e (iii) constitui crédito sobre a insolvência*».

seguintes do CIRE) ou se, pelo contrário, ficará abrangida pelo princípio geral plasmado no referido artigo 102.º do CIRE.

II. Partindo da especialidade, poder-se-ia pensar em aplicar o disposto no artigo 104.º do CIRE, que já tivemos oportunidade de examinar a propósito da reserva de propriedade [634]. Tanto mais que, como nota OLIVEIRA ASCENSÃO, o artigo 104.º «*não localiza propriamente um tipo contratual*», afigurando-se, pelo contrário, «*decisivo o elemento da reserva de propriedade, seja qual for o contrato em que se situe*» [635]. Também a epígrafe do artigo parece sugerir alguma flexibilidade, ao prever a venda com reserva de propriedade e *operações semelhantes*.

Conforme já realçamos, a lei permite que o administrador da insolvência recuse o cumprimento do contrato de compra e venda com reserva de propriedade, sempre que o comprador seja o insolvente (cf. artigo 104.º, n.º 5 do CIRE). Se o administrador decidir cumprir, produzir-se-ão os efeitos típicos daquele negócio jurídico (artigo 879.º do CC), designadamente transmissão da propriedade. O crédito correspondente ao preço será tratado como uma dívida da massa da insolvência (artigo 51.º n.º 1 alínea f) do CIRE), garantida pela reserva de propriedade. Se o administrador recusar cumprir o contrato de compra e venda, o vendedor conservará definitivamente a titularidade do bem,

---

[634] Em sentido diverso PESTANA DE VASCONCELOS, *Cessão de créditos em garantia*, cit., p. 241 ss, nota 707 p. 355 ss e p. 962 ss. Segundo o autor, no artigo 104.º estariam em causa situações em que se recorre a um direito de propriedade com função de garantia desprovidas de carácter fiduciário, o que não excluiria, dentro de certas hipóteses – designadamente insusceptibilidade de aplicação do artigo 1184.º do Código Civil –, a aplicação desta disposição à cessão de créditos em garantia – ob. cit., nota 707, p. 357. PESTANA DE VASCONCELOS considera ainda que a cessão de créditos em garantia «*surge na insolvência não como um simples crédito garantido (...), mas como um negócio jurídico em curso ao qual se deve aplicar com as devidas adaptações, por analogia, o regime do art. 104.º, n.ºs 3 e 5, e art. 102.º CIRE (...)*», enquanto norma que «*regula uma questão mais ampla, qual seja a da admissibilidade do recurso à titularidade de um direito com função de garantia e estabelece um regime insolvencial potencialmente aplicável a outras figuras para além daquelas aí directamente previstas que recorram a um instrumento garantístico semelhante*» – ob. cit., p. 962.

[635] OLIVEIRA ASCENSÃO, «Insolvência: efeitos sobre os negócios em curso», *Themis*, edição especial, 2005, (p. 105 ss) p. 253.

sem prejuízo dos direitos indemnizatórios reconhecidos por lei (artigo 104.º, n.º 5 e 102.º, n.º 3 do CIRE). Por outro lado, na insolvência do vendedor, a regra geral é a de que a venda com reserva de propriedade se mantém e o comprador pode, pagando o preço, adquirir a propriedade plena do bem (artigo 104.º n.º 1 do CIRE).

PESTANA DE VASCONCELOS considera que, nos casos em que a aplicação analógica do artigo 1184.º do Código Civil não seja permitida, deve ponderar-se a aplicação, também analógica, ao negócio de alienação em garantia do regime jurídico previsto para a venda com reserva de propriedade no artigo 104, n.ᵒˢ 1 e 2 do CIRE [636].

Esta analogia não poupará, porém, significativos embaraços. O artigo 104.º do CIRE fixa uma regra dirigida a um *negócio garantido que incorpora uma garantia* e não a um *negócio de garantia*. Ora, na alienação em garantia existe antes uma ligação funcional externa entre *garantia* e *relação obrigacional garantida*, o que nos afasta do âmbito material daquela norma. Por outro lado, enquanto que na venda com reserva de propriedade o comprador está obrigado a pagar o preço, tendo, em regra, um prazo para o fazer durante o qual o vendedor reserva para si a propriedade do bem, na alienação em garantia o devedor esgota a sua *prestação de garantia* ao entregar o bem ao credor. O que ficará pendente será o cumprimento da obrigação garantida, mas não a *perfeição ou concretização* da própria garantia. Esta diferença entre os negócios resulta, uma vez mais, do facto de a reserva de propriedade se *interiorizar* na relação obrigacional de base, ao contrário da propriedade em garantia.

Para além das razões invocadas, a aplicação do artigo 104.º do CIRE à alienação em garantia implicaria, perante a tese que defendemos quanto à penhora, a adopção de um regime divergente em acção executiva e em insolvência.

III. Prosseguindo a análise das hipóteses especialmente contempladas no CIRE, encontramos o artigo 105.º, relativo à venda sem entrega à alienação em garantia. Trata-se de casos em que as partes celebraram um contrato de compra e venda e, portanto, a propriedade do bem se transmitiu, mas não houve entrega do mesmo. A aplicação

---

[636] PESTANA DE VASCONCELOS, *Cessão de créditos em garantia*, cit., p. 240 ss.

deste preceito conduz a que, em caso de insolvência do prestador da garantia (vendedor), o administrador da insolvência não possa recusar o incumprimento do contrato (cf. artigo 105.º n.º 1 alínea a) do CIRE). Tratando-se de insolvência do beneficiário da garantia (comprador), o administrador da insolvência pode recusar o cumprimento do contrato, caso em que será aplicável o disposto no n.º 5 do artigo 104.º do CIRE (artigo 105.º n.º 1 b) do CIRE).

Contudo, as diferenças significativas entre a compra e venda e a alienação em garantia não se compadecem com uma aplicação analógica daquela norma ao negócio que nos ocupa. As razões desta diferenciação foram já esmiuçadas quando recortámos o conteúdo do negócio fiduciário de garantia.

IV. Mas se assim é, haverá, então, que recorrer ao princípio geral constante da norma do artigo 102.º do CIRE?

Em causa neste regime estão *apenas* os casos de contratos bilaterais em que à data da declaração de insolvência, não haja ainda *total cumprimento tanto pelo insolvente, como pela outra parte*. Sem prejuízo das críticas que se podem dirigir a esta solução [637], a verdade é que à luz deste regime jurídico deve considerar-se que um negócio totalmente cumprido por uma das partes e pendente em absoluto de cumprimento pela outra parte *não é um negócio em curso*. Ora, na alienação em garantia, o prestador da garantia cumpre ao transmitir o bem mas, na pendência da garantia – e até mesmo na fase de liquidação da mesma –, o beneficiário da garantia continua adstrito a um conjunto de obrigações que resultam do carácter de garantia e da natureza fiduciária da alienação [638].

---

[637] Cf., OLIVEIRA ASCENSÃO, *Insolvência*, cit., p. 239 ss, MENEZES LEITÃO, *Código da Insolvência e da Recuperação de Empresas anotado*, Almedina, Coimbra, 2004, p. 107 e, do mesmo autor, *Direito da Insolvência*, p.171 ss.

[638] A superação da teoria do duplo efeito vem demonstrar que a alienação em garantia não é um negócio dual ou bipartido, composto por dois segmentos autónomos de negócio real de transmissão e de negócio obrigacional de limitação. Em regra, as partes pretendem celebrar um só negócio, complexo, cuja fisionomia e teleologia só pode ser compreendida no seu conjunto. A alienação em garantia não é só a recepção da titularidade do bem, integra também um conjunto de deveres de carácter fiduciário, que não são deveres acessórios de conduta, mas deveres de prestação que subsistem *pelo menos* durante toda a fase de pendência da garantia.

Para além disto, a natureza própria de *garantia* da propriedade recebida pelo fiduciário impede que a alienação em garantia seja sujeita a um regime jurídico construído para negócios *pendentes de cumprimento*, mas desligados de qualquer *ligação funcional a uma obrigação pré-existente* [639].

Nestes termos, deve considerar-se que a alienação em garantia *sobrevive* ao processo de insolvência [640]. O administrador da insolvência não pode recusar, nem suspender, o cumprimento do negócio, que permanece válido e eficaz, apesar da perturbação insolvencial.

Esclarecidos estes aspectos preliminares, vejamos, então, qual a posição do beneficiário da garantia e do prestador da garantia em processo de insolvência.

V. Na insolvência do prestador da garantia, em princípio, a dívida garantida vence-se imediatamente com a declaração de insolvência, se não estiver subordinada a condição suspensiva (artigo 91.º n.º 1 do CIRE). Quer isto dizer que o *desfecho do negócio de alienação em*

---

[639] O que acabamos de dizer não prejudica, naturalmente, a aplicação do regime jurídico da resolução dos actos em benefício da massa insolvente. Caso a alienação em garantia tenha sido celebrada dentro dos quatro anos anteriores à data do início do processo de insolvência, o acto poderá ser resolvido em benefício da massa insolvente caso lhe seja prejudicial (artigo 120.º n.º 1 do CIRE). Segundo a presunção ilidível do n.º 2 do artigo 120.º do CIRE, consideram-se prejudiciais à massa os actos que diminuam, frustrem, dificultem, ponham em perigo ou retardem a satisfação dos credores da insolvência. Além da prejudicialidade, exige-se a má fé do terceiro (n.ºs 4 e 5 do artigo 120.º do CIRE). A lei presume ainda, desta vez de forma inilidível, que os actos integrados no artigo 121.º do CIRE são prejudiciais à massa da insolvência e podem, por isso, ser resolvidos sem dependência de quaisquer outros requisitos. Atendendo à natureza da alienação em garantia, será de questionar se este negócio não ficará abrangido pela presunção prevista na alínea h) do n.º 1 do artigo 122.º do CIRE. Com efeito, nos termos deste preceito são resolúveis em benefício da massa insolvente os actos a título oneroso realizados pelo insolvente dentro do ano anterior à data de início do processo de insolvência, em que as obrigações por ele assumidas excedam manifestamente as da contraparte. A questão é complexa e deverá ser objecto de devida ponderação. Não será o carácter fiduciário, enquanto desvio entre fim e meios, que determinará o recurso a esta norma.

[640] Assim, MENEZES LEITÃO, *Cessão de créditos*, cit., p. 457. É também a solução defendida por VÍTOR NEVES no âmbito do CPEREF – cf. *A afectação de receitas*, cit., pp. 186-187.

garantia se precipita, por efeito da declaração de insolvência. Com efeito, vencida a dívida garantida, podem desenhar-se dois cenários: ou o beneficiário da garantia é *pago* e, neste caso, deve ter lugar a *retransmissão do bem* ou *não é pago* e, nesta hipótese, e sem prejuízo das limitações que adiante examinaremos, poderá apropriar-se do bem ou vendê-lo a terceiro, assumindo a *titularidade plena do bem*.

No Direito português, não encontramos uma norma idêntica à da lei insolvencial alemã que equipara o beneficiário da garantia a um credor pignoratício (§ 51, 1 da InsO). Nestes termos, não haverá *fundamento legal bastante* para considerar que, *na fase de pendência da garantia*, o beneficiário da garantia é um credor com garantia real, pago com preferência relativamente aos credores comuns.

Na fase de pendência da garantia, o Direito português reconhece os efeitos transmissivos da alienação em garantia. Nestes termos, e também para efeitos da lei insolvencial, *estando a garantia activa*, o bem fiduciado não integra o património do devedor que prestou a garantia, não podendo por isso ser considerado parte da massa da insolvência deste sujeito [641].

Também na cessão de créditos em garantia, o cessionário poderá efectuar livremente a cobrança do crédito e, caso não consiga obter por esta via o pagamento que lhe é devido, pode ainda reclamar o seu crédito perante o cedente no processo de insolvência, devendo fazê-lo enquanto credor comum [642]. O crédito integra o pagamento do cedente

---

[641] Em sentido próximo, em sede de cessão de créditos em garantia, MENEZES LEITÃO considera que «*embora não se possa equacionar neste caso a aplicação do artigo 105.º do CIRE (...), dado que não estamos perante um negócio de compra e venda, mas antes perante uma garantia, é manifesto que o regime não pode ser diferente, devendo o crédito cedido em garantia ser considerado como estranho à massa insolvente, o que permite ao cessionário efectuar a sua cobrança livremente*» – *Cessão de créditos*, cit., p. 450.

[642] Em sentido próximo, MENEZES LEITÃO, *Cessão de créditos*, cit., p. 450. A susceptibilidade de autosatisfação do cessionário fora do processo de insolvência corresponde à posição dominante na doutrina e na jurisprudência italianas, muito embora alguns acórdãos tenham já considerado dever tratar o cessionário como um credor pignoratício – Cf. ALDO DOLMETTA/GIUSEPPE PORTALE, *Cessione del credito*, cit., p. 114 ss, GIUSEPPE BAVETTA, *La cessione di credito*, cit., pp. 606-607, MICHELE SESTA, *Le garanzie atipiche*, cit., p. 258 ss, BRUNO INZITARI, *La cessione del credito*, cit., p. 175 ss.

desde o momento da cessão, não dependendo de posterior notificação ou aceitação do devedor cedido ([643]).

Deve, porém, observar-se que a massa da insolvência pode recuperar o bem alienado em garantia, satisfazendo o crédito garantido e, deste modo, *libertando* o bem fiduciado para a massa da insolvência.

A solução do nosso Direito constituído não é, porém, imune aos inconvenientes do *perigo da dupla satisfação* do beneficiário da garantia, isto é, do perigo de o beneficiário da garantia conservar o bem alienado em garantia e, simultaneamente, cobrar o crédito no processo de insolvência do prestador, enquanto credor comum (cf. artigo 47.º) ([644]). Este risco é de tal forma impressivo que serviu de argumento à doutrina germânica que, antes da entrada em vigor da InsO, defendeu a equiparação do beneficiário da garantia ao credor pignoratício. No Direito português, os desequilíbrios da *dupla satisfação* do beneficiário da garantia deverão ser corrigidos mediante o recurso ao regime jurídico da responsabilidade, civil e processual e, subsidiariamente, ao enriquecimento sem causa (artigo 473.º e seguintes do CC).

Na fase de *retransmissão da garantia*, caso o negócio de alienação em garantia tenha sido sujeito a condição, o *cumprimento da obrigação garantida implica, ipso iure, a aquisição da titularidade do bem pela massa da insolvência*.

([643]) Tratando-se de insolvência do devedor cedido, na falta de disposição especial do contrato, a insolvência do devedor cedido não implica o vencimento da obrigação garantida. O que se passa é que, sendo o devedor cedido declarado insolvente e eficaz a cessão, o cessionário pode opor-lhe (e à massa da insolvência) a sua situação jurídica (cf. artigo 583.º n.º 1). Sobre estes aspectos, pode ver-se GIUSEPPE BAVETTA, *La cessione di credito*, cit., pp. 607-608, MASSIMO LASCIALFARI, *La cessione di credit*, cit., pp. 292-293. Se a insolvência do devedor cedido ocorrer antes do vencimento do crédito garantido, o cessionário deverá cobrar o crédito no processo de insolvência – assim, GIUSEPPE BAVETTA, *La cessione di credito*, cit., p. 607 e, entre nós, MENEZES LEITÃO, *Cessão de créditos*, cit., p. 451. Para além disto, a insolvência em apreço pode implicar consequências, do ponto de vista da responsabilidade do cedente perante o cessionário, caso aquele se tenha expressamente obrigado a garantir a solvência do devedor cedido (cf. artigo 587.º, n.º 2 do Código Civil).

([644]) Sobre o perigo de dupla satisfação em processo de insolvência, cf. ANJA FUNK, *Die Sicherungsübereignung*, cit., p. 146 ss. Aludindooao mesmo problema, embora apresentando solução diversa da que consta em texto, PESTANA DE VASCONCELOS, *Cessão de créditos em garantia*, cit., p. 236 ss.

Por outro lado, caso o negócio tenha sido convencionado *sem qualquer referência condicional*, o administrador da insolvência deverá poder exercer os direitos que o prestador da garantia estava habilitado, neles se incluindo o recurso à execução específica (artigo 830.º do CC).

VI. Se o beneficiário da garantia for declarado insolvente durante a *pendência da garantia*, o negócio mantém-se e, não havendo vencimento antecipado da obrigação garantida (cf. artigo 91.º do CIRE), não haverá, ainda, uma obrigação de retransmissão do bem susceptível de execução. Porém, nada impedirá que, vencida a obrigação garantida, o prestador satisfaça a prestação debitória a seu cargo (cf. artigo 81.º n.º 7), ficando habilitado a reclamar a restituição do bem fiduciado, enquanto credor comum (cf. artigo 47.º do CIRE).

O CIRE não contempla uma norma semelhante ao § 47 da InsO, que reconhece ao prestador um direito de separação do bem (*Aussonderungsrecht*)[645]. Por outro lado, o sistema português não nos fornece elementos bastantes que permitam *converter* a posição do prestador da garantia numa *titularidade oponível erga omnes*. Do ponto de vista da atribuição de direitos, na pendência da garantia, o beneficiário encontra-se investido de *poderes correspondentes à titularidade do bem*. Tal como tivemos oportunidade de realçar noutras passagens da

---

[645] Na Alemanha, no sistema anterior à InsO, discutia-se a susceptibilidade de reconhecer ao prestador da garantia um direito de separação do bem (*Aussonderungsrecht*) em processo de insolvência. Os defensores desta possibilidade invocaram a seu favor a circunstância de o beneficiário ser proprietário do bem, não lhe devendo ser aplicáveis disposições relativas a direitos reais de garantia. Referem, ainda, perante a posição dominante que atribui ao beneficiário um direito de dedução de embargos de terceiro em acção executiva, que a solução por si perfilhada é a que melhor garante a coerência do sistema. Já a posição que atende à qualificação da situação do beneficiário como titular de um *Absonderungsrecht* alega o facto de, materialmente, o direito de propriedade se encontrar na esfera jurídica do prestador da garantia, invocando ainda o perigo de o beneficiário titular de um direito de separação poder satisfazer duplamente o seu direito de crédito, separando o bem e intervindo na insolvência como credor comum. Para uma exposição detalhada destas posições, cf. ROLF SERICK, *Eigentumsvorbehalt*, cit., p. 266 ss e, detalhadamente, ANJA FUNK, *Die Sicherungsübereignung*, cit., p. 36 ss. Para um panorama das decisões jurisprudenciais nesta matéria, cf., ROLF SERICK «Aussonderung, Absonderung und Sicherungstreuhand in einer – abgebrochenen – Bilanz», *50 Jahre Bundesgerichtshof*, AAVV, C.H. Beck, Munique, 2000, vol. III, (p. 743 ss), p. 749 ss.

presente dissertação, o reconhecimento da titularidade do beneficiário na pendência da garantia é, em regra, uma decorrência do princípio da autonomia privada das partes, aqui expresso no respeito pelas estipulações negociais constantes do negócio de alienação em garantia [646].

Tratando-se de cessão de créditos em garantia, o administrador da insolvência pode exercer os meios normais perante os devedores do insolvente. Assim, no caso de incumprimento da obrigação garantida, o administrador da insolvência pode cobrar do crédito perante o devedor cedido [647], sem prejuízo dos direitos do cedente quanto à restituição da diferença entre o valor da dívida insatisfeita e o valor do crédito cedido e cobrado [648].

Nestes termos, não nos parece ser de seguir a tese preconizada por PESTANA DE VASCONCELOS, segundo a qual seria de aplicar analogicamente o disposto no artigo 1184.º do Código Civil à alienação em garantia, de modo criar um património especial ou separado [649]. Segundo o raciocínio do autor, *«a aplicação analógica do artigo 1184.º significa aqui que o crédito não faz parte da massa insolvente e que se o devedor não cumprir o administrador deverá liquidar, nos termos e de acordo com o mecanismo de funcionamento desta garantia (que tem base no contrato que se mantém), para obter satisfação do crédito garantido, cujo produto incluirá na massa, devendo, no entanto, devolver o remanescente ao fiduciante inadimplente»* [650]. Pelos motivos que expusemos, não nos parece que esta regra excepcional prevista para o mandato sem representação possa ser aplicada à

---

[646] Segundo MENEZES LEITÃO, «*em caso de insolvência do cesionário, haverá que distinguir consante o cedente já tenha pago ou não o crédito. No caso afirmativo, o crédito abandona a massa insolvente, ou em virtude da condição resolutiva ou em virtude da retrocessão, que deve ser cumprida. Na hipótese contrária, o pagamento deve ser efectuado ao administrador da insolvência, com as mesmas consequências*» – Cessão de créditos, cit., p. 451.

[647] Sobre este aspecto, MENEZES LEITÃO, Cessão de créditos, cit., p. 451, ALDO DOLMETTA/GIUSEPPE PORTALE, Cessione del credito, cit., p. 118.

[648] Assim, ALDO DOLMETTA/GIUSEPPE PORTALE, Cessione del credito, cit., p. 118. Em sentido diverso, segundo VÍTOR NEVES os créditos correspondentes ao *superfluum* reverteriam automaticamente para o património do cedente, após o cumprimento da obrigação garantida – VÍTOR NEVES, Afectação de receitas, cit., pp. 187-188.

[649] PESTANA DE VASCONCELOS, Cessão de créditos em garantia, cit., p. 231 ss e p. 355 ss.

[650] Idem, p. 358.

alienação em garantia na fase de pendência da garantia, quando a destinação final do bem é ainda *necessariamente incerta* ([651]).

Já na fase de *retransmissão da garantia*, a solução insolvencial não deverá distanciar-se substancialmente da tese que preconizamos quanto à posição do prestador da garantia em acção executiva. Quer isto dizer que, mesmo nos casos em que as partes não tenham condicionado o negócio de alienação em garantia, o bem fiduciado não deverá responder pelas dívidas do beneficiário da garantia, aplicando-se analogicamente o disposto no artigo 1184.º do Código Civil ([652]).

15. *As especialidades do Decreto-Lei n.º 105/2004*

I. Examinado o regime jurídico geral, passemos à disciplina especial dos contratos de garantia financeira (cf. artigo 16.º e seguintes Decreto-lei n.º 105/2004), tendo presente que, de acordo com o disposto no CIRE «*não prejudica o regime constante e legislação especial relativa a contratos de garantia financeira*» (cf. artigo 16.º, n.º 2, do CIRE).

A disciplina prevista no regime dos contratos de garantia financeira *acresce* ao regime geral, mas não contende com as soluções contempladas no âmbito deste, nos termos que analisámos no número anterior deste estudo. Nesta medida, mantendo as conclusões alcançadas quanto à posição do prestador e do beneficiário nas diversas fases da vida da garantia, procuraremos nesta sede examinar as especialidades trazidas pelo mencionado Decreto-lei n.º 105/2004.

Nos termos do n.º 1 do artigo 17.º do Decreto-lei n.º 105/2004, «*os contratos de garantia financeira celebrados e as garantias financeiras prestadas ao abrigo dos mesmos não podem ser resolvidos pelo facto de o contrato ter sido celebrado ou a garantia prestada (a) no dia da abertura de um processo de liquidação ou da adopção de medidas de saneamento* ([653])*, desde que antes de proferido o despacho, a sentença ou decisão equivalente, (b) num determinado período anterior defini-*

---

[651] Cf. *supra*, p. 227 ss.
[652] Cf. *supra*, p. 232.
[653] As definições de processo de liquidação e de medidas de saneamento constam do artigo 16.º do Decreto-lei n.º 105/2004.

do por referência à abertura de um processo de liquidação ou à adopção de medidas de saneamento ou à tomada de qualquer outra medida ou à ocorrência de qualquer outro facto no decurso desse processo ou dessas medidas ([654])». Quer isto dizer que, nestas condições, a alienação fiduciária em garantia ficará ao abrigo da possibilidade de resolução do acto em benefício da massa da insolvência (cf. artigo 120.º e ss do CIRE).

A salvaguarda da permanência da garantia abrange, ainda, a possibilidade de reforço, novação ou de rotatividade da garantia. De acordo com o disposto no n.º 2 do artigo 17.º, não podem ser declarados nulos nem anulados, quando praticados no período salvaguardado nos termos do n.º 1 do mesmo artigo 17.º (o chamado *período suspeito*) os seguintes actos: *(i)* prestação de nova garantia no caso de variação do montante das obrigações financeiras garantidas ou a prestação de garantia financeira adicional em situação de variação do valor da garantia financeira (*garantia integrativa*); e *(ii)* substituição da garantia financeira por objecto equivalente (*garantia substitutiva*) ([655]). O regime de isenção coloca os contratos de garantia financeira ao abrigo da resolução incondicional prevista no artigo 121.º do CIRE, a qual prescinde de quaisquer dos requisitos previstos no artigo 120.º do CIRE, incluindo a má fé do terceiro.

É, porém, de notar que, em qualquer das hipóteses previstas no artigo 17.º, a imunidade dos contratos de garantia financeira não é absoluta, sendo retirada caso os actos sejam fraudulentos (artigo 19.º). A lei refere-se aos actos fraudulentos como aqueles que «*tenham sido praticados intencionalmente em detrimento de outros credores*» (artigo 19.º do Decreto-lei n.º 105/2004) ([656]).

([654]) A redacção adoptada pelo legislador português afasta-se, assim, do disposto no artigo 8.º n.º 1 da Directiva 2002/47/CE, o qual se refere à declaração de invalidade, nulidade ou anulação de garantia financeira.

([655]) Deve notar-se que a garantia substitutiva ou rotativa e a garantia integrativa não representam acréscimos de garantia do credor em relação ao valor da garantia inicialmente prestada, mas apenas mecanismos de reposição do nível de garantia originária. Este aspecto é importante, na aferição da adequação e equidade destes mecanismos perante os demais credores do prestador da garantia.

([656]) Na nossa opinião, a excepção ao regime de isenção no caso de actos fraudulentos não é uma possibilidade que a Directiva conceda de forma clara aos Estados-membros. A única norma de excepção que nela encontramos em matéria de insolvência corresponde ao n.º 4 do artigo 8.º, o qual dispõe que «*sem prejuízo dos*

Caso se verifiquem os requisitos referidos no artigo 19.º acima citado, o administrador da insolvência deverá, ainda, examinar o preenchimento das condições exigidas pelo artigo 120.º quanto à resolução do acto em benefício da massa insolvente.

O artigo 18º estabelece um regime especial, desviante do CIRE (artigo 102.º e seguintes), que permite que os contratos de garantia financeira se mantenham eficazes e produzam efeitos nas condições e segundo os termos convencionados pelas partes, apesar de correr um processo de insolvência contra uma das delas. Mesmo que posteriores à abertura do processo de liquidação ou à adopção de medidas de saneamento, os contratos podem ser eficazes perante terceiros, se o beneficiário da garantia estava de boa fé, isto é, se não tinha conhecimento da abertura daquele processo, nem da adopção daquelas medidas (cf. n.º 2 do artigo 18.º). Às regras fixadas no artigo 18.º excepcionam-se, também, os actos fraudulentos (artigo 19.º) ([657]).

A alienação em garantia mantém-se, em princípio, eficaz, apesar da insolvência de uma das partes, o mesmo sucedendo quanto à cessão

---

n.os 1, 2 e 3, a presente directiva não afecta as normas gerais da legislação nacional em matéria de falência no que diz respeito à anulação das operações concluídas durante o período determinado referido na alínea b) do n.º 1 e na subalínea i) do n.º 3». Por outro lado, caberá indagar qual o sentido desta prática *intencional de actos em detrimento de outrem* à luz do sistema jurídico português. No Direito italiano, o *Decreto legislativo* n.º 170 dispôs, no n.º 2 do artigo 9.º que o contrato de cessão de créditos em garantia ou de *trasferimento della proprietà con funzione di garanzia* são equiparados ao penhor, para efeitos da aplicação do disposto nos artigos 66.º e 67.º da *legge fallimentare*, os quais dispõem sobre a *azione revocatoria ordinaria*. Assim, a alienação em garantia será um acto revogável, salvo se o beneficiário da garantia provar que não conhecia a insolvência do devedor. No Direito português deverá procurar-se uma aproximação daquelas situações à prática de um acto com dolo, servindo-nos de referência os parâmetros fixados pela alínea a) do artigo 610.º do Código Civil quanto à impugnação pauliana.

([657]) A importância deste regime especial tem suscitado grande interesse no que respeita ao penhor financeiro. Com efeito, tradicionalmente, o penhor de acções é acompanhado de uma procuração irrevogável, conferida no interesse do banco, tendo em vista a prática de um conjunto de actos, em caso de incumprimento, de entre os quais se destacam o poder de venda extrajudicial das acções. Porém, em caso de insolvência do declarante, a procuração irrevogável caducaria (cf. artigo 112.º n.º 1 do CIRE). No âmbito do Decreto-lei n.º 105/2004, o credor não carece de convenção de venda extrajudicial para poder executar a garantia, nem de procuração irrevogável, beneficiando, para além disto, de um regime falimentar bastante mais favorável.

de créditos em garantia([658]). O administrador da insolvência não pode recusar o seu cumprimento. O Decreto-lei n.º 105/2004 acrescenta, para além disto, que não terá aplicação o regime previsto no CIRE quanto à resolução actos em beneficiário da massa insolvente, salvo se existir fraude.

Finalmente, o artigo 20.º do Decreto-lei n.º 105/2004 tutela a eficácia dos actos de vencimento antecipado e compensação, considerando que os mesmos não são prejudicados perante abertura ou prossecução de um processo de liquidação relativamente ao prestador ou ao beneficiário da garantia, pela adopção de medidas de saneamento relativamente ao prestador e ou beneficiário da garantia e, finalmente, pela cessão, apreensão judicial ou actos de outra natureza ou por qualquer alienação dos direitos respeitante ao beneficiário ou ao prestador da garantia. O artigo 20.º não é abrangido pelo artigo 19.º do Decreto-lei n.º 105/2004, o que quer dizer que a eficácia destes actos não depende de os mesmos não terem sido praticados com um propósito fraudulento, isto é, praticados intencionalmente em detrimento de outros credores.

([658]) Cf. também PESTANA DE VASCONCELOS, *Cessão de créditos em garantia*, cit., pp. 344-345.

TÍTULO IV

LIMITES DA SITUAÇÃO DE GARANTIA: PROIBIÇÃO DO PACTO COMISSÓRIO E EXCESSO DE GARANTIA

16. A ratio legis da proibição do pacto comissório nas garantias acessórias e as respectivas implicações de regime jurídico no sistema de garantias do crédito

I. A execução da *propriedade em garantia* é, por natureza, realizada à margem de uma acção executiva, podendo concretizar-se mediante a apropriação do objecto da garantia pelo credor ou mediante a sua venda a um terceiro.

Em matéria de apropriação, dispõe o artigo 694.º do Código Civil ser nula, mesmo que anterior à constituição da hipoteca, «*a convenção pela qual o credor fará sua a coisa onerada, no caso de o devedor não cumprir*» ([659]). Este preceito é aplicável ao penhor e à consignação de rendimentos, por força dos artigos 678.º e 665º do Código Civil, respectivamente. É inequívoca a gravidade de consequências da norma proibitiva, em colisão directa com o princípio da autonomia privada das partes ([660]). Com efeito, enquanto negócio jurídico proibido, o pacto

---

 ([659]) Quanto à determinação do sentido da expressão «*fazer sua a coisa*», utilizada pelo legislador civil quando se refere à repressão de pacto comissório, julgamos que não estão apenas em causa situações de aquisição da propriedade, mas também outros tipos de situações propiciadoras de um aproveitamento duradouro das vantagens da coisa, designadamente o usufruto.

 ([660]) Sobre o princípio da autonomia privada no nosso ordenamento jurídico, pode ver-se, entre outros, MENEZES CORDEIRO, *Direito das Obrigações*, vol. 2, cit, p. 49 ss e *Tratado*, tomo I, cit., p. 169 ss, MENEZES LEITÃO, *Direito das Obrigações*, vol. I, cit., p. 21 ss, ANTUNES VARELA, *Das Obrigações em Geral*, cit., p. 230 ss, ALMEIDA COSTA, *Direito das Obrigações*, cit. p. 206 ss. Na jurisprudência, pode ver-se Ac. do S.T.J. de 9 de Julho de 1998, processo n.º 679/98, *BMJ*, n.º 479, 1998, p. 580 ss. Segundo este tribunal, «*o princípio da autonomia privada é tutelado constitucionalmente e liga-se ao valor da autodeterminação da pessoa, à sua liberdade, como direito de conformar o mundo e conformar-se a si próprio, estando internamente ligado à ideia de auto-responsabilidade, devendo combinar-se com outros, como, por exemplo, o princípio da protecção das expectativas de confiança do destinatário e o princípio da protecção da segurança no tráfego jurídico*».

comissório é nulo, por força do artigo 280.º n.º 1 e 294.º do Código Civil. Ora, o negócio nulo não produz quaisquer efeitos (artigos 286.º e 289º do CC), sem prejuízo das regras especiais aplicáveis ao terceiro de boa fé que tenha inscrito a sua posição jurídica no registo (cf. artigo 291.º do CC). Em regra, a nulidade corresponde a um interesse geral, não convalesce com o tempo, nem se compadece com a faculdade de confirmação, podendo ser arguida a todo o tempo e por qualquer interessado e sendo ainda de apreciação oficiosa.

Quanto à venda a terceiro, de acordo com o número 2 do artigo 675.º, *«apenas é lícito aos interessados convencionar que a coisa empenhada será adjudicada ao credor, se o for pelo valor que o tribunal fixar»*.

Ao *pacto comissório* refere-se, ainda, o Decreto-lei n.º 105/2004, em sede de penhor financeiro. De acordo com o n.º 1 do artigo 11.º deste regime jurídico, *«no penhor financeiro o beneficiário da garantia pode proceder à sua execução, fazendo seus os instrumentos financeiros dados em garantia se tal tiver sido convencionado pelas partes e se houver acordo das partes relativamente à avaliação dos instrumentos financeiros»*. Dispõe ainda o n.º 2 deste artigo que o beneficiário da garantia fica obrigado a restituir ao prestador o montante correspondente a diferença entre o valor do objecto da garantia e o montante das obrigações financeiras garantidas. Mais se prescreve que o facto de existir acordo entre as partes quanto à avaliação dos instrumentos financeiros não prejudica qualquer obrigação legal de proceder à realização ou avaliação da garantia financeira e ao cálculo das obrigações financeiras garantidas, de acordo com critérios comerciais razoáveis.

Das normas acima citadas do Código Civil se conclui que, na tradição do Código de Seabra, o nosso ordenamento jurídico desvaloriza o pacto comissório, proibindo-o. Uma primeira impressão que nos fica da noção legal de pacto comissório veiculada pelo artigo 694.º do Código Civil é a de um acordo atributivo de um poder de apropriação de um bem onerado com uma garantia real a um credor, beneficiário dessa mesma garantia. Assim, preliminarmente, o pacto comissório começa por reunir três elementos: *(i)* a atribuição de uma faculdade de apropriação imediata, *(ii)* a ligação dessa faculdade ao bem de garantia e *(iii)* a respectiva imputação ao credor garantido. Cabe agora apurar a verdadeira *ratio legis* da proibição, tendo em vista o apuramento do respectivo sentido e do alcance quanto ao negócio de alienação em garantia.

II. Apesar da história longínqua da proibição, conforme por nós já ilustrada, a tradição ocidental tem sofrido importantes desvios, sobretudo na última década. Daqui resulta um cenário europeu diversificado, no qual se integram sistemas que oscilam entre uma visão *liberal* – como a que inspira o Direito alemão e, recentemente, também o Direito francês – e uma perspectiva mais conservadora – de que é exemplo a situação italiana [661].

---

[661] De acordo com o artigo 1859.º do Código Civil espanhol, o credor não pode apropriar-se das coisas empenhadas ou hipotecadas, em caso de incumprimento da obrigação garantida, nem pode dispor das mesmas. Estabelece ainda o artigo 1884.º do mesmo Código, quanto à consignação de rendimentos, que o credor não adquire a propriedade do imóvel por falta de pagamento da dívida dentro do prazo acordado. Para uma visão geral deste regime jurídico, pode ver-se Fínez Ratón, «Garantías reales: imperatividad de las normas de ejecución versus pacto comisorio», *Estudios jurídicos en homenaje al profesor Luis Díez-Picazo,* tomo III, Civitas, Madrid, 2003, p. 3829 ss, Dúran Rivacoba, *La propriedad en garantía*, cit., em especial p. 67 ss e Feliú Rey, *La prohibición*, cit., em especial p. 33 ss. A posição dominante preconiza que qualquer negócio de garantia deve ser confrontado com este regime jurídico – nesse sentido, Gúllon Ballesteros, «Comentários» (ao artigo 1859), em *Comentario del Código Civil,* coord. Ignacio Sierra de la Cuesta, tomo 8, Bosch, Barcelona, 2000, (p. 209 ss), p. 211 ss, José Garrido, *Tratado*, cit., p. 500 ss, Sanchez Lorenzo, *Garantias reales*, cit., p. 166, Carrasco Perera, *Los derechos de garantía,* cit., p. 210, Rodríguez-Rosado, *Fiducia e pacto de retro,* cit., p. 181 ss, Carrasco Perera/Cordero Lobato/Marín López, *Tratado,* cit., pp. 1052-1053 e pp. 1063-1064, Pacheco Cañete, *El contrato de lease-back*, cit., p. 81, Dúran Rivacoba, *La propriedad en garantía,* cit., p. 125 ss, em especial p. 134 ss. A doutrina espanhola tem reconhecido a validade do pacto marciano. *Vide,* nesse sentido, Feliu Rey, *La prohibición,* cit., p. 88 ss e p. 139, Dúran Rivacoba, *La propriedad en garantía,* cit., pp. 71-72, Bouza Vidal, *Garantías mobiliarias*, cit., p. 75, Vidal Martinez, *La venta en garantía,* cit., p. 205, José Garrido, *Tratado*, cit., p. 500 ss, Rodríguez-Rosado, *Fiducia e pacto de retro,* cit., p. 27, Carrasco Perera/Cordero Lobato/Marín López, *Tratado,* cit., pp. 1064-1065. Recentemente, entrou em vigor o *Real Decreto Ley* n.º 5/2005, de 11 de Março, que transpôs a directiva comunitária 2002/47/CE do Parlamento Europeu e do Conselho, de 6 de Junho de 2002, sobre acordos de garantia financeira. Entre as formas de execução possíveis, conta-se a apropriação do objecto da garantia (artigo 11.º n.º 1), a qual deve prever um acordo

No Direito alemão, a proibição de pacto comissório propriamente dita (*Verfallklausel*) surge tratada no § 1229.° e no § 1149.° do BGB ([662]). Do § 1229.° resulta a cominação de nulidade do acordo que preveja a possibilidade de o credor pignoratício, caso não seja satisfeito ou não o seja atempadamente, poder fazer sua a coisa onerada. O § 1149.° do BGB, relativo à hipoteca, estipula que o proprietário não pode, enquanto o crédito não se tiver vencido, conceder ao credor, com o propósito de o satisfazer, o direito de exigir a transmissão da coisa ou de dela se apropriar fora das vias executivas judiciais.

A posição que actualmente nos parece ser dominante defende a validade dos negócios de alienação em garantia perante a proibição do pacto comissório ([663]).

---

quanto à avaliação e deve compatibilizar-se com os interesses das partes e de terceiros, exigindo-se que seja realizada de forma comercialmente correcta (artigo 13.° do *Real Decreto-Ley*). Já se entendeu que em virtude deste novo regime jurídico, a proibição do pacto comissório *deixou de constituir um princípio de ordem pública* do Direito espanhol – CARRASCO PERERA, *Los derechos de garantía*, cit., pp. 209-210.

([662]) Em geral, sobre a proibição do pacto comissório no Direito alemão, cf. WALTER GERHARDT, *Mobiliarsachenrecht*, cit., p. 182, DIETER REINICKE/KLAUS TIEDTKE, *Kreditsicherung*, cit., pp. 354-355 e FRIEDRICH QUACK, *Münchener Kommentar zum Bürgerlichen Gesetzbuch*, Band 6, Beck, Munique, 1997, p. 2042 ss e NICOLA CIPRIANI, *Patto commissorio*, cit., p. 248 ss.

([663]) Nesse sentido, HANSJÖRG WEBER, *Kreditsicherheiten*, cit., p. 175, PETER BÜLLOW, *Recht der Kreditsicherheiten*, cit., § 1228, NORBERT REICH, *Die Sicherungsübereignung*, cit., p. 157, STEFAN GREVIN, *Der Treuhandgedanke*, cit., p. 85 ss e KARL HAEGELE, *Eigentumsvorbehalt*, cit., p. 111. Parece ser também esta a posição de JÜRGEN OESCHLER, *Sicherungseigentum*, cit., p. 910 e pp. 913-914. Indicando a mesma conclusão, NICOLA CIPRIANI, *Patto commissorio*, cit., p. 248 ss, ALBINA CANDIAN, *Le garanzie mobiliari*, cit., p. 267, CLAUDE WITZ, *Transferts fiduciaires*, cit., p. 80 e desenvolvidamente MAURO BUSSANI, *Il problema*, cit. p. 151 ss, em especial p. 175 ss. Referindo-se expressamente à cessão de créditos em garantia, STEFAN GREVIN, *Der Treuhandgedanke*, cit., p. 129 ss. A orientação no sentido da validade da alienação fiduciária em garantia perante a proibição do pacto comissório encontra apoio nas teses defendidas por RAISER, WOLFF, ENNECERUS, NIPPERDEY e por ROLF SERICK (cf. ROLF SERICK, *Eigentumsvorbehalt*, cit., p. 481 ss). Em sentido contrário, distingue-se o entendimento, que cremos minoritário, segundo o qual a proibição do pacto comissório constitui um princípio geral, aplicável a quaisquer garantias sem desapossamento. Esta posição foi defendida por LEO RAAPE, GAUL, FLÜME e LANGE, entre outros (cf. STEFAN GREVIN, *Der Treuhandgedanke*, cit., p. 86 e ROLF SERICK, *Eigentumsvorbehalt*, cit., p. 481). Na doutrina recente, também DIETRICH REINICKE e KLAUS TIEDTKE entendem que a proibição do pacto comissório pode ser aplicável à alienação fiduciária em garantia – cf. *Kreditsicherung*, cit., § 530.

Inspirado pelos ideais revolucionários, o *Code civil* proibiu o pacto comissório quanto ao penhor e à consignação de rendimentos (artigos 2078.º e 2088.º). A orientação doutrinária dominante restringiu o âmbito de aplicação da proibição aos casos expressamente previstos no *Code Civil*, corroborando a solução de inaplicabilidade do pacto comissório imobiliário à hipoteca e acrescentando a licitude do pacto comissório *ex intervallo*, do pacto apropriativo nas garantias sobre créditos e sempre que o preço do bem empenhado possa ser avaliado de acordo com um procedimento objectivo, nomeadamente pelo jogo da oferta e da procura num mercado organizado [664]. Esta visão restritiva viria a culminar no próprio abandono da proibição, na recente reforma do Direito das garantias, introduzida pela *Ordonnance* n.º 2006-346, de 23 de Março de 2006. De acordo com a redacção actual do artigo 2348.º do *Code Civil*, as partes podem convencionar que, em caso de incumprimento da obrigação garantida, o credor poderá tornar-se proprietário do bem. Contudo, é imperativo que o valor do bem seja determinado no dia da transmissão por um perito designado por acordo amigável, pelo tribunal ou, se for caso disso, por referência à cotação do bem em mercado organizado [665].

---

[664] Sobre estes aspectos do regime jurídico anterior, cf. PHILIPPE SIMLER/PHILIPPE DELEBECQUE, *Droit civil*, cit., pp. 511-512, LAURENT AYNES/ PIERRE CROCQ, *Les surêtés*, cit., pp. 208-209, MICHEL CABRILLAC/CHRISTIAN MOULY, *Droit des surêtes*, cit., p. 879, JEAN-FRANÇOIS RIFFARD, *Le Security interest*, cit., p. 363, CLAUDE WITZ, *La fiducie*, cit., p. 182.

[665] De acordo com a redacção actual do artigo 2348.º do *Code Civil*, «*Il peut être convenu, lors de la constitution du gage ou postérieurement, qu' à défaut d' exécution de l' obligation garantie le créancier deviendra propriétaire du bien gagé*», prevendo-se ainda, no parágrafo seguinte do mesmo artigo que «*La valeur du bien est déterminée au jour du transfert par un expert désigné à l' amiable ou judiciairement, à défaut de cotation officielle du bien sur un marché organisé au sens du code monétaire et financier. Toute clause contraire est réputée non écrite*». O artigo 2365.º do mesmo Código, por seu turno, estabelece, em relação a bens incorpóreos, que «*en cas de défaillance de son débiteur, le créancier nanti peut se faire attribuer, par le juge ou dans les conditions prévues par la convention, la créance donnée en nantissement ainsi que tous les droits qui s' y rattachent*». Finalmente, o artigo 2459.º (cf. também a remissão do artigo 2388.º) contempla: «*il peut être convenu dans la convention d' hipothèque que le créancier deviendra propriétaire de l'immeuble hypothéqué. Toutefois, cette clause est sans effet sur l'immeuble qui constitue la résidence principale du débiteur*». Porém, a proibição do pacto

Em Itália, o artigo 1963.º do *Codice*, relativo à consignação de rendimentos, dispõe ser nulo qualquer pacto, ainda que posterior à conclusão do contrato, mediante o qual se convencione que a propriedade do imóvel se transfere para o credor em caso de incumprimento pelo devedor[666]. De acordo com o artigo 2744.º daquele mesmo Código, não é permitida a convenção segundo a qual, e em caso de falta de cumprimento pelo devedor na data acordada, a propriedade da coisa hipotecada ou empenhada se transfere para o credor[667]. Durante muito tempo, a jurisprudência italiana dominante restringiu a proibição do pacto comissório aos casos previstos na lei, considerando insusceptível a interpretação extensiva ou a aplicação analógica daquelas normas excepcionais[668]. Julgava-se, porém, que a proibição do pacto comissório atingia a venda sob condição suspensiva de incumprimento de uma obrigação[669]. Esta orientação, a um passo *permissiva* e a, outro, *repressiva*, não conseguia explicar porque motivo a venda mediatamente translativa representaria um perigo superior à venda sob condição resolutiva do cumprimento da obrigação ou à alienação em garantia imediatamente translativa[670]. SALVATORE PUGLIATTI chamou a atenção para a possibilidade de extensão da proi-

---

comissório subsiste em domínios específicos, designadamente quanto ao penhor comercial de *stock* de mercadorias e ao penhor para garantia de um crédito ao consumo. Sobre estes aspectos do regime jurídico vigente, vide MICHEL CABRILLAC/ /CHRISTIAN MOULY/ SÉVERINE CABRILLAC/ PHILIPPE PÉTEL, *Droit des sûretés*, pp. 388-389 e 733 ss, DOMINIQUE LEGEAIS, *Sûretés et garanties du crédit*, cit., pp. 358, 380, 428.

[666] «*È nullo qualunque patto, anche posteriore alla conclusione del contratto, con cui si conviene che la proprietà dell'immobile passi al creditore nel caso di mancato pagamento del debito*» (artigo 1963.º).

[667] «*È nullo il patto col quale si conviene che, insolvência mancanza del pagamento del credito nel termine fissato, la proprietà della cosa ipotecata o data in pegno passi al creditore. Il patto è nullo anche se posteriore alla costituzione dell' ipoteca o del pegno*» (artigo 2744.º).

[668] Assim, Cf. MASSIMO LASCIALFARI, *Le alienazioni*, cit., p. 177 ss, ROSSANA DE NICTOLIS, *Divieto del patto*, cit., p. 541 ss, NICOLA CIPRIANI, *Patto commissorio*, cit., p. 50 ss e ANDREA SASSI, *Garanzia del credito*, cit., p. 172 ss.

[669] Nesse sentido, MICHELE SESTA, *Le garanzie atipiche*, cit., 2 ss e p. 67 ss, ILARIA RIVA, *Il contrato de sale and lease-back*, cit., p. 306.

[670] Estas incorências foram notadas na doutrina, por CLAUDIO VARRONE (*Il trasferimento*, cit., p. 79 ss), LUIGI CARIOTA-FERRARA, (*I negozi fiduciari*, cit., p. 152 ss, em especial p. 154) e SALVATORE PUGLIATI, (*Precisazioni*, cit., p. 316 ss).

bição do pacto comissório do artigo 2744.º do *Codice*, em especial aos casos de *vendita a scopo di garanzia*, justificando a extensão com base na *razão prática* da norma, a qual determina a sua aplicação a todas as formas de garantias reais que possam produzir automaticamente a passagem de um bem do património do devedor para o do credor [671]. Para o autor, os negócios de transmissão da propriedade com escopo de garantia seriam acordos *in fraudem legis*, por violação da proibição do pacto comissório e, por isso, inadmissíveis no ordenamento jurídico italiano [672]. MASSIMO BIANCA, por seu turno, preconizou a aplicação directa dos artigos proibitivos do *Codice* aos casos de alienação em garantia, considerando que o pacto comissório não é uma cláusula acessória de uma garantia real típica, mas antes um negócio condicionado de alienação, seja qual for a sua expressão e independentemente do momento da transmissão do bem [673]

Em 3 de Junho de 1983, o célebre Ac. da *Cassazione* n.º 3800 veio defender que a venda a retro e a venda resolutivamente condicionada podiam ser invalidadas, se o propósito das partes fosse o de garantir um crédito. Este aresto abandona o critério cronológico ou estrutural (excluindo, portanto o negócio imediatamente translativo da propriedade), enveredando por uma visão funcional ou teleológica [674]. A decisão das *Sezione Unite* da *Cassazione* n.º 1611, de 3 de Abril de 1989, veio reiterar o entendimento inaugurado seis anos antes.

Porém, o *revirement* jurisprudencial de 1983 veio gerar novas hesitações e perplexidades na aplicação do Direito. O critério traçado pela *Cassazione* revelou-se *demasiado abrangente*, colocando em

---

[671] SALVATORE PUGLIATI, *Precisazioni*, cit., p. 316 ss. Em sentido próximo, CLAUDIO VARRONE, *Il trasferimento,* cit., p. 79 ss.

[672] SALVATORE PUGLIATI, *Precisazioni*, cit., p. 319 ss. LUIGI CARIOTA-FERRARA, (*I negozi fiduciari*, cit., p. 152 ss) também considerou que a proibição do pacto comissório poderá ser aplicada a outros negócios de garantia que não os expressamente previstos no Código.

[673] MASSIMO BIANCA, *Il divietto,* cit., p. 145, *Forme tipiche di vendita*, cit., p. 52 ss, *Patto commissorio*, cit., p. 714 ss, *La vendita*, cit., p. 616. Seguindo um ponto de vista próximo, ENZO ROPPO, *Note sopra il divieto*, cit., p. 270 ss.

[674] GIUSEPPE AMATO, *Ancora sul patto commissorio*, cit., p. 1899 ss, MICHELE SESTA, *Le garanzie atipiche,* cit., p. 46 ss

perigo *qualquer* negócio de garantia, incluindo a alienação em garantia e o *lease back* ([675]).

III. Os incómodos causados pelas flutuações da doutrina e da jurisprudência italianas só podem ser evitados mediante uma correcta determinação da intencionalidade teleológica das normas proibitivas do pacto comissório ([676]).

A discussão acerca do fundamento do pacto comissório continua a ser intensa. Certas orientações privilegiam o ponto de vista estrito da tutela do devedor (*favor debitoris*), outras preocupam-se com a tutela do crédito e, entre umas e outras, como é vulgar, encontramos variadas teses ecléticas ([677]). Talvez por isso certa doutrina entenda que o

---

([675]) Sobre o problema após o *revirement* jurisprudencial e dando nota das hesitações da jurisprudência, ILARIA RIVA, *Il contrato de sale and lease back,* cit., p. 309 ss, ROSSANA DE NICTOLIS, *Divieto del patto,* cit., p. 552, GIORGIO DE NOVA, «I nuovi contratti», *RDC,* 1990, parte II, p. (497 ss), pp. 503-504, FRANCESCA FIORENTINI, *Garanzie reali,* cit., p. 281 ss. A exigência de proteger o negócio jurídico da expansão indevida da proibição do pacto comissório explica a distinção entre *lease back* puro e fraudulento, partilhada por GIORGIO DE NOVA (*Appunti sul sale,* cit., p. 309 e, do mesmo autor, «Il lease back anomalo è in frode al divieto del patto commissorio», *RIL,* ano IV, 1988, 1, p. 203 ss). Esta orientação, protectora do negócio de *lease back* partilha a convicção de que, em princípio, o *lease back* não é uma alienação em garantia, ressalvando-se os casos de negócio simulado ou fraudulento. Divisa-se, ainda, uma outra orientação, que defende a invalidade do *lease back*, exceptuando os casos em que as partes tenham convencionado um pacto marciano (cf. a exposição de ROSSANA DE NICTOLIS, *Divieto del patto,* cit., pp. 561-562). O labor da doutrina influenciou, uma vez mais, os tribunais. A decisão da *Corte di Cassazione* n.º 10805 de 16 de Outubro de 1995 marcou uma etapa decisiva, ao concluir pela validade do *lease back puro,* limitando a proibição aos casos de *lease back anómalo,* coincidente com o negócio em fraude à lei. Sobre esta decisão da *Cassazione,* cf. ILARIA RIVA, *Il contrato de sale and lease back,* cit., p. 316 ss.

([676]) Cf. CASTANHEIRA NEVES, *Metodologia jurídica,* cit., p. 184 ss. Pode ver-se, também, MANUEL DE ANDRADE, *Ensaio sobre a teoria da interpretação das leis,* Arménio Amado, Coimbra, 1987, pp. 22-23.

([677]) Para uma exposição diversa, pode ver-se MASSIMO BIANCA, *Il divieto,* cit., p. 202 ss, VINCENZO LOJACONO, *Il patto commissorio,* cit., p. 22 ss, CARLO QUARTAPELLE, *Divieto del patto commissorio,* cit., p. 247 ss, FRANCO ANELLI, *Problemi dell' alienazione a scopo di garanzia: trasferimento dei diritti e divieto del patto commissorio,* texto correspondente a dissertação em «Corso di Dottorato di ricerca in Diritto Commerciale», policopiado, 1993, p. 43 ss, STEFANO D' ERCOLE, *Sull' alienazione,* cit., p. 235 ss, ROSSANA DE NICTOLIS, *Divieto del patto,* cit., p. 537 ss, ENZO

fundamento proibitivo corresponde a uma razão débil, frágil ou pouco evidente [678].

A concepção tradicional faz assentar o fundamento da proibição do pacto comissório no aproveitamento de uma situação de debilidade ou de inferioridade do devedor e na necessidade de prevenir a apropriação da coisa pelo credor por um valor substancialmente inferior ao valor do débito [679].

Seguindo a posição de ANDREA SASSI, é possível descortinar duas razões que determinam que o juízo legal de censura: a potencialidade de abuso da posição de fragilidade do devedor e a causa de garantia do negócio [680]. Na esteira desta orientação, são numerosos os autores que têm ainda notado que o pacto comissório é inválido porque não permite ao devedor controlar a equivalência entre o valor do bem e o valor do crédito [681].

Entre nós, antes da publicação do Código Civil de 1966 pronunciaram-se sobre a razão usurária da proibição do pacto comissório, entre outros, COELHO DA ROCHA [682], MELLO FREIRE [683], VAZ SERRA [684],

---

ROPPO, *Note sopra il divieto*, cit., p. 262 ss, FRANCESCA FIORENTINI, *Garanzie reali*, cit., p. 268 ss e MICHELE SESTA, *Le garanzie atipiche*, cit., p. 22 ss.

[678] Assim, ROSSANA DE NICTOLIS, *Divieto del patto*, cit., p. 573 ss.

[679] Neste sentido, EMILIO ALBERTARIO *Sulla nulità*, cit., p. 236 ss, ADRIANO DE CUPIS, *Istituzioni di Diritto Privato*, Milão, Giuffrè, 1980, p. 145, PHILIPPE SIMLER/ /PHILIPPE DELEBECQUE, *Droit civil*, cit., pp. 511-512, LAURENT AYNES/ PIERRE CROCQ, *Les sûretés*, cit., p. 208, JEAN-FRANÇOIS RIFFARD, *Le Security interest*, cit., pp. 362-363 e PIERRE CROCQ, *Propriété et garantie*, cit., p. 222.

[680] ANDREA SASSI, *Garanzia del credito*, cit., p. 258.

[681] Pode ver-se, entre outros, CARRASCO PERERA/CORDERO LOBATO/MARÍN LÓPEZ, *Tratado*, cit., pp. 844-845 e MAURO BUSSANI, «Patto commissorio, proprietà e mercato (appunti per una ricerca)», *RCDP*, 1997, (p. 113 ss), pp. 121-122. Cf., também, do mesmo autor, *Il contratto di lease back*, cit., p. 595.

[682] Segundo COELHO DA ROCHA «*o crédor obtem o deposito do penhor para melhor segurança e facilidade do seu embolso; entretanto as leis têm precavido que elle não abuse do seu direito e da necessidade do devedor. Por isso 1.° é nulla a clausula de ficar o crédor com o penhor pela divida sem avaliação, ou sendo esta feita por elle mesmo Ord. L. 4. tit. 56., 2.° Póde porém ajustar-se, que não recebendo a dívida em certo prazo, possa o crédor fazel-o vender extrajudicialmente; ou ainda ficar com elle, precedendo avaliação feita por peritos nomeados por um e outro; em todo o caso o devedor póde suspender a venda, offerecendo-se para pagar em vinte e quatro horas, implorando para esse fim o officio do juiz Cit., Ord. L3, tit. 78, § 3., 3.° Na falta de ajuste o penhor não póde ser vendido, senão*

Paulo Cunha ([685]), José Tavares ([686]), Guilherme Moreira ([687]) e Dias Ferreira ([688]). Sob vigência do Código Civil actual, orientação clássica é representada pelas posições de Pires de Lima e Antunes Varela ([689]), Pais de Vasconcelos ([690]) e de Pestana de Vasconcelos ([691]).

---

judicialmente com citação do devedor para remir ou ver vender» – Coelho da Rocha, *Instituições de Direito Civil portuguez*, 4.ª ed., tomo II, Coimbra, Imprensa da Universidade, 1857, p. 494.

([683]) Para Mello Freire *«não vale o pacto comissório no penhor ou seja aquele pelo qual o penhor é cometido ao credor, isto é, torna-se propriedade deste, se o devedor não satisfizer a dívida em certo dia, visto que é injusto e usurário, pois o penhor excede quase sempre a quantia devida»*. Porém, *«na venda vale a lei comissória, visto que normalmente a coisa é vendida por justo preço»* – Mello Freire, «Instituições de Direito civil português», tradução de Miguel Pinto de Meneses, *BMJ*, 1966, (p. 45 ss) p. 178.

([684]) Do ponto de vista de Vaz Serra, *«a proibição do pacto comissório existe na generalidade dos direitos modernos. A sua razão de ser está em que tal pacto pode representar um benefício injustificado para o credor (que adquire a coisa acaso muito mais valiosa que o seu crédito), sobretudo quando obtido do devedor que, levado pela necessidade, facilmente consentiria nele»* – Vaz Serra, *Penhor*, cit., p. 217 e *Hipoteca*, cit., p. 74.

([685]) Para Paulo Cunha, a proibição do pacto comissório existe *«a fim de obstar a que o credor se locuplete por meio do penhor, auferindo interesses superiores ao crédito que ele garante, com prejuízo do devedor e dos outros credores, o que facilmente poderá suceder, visto que, atentas as circunstâncias em que se encontra o devedor que contrai dívidas nessas condições e esperança, que tem, de resgatar o penhor, o valor da coisa dada em penhor é ordinariamente muito superior ao da dívida»* – Paulo Cunha, *Da garantia das obrigações*, cit., p. 215.

([686]) José Tavares, *Os princípios fundamentais*, cit., p. 577.

([687]) Citando Guilherme Moreira *«a fim de obstar a que o credor se locuplete por meio do penhor, auferindo interesses superiores ao crédito que ele garante, com prejuízo do devedor e dos outros credores, o que facilmente poderá suceder, visto que, atentas as circunstâncias em que se encontra, o devedor contrai dívidas nessas condições e a esperança, que tem, de restagar o penhor, o valor da cousa dada em penhor é ordinariamente muito superior ao da dívida, proíbe a lei que, não sendo efectuado pelo devedor o pagamento no prazo devido, o credor possa dispor do penhor, apropriando-se deste sem avaliação ou pela avaliação por ele feita ou alienando-o sem as formalidades prescritas na lei ou fixadas previamente no contrato»* – Guilherme Moreira, *Instituições*, cit., p. 336 ss.

([688]) Dias Ferreira, *Código Civil Portuguez Annotado*, Coimbra, Imprensa da Universidade, 1898, vol. III, p. 186.

([689]) Para Pires de Lima e Antunes Varela, a proibição *«funda-se no prejuízo que do pacto comissório pode resultar para o devedor, que seria facilmente convencido, dado o seu estado de necessidade, a aceitar cláusulas lesivas dos seus interesses»*, concluindo que, nesta medida, *«o fundamento é paralelo ao da proibição da*

Os críticos têm feito notar que o caminho da usura obriga a conviver com uma incongruência entre a protecção de um interesse (individual) do devedor e a cominação da sanção de nulidade [692]. Não nos parece que esta objecção seja inteiramente justa. É verdade que, ao contrário do que sucede na Alemanha ou em Espanha – onde o negócio usurário é nulo [693] –, o ordenamento jurídico português reage

---

usura» – PIRES DE LIMA/ANTUNES VARELA, *Código Civil Anotado*, vol. I, cit., p. 718. Cf., também, ANTUNES VARELA, *Das obrigações em geral,* II, cit., p. 555. Os autores defendem a validade do pacto *ex intervallo*, pressupondo que a situação de inferioridade do devedor já não se verifica, uma vez concedido o empréstimo; se, porventura, tiver sido convencionada uma dilação ou vantagem adicional, ainda que em momento posterior ao da conclusão do contrato de mútuo, então, será de aplicar a proibição do pacto comissório. Esta posição foi seguida por FAZENDA MARTINS, «Direitos reais de gozo e garantia sobre valores mobiliários», *Direito dos valores mobiliários*, AAVV, Lex, Lisboa, 1997, p. 113. ISABEL ANDRADE DE MATOS também reconhece esta razão, embora conjugadamente com o argumento de BIANCA, preconizando que o motivo da interdição em apreço corresponde à necessidade de *«acautelar o devedor perante abusos do credor, mas resulta também do interesse social em evitar a disseminação do pacto comissório»* – *O pacto comissório – contributo para o estudo do âmbito da sua proibição*, Almedina, Coimbra, 2006, p. 73.

[690] PAIS DE VASCONCELOS, embora perfilhando uma visão restritiva quanto ao âmbito da proibição, entende que a *ratio legis* da disposição normativa do artigo 694.º do Código Civil consiste em *«evitar que o credor obtenha do devedor bens de valor superior ao do crédito, enriquecendo, assim, à sua custa»* – PAIS DE VASCONCELOS, *Teoria geral*, cit., p. 286.

[691] PESTANA DE VASCONCELOS, *Cessão de créditos em garantia*, cit., p. 624 ss. Segundo o autor, com a proibição do pacto comissório *«pretende-se evitar o prejuízo que o devedor sofreria em resultado do desequilíbrio entre o valor da coisa dada em garantia e a obrigação garantida se se permitisse ao credor ficar com ela sem avaliação com com uma avaliação realizada por ele próprio, no caso de incumprimento da obrigação garantida (...)»* – ob.cit., pp. 626-627.

[692] Nesta linha, FULVIO GIGLIOTTI, *Il divieto del patto commissorio*, Giuffrè, Milão, 1999, p. 113-114, ENZO ROPPO, *Note sopra il divieto*, cit., p. 262, UGO CARNEVALI, *Patto commissorio*, cit. p. 500, VINCENZO LOJACONO, *Il patto commissorio*, cit. p. 25 ss e 36 ss, VINCENZO ANDRIOLI, «Divietto del patto commissorio», *Commentario del codice civile a cura di Scialoja e Branca*, livro VI (*tutela dei diritti*), Bologna, Roma, 1945, (p. 49 ss), p. 53, MAURO BUSSANI, *Il problema*, cit., p. 218 e NICOLA CIPRIANI, *Patto commissorio*, cit., p. 132. Entre nós, COSTA GOMES, *Assunção fidejussória*, cit. p. 93 e JÚLIO GOMES, «Sobre o âmbito da proibição do pacto comissório, o pacto comissório autónomo e o pacto marciano», *CDP*, n.º 8, 2004, (p. 57 ss), p. 65.

[693] Na Alemanha, o negócio usurário é uma manifestação de negócio contra os bons costumes, logo, é nulo (n.º 2 do §138 do BGB). Sobre a especificidade do sistema alemão, cf. OLIVEIRA ASCENSÃO, *Direito Civil*, vol. II, cit. p. 337 e MENEZES CORDEIRO, *Tratado*, I, I, cit. p. 453. Também no ordenamento jurídico espanhol, a

perante o negócio usurário, facultando a modificação do negócio ou prevendo a sua anulabilidade, embora preferindo a primeira [694]. Certo é, ainda, que, nas hipóteses em que a cominação é a anulabilidade, quando o lesado nada faz, o negócio acaba por se convalidar com o passar do tempo, nos termos do artigo 287º do Código Civil. O que, em certa medida, pode ser compreendido como uma prevalência da liberdade decisória do sujeito perante o imperativo ético de reposição de um certo equilíbrio nas relações intersubjectivas [695]. Porém, não é possível extrair do nosso ordenamento jurídico uma correspondência rígida e exacta entre interesse individual e anulabilidade, por um lado, e entre interesse colectivo e nulidade, por outro. O desvalor ético--social de um qualquer acto jurídico não se presta a categorizações puras. Em termos gerais dir-se-á que o negócio usurário é reprimido pelo Direito porque ofende o imperativo ético da Justiça. No nosso ordenamento jurídico, encontramos exemplos de acordos potencialmente usurários para os quais se comina um desvalor de nulidade. É o caso do artigo 560.º do Código Civil, cuja norma parece presumir que *todas* as convenções de anatocismo anteriores ao vencimento da dívida são usurárias [696]. Também no artigo 928.º n.º 1 do Código Civil a lei proíbe, quanto à venda a retro, que se estabeleçam vantagens patrimoniais para o comprador como contrapartida da resolução do negócio, dispondo, ainda, no n.º 2 deste artigo, que às partes é vedado acordar uma devolução do preço superior ao ficado na venda [697].

---

chamada *Ley Azcárate* determina que o negócio usurário é nulo – assim, RODRÍGUEZ--ROSADO. *Fiducia e pacto de retro*, cit., p. 226.

[694] Neste sentido, PEDRO EIRÓ, *Do negócio usurário,* Almedina, Coimbra, 1990, p. 76 e pp. 84-88. Diversa é a solução do ordenamento italiano, ao consagrar a acção geral de rescisão por lesão (artigo 1148.º do *Codice Civile*).

[695] Sobre os traços gerais do regime jurídico da anulabilidade, cf. OLIVEIRA ASCENSÃO, *Direito Civil*, vol. II, cit., pp. 377 ss e pp. 390-392, MENEZES CORDEIRO, *Tratado*, I, I, cit., p. 645 ss e MOTA PINTO, *Teoria geral*, cit., p. 619 ss.

[696] PIRES DE LIMA/ ANTUNES VARELA, *Código Civil anotado*, vol. I, cit., p. 574.

[697] O artigo 928.º do CC foi introduzido porque o legislador valorizou a importância prática da venda a retro, enquanto instrumento de crédito, mas não esqueceu os argumentos utilizados contra a sua aceitação reconhecidos sob vigência do Código de Seabra, altura em que a venda que é feita «*com a cláusula ou condição de que o vendedor poderá desfazer o contracto e recobrar a cousa vendida, restituindo o preço recebido*» (artigo 1586.º daquele Código) foi proibida (artigo 1587.º do mesmo). A razão desta proibição foi não só a de «*evitar a incerteza do*

Afigura-se, assim, que a discussão em torno da razão de ser da sanção é largamente improfícua, desviando-nos do apuramento do fim da proibição ([698]). A crítica que, quanto a nós, é devida é de outra natureza: é que custa a crer que a *ratio legis* de uma solução proibitiva no âmbito das garantias reais das obrigações se possa alhear dos interesses dos demais credores e, em geral, do mercado do crédito.

Pelo motivo acabado de explicitar, devem, também, ser afastadas as concepções que abstraem de uma perspectiva multidimensional, como são as teses da «*ilusão*» *do devedor*» de LUMINOSO ([699]) e do «*duplo risco*» de REALMONTE ([700]).

IV. No plano oposto, FRANCESCO CARNELUTTI defendeu que o pacto é proibido porque traz consigo uma desigualdade entre credores que

---

proprietário definitivo da propriedade, incerteza que prejudicava a cultura e o commercio, mas sobre tudo porque ella representava em regra contractos usurários» – DIAS FERREIRA, *Código Civil Portuguez*, cit., p. 186.

([698]) Em sentido próximo, cf. FRANCO ANELLI, *L' alienazione*, cit., p. 60 ss.

([699]) Para LUMINOSO, a proibição resultaria da circunstância de a faculdade apropriativa poder implicar para o devedor uma perda patrimonial desproporcional ao montante da sua dívida – o que não sucederia no penhor irregular – mas, também, do facto de o devedor se achar *iludido* com a possibilidade de reaver o bem, pagando a dívida – o que não se verifica na dação em cumprimento – ANGELO LUMINOSO, *Alla ricerca degli arcani*, cit., p. 219 ss. Por outras palavras, no pacto comissório o devedor seria induzido a transmitir ou vincular um bem, criando a esperança de poder auferir a soma necessária ao pagamento da dívida antes do termo do seu vencimento – idem, pp. 221-222. Para além das razões já apontadas, esta visão não é convincente quanto ao motivo da proibição do pacto comissório, sobretudo quanto aos pactos convencionados após a concessão do financiamento (*ex intervallo*) ou que versem sobre objecto de valor inferior ao crédito garantido. Aderindo a esta tese, cf. CARLO QUARTAPELLE (*Divieto del patto commissorio,* cit., pp. 248-249) e ALBINA CANDIAN, («Appunti dubbiosi sulla ratio del divieto del patto commissorio», *FI*, 1999, parte I, (p. 175 ss), pp. 177-178).

([700]) Este autor realça que o pacto comissório penalizaria duplamente o devedor, fazendo-o suportar uma perda patrimonial injustificada em relação ao valor da sua dívida e, ainda, fazendo-o incorrer no risco de perecimento ou de deterioração da coisa até entrega da mesma ao credor – FRANCESCO REALMONTE, «Le Garanzie Immobiliari», *Jus. Rivista di scienze giuridiche,* ano 33, Janeiro-Abril 1986, p.16 ss. No pacto comissório, mesmo que resolutivamente condicionado, o risco ficará a cargo do alienante-devedor, uma vez que o credor conservaria o direito à acção para cumprimento da obrigação garantida. Além de outros aspectos, a orientação de REALMONTE transforma em premissa o que deve ser conclusão. Com efeito, é a natureza do acordo que condiciona o regime jurídico da distribuição do risco e não o inverso.

fere o princípio *par conditio creditorum*. Se o credor garantido pudesse pagar-se com o objecto empenhado (ou hipotecado) sem qualquer avaliação e fora dos meios previstos na lei, os credores quirografários suportariam, por via indirecta da diminuição do património do devedor, perdas superiores ao necessário para o pagamento do crédito garantido [701]. Esta orientação foi ainda acolhida e desenvolvida por ENRICO ENRIETTI [702], VINCENZO ANDRIOLLI [703], CLAUDIO VARRONE [704] e GÚLLON BALLESTEROS [705]. A verdade, porém, é que esta tese, enquanto fundamento isolado, revela uma grande fragilidade [706]. O princípio *par conditio creditorum*, aflorado no artigo 604.º n.º 1 do Código Civil, conhece numerosos e importantes desvios, desde os privilégios creditórios [707] ao direito de retenção [708], passando pelo princípio da prioridade da penhora, em acção executiva, e pela regra da hierarquização de credores [709]. Por outro lado, a argumentação de CARNELUTTI não procede sempre que o património do devedor seja suficiente para pagar aos credores [710] ou quando seja possível o recurso a um dos meios de conservação da garantia patrimonial legalmente previstos [711].

---

[701] FRANCESCO CARNELUTTI, «Note sul patto commissorio», *RDCom,* 1916, parte II (p. 887), p. 889. Para uma crítica a esta orientação, cf. VINCENZO LOJACONO, *Il patto commissorio,* cit., p. 28 ss.

[702] ENRICO ENRIETTI, «Patto commissorio ex intervallo», *RDP,* 1939, parte I, p. 26 ss.

[703] VINCENZO ANDRIOLI, *Divietto del patto commissorio,* cit., pp. 50-51.

[704] CLAUDIO VARRONE, *Il trasferimento,* cit., p. 65 ss.

[705] GÚLLON BALLESTEROS, *Comentario,* cit., p. 210. Cf., também, DÚRAN RIVA-COBA, *La propriedad en garantía,* cit., p. 100 ss, em especial p. 102.

[706] Cf. as críticas de MASSIMO BIANCA, *Il divieto,* cit., p. 26 ss e p. 214 ss e de CLAUDIO VARRONE, *Il trasferimento,* cit., p. 55 ss.

[707] Cf., a este respeito da erosão do princípio *par conditio creditorum,* JOSÉ GARRIDO, *Tratado,* p. 309 e 734 ss. Criticando o princípio em apreço, enquanto fundamento da proibição do pacto comissório, CARRASCO PERERA, *Los derechos de garantía,* cit., p. 211.

[708] ANTUNES VARELA, *Das obrigações em geral,* II, cit., p. 578.

[709] Para uma análise crítica no âmbito da acção executiva, TEIXEIRA DE SOUSA, «Aspectos gerais da reforma da acção executiva», *Cadernos de Direito Privado,* n.º 4, Outubro/Dezembro de 2003, p. 22 ss. Cf., também, TEIXEIRA DE SOUSA, *Acção Executiva Singular,* cit. p. 36-37.

[710] Nesse sentido, GIUSEPPE MINNITI, *Patto marciano,* cit., p. 42 e, entre nós, JÚLIO GOMES, *Sobre o âmbito da proibição,* cit., p. 66.

[711] Assim, ENZO ROPPO, *Note sopra il divieto,* cit. pp. 262-264, GIUSEPPE MINNITI, *Patto marciano,* cit. pp. 42-43 e STEFANO D'ERCOLE, *Sull' alienazione,* cit. p. 238.

V. Na esteira de G. Chironi [712], Fulvio Gigliotti [713] entendeu que a alternativa à proibição do pacto comissório é a degradação (*snaturamento*) das garantias reais [714], porque a atribuição da propriedade não se coaduna com a estrutura e função das garantias típicas, assente na atribuição de uma preferência ao credor [715]. Por isso, a proibição deverá aplicar-se, segundo o autor, ao pacto meramente obrigacional [716], ao pacto comissório autónomo com função de garantia [717] e, em geral, a qualquer pacto apropriativo [718].

Também segundo Giuseppe Minniti, a proibição do pacto comissório resulta da inidoneidade da própria atribuição da propriedade com função de garantia [719]. Quer dizer, o pacto comissório seria uma alienação em garantia ilícita.

Uma vez mais, a crítica fez-se sentir, aduzindo, entre outros motivos, que uma leitura correcta da proibição não reclama uma repressão indistinta de qualquer pacto apropriativo [720]. Acrescentaríamos que, no nosso ordenamento jurídico, estranhar-se-ia que o legislador tivesse tido interesse em criar uma norma autónoma quanto ao pacto

---

[712] Para o autor, o pacto é uma garantia real atípica, criadora de uma forma de preferência imperfeita e indesejável nos quadros do sistema – G. Chironi «Ipoteca e patto commissorio» *RDCom*, 1917, II, p. 706 ss.

[713] Fulvio Gigliotti, *Patto commissorio autónomo e liberta dei contraenti*, Edizione Scientifiche Italiane, Nápoles, 1997, p. 110 ss e, do mesmo autor, *Il divieto*, cit. p. 132 ss.

[714] Fulvio Gigliotti, *Patto commissorio*, cit., pp. 126-127.

[715] A explicação para a proibição do pacto comissório conheceria uma particularidade, tratando-se de consignação de rendimentos. Nesta hipótese, a repressão seria ditada pela necessidade de estimular o emprego produtivo do bem onerado, fazendo imputar os frutos respectivos ao incumprimento da obrigação – Fulvio Gigliotti, *Patto commissorio*, cit., p. 127 ss e, do mesmo autor, *Il divieto*, cit. p. 146 ss.

[716] Fulvio Gigliotti, *Il divieto*, p. 157 ss.

[717] Segundo Gigliotti, o pacto comissório autónomo poderá desempenhar uma função creditícia (como, por exemplo, na venda a retro ou na locação financeira restitutiva), solutória e sancionatória (por exemplo, na cláusula penal), mas não uma função de garantia Fulvio Gigliotti, *Patto commissorio*, cit., p. 178 ss e *Il divieto*, cit., p. 232 ss.

[718] Fulvio Gigliotti, *Patto commissorio*, cit., p. 130 ss, em especial p. 133 e, do mesmo autor, *Il divieto*, cit. p. 155 ss.

[719] Giuseppe Minniti, *Garanzie e alienazione*, cit., p.73 ss.

[720] Pode ver-se Andrea Sassi, *Garanzia del credito*, cit., p. 218 ss.

comissório *real* (721), proibindo-o, quando a normal solução legislativa quanto à criação de direitos reais atípicos é a de que os mesmos são dotados de eficácia meramente obrigacional, por via do artigo 1306.º n.º 1 do CC.

VI. Não se crê ainda que a posição de EMILIO BETTI, baseada no princípio geral de proibição de auto-tutela (722) – entre nós seguida CASTRO MENDES (723) – seja de aplaudir. O Direito português conhece várias manifestações lícitas de auto-tutela em matéria de garantias, como é o caso do direito de retenção (artigo 754.º do CC), da convenção de venda extraprocessual do objecto do penhor, prevista no n.º 1 do artigo 675.º do Código Civil e do pacto previsto no artigo 11.º do Decreto-lei n.º 105/2004 (724).

---

(721) No pacto comissório real, a coisa transfere-se para o credor pelo não cumprimento; no pacto obrigacional o devedor obriga-se a transmitir – cf. PIRES DE LIMA/ ANTUNES VARELA, *Código Civil anotado*, vol. I, cit., p. 718.

(722) EMILIO BETTI, «Su gli oneri e i limiti dell' autonomia privata in tema di garanzia e modificazione di obbligazioni», *RDCom*, 1931, parte II, (p. 688 ss), p. 699.

(723) CASTRO MENDES *Direito Processual Civil*, I, AAFDL, Lisboa, 1978/79, p. 128.

(724) A redacção primitiva do n.º 1 do artigo 675.º do CC dispunha que, vencida a obrigação, o credor adquire o direito de se pagar pelo produto da venda judicial da coisa empenhada, podendo a venda ser feita extrajudicialmente, se as partes assim o tiverem convencionado. De acordo com o artigo 889.º do CPC, anterior à reforma da acção executiva de 2003, a regra era a da venda judicial, apenas tendo lugar a venda extrajudicial (em bolsa, directa, por negociação particular ou em leilão) nos casos previstos na lei – Cf. TEIXEIRA DE SOUSA, *Acção Executiva Singular*, Lex, Lisboa, 1998, p. 363-364. A doutrina dominante entendia que a venda extrajudicial, referida no artigo 675.º, era a venda fora do processo executivo (assim, VAZ SERRA, «Hipoteca», *BMJ*, n.º 62, 1957, (p. 5 ss), p. 40, ANTUNES VARELA/PIRES DE LIMA, *Código Civil Anotado*, vol. I, cit., pp. 694-695 e FAZENDA MARTINS, *Direitos reais de gozo*, cit., p. 112). Contra, entendendo que se tratava de uma venda no seio do processo, PESTANA DE VASCONCELOS, *Cessão de créditos em garantia*, cit., nota 1074, p. 550. Com a redacção do Decreto-Lei n.º 28/2003 de 8 de Março, o artigo 675.º passa a referir-se à venda extraprocessual, e não extrajudicial. Esta alteração decorre do desaparecimento da distinção entre venda judicial e extrajudicial, a qual, por seu turno, resulta da circunstância de o procedimento ser levado a cabo pela mesma entidade, que é o agente de execução. Sobre a venda executiva, cf. TEIXEIRA DE SOUSA, *A reforma da acção executiva*, Lex, Lisboa, 2004, p. 192-201, RUI PINTO, *A acção executiva depois da reforma*, Lex, Lisboa, 2004, p. 189 e COSTA E SILVA, *A reforma da acção executiva*, cit., p. 124. É, portanto, hoje inquestionável a dispensa

VII. Alguns autores acentuam a insuportável restrição da liberdade do devedor gerada pelo pacto comissório. Para FÍNEZ RATÓN, a proibição do pacto comissório explica-se pela necessidade de evitar que o credor possa coarctar a liberdade negocial do devedor([725]).

Esta perspectiva deve, porém, ser rejeitada. A introdução de limites à liberdade de actuação, presente ou futura, dos sujeitos é consentida pelo ordenamento jurídico, dentro de determinados limites, como é o caso das cláusulas contratuais gerais, das cláusulas limitativas da responsabilidade civil ou, ainda, em certa medida, da cláusula penal. Para além disto, a ideia da restrição da liberdade do devedor é pouco precisa, não conseguindo explicar qual exacta danosidade social provocada pelo pacto comissório. No negócio usurário também se verifica, em boa medida, uma diminuição da liberdade do devedor, que contrata em estado de inferioridade perante o credor.

VIII. Trilhando um caminho precursor, GIOVANNI PUGLIESE notou que a proibição do pacto comissório só é concebível à luz de uma visão eclética, que integre os motivos de tutela da liberdade de quem se vincula em estado de carência e de protecção dos credores sem garantia real([726]). A este sentido plural não são, de igual modo, alheias as teses de SALVATORE PUGLIATTI([727]), de VINCENZO LOJACONO([728]), de FRANCESCO GALGANO([729]) e, em especial, de MARIA COSTANZA. Esta autora alude mesmo a uma lógica unitária, correspondente à ideia de *correttezza negoziale*, revelando a complexidade da fundamentação da proibição pacto comissório([730]).

---

de acção executiva. No Direito espanhol, o sistema de execução do penhor não admite uma venda privada. O credor pignoratício pode apenas executar a garantia em conformidade com o procedimento previsto no artigo 1872.º do *Código Civil* e na LEC, o qual, em regra, corre perante um notário – DÍEZ-PICAZO/ANTÓNIO GULLÓN, *Sistema de derecho civil*, volume III, cit., p. 434.

([725]) FÍNEZ RATÓN, *Garantías reales*, cit., p. 3838.
([726]) GIOVANNI PUGLIESE, *Nullità*, cit., p. 162.
([727]) SALVATORE PUGLIATTI, *Precisazioni*, cit., pp. 317-318.
([728]) VINCENZO LOJACONO, *Il patto commissorio*, cit., p. 36 ss.
([729]) FRANCESCO GALGANO, *Diritto privato*, cit., p. 255.
([730]) MARIA COSTANZA, «Sulle alienazione in garanzia e il divieto del patto commissorio», *GC*, 1989, I, (p. 1824 ss), p. 1824.

Entre nós, JANUÁRIO COSTA GOMES explica que a *ratio* da proibição do pacto comissório «*é plúrima e complexa, relevando, a um tempo, o propósito de proteger o devedor da (possível) extorsão do credor e a necessidade que corresponde a um interesse geral do tráfego, de não serem falseadas as «regras do jogo», através da atribuição injustificada de privilégios a alguns credores em objectivo (seja ele efectivo ou potencial) prejuízo dos demais*» ([731]). Para o autor, é improvável que não se tenha tido, também, em consideração a adulteração do sistema de preferências entre credores, uma vez que a generalização do recurso ao pacto comissório desembocaria na «*institucionalização de castas entre os credores, fora das vias transparentes e objectivas que justificam as excepções ao princípio par conditio creditorum*» ([732]). O ecletismo é, também, assumido nas opiniões expressas por REMÉDIO MARQUES ([733]) e por CALVÃO DA SILVA ([734]). Também se desviam da linha unilateral tradicional, confinada ao argumento usurário, as construções de MENEZES LEITÃO (princípio da proibição da livre apropriação do objecto das garantias reais) ([735]), de VÍTOR NEVES (à proibição de enriquecimento injustificado) ([736]) e de PESTANA DE VASCONCELOS ([737]).

Na jurisprudência, salienta-se o Acórdão do S.T.J. de 21 de Dezembro de 2005 ([738]). Segundo esta decisão, a proibição do pacto comissório abrange o pacto pelo qual se convencione o direito de venda particular. Neste caso, discutia-se a validade de uma procuração irrevogável, que conferia ao credor poderes para proceder à venda particular de certo bem, objecto de hipoteca a favor do credor, tendo o Tribunal entendido que «*a procuração irrevogável é um acto unilateral, sempre ligada a um contrato que constitui a "relação subja-*

([731]) COSTA GOMES, *Assunção fidejussória*, cit., p. 94.
([732]) Idem, p. 94.
([733]) REMÉDIO MARQUES, *Locação financeira*, cit., p. 607.
([734]) CALVÃO DA SILVA, *Banca, Bolsa*, cit., p. 211.
([735]) MENEZES LEITÃO, *Garantias*, cit., p. 202.
([736]) VÍTOR NEVES, *Afectação de receitas*, cit., p. 179.
([737]) PESTANA DE VASCONCELOS, define o pacto comissório como «*o acordo pelo qual é concedido à parte garantida o direito de, perante o incumprimento do devedor, ficar com a coisa (ou direito) transmitida em garantia, sem avaliação ou mediante avaliação efectuada pelo próprio credor*» – *Dos contratos de cessão*, cit., p. 330.
([738]) Ac. do S.T.J. de 21 de Dezembro de 2005, processo n.º 277/04, relator Pereira da Silva.

cente", não raro traduzindo acto de execução ou cumprimento de tal relação, podendo ser consubstanciada por pacto comissório». O Supremo Tribunal apelou, ainda, à fundamentação da proibição proposta por JANUÁRIO COSTA GOMES, como uma motivação complexa, sedeada num propósito de proteger o devedor da possível extorsão do credor, mas também na necessidade de não serem iludidas as regras do concurso e da hierarquia entre credores.

IX. São ainda merecedoras de análise as posições, pouco conhecidas entre nós, de MASSIMO BIANCA, FRANCO ANELLI e NICOLA CIPRIANI.

MASSIMO BIANCA destacou-se pela defesa da tese da proibição enquanto prevenção do risco de difusão de um modelo de responsabilidade patrimonial desviante do modelo legal e de um sistema de garantias conotado com um risco de desproporção entre a obrigação e a responsabilidade patrimonial do devedor e, por isso, «*inidóneo a exprimir uma sujeição do património do devedor exactamente adequada à função de garantia*» ([739]). O carácter geral deste argumento, seguido por ENZO ROPPO ([740]), UGO CARNEVALLI ([741]), MORACE PINELLI ([742]) e ROSSANA DE NICTOLIS ([743]), envolve uma preocupação de tutela do devedor, mas também dos demais credores. A orientação de BIANCA é ainda especialmente interessante quanto à defesa da validade de pactos apropriativos que não façam perigar o interesse social na prevenção de garantias injustas ([744]). Apesar disso, não logrou distinguir com

---

([739]) MASSIMO BIANCA, *Il divieto*, cit., p. 218. Esta opinião do autor é também expressa em *Patto commissorio*, cit., pp. 717-718.

([740]) ENZO ROPPO, *Note sopra il divieto*, cit., pp. 263-264.

([741]) UGO CARNEVALI, *Patto commissorio*, cit., p. 501.

([742]) MORACE PINELLI, «Trasferimento a scopo di garanzia della parte del terzo e divieto del patto commissorio», FI, 1994, parte I, (p. 63 ss), p. 67. A propósito da admissibilidade em geral da alienação em garantia no sistema italiano, o autor invoca a opinião de MARICONDA, segundo a qual a transmissão da propriedade com fim de garantia não é admissível por insuficiência causal. Os negócios de garantia, com carácter real, seriam apenas os previstos na lei, de tal modo que qualquer negócio atípico, como é o caso da alienação em garantia, não seria permitido (cf. MORACE PINELLI, *Trasferimento*, cit., p. 70 ss).

([743]) ROSSANA DE NICTOLIS, *Divieto del patto*, cit., pp. 239-240.

([744]) MASSIMO BIANCA, *Il divieto*, cit., p. 218 ss e, do mesmo autor, *Patto commissorio*, cit., p. 718.

clareza zonas de licitude e de proibição dentro dos negócios de alienação em garantia, identificando-os com o pacto comissório [745].

Procurando uma solução sistematicamente razoável, FRANCO ANELLI conclui que o pacto comissório corresponde a um negócio solutório ilícito, porque estipula, de forma antecipada e insindicável, os efeitos do incumprimento [746]. A sindicabilidade explicaria a licitude do penhor irregular (artigo 1851.º do *Codice Civile*), da cláusula penal e de outros pactos apropriativos.

Também para NICOLA CIPRIANI a alienação em garantia não se confunde o pacto comissório, cariz solutório [747]. Sempre que a função seja solutória, os pactos apropriativos só serão admitidos se for possível assegurar uma correspondência entre o valor do crédito e o valor do bem onerado, apurada postcipadamente, no momento em que o mecanismo solutório produz os seus efeitos [748].

As teses de FRANCO ANELLI e de NICOLA CIPRIANI são de aplaudir quanto à construção sistemática, mas colocam na sombra os valores que determinam as soluções, deixando por explicar o porquê da reprovação da fixação antecipada e insindicada dos efeitos do incumprimento [749].

Do nosso ponto de vista é duvidoso que, no Direito português, o pacto comissório se confunda em absoluto com a dação em cumprimento [750]. Para além de factores temporais – ao contrário do pacto, a dação ocorre, em regra, quando o crédito já se encontra vencido – e

---

[745] Segundo o autor, o pacto comissório corresponde a uma alienação em garantia – assim, MASSIMO BIANCA, *Patto commissorio*, cit., p. 717. Em sentido próximo, ENZO ROPPO, *Note sopra il divieto*, cit., p. 265. Contra, defendendo uma interpretação restritiva da proibição do pacto comissório, MICHELE SESTA, *Le garanzie atipiche,* cit., p. 104 ss.

[746] FRANCO ANELLI, *L' alienazione*, cit., p. 88 ss, p. 145 ss e p. 438 ss. Esta orientação terá sido iniciada por LEO RAAPE (*Die Verfallklausel bei Pfand und Sicherungsübereignung*), 1913 – assim, cf. MASSIMO BIANCA, *Il divieto*, cit., p. 136 ss.

[747] NICOLA CIPRIANI, *Patto commissorio*, cit., p. 116 ss.

[748] NICOLA CIPRIANI, *Patto commissorio,* cit., p. 125.

[749] Cf. a crítica de FULVIO GIGLIOTTI, *Patto commissorio*, cit., p. 101 ss e, do mesmo autor, *Il divieto*, cit. p. 123 ss.

[750] Criticando a *tese da dação*, CLAUDIO VARRONE, *Il trasferimento,* cit., p. 29 ss e MASSIMO BIANCA, *Patto commissorio*, cit., pp. 716-717 e ANDREA SASSI, *Garanzia del credito*, cit., p. 204 ss.

sistemáticos – a dação encontra-se prevista no artigo 837.º e seguintes do Código Civil, em sede de causas de extinção das obrigações além do cumprimento – a distinta *feição estrutural* dos dois negócios desvela um contraste *funcional*: o fim do pacto é a previsão de um mecanismo de satisfação do credor em caso de incumprimento, e não a consagração de um programa alternativo de cumprimento, actuante com independência das vicissitudes da obrigação garantida [751].

X. O *caminho crítico* que nos conduziu até aqui deixou claro que não é possível compreender a proibição do pacto comissório com recurso a um único argumento. Pelo contrário, parecem-nos particularmente impressivas três razões ou fundamentos proibitivos. Em primeiro lugar, a analogia entre o negócio usurário e o acordo comissório. Depois, a difícil harmonização deste acordo com o princípio de equilíbrio ou de controlo da medida de satisfação do credor nas garantias reais típicas, em prejuízo do devedor e, também, dos seus credores (comuns ou com garantia especial). Finalmente, a danosidade social que o recurso sistemático ou ilimitado a um pacto apropriativo desequilibrado é capaz de provocar. Estas três linhas conjugam-se em pleno num ponto: *o acordo comissório é nulo se – e apenas se – corresponder a um mecanismo de autosatisfação apropriativa incontrolada por parte do credor* [752].

Visto isto, retomando o *fio à meada*, podemos acrescentar um elemento fundamental à definição preliminar de pacto comissório (proibido): ausência de mecanismos que assegurem, com efectividade e actualidade, que o valor do bem apropriado não é superior ao valor da dívida garantida ou que, sendo este o caso, o credor não se apropriará do valor em medida excedente à satisfação do seu crédito.

Nestes termos, reunindo as críticas esboçadas e os elementos acabados de indicar, podemos definir o pacto comissório (proibido) como

---

[751] Cf. a distinção entre dação e garantia segundo os critérios temporal, estrutural e teleológico, proposta por Costa Gomes, *Assunção fidejussória,* cit., pp. 53-54.

[752] Não havendo uma absoluta identidade de razões entre a condenação da usura e a proibição do pacto comissório, deve admitir-se que determinado negócio, apesar de válido à luz desta proibição, possa qualificar-se de usurário e, nessa medida, sujeito ao regime jurídico do artigo 282.º do Código Civil.

a *convenção mediante a qual ocorre a perda ou a extinção da propriedade de um bem do devedor, a favor do respectivo credor, em virtude do incumprimento de uma obrigação a cargo daquele e sem que estejam previstos mecanismos que assegurem, com efectividade e actualidade, que o valor do bem apropriado não é superior ao valor da dívida garantida ou que, sendo aquele superior a este, o credor não se apropriará do valor que exceda o necessário para a satisfação do seu crédito.*

XI. Do exposto quanto ao fundamento e quanto à definição de pacto comissório cabe extrair consequências de regime jurídico. Começando pela disciplina geral do pacto acessório de uma garantia real, da tese que acolhemos deve resultar que a convenção celebrada posteriormente ao momento do nascimento do crédito, mas anterior ao vencimento da dívida (o chamado pacto *ex intervallo*), deve ser tratada de modo idêntico ao pacto contemporâneo da relação creditória garantida, conforme, aliás, inculca a letra do artigo 694.º do Código Civil(753). Esta consideração deve valer, também, quanto ao pacto convencionado depois do próprio vencimento do crédito garantido. Por outro lado, julga-se que tanto o pacto real quanto o acordo comissório obrigacional podem ser censurados, desde que se verifique a aludida razão proibitiva(754).

---

(753) A equiparação de regimes do pacto *ex intervallo* e *in continenti* foi defendida por Enrico Enrietti, *Patto commissorio*, cit., p. 26 ss. Cf., também, Vincenzo Lojacono, *Il patto commissorio*, cit., p. 49 ss, Adriano de Cupis, *Istituzioni di diritto privato*, cit., pp. 144-145 e Paolo Canepa, *Commentario al Codice Civile*, vol IV, cit., p. 247. No Direito espanhol, cf. Feliú Rey, *La prohibición*, cit., p. 96 ss e Dúran Rivacoba, *La propriedad en garantía*, cit., p. 72. Entre nós, pronunciando-se, em princípio, contra a proibição do pacto *ex intervallo*, Antunes Varela/ Pires de Lima, *Código Civil anotado*, vol. I, cit. p. 718. Sobre a questão, pode também ver-se, Júlio Gomes, *Sobre o âmbito da proibição*, cit., p. 69.

(754) No sentido de a proibição inequivocamente abranger as duas aludidas categorias, Vaz Serra, *Penhor*, cit. p. 218 e Pires de Lima/Antunes Varela, *Código Civil anotado*, vol. I, cit. p. 718. Contudo, Vaz Serra adianta ser «*todavia válido o pacto por que se reconheça ao credor um crédito à transmissão da propriedade, se esse pacto não tiver relação com a não-satisfação do credor, isto é, se aquele crédito compreender não apenas a hipótese de o credor não ser satisfeito em tempo, como a de o ser*» (Vaz Serra, *Penhor*, cit. p. 218). Argumenta-se que, apesar do pacto comissório obrigacional exigir uma nova manifestação de vontade por parte do

Pode, porém, questionar-se se a proibição do pacto comissório deve aplicar-se a garantias reais sobre créditos([755]). Actualmente, é

---

devedor para que o efeito translativo se dê, existe sempre a execução específica da prestação, de onde o pacto obrigacional causaria o mesmo prejuízo que o real. Neste sentido, *vide* também Ugo Carnevali, *Patto commissorio,* cit. p. 505, Rossana de Nictolis, *Nuove garanzie,* cit., pp. 466-467, Massimo Lascialfari, *Le alienazioni,* cit., p. 171, Ira Bugani, *Il divieto del patto commissorio,* cit., pp. 33-34 e Paolo Canepa, *Commentario al Codice Civile,* cit., p. 247.

([755]) Contrariando o entendimento tradicional de Massimo Bianca (*Il divieto,* cit., p. 157 ss), a doutrina italiana recente tem defendido que a proibição do pacto comissório não se aplica a garantias sobre créditos pecuniários ou bens fungíveis. Assim, Franco Anelli, *L' alienazione,* cit., p. 228 ss *et passim*, Claudio Varrone, *Il trasferimento,* cit., p. 144 ss, Mauro Bussani, *Il problema,* p. 114 nota 6 e, do mesmo autor, *Patto commissorio,* cit., pp. 114-115, Nicola Cipriani, *Patto commissorio,* cit. nota 144, p. 75, Carlo Quartapelle, *Divieto del patto commissorio,* cit., p. 258 ss, Fulvio Gigliotti, *Il divieto,* cit. p. 163-164, Aldo Dolmetta/Giuseppe Portale, *Cessione del credito,* cit., p. 104 ss, Bruno Inzitari, «La cessione del credito a scopo di garanzia: inefficacia ed inopponibilità ai creditori dell' incasso del cessionario nel fallimento, nel concordato e nell' amministrazione controllata», *BBTC,* 1997, parte I, (p. 153 ss), p. 174 ss e, do mesmo autor, *Profili del Diritto delle obbligazioni,* Cedam, Milão, 2000, p. 509 ss, Giuseppe Bavetta, *La cessione di credito,* cit., p. 591 ss, Arianna Scacchi, *La cessione,* cit., pp. 616 ss, 627, 632 *et passim,* Massimo Lascialfari, *La cessione di crediti,* cit., p. 283 ss, Francesca Fiorentini, *Garanzie reali,* cit., p. 278 ss. Neste ordenamento, esta conclusão sai reforçada por dois argumentos legais. Desde logo, o artigo 2803.º do *Codice,* relativo ao penhor de créditos pecuniários, permite ao credor pignoratício apropriar-se do dinheiro recebido do devedor cedido, uma vez vencido o crédito garantido (cf. Tommaso Mancini, *La cessione dei crediti,* cit., p. 11 ss, em especial p. 14, Giuseppe Bavetta, *La cessione di credito,* cit., pp. 592-593, Arianna Scacchi, *La cessione,* cit., p. 628 ss, Massimo Lascialfari, *La cessione di credit,* cit., p. 287, Andrea Sassi, *Garanzia del credito,* cit., p. 303 ss. Criticando esta orientação, Bruno Inzitari, *La cessione del credito,* cit., p. 167 ss e, do mesmo autor, *Profili del Diritto delle obbligazioni,* cit., p. 503 ss). Depois, a previsão do penhor irregular (artigo 1851.º do *Codice*), no qual o credor adquire a «propriedade» de dinheiro que lhe foi entregue, sob reserva de restituir equivalente (*tantundem*) em caso de cumprimento da obrigação garantida, à semelhança de um negócio de alienação em garantia (assim, cf. Franco Anelli, *L'alienazione,* cit., p. 234 ss e, do mesmo autor, *Problemi dell' alienazione,* cit., pp. 84-85, Claudio Varrone, *Il trasferimento,* cit., p. 154 ss, Nicola Cipriani, *Patto commissorio,* cit., p. 89 ss, Andrea Sassi, *Garanzia del credito,* cit., p. 294 ss e Dario Loiacono/Andrea Calvi/Alessandro Bertani, *Il trasferimento in funzione di garanzia,* cit., p. 33 ss). Também no Direito francês anterior à reforma do Código Civil, Laurent Aynes/ Pierre Crocq, *Les sûretés,* cit., p. 202, Claude Witz, *La fiducie,* cit., p. 297 defenderam a validade do pacto comissório no penhor de créditos.

pacífico o reconhecimento do crédito enquanto activo patrimonial com um determinado valor económico. De acordo com o n.º 2 do artigo 685.º do Código Civil, se o crédito tiver por objecto a prestação de dinheiro ou de outra coisa fungível, o devedor não pode fazê-la senão aos dois credores (titular do crédito e credor pignoratício) conjuntamente, sendo que, em caso de falta de acordo entre os interessados, o devedor poderá recorrer à consignação em depósito da quantia ou da coisa devida. Por outro lado, o artigo 679.º do Código Civil manda aplicar ao penhor de direitos as disposições referentes ao penhor de coisas e não excepciona desta remissão a proibição do pacto comissório. Ora, por via do artigo 678.º, ao penhor deve aplicar-se a proibição do pacto comissório prevista no artigo 694.º. Deve, porém, ressalvar-se que, tratando-se de créditos pecuniários cujo valor seja imediatamente quantificável, será difícil que um pacto de apropriação do crédito ou do valor recebido com o seu pagamento possa corresponder a um verdadeiro pacto comissório. Isto porque, nesta hipótese, estará à partida facilitado o preenchimento das condições do pacto marciano e, ao mesmo tempo, dificultada a verificação da *ratio legis* do artigo 694.º do Código Civil.

O *verdadeiro* pacto comissório proibido é nulo (artigo 280.º do CC). A declaração da nulidade tem efeito retroactivo e faz nascer um dever de restituição de tudo o que tiver sido prestado ou, se a restituição em espécie não for possível, do valor correspondente (cf. artigo 289.º n.º 1 do CC)[756]. A relação entre a nulidade do pacto e a validade da garantia prestada coloca-se nos termos gerais do negócio jurídico. Há que indagar se as partes quiseram ou não atribuir uma importância fundamental ao pacto comissório que acompanha o negócio de garantia. Se pudermos, com relativa segurança, concluir que as partes não teriam concluído o contrato de garantia principal sem o

---

[756] Quer isto dizer que a invalidação do pacto comissório implica, depois do exercício da faculdade apropriativa, o dever, a cargo do credor, de restituir ao devedor o bem em causa. Se, porventura, o credor não estiver em condições de o fazer – v.g. porque o bem se deteriorou ou porque foi alienado a um terceiro – deve entregar ao devedor o valor pecuniário correspondente ao valor real desse mesmo bem. Ora, também nesta sede se devem aplicar as exigências do pacto marciano. A avaliação do bem deve ser realizada no momento da declaração de nulidade por um terceiro independente.

pacto comissório, a solução não poderá deixar de ser a da nulidade total. Se assim não for, não vislumbramos motivos para afastar a possibilidade de redução ou conversão do negócio (artigos 292.º e 293.º do CC, respectivamente) ([757]).

A proibição do Código Civil impõe uma limitação à execução da garantia pelo credor, a par de outras previstas na lei, podendo questionar-se se a mesma deve ficar confinada ao âmbito do Direito civil ou se deve servir também de regime jurídico subsidiariamente aplicável sempre que a garantia pertença ao foro mercantil, como é o caso do penhor mercantil (artigo 397.º do Código Comercial), ou esteja prevista num regime jurídico especial, como é o caso do penhor em garantia de crédito de estabelecimentos bancários ou penhor bancário (artigo 1.º do Decreto-lei 29 833 de 17 de Agosto de 1939 e artigo único do Decreto-lei 32 032 de 22 de Maio de 1942), do penhor de participações sociais (artigos 23.º n.º 4, 337.º e 340.º do CSC e 81.º n.º 4 do CVM), em especial de acções ou do penhor de valores mobiliários (artigos 81.º e 103.º do CVM), entre outros. A resposta deve ser afirmativa. Depõem neste sentido diversos argumentos. Desde logo, o carácter subsidiário do Direito Civil, aplicável a relações especiais entre privados. Depois, o sentido da execução do penhor mercantil, previsto no artigo 401.º do Código Comercial, ao exigir a intervenção de um intermediário financeiro ([758]). É ainda este o sentido que melhor se harmoniza com as práticas que têm sido seguidas, entre nós e no estrangeiro.

16.1. *A admissibilidade e as condições do pacto marciano*

I. A fundamentação do pacto proibido acabada de propor permite ainda redescobrir, na esteira de JANUÁRIO COSTA GOMES, o *porto de abrigo* do pacto marciano ([759]). Este acordo situa-se numa zona de

---

([757]) Sobre o aproveitamento dos negócios jurídicos viciados, mediante redução ou conversão dos mesmos, cf. OLIVEIRA ASCENSÃO, *Direito Civil*, vol. II, Coimbra Editora, Coimbra, 2003, p. 408 ss e MENEZES CORDEIRO, *Tratado*, I, I, cit., p. 662 ss.
([758]) Cf. SOARES DA FONSECA, *O penhor de acções*, cit., pp. 128-129.
([759]) É a posição defendida por MASSIMO BIANCA, *Il divieto*, cit., p. 218 ss, CLAUDIO VARRONE, *Il trasferimento*, cit., p. 80, VINCENZO LOJACONO, *Il patto commissorio*, cit.,

licitude, em que «*a propriedade sobre a coisa dada em garantia se transfere para o credor, ficando este, porém, obrigado a restituir ao devedor a soma correspondente à diferença entre o valor do bem e o montante do débito*» ([760]). Tem sido admitido pela doutrina portuguesa dominante, em termos que merecem a nossa concordância ([761]), não é abrangido pelos *motivos da norma* do artigo 694.º do Código Civil e foi acolhido, ainda que *disfarçadamente*, pelo artigo 11.º do Decreto--lei n.º 105/2004 ([762]).

Discordamos, por isso, da tese de Vaz Serra, segundo a qual «*a proibição deve ter lugar ainda que o credor se obrigue a entregar o excedente do valor da coisa sobre o seu crédito (A convenciona com B que este ficará com a coisa, devendo entregar a A aquele excedente) e não obstante mesmo a coisa ter um valor fixo de mercado, visto subsistir o perigo do pacto comissório: o credor apropriar-se-ia de uma coisa, que o empenhador não quereria vender-lhe nessas condições, se não fosse a situação de dificuldade económica em que se encontrava*» ([763]).

---

p. 79 ss, Ugo Carnevali, *Patto commissorio*, cit., p. 505, Enzo Roppo, *Note sopra il divieto*, cit., p. 264, Angelo Luminoso, *Alla ricerca degli arcani*, cit., p. 219 ss, Franco Anelli, *L'alienazione*, p. 469, Rossana De Nictolis, *Divieto del patto*, cit., p. 540, Nicola Cipriani, *Patto commissorio*, cit., p. 49, Ira Bugani, *Il divieto del patto commissorio*, cit., p. 39 ss, com jurisprudência, Mauro Bussani, *Patto commissorio*, cit., p. 120 e, do mesmo autor, *Il problema*, cit., pp. 243-244, Francesca Fiorentini, *Garanzie reali*, cit., pp. 266-267, Paolo Canepa, *Commentario al Codice Civile*, vol IV, cit., p. 247, Andrea Sassi, *Garanzia del credito*, cit., p. 276 ss e p. 287 ss, Carlo Quartapelle, *Divieto del patto commissorio*, cit., p. 260 ss. Com alusões à posição dos tribunais, pode ainda ver-se Ariana Scacchi, *La cessione*, cit., p. 630, Bruno Inzitari, *La cessione del credito*, cit., p. 173, e, do mesmo autor, *Profili del Diritto delle obbligazioni*, cit., p. 510 e Paolo Canepa, *Commentario al Codice Civile*, vol IV, cit., p. 247.

([760]) Costa Gomes, *Assunção fidejussória*, cit., p. 95.

([761]) No sentido da validade, cf. Costa Gomes, *Assunção fidejussória*, cit., p. 95, Menezes Leitão, *Garantias das obrigações*, cit., p. 274 e Pais de Vasconcelos, *Teoria geral*, cit., p. 496 e Soares da Fonseca, *Penhor de acções*, pp. 137-138.

([762]) O disposto no preâmbulo do Decreto-lei n.º 105/2004 é, aliás, merecedor de reparo, quando se refere que «*outra das novidades mais significativas deste diploma respeita ainda ao contrato de penhor financeiro e corresponde à aceitação do pacto comissório, em desvio da regra consagrada no artigo 694.º do Código Civil*».

([763]) Vaz Serra, *Penhor*, cit., p. 219

Recentemente, a invalidade do pacto marciano foi defendida em Itália por GIUSEPPE MINNITI ([764]) e por FULVIO GIGLIOTTI ([765]). Segundo MINNITI, esta solução é mesmo imposta pelas exigências de coerência do sistema de garantias. Para este autor, o pacto marciano é, tal como o pacto comissório, contraditório com a valoração de interesses operada pelo legislador no sistema do *Codice Civile*, devendo as garantias das obrigações seguir os modelos contemplados na lei. A construção de MINNITI suscita dúvidas perante o natural reconhecimento de um espaço de autonomia privada das partes na conformação das garantias do crédito e, sobretudo, parece-nos desrazoável perante a fundamentação da proibição do pacto comissório acima revelada. Com efeito, a invalidação do pacto marciano pelos motivos expostos por MINNITI só fará sentido se previamente se tiver acolhido uma tese segundo a qual as razões da proibição podem ser resumidas negócio fiduciário afastar uma degradação das garantias reais.

II. Os requisitos de que depende a validade do pacto marciano são revelados quer por *contraposição teleológica* com o âmbito da proibição do pacto comissório, quer pela análise do regime especial dos contratos de garantia financeira.

Em primeiro lugar, o beneficiário da garantia deve restituir ao prestador o excesso apurado entre o valor verdadeiro do bem e o valor da dívida, caso exista. Esta obrigação pode resultar de norma jurídica legal – *maxime* do artigo 11.º do Decreto-lei n.º 105/2004 ([766]) – ou pode ser retirada do próprio negócio jurídico, interpretado em termos conformes à boa fé (artigo 239.º do CC; cf., ainda, artigo 762.º n.º 2 do CC).

([764]) GIUSEPPE MINNITI, *Patto marciano,* cit., p. 57, em especial p. 63.
([765]) FULVIO GIGLIOTTI, *Il Patto commissorio autonomo e libertà dei contraenti,* Edizione Scientifiche Italiane, Nápoles, 1997, p. 130 ss, em especial p. 133 e, do mesmo autor, *Il divieto del patto commissorio*, Giuffrè, Milão 1999, p. 155 ss.
([766]) De acordo com o n.º 2 do artigo 11.º do Decreto-lei n.º 105/2004, ainda que as partes nada digam a este respeito, o beneficiário da garantia está obrigado a restituir ao prestador o excesso apurado entre o valor verdadeiro do bem e o valor da dívida, cf. JÚLIO GOMES, *Sobre o âmbito da proibição*, cit., p. 71 e CALVÃO DA SILVA, *Banca, Bolsa,* cit., p. 212.

Porém, a obrigação de restituição do *superfluum* de pouco valeria se o credor pudesse controlar discricionariamente o valor do bem que constitui a garantia. Há, por isso, necessidade de impor certas condições que garantam a congruidade final entre o valor da dívida e o valor do bem apropriado.

Surge, assim, uma *segunda condição de validade* do pacto marciano: deve haver uma determinação verdadeira da existência (e do *quantum*) do eventual valor a devolver ao prestador da garantia, o que implica uma apreciação do valor do bem de garantia pautada por critérios de actualidade e de correcção. A actualidade reclama que a determinação final dos valores seja realizada aquando do incumprimento da obrigação e não aquando da convenção do pacto, ainda que os critérios possam estar pré-determinados. A correcção apela à independência e isenção do avaliador ou dos mecanismos de avaliação. Nada obsta, porém, a que esta apreciação corresponda à actuação de um mecanismo automático de determinação de valor, em termos do jogo da oferta e da procura num mercado.

Esta segunda exigência não é verdadeiramente derrogada pelo artigo 11.º do Decreto-lei n.º 105/2004. A letra da lei, ao contrário do que sucede noutros ordenamentos jurídicos como o inglês (cf. *regulation* 18, parágrafo 1 de *Financial collateral arrangement regulations*, correspondentes ao «Statutory Instrument» 2003, n.º 3226) [767] ou o italiano (artigo 8.º do *Decreto legislativo* n.º 170, de 21 de Maio de 2004), parece apenas impor um acordo entre as partes quanto à avaliação dos instrumentos financeiros (cf. artigo 11.º n.º 1 b), sem prejuízo

---

[767] O artigo 18.º do «Statutory Instrument» 2003, n.º 3226 que transpôs a *Collateral Directive* em Inglaterra estabelece, sob a epígrafe *Duty to value collateral and account for any difference in value on appropriation*, que sempre que o beneficiário da garantia (*collateral-taker*) exerça um poder de apropriação da garantia de acordo com o acordo de garantia financeira (*security financial collateral arrangement*), o beneficiário da garantia deve avaliar a garantia de acordo com os termos do acordo e, em qualquer caso, de modo comercialmente razoável (*in a commercially reasonable manner*). Também neste caso, se o valor da garantia exceder do valor da obrigação financeira garantida, então o beneficiário da garantia deve devolver ao prestador o valor do excesso. Também em Espanha, além do acordo das partes, a lei exige uma valoração objectiva da obrigação financeira garantida e do objecto da garantia, a realizar de forma *comercialmente correcta* (artigo 13.º, n.º 1, do *Real Decreto-Ley*).

do cumprimento de obrigações legais de avaliação (artigo 11.º n.º 3). Porém, a necessidade de garantir a restituição do excedente entre o valor do bem e o valor da dívida – prevista neste regime especial – tem, por pressupostos lógicos e teleológicos, o cumprimento de obrigações quanto ao apuramento do valor do objecto da garantia. Esta é ainda a solução mais adequada nos quadros do sistema, perante o disposto no artigo 694.º do Código Civil, com o sentido que atrás lhe atribuímos.

Por estes motivos, cremos que a referida alínea b) do artigo 11.º n.º 1, conjugada com o n.º 3 deste mesmo preceito, deve ser objecto de *interpretação correctiva*, sujeitando-se o pacto marciano, no âmbito do Decreto-lei n.º 105/2004, às normais condições exigidas para esta convenção no Direito português. Claro está que a própria natureza do objecto da garantia poderá facilitar este exercício, podendo mesmo daí resultar a possibilidade de aferir o respectivo valor de forma quase automática, atento o elevado grau de liquidez do bem jurídico ([768]).

A doutrina não tem questionado este aspecto, mas pode perguntar-se se o pacto marciano exige a intervenção do tribunal, à luz do disposto no n.º 2 do artigo 675.º do Código Civil ([769]). Uma vez que a lei parece permitir que o credor garantido se aproprie do objecto da garantia no penhor, desde que a adjudicação seja feita pelo valor que

---

([768]) Em sentido próximo, BRUNO INZITARI, *La cessione del credito*, cit., p. 174 e ARIANNA SCACCHI, *La cessione*, cit., p. 631. Aliás, este entendimento não é inédito no nosso ordenamento jurídico, dado que se tem entendido que no penhor mercantil, o credor pignoratício pode ordenar a venda de valores mobiliários empenhados ao preço de mercado, sendo a avaliação pericial substituída pela avaliação do mercado – FAZENDA MARTINS, *Direitos reais de gozo*, cit., p. 113. MASSIMO BIANCA nota já que a avaliação no pacto marciano poderá estar facilitada ou dispensada caso o bem possua um preço de mercado determinado, nomeadamente resultante de uma cotação bolsista, mas não nos demais casos – MASSIMO BIANCA, *Il divieto*, cit., p. 222. Nem sempre a determinação do valor de acordo com as regras do mercado poderá solucionar o problema: pense-se na hipótese de alguns valores mobiliários, nomeadamente de acções que não estejam admitidas à negociação em mercado regulamentado e que não costumem ser (ou nunca tenham sido) negociados. Com efeito, ao contrário do que resulta da directiva comunitária, o legislador não restringiu o âmbito de aplicação do Decreto-lei n.º 105/2004 aos instrumentos financeiros «*negociados em mercados de capitais*», nem a «*outros instrumentos financeiros habitualmente negociados*» e créditos associados aos mesmos (cf. artigo 2.º n.º 1 alínea e) da Directiva 2002/47/CE.

([769]) ANTUNES VARELA, *Das obrigações em Geral*, vol. II, *cit.* p. 538-539.

o tribunal fixar, poderá perguntar-se se esta intervenção judicial é necessária para que um pacto apropriativo seja permitido pelo Direito. Ora, parece-nos que, não pretendendo a norma instituir uma «*reserva de competência jurisdicional*» ([770]), mas apenas garantir que a avaliação do bem é respeitada e que não é arbitrariamente realizada pelo credor, se deve admitir o pacto marciano sempre que a avaliação seja feita por perito ou decorra de uma atribuição automática de valor no âmbito de um mercado organizado. Desde que o desiderato que se pretende acautelar com a remissão para avaliação feita por tribunal consiga ser, de igual modo, cumprido. Quer dizer, se uma avaliação alternativa – distinta da apreciação discricionária pelo credor ou da pura inexistência de avaliação – conferir garantias idênticas, não se vê porque razão o pacto apropriativo deva ser proibido. Esta interpretação permite ainda compreender as razões da *especialidade* do artigo 11.º do Decreto-lei n.º 105/2004 nos quadros do sistema.

Finalmente, deve notar-se que nada impede que o pacto comissório (nulo) seja modificado segundo juízos de equidade e, nessa medida, convertido num pacto marciano (lícito) (artigo 293.º do CC), sendo admissível a aplicação analógica do disposto no artigo artigo 283.º, n.º 1 do CC ([771]) ou da modificação do negócio usurário (artigo 283.º, n.º 1 do CC).

([770]) Para além do sentido próprio da proibição do pacto comissório, mal se compreenderia a intervenção do tribunal na adjudicação do bem em acção executiva. Com efeito, depois da reforma de 2003, fora dos casos especiais de adjudicação de bem imóvel ou de estabelecimento comercial, a adjudicação é feita perante o agente de execução (artigo 876.º, n.º 3 do CPC). Acresce que, se não aparecer nenhuma proposta e ninguém se apresentar a exercer o direito de preferência, aceitar-se-á o preço oferecido pelo requerente. O agente de execução não fixa um preço base, nem avalia o bem.

([771]) Poder-se-ia ainda pensar na aplicação da faculdade de redução equitativa da cláusula penal (artigo 812.º do CC). Na doutrina italiana, Roberto Triola refere-se ao pacto comissório como uma espécie de cláusula penal insusceptível de redução e, por isso, ilícita – *Vendita,* cit., p. 1770. Para uma análise crítica desta posição, cf. Angelo Luminoso, *Alla ricerca degli arcani,* cit., p. 224 ss. Parece-nos que, atentas as razões que acima apontámos para a distinção entre cláusula penal e pacto comissório, o caminho deverá ser antes o da aplicação analógica do disposto no artigo 283.º quanto ao negócio usurário. Esta solução justifica-se por uma certa comunhão de sentido entre a usura e a proibição do pacto comissório. A analogia não exige identidade de razões, mas apenas semelhança entre casos.

16.2. *Extensão teleológica da norma do artigo 694.º do CC*

I. Como vimos, de acordo com o disposto no artigo 694.º do CC, «*é nula, mesmo que seja anterior ou posterior à constituição da hipoteca, a convenção pela qual o credor fará sua a coisa onerada no caso de o devedor não cumprir*». A letra da lei restringe o regime proibitivo do pacto comissório às convenções acessórias de direitos reais de garantia – o artigo 694.º alude à apropriação de *coisa onerada* – e, neste âmbito, reprime-as indistintamente. Já vimos que a condenação indiferenciada dos pactos apropriativos convencionados em garantias como o penhor não é suportada pela intencionalidade teleológica da proibição, nem pelos motivos que justificam a admissibilidade do pacto marciano. Resta, agora, verificar se certos casos que irrompem em áreas próximas dos terrenos do pacto comissório devem também ser proibidos ([772]). Entre estes casos, contam-se os negócios de alienação em garantia, sobre créditos ou sobre coisas corpóreas.

([772]) Em Itália, o problema dos limites da proibição do pacto comissório tem sido muito discutido. A ideia de uma abrangência ampla da proibição do pacto comissório foi especialmente divulgada por MASSIMO BIANCA. Este autor preconizou a aplicação directa dos artigos proibitivos do *Codice* aos casos de alienação em garantia, considerando que o pacto comissório não é uma cláusula acessória de uma garantia real típica, mas antes um negócio condicionado de alienação, seja qual for a sua expressão e independentemente do momento da transmissão do bem (MASSIMO BIANCA, *Il divieto*, cit., p. 145, *Forme tipiche di vendita*, cit., p. 52 ss, *Patto commissorio*, cit., p. 714 ss. Seguindo um ponto de vista próximo, ENZO ROPPO, *Note sopra il divieto*, cit., p. 270 ss). Depois dos *excessos* verificados após o *revirement* jurisprudencial de 1983, a tese da aplicação da proibição do pacto comissório à alienação em garantia, apesar dominante (DE NICTOLIS, *Nuove garanzie*, cit., pp. 480-481, FRANCO ANELLI, *L' alienazione*, cit., p. 25 ss, MARIA COSTANZA, *Sulle alienazione*, cit., pp. 1824-1825, MAURO BUSSANI, *Il problema*, cit,. pp. 211-212, CARLO QUARTAPELLE, *Divieto del patto commissorio*, pp. 249-250, UGO CARNEVALI, *Patto commissorio*, cit., pp. 501- 502, MASSIMO BIANCA, *Patto commissorio*, cit., p. 714, ENZO ROPPO, *Note sopra il divieto*, cit., p. 262 ss, GIUSEPPE AMATO, *Ancora sul patto commissorio*, cit., p. 1900, ANGELO LUMINOSO, *Alla ricerca degli arcani*, cit., p. 235 ss, BRUNO INZITARI, *La cessione del credito*, cit., p. 172 e, do mesmo autor, *Profili del Diritto delle obbligazioni*, cit., p. 510) começa a ser questionada por alguma doutrina, preocupada em conter a noção de pacto comissório dentro dos limites traçados pela lei, sob pena de paralização do comércio jurídico (FRANCO ANELLI, *Problemi dell' alienazione*, cit., p. 77 ss, MAURO BUSSANI, *Patto commissorio*, cit., p. 127 ss). O exemplo italiano é revelador da injustiça e incoerência suscitadas por

II. As especificidades da alienação em garantia, enquanto garantia distinta do penhor e da hipoteca, não suscitam interrogações de regime jurídico apenas no que respeita à fase *avançada* da execução da garantia. Também já durante a fase de *constituição* e de *pendência* da garantia pode questionar-se se a prestação de garantia pelo devedor é inteiramente *livre* ou se, pelo contrário, deve considerar alguns limites. Nos casos em que pareça ser de seguir sem desvios ou adaptações o sistema do Código Civil, pode perguntar-se se é lícito que o credor possa exigir ao devedor uma garantia cujo valor se revele, originária ou supervenientemente, muito superior – diríamos mesmo desproporcionadamente superior – ao valor da dívida garantida. Esta questão prende-se, porém, com o problema do *excesso de garantia*, que adiante analisaremos em sede autónoma [773].

Avançando um passo na direcção do tema que nos ocupa neste capítulo, podemos distinguir na doutrina portuguesa várias posições quanto à aplicabilidade do regime jurídico do pacto comissório aos negócios de alienação em garantia.

Assim, segundo a orientação encetada por Vaz Serra, a alienação em garantia (incluindo cessão de créditos em garantia) «*não encerra, em princípio, os perigos do pacto comissório, visto que o fiduciante pode, pagando a dívida garantida, recuperar a coisa ou o crédito transmitidos fiduciariamente e o fiduciário não pode ficar com a coisa ou com o crédito, devendo realizar o seu valor como um credor pignoratício, isto é, não fica o fiduciário com essa coisa ou crédito logo que o fiduciante deixe de pagar a dívida no prazo fixado, como sucederia no pacto comissório. Mas, se se estipular que, não sendo paga a dívida no prazo fixado, o fiduciário ficará com a coisa ou com o crédito transmitidos fiduciariamente, já a situação coincidirá praticamente com a do penhor acompanhado de pacto comissório e afigura-se, por isso, que aquela estipulação deve ser nula*» [774].

---

uma leitura da proibição do pacto comissório atenta apenas ao critério empobrecido da letra da lei mas, também, dos riscos e desequilíbrios gerados pela excessiva abertura da norma proibitiva. Em qualquer caso, reforça a importância da determinação dos limites efectivos de actuação prática da proibição do pacto comissório, valorizando a interpretação jurídica.

[773] Cf. *infra* p. 267 ss.
[774] Cf. Vaz Serra, *Cessão de créditos*, cit., p. 191.

No mesmo sentido, PAIS DE VASCONCELOS considerou que a *fiducia cum creditore* seria, em princípio, válida, mesmo perante a proibição do pacto comissório ([775]), sem prejuízo da aplicação do regime jurídico geral do negócio usurário (cf. artigo 282.º CC) ([776]).

Igualmente, na óptica de CALVÃO DA SILVA, a *venda em garantia* não contende com a proibição do pacto comissório, prevista no artigo 694.º do Código Civil, sendo, por isso, um negócio válido ([777]). Esta *imunidade* da alienação em garantia tem sido reforçada quanto à cessão de créditos em garantia, destacando-se a posição de VÍTOR NEVES ([778]).

A orientação oposta é perfilhada por JANUÁRIO COSTA GOMES ([779]), ANTUNES VARELA ([780]), MENEZES CORDEIRO ([781]), MENEZES LEITÃO ([782]),

---

([775]) PAIS DE VASCONCELOS, *Teoria geral*, cit., pp. 485-486.

([776]) Idem, p. 486.

([777]) CALVÃO DA SILVA, *Contratos coligados*, cit., p. 91.

([778]) VÍTOR NEVES, *Afectação de receitas*, cit., p. 179. Segundo o autor, a compatibilidade com a proibição do pacto comissório bastar-se-á com a segurança de que «*a execução da garantia não consubstancie nas relações entre o devedor e o credor, por um lado, e entre o credor e outros credores do mesmo devedor, por outro, uma forma de avantajamento injustificado do primeiro*» (ob. cit., p. 179), o que no caso da cessão de créditos em garantia se concretiza com a «*necessidade de o credor restituir ao devedor os créditos (ou quantias derivadas da cobrança daqueles) correspondentes ao excesso dos bens dados em garantia que reserve em seu domínio relativamente ao valor da obrigação incumprida pelo devedor*» (idem, p. 181). A consideração pelo autor de que a cessão de créditos em garantia é um negócio sujeito a uma condição resolutiva implícita e, ainda, que o incumprimento da obrigação garantida implica a reversão automática dos créditos cedidos cujo valor exceda o necessário para o integral cumprimento da obrigação garantida (idem, p. 178) permite concluir que o requisito da devolução do excesso «*se encontra integralmente acautelado na medida em que o mesmo se afigura a consequência lógica do funcionamento dos eventos resolutivos automáticos*» (idem, p. 181).

([779]) COSTA GOMES, *Assunção fidejussória*, cit., p. 91. Apesar de apontar a proibição do pacto comissório como um factor decisivo quanto à (in) admissibilidade da alienação fiduciária em garantia, COSTA GOMES acaba por referir que «*importa (...) conjugar a aparente ilogicidade de o art. 694 ser a um tempo uma norma geral e uma norma excepcional (relativamente à qual não é possível aplicação analógica). É uma norma geral no quadro das garantias especiais, isto é, no pressuposto de que a programada transferência da coisa surge em garantia de cumprimento de uma outra obrigação, o que supõe uma pluralidade de relações – a de garantia e a de base ou principal*».

([780]) ANTUNES VARELA, *Das obrigações em geral*, II, cit., nota 2, p. 320.

([781]) MENEZES CORDEIRO, *Manual de Direito bancário*, cit., p. 608.

([782]) MENEZES LEITÃO, *Garantias*, cit., p. 274 e *Direito das obrigações*, III, cit., p. 80.

Pinto Duarte [783], Remédio Marques [784] e Pestana de Vasconcelos [785] e encaminha-se na direcção da aplicabilidade da proibição à alienação fiduciária em garantia [786].

É de destacar a posição de Januário Costa Gomes. Segundo o autor, os negócios de alienação em garantia devem ser questionados à luz da proibição do pacto comissório e, mais do que isso, «*a justificação para a validade da alienação em garantia, se a houver, terá que ser encontrada na ratio da proibição do pacto comissório: sem esta análise a mera invocação da incoincidência de momentos de transferência da propriedade soa mais a álibi, do que a argumento*» [787]. Apesar de defender um critério funcional ou material, preferível à mera constatação cronológica ou formal, o autor não nega a validade da alienação em garantia, desde que «*o devedor (e também o constituinte da garantia, se não houver coincidência entre ambos) fique em condições de controlar ou dominar a eventual diferença entre o valor do bem alienado e o quantum do débito*» [788]. Nesta tese, o risco de invalidade coloca-se, de igual modo, quanto à cessão de créditos em garantia «*quando não sejam estabelecidos mecanismos tendentes à congruidade entre o valor do crédito e o montante do débito garantido e, mais genericamente, quando não sejam adoptadas as cautelas exigidas para a validade do pacto marciano*» [789].

Analisando o entendimento da nossa jurisprudência, verificamos que o Acórdão do S.T.J. de 12 de Setembro de 1999, entendeu que «*não é pacto comissório proibido por lei o credor adquirir um objecto porque o dono lho aliena, em satisfação da obrigação, e ainda que para o caso de incumprimento desta (uma cláusula a estabelecer o poder*

---

[783] Pinto Duarte, *Curso,* cit., p. 154.

[784] Remédio Marques, *Locação financeira,* cit., p. 598. Segundo Remédio Marques, a proibição do pacto comissório deve aplicar-se às garantias atípicas cujo resultado económico seja idêntico ou análogo ao que o legislador quis proibir.

[785] Pestana de Vasconcelos, *Cessão de créditos em garantia,* cit., p. 628 ss e *Dos contratos de cessão,* cit., p. 393 e nota 966, p. 394.

[786] Aderindo à posição da doutrina maioritária, Isabel Andrade de Matos, *O pacto comissório,* cit., p. 190 ss.

[787] Costa Gomes, *Assunção fidejussória,* cit., p. 91.

[788] *Idem,* p. 91.

[789] *Idem,* p. 99.

de adquiri-la não confere o direito à coisa empenhada em virtude de o réu não cumprir as obrigações garantidas pelo penhor)» ([790]).

Outro Acórdão deste Tribunal, de 30 de Janeiro de 2003, veio estender a proibição do pacto comissório a um contrato-promessa de compra e venda com escopo de garantia, decidindo que «*é proibido o pacto comissório (artigo 694.º), ainda que as partes se tenham obrigado apenas à venda futura*», dado que «*a lei procura valer à parte aparentemente em estado de debilidade, que pode ser levada a aceitar cláusulas lesivas dos seus interesses*» ([791]). Nesta decisão estava em causa a fronteira entre uma promessa de venda de imóvel para garantia de uma dívida de um terceiro e o pacto comissório. O Tribunal deu provimento à versão do recorrente, entendendo que o contrato-promessa foi celebrado para garantia de dívida de um terceiro ([792]). Decidiu que se verifica a figura do pacto comissório «*num caso em que uma empresa, representada pelo seu presidente do conselho de administração, celebrou com o autor um «contrato-promessa de compra e venda», onde se declara que, se o autor optar, e o puder fazer, pela compra, o preço será pago com a cobrança de letras que titulavam o mútuo na mesma data celebrado entre o autor como mutuante e o*

 ([790]) Ac. do S.T.J. de 12 de Setembro de 1999, processo n.º 1604/97, relator Tomé de Carvalho.

 ([791]) Ac. S.T.J. 30/01/2003, processo n.º 9137/00, relator Nascimento Costa. Pode, também, ver-se a versão integral do Ac. na anotação de JÚLIO GOMES, *Sobre o âmbito da proibição*, cit., p. 57 ss. Porém, o tribunal não determinou se a proibição atinge o «pacto comissório autónomo», isto é, independente de uma garantia real, nem aludiu ao fundamento e limites do pacto marciano. Aproximaram-se, porém, deste problema, embora sem o referir expressamente, os votos de vencido dos Ex.mos Conselheiros Dionísio Correia e Quirino Soares.

 ([792]) Muito resumidamente, foi assente o seguinte: celebração de um contrato-promessa de venda de imóvel, com pagamento de quase totalidade do preço ajustado neste contrato; incumprimento do referido contrato-promessa pelo promitente-vendedor, existência de um protocolo de acordo com um terceiro, no qual se refere a existência do aludido contrato, bem como de uma dívida do promitente-vendedor, dispondo-se que, se esta não fosse satisfeita, o credor poderia optar entre a cobrança das letras ou a compra dos terrenos objecto do contrato-promessa; e, finalmente, ficou, ainda, provado a falta de pagamento desta dívida. Na versão do recorrido (promitente-comprador), tratar-se-ia de um problema de execução específica ou a condenação à entrega do sinal em dobro em virtude do incumprimento de um contrato-promessa por uma sociedade comercial.

mesmo presidente do conselho de administração (agora a título individual) como muturário». O Tribunal entendeu, nesta ocasião, que «*é proibido o pacto comissório (artigo 694.º), ainda que as partes se tenham obrigado apenas à venda futura*». Quanto à *ratio* da proibição, entendeu que «*a lei procura valer à parte aparentemente em estado de debilidade, que pode ser levada a aceitar cláusulas lesivas dos seus interesses*». A decisão contou, porém, com dois votos de vencido, segundo os quais não estaria em causa um pacto comissório, uma vez que as partes tinham convencionado que a opção de compra seria feita pelo valor real do bem ([793]).

Em síntese, do entendimento do S.T.J. resulta o acolhimento da tese tradicional quanto à motivação da proibição do pacto comissório e, portanto, da censura do pacto obrigacional. Os votos de vencido seguem, também, esta linha de tutela do devedor, mas afloram já – embora sem o referir expressamente – a fronteira entre o pacto comissório proibido e o pacto marciano lícito. O tribunal não considerou, porém, entre outros aspectos, duas questões implícitas: a de determinar se a proibição do pacto comissório prevista no Código Civil se deve aplicar ao chamado *pacto comissório autónomo*, isto é, independente de uma garantia real e, em caso afirmativo, indicar a razão de ser desta extensão e, ainda, a de saber se o pacto comissório deve ser equacionado nos mesmos termos quando esteja em causa uma garantia prestada por terceiro.

([793]) O voto de vencido do Ex.mo Conselheiro Dionísio Correia entendeu que não se verifica a figura do pacto comissório, porque o autor não ficava com os lotes, caso não fosse pago; apenas lhe assistia um direito de optar pela execução do contrato promessa, pagando o valor real da coisa, isto é, o excesso relativamente ao valor do seu crédito. Considerou, ainda, que não se verifica o «*circunstancialismo justificativo da sua proibição legal: a facilidade de extorquir a cláusula do devedor em estado de necessidade ao tempo da constituição da dívida e do oferecimento da garantia*». Também o voto de vencido do Ex.mo Conselheiro Quirino Soares considerou, também, que a referência ao valor real do bem e a exigência de o promitente--comprador pagar ao promitente-vendedor o excesso apurado entre o valor da dívida e o valor do bem, caso optasse pela compra, arreda a proibição do pacto comissório. Segundo esta opinião, «*isto é tudo menos pacto comissório, cuja proibição tem como razão de ser a protecção do devedor contra a sua própria fraqueza, deixando ir pelo valor da dívida um bem que poderá valer muito mais*».

III. Pela nossa parte, parece ser de duvidar que, com o fundamento apontado, o regime proibitivo deva, *de iure condito*, aplicar-se apenas aos casos expressamente previstos na letra da lei. O elemento literal («*convenção pela qual o credor fará sua a coisa onerada*») deve ser compreendido à luz da *ratio* legis, neste caso fundamentalmente revelada pelo elemento teleológico, isto é, pelo fim ou escopo normativo da proibição. A admissibilidade de um determinado negócio não deve ser fixada em abstracto, nem enquanto categoria contratual [794]. Esta conclusão depende de um juízo concreto de analogia (ou diferença) entre o âmbito normativo da proibição e a intencionalidade problemática de certo negócio, interpretando as declarações de vontade das partes. Neste exercício, poderá ser exigido que se despreze o tipo utilizado e os efeitos jurídico-formais, para atender ao resultado material visado pelas partes [795].

Estruturalmente, pacto comissório e alienação fiduciária em garantia não se identificam, nas suas expressões mais típicas. No primeiro caso, estamos perante um acordo nos termos do qual a transmissão ocorre aquando do incumprimento da obrigação, enquanto que na alienação fiduciária em garantia, o beneficiário adquire o bem em garantia *ab initio*, muito embora só consolide essa posição com a verificação do incumprimento definitivo. Por outro lado ainda, o pacto comissório parece socorrer-se de um mecanismo condicional, enquanto

---

[794] Esta perspectiva não é pacífica. Determinada doutrina analisa a validade/invalidade de negócios que, no nosso entender, são negócios de alienação em garantia em termos gerais. É o caso de PACHECO CAÑATE, *El contrato de lease-back*, cit., p. 82, para quem a locação financeira restitutiva nunca veria os seus efeitos invalidados em virtude da aplicação da proibição do pacto comissório. Parece ser, também, a opinião de CALVÃO DA SILVA, segundo a qual a locação financeira restitutiva é um negócio sempre válido, porque «*a transferência da propriedade da coisa do vendedor futuro locatário para o comprador-futuro locador é efeito imediato do contrato de compra e venda, anterior, portanto ao (eventual) incumprimento do devedor; já no pacto comissório a transmissão da propriedade dá-se só no futuro, no momento da falta de pagamento da dívida no termo fixado*» (*Locação financeira*, cit., nota 3, p. 12). Esta orientação foi retomada pelo autor em *Direito bancário*, cit., p. 420.

[795] Como nota COSTA GOMES, «*a sanção de nulidade do artigo 694.º deve valer sempre que os sujeitos pretendam obter o mesmo efeito proibido, através do recurso a uma outra figura de referência: isto é, sempre que a transferência da propriedade da coisa esteja programada para o caso de incumprimento desempenhando, portanto, uma função de garantia*» – Assunção Fidejussória, cit., p. 94.

que a alienação em garantia, conforme se viu, só englobará uma condição se assim tiver sido convencionado pelas partes ([796]).

Porém, estas figuras partilham um mesmo perfil *funcional*, uma mesma finalidade de garantia de um crédito, de tal modo que dificilmente se compreenderá que a norma do artigo 694.º possa considerar-se alheia ao regime jurídico de garantias atípicas susceptíveis de prosseguir um resultado material semelhante ao do penhor com pacto comissório. Pelo contrário, as razões da norma impõem a sua *extensão teleológica* a estes casos de garantia análogos ([797]). Entre estes casos poderão contar-se, também a hipótese da alienação fiduciária em garantia prevista no Decreto-lei n.º 105/2004, ao contrário do que poderia sugerir a letra do artigo 11.º deste regime, que alude apenas ao penhor.

Deve, porém, notar-se que esta *extensão teleológica* não contraria os poderes reconhecidos ao beneficiário da garantia, enquanto titular do direito. Este sujeito adquire, por força da alienação em garantia, um direito pleno, limitado apenas pelos deveres fiduciários. Assim sendo, está legitimado a *fazer seu o bem* em caso de incumprimento da obrigação garantida, sem necessidade de recurso a tribunal ou de qualquer formalismo análogo. Porém, o que *não lhe é permitido*, enquanto *beneficiário da garantia* é apropriar-se de um valor *superior ao necessário para satisfazer a obrigação garantida*. E é, precisamente, neste domínio que se deve invocar o artigo 694.º do Código Civil,

---

([796]) A circunstância de a faculdade apropriativa permitida pelo acordo comissório operar segundo um modelo de aquisição da titularidade de um bem ou de um direito suspensivamente condicionada à verificação de um evento – o incumprimento pelo devedor – é bastante relevante, do ponto de vista do regime jurídico aplicável.

([797]) O que se reconduz essencialmente a um exercício de interpretação da norma proibitiva e não tanto à verificação de uma fraude ao imperativo contemplado nessa norma. Sobre a (falta de) autonomia da fraude à lei no Direito português, cf., por todos, Menezes Cordeiro, *Tratado*, I, I, cit., p. 490 ss, em especial pp. 494-496. Ainda que se admita a autonomia da fraude à lei, o problema reconduz-se igualmente a uma questão de interpretação: trata-se de saber se «*o intuito da lei foi proibir não apenas os negócios que especificamente visou, mas quaisquer outros tendentes a prosseguir o mesmo resultado*» – Manuel de Andrade, *Teoria Geral*, vol. II, cit., p. 338. Sobre a interpretação jurídica, incluindo a extensão teleológica, cf. Castanheira Neves, *Metodologia jurídica*, cit., p. 142 ss.

interpretado *restritivamente*, conforme defendemos, de modo a *libertar da sanção de nulidade o pacto marciano* [798].

Esta aplicação não significa que o negócio que estudamos seja proibido, uma vez que, verificadas as condições do pacto marciano, não haverá razões para duvidar da respectiva validade à luz do artigo 694.º do Código Civil. Contrariamente às teses de Massimo Bianca [799], parece-nos que a identificação de um pacto marciano no negócio de garantia estará facilitada no caso da cessão de créditos em garantia, em especial da cessão de créditos pecuniários.

IV. O problema do âmbito e dos limites da proibição do pacto comissório tem merecido um *tratamento particular* no caso de cessão de créditos em garantia.

Na doutrina portuguesa, são várias as vozes que se fizeram ouvir no sentido da *imunidade* da cessão de créditos em garantia ou, pelo menos, da *menor* susceptibilidade de a garantia constituída por este negócio poder ser invalidada à luz da proibição do pacto comissório.

É o caso de Vaz Serra, para quem a cessão de créditos em garantia não encerra, em princípio, os perigos do pacto comissório [800]. Também Menezes Leitão admite que, na situação em que o cessionário efectua a cobrança no âmbito do programa negocial das partes quanto à garantia do crédito, o cessionário obriga-se a entregar o

---

[798] Esta circunstância garante a coerência da *desaplicação* do regime jurídico do penhor à alienação em garantia em casos como o da norma jurídica prevista no artigo 674.º do CC, sobre venda antecipada do objecto da garantia. Em ambas as situações, reconhece-se que o beneficiário da garantia é titular do bem ou do direito. Porém, só no artigo 694.º se coloca o perigo de a garantia ser *executada* contra o *seu fim ou propósito*, que corresponde ao risco do beneficiário da garantia poder apropriar-se de um bem ou de um direito em medida superior ao necessário para satisfazer a obrigação garantida. Além disto, estes preceitos relevam em fases distintas da *vida da garantia*: a venda antecipada por ocorrer na *pendência da garantia*, enquanto que a proibição do pacto comissório é, fundamentalmente, uma questão de *execução da garantia*. Note-se, ainda, que a não aplicação do artigo 674.º do CC à alienação em garantia não significa que o beneficiário da garantia não tenha que observar *certos deveres* quanto à *manutenção do valor do bem fiduciado*, conforme já tivemos oportunidade de referir quando examinámos os riscos fiduciários.

[799] Massimo Bianca, *Il divietto*, cit., p. 157 ss.
[800] Cf. Vaz Serra, *Cessão de créditos*, cit., p. 191.

eventual excesso ao cedente, podendo reter imediatamente para si o que lhe for devido ([801]). PESTANA DE VASCONCELOS entende que a natureza dos bens objecto da garantia e o mecanismo utilizado na cessão de créditos em garantia assegura o respeito pela proibição do pacto comissório ([802]). Em sentido próximo opinou, ainda, VÍTOR NEVES ([803]).

Já numa outra perspectiva, a cessão de créditos em garantia deve ser confrontada com a proibição do pacto comissório, como qualquer outro negócio de garantia. Segundo ANTUNES VARELA, a validade da cessão de créditos em garantia deve, de igual modo, ser controlada ([804]). Esta posição foi desenvolvida por JANUÁRIO COSTA GOMES ([805]). Para este autor, «*a cessão em garantia não será válida quando não sejam estabelecidos mecanismos tendentes à congruidade entre o valor do crédito e o montante do débito garantido e, mais genericamen-*

([801]) MENEZES LEITÃO, *Cessão de créditos*, cit., p. 447.

([802]) PESTANA DE VASCONCELOS, *Dos contratos de cessão*, cit., p. 330. O autor fundamenta esta opinião em duas circunstâncias. Por um lado, o cessionário apenas poderá apropriar-se da parte do produto da cobrança do crédito cedido em garantia na medida do necessário à satisfação do seu crédito e havendo remanescente deve entregá-lo ao cedente, sob pena de responsabilidade civil. Por outro lado, a sujeição da cessão de créditos em garantia a um mecanismo de condição resolutiva implicaria a reversão automática do crédito para o cedente, aquando do cumprimento da obrigação garantida (ob. cit., p. 330).

([803]) VÍTOR NEVES, *Afectação de receitas*, cit., p. 179. Segundo o autor, a compatibilidade com a proibição do pacto comissório bastar-se-á com a segurança de que «*a execução da garantia não consubstancie nas relações entre o devedor e o credor, por um lado, e entre o credor e outros credores do mesmo devedor, por outro, uma forma de avantajamento injustificado do primeiro*" (ob. cit., p. 179), o que no caso da cessão de créditos em garantia se concretiza com a «*necessidade de o credor restituir ao devedor os créditos (ou quantias derivadas da cobrança daqueles) correspondentes ao excesso dos bens dados em garantia que reserve em seu domínio relativamente ao valor da obrigação incumprida pelo devedor*» (idem, p. 181). A consideração pelo autor de que a cessão de créditos em garantia é um negócio sujeito a uma condição resolutiva implícita e, ainda, que o incumprimento da obrigação garantida implica a reversão automática dos créditos cedidos cujo valor exceda o necessário para o integral cumprimento da obrigação garantida (idem, p. 178) permite concluir que o requisito da devolução do excesso «*se encontra integralmente acautelado na medida em que o mesmo se afigura a consequência lógica do funcionamento dos eventos resolutivos automáticos*» (idem, p. 181).

([804]) ANTUNES VARELA, *Das obrigações em geral*, II, cit., nota 2, p. 320.

([805]) COSTA GOMES, *Assunção fidejussória*, cit., pp. 97 ss.

te, quando não sejam adoptadas as cautelas exigidas para a validade do pacto marciano» ([806]).

A natureza dos créditos facilita uma avaliação correcta e isenta do bem ([807]). Permite ainda, com menor dificuldade, garantir que o cessionário devolva ao cedente o excesso apurado entre o valor do crédito satisfeito pelo devedor cedido e o valor do crédito garantido ([808]).

Na cessão de créditos pode suceder que o beneficiário da garantia seja confrontado com o incumprimento do seu devedor antes da data de vencimento do crédito de garantia. Porém, se o beneficiário da garantia conservar o crédito, cobrando-o perante o devedor cedido quando chegar a altura própria para o fazer, deve respeitar as exigências do pacto marciano, *maxime* restituição do *superfluum* ao cedente. A obrigação de restituição do *superfluum* coloca-se, de igual modo, se o cessionário *se apropriar* (*fizer seu*) do montante pecuniário que tenha recebido em virtude da cobrança do crédito cedido em garantia, sempre que o vencimento deste seja anterior ao vencimento (e subsequente incumprimento) da obrigação garantida.

Caso o beneficiário da garantia pretenda alienar o crédito cedido a um terceiro depois do incumprimento da obrigação garantida, não estará impedido de o fazer, uma vez que aquele incumprimento fez desaparecer o direito do prestador à restituição do bem ([809]). O prestador da garantia que não satisfaz o crédito garantido perde o direito a reaver o bem que alienou fiduciariamente. Porém, não renuncia à devolução do valor excedente entre o montante da dívida insatisfeita e o valor do bem alienado em garantia. O incumprimento da obrigação garantida precipita a consolidação definitiva da titularidade do bem ou do direito na esfera jurídica do beneficiário, extinguindo-se os vínculos fiduciários que caracterizavam a fase da pendência da garantia,

---

([806]) Idem, p. 99.

([807]) Assim, COSTA GOMES, *Assunção fidejussória*, cit. p. 99, MENEZES CORDEIRO, *Manual de Direito Bancário*, cit. p. 612.

([808]) MENEZES LEITÃO, *Cessão de créditos*, cit., p. 447, PESTANA DE VASCONCELOS, *Dos contratos de cessão*, cit., p. 328. Cf., também, BRUNO INZITARI, *La cessione del credito*, cit., p. 165 e ALDO DOLMETTA/GIUSEPPE PORTALE, *Cessione del credito*, cit., p. 103 e pp. 109-110, FRANCO ANELLI, *L' alienazione*, p. 229 ss, MASSIMO LASCIALFARI, *La cessione di crediti*, cit., p. 283 ss.

([809]) *Vide* o número 16.3. da presente dissertação.

mas também determina o aparecimento do direito de crédito do devedor, prestador da garantia, à devolução do *superfluum*. Não se trata, porém, de uma exigência fiduciária, mas de uma decorrência do regime do pacto comissório e do pacto marciano, enquanto *disciplina aplicável à generalidade das garantias, por aflorar um princípio geral de proporcionalidade, tutelador da posição do devedor e dos respectivos credores.*

16.3. *A venda extraprocessual do objecto da garantia (artigo 675.º n.º 1 do CC)*

I. O sentido que atribuímos à proibição do pacto comissório exige uma especial cautela na interpretação do disposto no n.º 1 do artigo 675.º do Código Civil. De acordo com este artigo, «*vencida a obrigação, adquire o credor o direito de se pagar pelo produto da venda executiva da coisa empenhada, podendo a venda ser feita extraprocessualmente, se as partes assim o tiverem convencionado*» ([810]). Ora, a letra da lei não parece impor o cumprimento de quaisquer outras exigências para que o credor possa alienar o bem a um terceiro ([811]). Não se impõem quaisquer condições, designadamente quanto à avaliação do bem, nem se exige que o preço da venda seja um preço real ou um preço de mercado.

Parece-nos, porém, que a letra da lei ficou aquém do sentido da norma. Sob pena de contradição insanável entre as formas de execução das garantias (entre a via da *apropriação* e a da *alienação*), afigura-se que a *venda a terceiro* não pode ser realizada de modo arbitrário e com prejuízo para o devedor (*maxime*, se o bem a alienar for de valor superior ao do crédito garantido). Pelo contrário, há que procu-

---

([810]) O artigo 401.º do Código Comercial permite também a execução do penhor mercantil fora das vias judiciais.

([811]) No Direito alemão, o direito de execução do bem empenhado (*Verwertung*) nasce com o vencimento da obrigação garantida. Se nada tiver sido acordado ou se o que tiver sido acordado não for válido, o credor garantido fica autorizado a vender a coisa, nos termos do §1234 BGB. O credor garantido tem, porém, o dever de restituir o excesso ao garante, §1247, 2 do BGB – cf. Manfred Wolf, *Sachenrecht*, cit., § 780.

rar uma solução harmoniosa nos quadros do sistema, que permita conciliar o número 1 do artigo 675.º com a *ratio legis* do artigo 694.º do Código Civil. O credor, ao executar a garantia, actua ao abrigo de poderes que lhe foram conferidos pelo devedor. Na nossa opinião, não há motivos substanciais que possam justificar o tratamento diverso de uma venda a terceiro e de uma adjudicação ao credor. Em ambos os casos, a execução da garantia representa um risco para o devedor e para os demais credores, que justifica determinadas cautelas. Quer dizer, quando procede à venda extraprocessual, mesmo que lhe tenha sido conferido uma procuração irrevogável, o credor vende em nome e por conta do devedor e não em nome próprio. Ora, tratando-se de um acto praticado quanto a um património alheio, impõem-se deveres especiais de cuidado, tanto mais que o devedor deve poder reclamar ao credor pignoratício a devolução do excesso apurado entre o valor do crédito insatisfeito e o valor do bem ou do direito empenhado conforme resultante da execução([812]). A execução do penhor, ainda que extraprocessual, deve, por estes motivos, procurar aproximar-se do valor real ou do valor de mercado do bem, sem prejuízo do direito do credor a uma execução (atempada) da garantia.

II. Nestes termos, a questão que se suscita é a de saber se a norma jurídica do artigo 675.º, n.º 1, do Código Civil, na parte em que exige uma convenção de venda extraprocessual, deve aplicar-se à alienação em garantia. Parece-nos que a resposta deve ser negativa([814]). Na alienação em garantia, a faculdade de alienar o bem a terceiro resulta da própria natureza da situação jurídica do beneficiário da garantia, assumindo-se como *consequência da titularidade do bem* pelo beneficiário da garantia, e não como *decorrência de uma convenção entre as*

([812]) Parece-nos lógico e coerente que a obrigação de restituição do *superfluum* não exista apenas nos casos de apropriação do objecto da garantia pelo credor mas, também, por identidade de razões, sempre que o bem seja vendido a um terceiro. Aliás, tendo em consideração que a escolha da forma de execução da garantia é, em regra, uma faculdade do credor, não seria lógico que a maior ou menor tutela do devedor e reposição do equilíbrio negocial dependesse de uma decisão discricionária daquele sujeito.

([814]) Parece-nos ser também esta a posição defendida por Pestana de Vasconcelos, *Cessão de créditos em garantia*, cit., p. 550.

partes ([815]). De onde resulta que não haver sequer necessidade de as partes convencionarem a referida possibilidade de venda extraprocessual.

Contudo, será já aplicável a exigência de *deveres de cuidado na venda do bem a terceiro*, tendo em vista a devolução do excesso apurado entre o valor do crédito insatisfeito e o valor do bem ou do direito empenhado, conforme resultante da execução privada. Os motivos que justificam a *extensão desta exigência a garantias diversas do penhor e da hipoteca* são idênticos aos que presidem à extensão da proibição do pacto comissório: *disciplina aplicável à generalidade das garantias, por aflorar um princípio geral de proporcionalidade, tutelador da posição do devedor e dos respectivos credores* ([816]).

17. O excesso de garantia

I. Antes de finalizarmos este capítulo, é ainda importante analisar outra limitação relativa ao período de constituição e de pendência da garantia: o excesso de garantia ou, na terminologia germânica, *Übersicherung*.

A aceitação de uma *garantia atípica*, como a que temos estudado, implica, necessariamente, um maior grau de complexidade, em especial quanto ao regime jurídico aplicável, fazendo sobressair problemas específicos que dificilmente encontram um tratamento adequado no seio das garantias reais clássicas. É precisamente neste âmbito que deve equacionar-se o problema do *excesso de garantia*.

A congruência entre o valor do crédito garantido e o valor dos bens ou direitos funcionalmente afectos à garantia é facilitada pela acessoriedade das garantias. Nestes casos, é o próprio regime jurídico

---

([815]) Aliás, a hipótese de execução judicial da garantia é, na alienação em garantia, de raríssima verificação.

([816]) Com um enquadramento dogmático diverso mas convergindo substancialmente quanto ao resultado prático, PESTANA DE VASCONCELOS realça que «*o incumprimento da obrigação garantida gera uma relação de liquidação na qual se insere o dever do fiduciário de transacionar o objecto da garantia no mercado ao melhor preço, por forma a satisfazer-se com a quantia assim obtida, tendo também, na eventualidade de se verificar um remanescente, de o entregar ao fiduciante*» – *Cessão de créditos em garantia*, cit., p. 163.

que permite que a garantia *acompanhe* a dívida garantida e suas vicissitudes. Quer em benefício do credor, permitindo-lhe exigir uma substituição ou reforço da garantia (artigos 626.º, 670.º alínea c) e 701.º do CC), quer com o fim de protecção do devedor (artigos 631.º, n.ᵒˢ 1 e 2, 678.º e 697.º do CC).

Já no caso de garantias não acessórias, a reposição do equilíbrio na relação de garantia deverá ser assegurada com recurso a uma técnica diversa. Neste âmbito, a doutrina alemã tem recortado situações em que o valor da garantia excede, em certa medida (*Deckungsgrenze*), o valor da dívida garantida, fazendo com que exista uma espécie de sobregarantia (*Übersicherung*)[817].

Nas palavras de JANUÁRIO COSTA GOMES, «*o conceito de sobregarantia (...) visa designar ou descrever situações específicas: aquelas em que, aquando da prestação da garantia ou posteriormente, se verifica uma qualificada desproporção entre o valor do crédito garantido e o valor do bem dado em garantia, desproporção que permite reacções específicas do dador de garantia*»[818]. A sobregarantia pode ser originária ou superveniente[819].

Na Alemanha, tem-se entendido que esta circunstância pode provocar a nulidade do negócio, à luz da cláusula dos bons costumes (§ 138 do BGB). Esta consequência pode, porém, ser evitada mediante a introdução de uma cláusula que *liberte* o excedente, devolvendo-o ao prestador da garantia (*Freigabeklausel*)[820].

---

[817] MANFRED WOLF, *Sachenrecht,* cit., § 788, DIETRICH REINICKE/KLAUS TIEDTKE *Kreditsicherung,* cit., § 569, MAURO BUSSANI, *Il problema,* cit., pp. 192-193, JÜRGEN OESCHLER, *Sicherungseigentum,* cit., p. 904 e CASSANDRO SULPASSO, *Riserva prolungata,* cit., p. 778. Tem-se entendido, recorrendo ao critério decisório constante do § 237 do BGB, que há «*excesso de garantia*» quando o valor do bem dado em garantia supera em mais do que cinquenta por cento o valor do crédito (DIETRICH REINICKE/ KLAUS TIEDTKE *Kreditsicherung,* cit., § 569, MANFRED WOLF, *Sachenrecht,* cit., § 788). Entre nós, pode ver-se PESTANA DE VASCONCELOS, *Cessão de créditos em garantia,* cit., nota 1051, p. 537.

[818] COSTA GOMES, *Assunção fidejussória,* cit., p. 829 ss.

[819] MANFRED WOLF, *Sachenrecht,* cit., § 788, JÜRGEN OESCHLER, *Sicherungseigentum,* cit., pp. 905-906.

[820] MANFRED WOLF, *Sachenrecht,* cit., § 789, CASSANDRO SULPASSO, *Riserva prolungata,* p. 767.

No Direito português, não se verifica um enriquecimento dos bons costumes análogo ao que caracteriza o sistema alemão([821]). Porém, nos quadros do *Direito Civil* não deve ficar excluído o recurso ao disposto no artigo 280.º do Código Civil, conjugado com o regime do negócio usurário e com o princípio da boa fé no cumprimento das obrigações (artigo 762.º, n.º 2 do Código Civil). Com efeito, a sobregarantia pode traduzir-se num contrato usurário, se puder ser interpretada como um «*negócio jurídico em que alguém, explorando a situação de necessidade, inexperiência, ligeireza, dependência, estado mental ou fraqueza de carácter de outrem, obtiver deste, para si ou para terceiro, a promessa ou concessão de benefícios excessivos ou injustificados*» (artigo 282.º do CC)([822]). Nesta hipótese, em regra, o

---

([821]) Sob vigência do Código de Seabra (cujo artigo 671.º, n.º 4, dispunha que não podem legalmente ser objecto de contrato os actos contrários à moral pública), a doutrina entendia que a moral pública é o conjunto de regras morais aceites pela consciência social e que «*vinculam ou prejudicam a liberdade pessoal ou económica dos indivíduos em proporção maior do que a reputada admissível ou por meios considerados excessivos ou em circunstâncias injustificáveis*» – assim, cf. MANUEL DE ANDRADE, *Teoria geral*, II, cit., p. 350. No âmbito do Código Civil vigente, as posições diversificam-se. Uma das orientações seguidas tem preconizado uma aplicação restritiva dos bons costumes, compreendidos como um conjunto de regras relativas a condutas sexuais, a condutas familiares e, ainda, a códigos deontológicos. Esta tese é sufragada por MENEZES CORDEIRO (*Tratado*, I, I, cit., pp. 506-507 e, do mesmo autor, *Da boa fé*, cit., p.1223) e por MENEZES LEITÃO (*Direito das obrigações*, I, cit., p. 110). Seguindo uma concepção distinta, conhecem-se vozes no sentido da delimitação dos bons costumes em função da conduta que a sociedade aceita predominantemente como devendo ser, com relevância no campo negocial. Esta posição foi inaugurada por OLIVEIRA ASCENSÃO (*Direito civil*, II, cit., pp. 334-335) e posteriormente defendida por CARNEIRO DA FRADA, que alude mesmo a refere-se aos bons costumes enquanto «*cláusula de salvaguarda do mínimo ético-jurídico reclamado pelo Direito e exigível a todos os membros da comunidade*» – CARNEIRO DA FRADA, *Teoria da confiança*, cit., p. 845). Num terreno próximo, PAIS DE VASCONCELOS considerou que os bons costumes correspondem à «*normatividade imanente na sociedade, de um dever-ser imanente no ser, que não se encontrará muitas vezes nas palavras da lei, mas que é respeitado no exercício do direito pelas pessoas de bem*» – (PAIS DE VASCONCELOS, *Teoria geral*, cit., p. 662).

([822]) Para que o regime jurídico seja aplicável exige-se, portanto, um estado de inferioridade do contratante necessitado e a excessividade ou injustificabilidade do benefício que lhe é concedido pelo usurário. A doutrina tem entendido que a exploração pode ser objectiva, isto é, não se exige que o usurário tenha conhecimento da fraqueza da contraparte (por todos, *vide* MENEZES CORDEIRO, *Tratado*, I, I, cit. p. 458).

negócio usurário será anulável (cf. artigo 282.º). Porém, sempre que a usura se traduza numa situação em que alguém, a quem incumbe um dever de auxílio, explora a situação de inferioridade alheia, podemos estar perante um negócio usurário nulo, porque ofensivo dos bons costumes (artigo 280º CC)([823]).

O Supremo Tribunal de Justiça decidiu, em acórdão recente, que no negócio usurário é necessário que «*o lesado ao celebrar o negócio se encontre numa situação de inferioridade negocial, havendo da parte do usurário um aproveitamento consciente e intencional daquele estado*» – Ac. do S.T.J. de 27 de Abril de 2006, número convencional JSTJ000, relator Urbano Dias. Sobre os aspectos de regime jurídico do negócio usurário pode ver-se OLIVEIRA ASCENSÃO, *Direito civil*, II, cit., p. 336 ss, MENEZES CORDEIRO, *Tratado*, I, I, cit., p. 458 ss, MOTA PINTO, *Teoria geral*, cit., p. 534 ss, PAIS DE VASCONCELOS, *Teoria geral*, cit., p. 461 ss e PEDRO EIRÓ, *Do negócio usurário*, cit.

([823]) Neste sentido, MOTA PINTO, *Teoria geral*, cit., pp. 537-538 e PEDRO EIRÓ, *Do negócio usurário*, cit., p. 157. Conforme atrás se notou, o ordenamento jurídico alemão considera que o negócio usurário é nulo (n.º 2 do §138 do BGB). MENEZES CORDEIRO, apesar de realçar a autonomia do negócio usurário, *maxime* no confronto com o negócio contrário aos bons costumes, critica a solução de anulabilidade acolhida pelo legislador português (MENEZES CORDEIRO, *Tratado*, I, I, cit., p. 457 e 360, respectivamente).

TÍTULO V

NATUREZA DA GARANTIA

18. *A propriedade em garantia e as garantias reais acessórias*

I. Num momento anterior deste estudo, definimos provisoriamente o negócio de alienação em garantia como o *negócio nos termos do qual um sujeito (prestador da garantia) transmite a outro (beneficiário da garantia) a titularidade de um bem ou de um direito, com a finalidade de garantia de um crédito, ficando o beneficiário da garantia obrigado, uma vez extinta esta finalidade, a retransmitir-lhe aquela mesma titularidade*. O longo percurso que nos conduziu até aqui permite concluir que, durante a pendência da garantia, a ausência da definitividade da situação jurídica do beneficiário deriva da intervenção de externa de um acordo fiduciário (de garantia). Não se trata de uma propriedade parcelar ou temporária, do ponto de vista dos direitos reais, mas de uma *propriedade funcionalizada, do ponto de vista obrigacional*.

A feição específica da modelação obrigacional em cada uma das fases da vida da garantia exprime o carácter e a causa do negócio, distintos do mero negócio translativo. Por exemplo, na pendência da garantia – e caso não haja aposição de condição à alienação em garantia –, se o beneficiário da garantia alienar o bem dado em garantia a um terceiro, poderá ser responsabilizado perante o prestador da garantia (cf. artigo 798.º do CC). Por outro lado, na fase de execução, haverá que contar com a proibição do pacto comissório. Finalmente, no momento da retransmissão da garantia, caso o bem fiduciado seja penhorado pelos credores do beneficiário pode aplicar-se, por extensão teleológica, o disposto no artigo 1184.º do Código Civil.

Na alienação em garantia, a relação obrigacional pré-existente é um pressuposto da função jurídica de garantia do negócio translativo. Intercede uma ligação *de garantia* entre o direito de crédito e o direito de propriedade. Em princípio, esta ligação ocorre sob a forma de um acordo externo que une a relação obrigacional garantida e a obrigação de garantia ([824]). Na generalidade dos casos, o incumprimento da obrigação garantida determina a consolidação definitiva do direito de propriedade na esfera jurídica do beneficiário e, por isso, o desaparecimento dos deveres fiduciários a que estava adstrito na fase de pendência da garantia. Inversamente, o cumprimento da obrigação garantida faz com que se accione o dever fiduciário de retransmissão do bem dado em garantia. Este dever é imposto ao beneficiário da garantia e, enquanto tal, pode ser incumprido, como qualquer situação jurídica passiva similar.

Por vezes, porém, a ligação externa entre o crédito e garantia é assegurada pela intervenção de uma condição resolutiva, nos termos da qual o cumprimento da obrigação garantida implica uma retransmissão retroactiva do bem para o prestador da garantia. Nestes casos – e apenas nestes – haverá automaticidade na retransmissão do bem.

II. A feição externa da ligação de garantia justifica, ainda, uma distinção entre a propriedade em garantia, nascida do negócio de alienação em garantia, por um lado, e as garantias acessórias, corporizadas no penhor e na hipoteca, por outro lado.

Em virtude da alienação em garantia, o beneficiário torna-se titular do bem ou do direito alienado, ainda que fique obrigado a retransmiti-lo ao prestador da garantia, uma vez satisfeita a obrigação garantida e limitado, na sua actuação, pelos deveres emergentes do pacto fiduciário. Esta circunstância não se verifica no penhor e na hipoteca. Nos termos do artigo 666.º, n.º 1, do Código Civil *«o penhor confere ao credor o direito à satisfação do seu crédito, bem como dos juros, se os houver, com preferência sobre os demais credores, pelo valor de certa coisa móvel, ou pelo valor de créditos ou outros direitos não susceptíveis de hipoteca, pertencentes ao devedor ou a terceiro»*. Ainda, de acordo com o artigo 686.º, n.º 1, *«a hipoteca confere ao credor o direito de ser pago pelo valor de certas coisas imóveis, ou equiparadas, pertencentes ao devedor ou a terceiro com preferência*

([824]) O carácter externo da ligação de garantia permite, como vimos, distinguir o tipo de garantia emergente do negócio de alienação em garantia da situação que favorece o vendedor com reserva de propriedade ou o locador na locação financeira restitutiva.

sobre os demais credores que não gozem de privilégio especial ou de prioridade de registo».

Tanto o penhor como a hipoteca constituem garantias que dependem da existência de uma válida relação jurídica obrigacional que se visa garantir. Conferem ao credor o direito à satisfação preferencial do seu crédito, pressupondo, portanto, que este direito existe e extinguem-se com o desaparecimento da obrigação a que servem de garantia (artigo 730.º alínea a) e artigo 677.º do Código Civil). Trata-se de um direito combinado integrado, «*na medida em que se encontra associado a um direito de crédito, não sendo a sua existência compreensível sem ele*» e em que «*se encontra ao serviço desse direito de crédito, que dita o interesse e o sentido da operação*» ([825]).

Se a causa extintiva da obrigação garantida com hipoteca for declarada nula ou anulada, ou se ficar por outro motivo sem efeito, a hipoteca cuja inscrição tenha sido cancelada renasce, ainda que apenas na data de nova inscrição (artigo 732.º do CC).

Estas garantias ficam, ainda, sujeitas a um regime jurídico estritamente limitado pela sua função. No penhor de coisa, o credor pignoratício fica onerado com deveres de guarda, de administração e de uso restrito da coisa, tendo em vista a sua restituição, findo o propósito de garantia (cf. artigo 671.º do CC). A garantia pode ser substituída ou reforçada, se a coisa onerada perecer ou se tornar insuficiente para segurança da dívida (artigo 670.º alínea c) e 701.º do CC). Por outro lado, o credor pignoratício sujeita-se a um conjunto de consequências penalizadoras, caso pratique actos que extravasam o fim de garantia ([826]).

Pelo que se acaba de expor, resulta já evidente o distanciamento entre as garantias acessórias e a garantia a que dedicámos o nosso estudo. Contudo, a verdade é que a autonomia da garantia tem cons-

---

([825]) MENEZES CORDEIRO, *Direitos reais*, cit., p. 751.

([826]) Assim, de acordo com o artigo 673.º, «*se o credor usar da coisa empenhada contra o disposto na alínea b) do artigo 671.º, ou proceder de forma a que a coisa corra o risco de perder-se ou deteriorar-se, tem o autor do penhor o direito de exigir que ele preste caução idónea ou que a coisa seja depositada em poder de terceiro*». Por outro lado, «*sempre que haja receio fundado de que a coisa empenhada se perca ou deteriore, tem (...) o autor do penhor a faculdade de proceder à venda antecipada da coisa, mediante prévia autorização judicial*» (artigo 674.º, n.º 1).

tituído matéria reservada ao universo das garantias pessoais, designadamente das garantias autónomas à primeira solicitação ([827]).

III. Segundo BECKER-EBERHARD, a acessoriedade, tradicionalmente compreendida como um sinal (*Kennzeichen*) de garantia, é apenas um caso especial de *ligação do direito de garantia ao crédito garantido* ([828]). A acessoriedade não se limita a relacionar crédito e garantia, através de um acordo específico, mas exige que estes momentos aconteçam simultaneamente, permitindo que o poder jurídico ligado ao direito de garantia se ajuste imediatamente ao conteúdo do crédito ([829]). Já nas garantias não acessórias esta simultaneidade não se verifica, intercedendo uma mera ligação entre crédito e direito de garantia (*Verknüpfung zwischen Forderung und Sicherungsrecht*), assente num acordo específico que transforma um direito pleno num direito de garantia vinculado a um crédito ([830]).

As considerações de BECKER-EBERHARD são bastante úteis, muito embora devam ser enquadradas pelas exigências de um sistema causal como o nosso, a reclamar, desde logo, uma distinção entre acessoriedade e causa de garantia. A *causa* de garantia resulta do facto de a

---

([827]) Sobre a garantia bancária autónoma pode ver-se, entre nós, MENEZES LEITÃO, *Garantias*, cit., p. 147 ss, COSTA GOMES, *Assunção fidejussória*, cit., p. 66 ss, p. 106 e p. 116, MENEZES CORDEIRO, *Manual de Direito bancário*, cit., p. 636 ss, ROMANO MARTINEZ/ FUZETA DA PONTE, *Garantias*, cit., p. 118 ss, MÓNICA JARDIM, *A garantia autónoma*, Almedina, Coimbra, 2002, CARRASCO PERERA/CORDERO LOBATO/MARÍN LÓPEZ, *Tratado de los Derechos de Garantía*, Aranzadi, Cizur Menor, 2002, p. 337 ss.

([828]) EKKEHARD BECKER-EBERHARD, *Die Forderungsgebundenheit der Sicherungsrechte*, Ernst und Werner Gieseking, Bielegeld, 1993, p. 49 ss.

([829]) *Idem*, pp. 60-61.

([830]) *Idem*, p. 63. Para PIERRE CROCQ, tudo passaria pela distinção entre direitos reais acessórios *por natureza* e direitos reais acessórios *por atribuição*. Os primeiros seriam acessórios de uma obrigação principal e a respectiva existência não poderia ser pensada fora desta dependência. Já os segundos, seriam naturalmente aptos a sobreviver independentemente de uma ligação a outra situação jurídica, mas poderiam, de igual modo, estabelecer laços de acessoriedade relativamente a uma situação jurídica externa. A propriedade em garantia e, em especial, a alienação fiduciária em garantia compreender-se-ia, assim, no âmbito dos direitos reais acessórios «*por atribuição*», enquanto que ao penhor e à hipoteca caberia a qualificação de direitos reais acessórios «*por natureza*» – PIERRE CROCQ, *Propriété et garantie*, cit., p. 82.

generalidade das garantias conformarem uma realidade que não dispensa uma relação material com uma situação jurídica diversa e que, em termos lógicos, a precede. A *acessoriedade*, por seu turno, pode ser vista como uma união condicionante da existência, do desenvolvimento e da subsistência da relação garantida. A acessoriedade da garantia, enquanto susceptibilidade de tendencial conformação intrínseca – e, em princípio, automática – da situação jurídica de garantia [831], clarifica *a causa de garantia*, mas não a determina [832].

IV. A garantia corporizada pelo negócio de alienação em garantia corresponde a uma situação funcionalmente ligada a um direito de crédito. Há, portanto, um acordo entre as partes que permite ligar um determinado acto translativo a uma função de garantia de um crédito. Todavia, esta circunstância não equivale à identificação da alienação em garantia e da cessão de créditos em garantia com as garantias acessórias da obrigação principal [833]. Nem implica que haja um sinalagma entre a obrigação garantida e a atribuição do bem ou direito para efeitos de garantia [834]. A repercussão das vicissitudes da situação jurídica garantida na própria garantia é, no caso das garantias acessórias, imposta *ex lege*. Já no caso das garantias não acessórias resulta do programa negocial das partes e da própria causa do negócio jurídico. Na figura que tratamos, é o negócio fiduciário que impõe a ligação funcional e é a causa de garantia que explica as limitações de cariz obrigacional e a imposição de deveres fiduciários. Assim, sem

---

[831] Ressalvadas as especialidades de certas figuras, como a fiança ao primeiro pedido – cf. COSTA GOMES, *Assunção fidejussória*, cit., p. 719 ss. O autor alude a uma «*garantia intermédia entre a fiança e a garantia autónoma*», com reflexos quanto ao regime jurídico: existiria uma espécie de «*acessoriedade adormecida*», que despertaria com o pagamento ao credor (obrigação.cit., pp. 724-725).

[832] Por exemplo, se se constituir um penhor para garantia de uma obrigação futura (n.º 3 do artigo 666.º do CC), quando esta nascer, desperta automaticamente a garantia pignoratícia.

[833] Em sentido próximo, MENEZES LEITÃO, *Garantias,* cit., p. 273. MENEZES CORDEIRO, *Manual de Direito bancário*, cit., p. 618 refere-se à alienação fiduciária em garantia no âmbito do Decreto-lei n.º 105/2004, enquanto garantia *acessória* da obrigação principal.

[834] Esta classificação importa diferenciações de regime jurídico, designadamente à luz do disposto nos artigos 428.º, 795.º e 801.º, n.º 2, do Código Civil.

prejuízo das situações *específicas* criadas pela aposição de uma condição ao negócio de alienação em garantia, a propriedade em garantia pode ser vista como uma *garantia real autónoma* ([835]).

Se a obrigação garantida se extinguir, a propriedade do beneficiário da garantia deixa de ter, para o Direito, uma justificação razoável, devendo, por isso, ser retransmitido o bem ao respectivo prestador. Com o cumprimento e consequente extinção da obrigação garantida, a garantia perde a sua causa. É por isso que, em muitos casos, a recusa do credor em retransmitir o objecto da «*garantia*» pode fundamentar o recurso à responsabilidade civil (artigo 798.º do CC), bem como à via subsidiária do enriquecimento sem causa ([836]).

As consequências de regime jurídico determinadas pela contraposição *genética* entre a *acessoriedade* do penhor, por um lado, e *autonomia* da propriedade-garantia, por outro, é-nos revelada com clareza sempre que o objecto da garantia sejam direitos de crédito e as partes tenham prescindido de *condicionar* o negócio de garantia ([837]).

Em primeiro lugar, na cessão de créditos em garantia, ao contrário do penhor, há aquisição de um direito de crédito pelo credor garantido ([838]), o que justifica um conjunto vasto de diferenciações quanto ao tratamento jurídico que é dedicado ao credor pignoratício e ao cessionário do crédito em garantia, em particular sempre que cada um destes sujeitos se veja confrontado com o concurso de outros credores na pendência da garantia.

([835]) Segundo PESTANA DE VASCONCELOS, *Cessão de créditos em garantia*, cit., nota 1150, p. 596, «*esta modalidade de cessão constitui uma garantia acessória, embora com diversas particularidades*».

([836]) Em sentido próximo, MENEZES LEITÃO, *Garantias,* cit., p. 273 e MENEZES LEITÃO, *Cessão de créditos*, cit., p. 454.

([837]) Sobre esta distinção, pode ver-se também GIUSEPPE BAVETTA, *La cessione di credito*, cit., p. 599 ss, FRANCO ANELLI, *L' alienazione*, cit., p. 211 ss e MASSIMO LASCIALFARI, *La cessione di crediti,* cit., pp. 269 ss. Entre nós, cf., por todos, PESTANA DE VASCONCELOS, *Cessão de créditos em garantia*, cit., p. 543 ss.

([838]) No mesmo sentido PESTANA DE VASCONCELOS nota que «*o contrato base da cessão leva à transferência do direito para o credor da obrigação principal, enquanto esse fenómeno não se verifica no contrato de penhor, pelo qual o credor (pignoratício) adquire um mero direito de garantia que tem por objecto um direito que se mantém na esfera do devedor*» – *Cessão de créditos em garantia*, cit., p. 549.

Depois, a eficácia *inter partes* do penhor de créditos depende da notificação ou da aceitação do devedor, salvo as hipóteses previstas na lei (artigo 681.º n.ºs 2 e 3 Código Civil)[839]. Na cessão de créditos, a transmissão opera entre as partes por mero efeito do negócio jurídico[840].

Na propriedade em garantia não há ainda acessoriedade funcional. De acordo com o n.º 1 do artigo 582.º do Código Civil, «*na falta de convenção em contrário, a cessão do crédito importa a transmissão, para o cessionário, das garantias e outros acessórios do direito transmitido, que não sejam inseparáveis da pessoa do cedente*». A situação de garantia, perpassada por vínculos fiduciários de carácter pessoal é sempre, em maior ou menor medida, inseparável da pessoa do cedente. Por isso, mesmo que se entenda que a regra *acessorium sequitur principale* se dirige, também, às garantias autónomas ou atípicas – concluindo, assim, por exemplo, pela aplicação do preceito ao caso da garantia bancária autónoma, o que nos parece duvidoso[841] –, ainda

---

[839] Neste sentido, MENEZES LEITÃO, *Garantias*, cit., pp. 283-284 e PESTANA DE VASCONCELOS, *Cessão de créditos em garantia*, cit., p. 545.

[840] MENEZES LEITÃO, *Cessão de créditos*, cit., pp. 444-445.

[841] Em geral, sobre o sentido dos poderes e faculdades englobáveis no conceito de garantias e acessórios do direito de crédito referidos no n.º 1 do artigo 582.º do Código Civil, cf. ANTUNES VARELA, *Das obrigações em geral*, II, cit., p. 323 ss, PESTANA DE VASCONCELOS, *Dos contratos de cessão*, cit., p. 301 ss e *Cessão de créditos em garantia*, cit., p. 485 ss e MENEZES LEITÃO, *Cessão de créditos*, cit., p. 335 ss. Sobre a transmissibilidade do crédito emergente da garantia bancária autónoma, encontramos pontos de vista distintos na doutrina portuguesa. Assim, na orientação seguida por SAMPAIO CARAMELO, a garantia bancária autónoma estará englobada no sentido de garantia do n.º 1 do artigo 582.º do Código Civil, enquanto disposição normativa que abrange qualquer garantia especial das obrigações, isto é, quaisquer actos com causa de garantia. Segundo o autor, a interpretação da lei deveria, quanto a este aspecto, ser evolutiva e rejeitar um entendimento historicamente desadequado – SAMPAIO CARAMELO, «A garantia bancária autónoma à primeira solicitaçao – sua autonomia e instrumentalidade. Anotação ao acórdão do Supremo Tribunal de Justiça de 5 de Junho de 2003» *RDES*, Julho-Dezembro de 2003, n.ºs 3 e 4, (p. 87 ss) p. 128 ss. Tem-se questionado se, à luz deste artigo, com a cessão de créditos se transmitem apenas as garantias reais acessórias ou, também, as garantias atípicas ou garantias autónomas, em especial, as garantias bancárias autónomas. Segundo o autor, a interpretação da lei deveria, quanto a este aspecto, ser evolutiva e rejeitar um entendimento historicamente desadequado. Também para MÓNICA JARDIM, «*admitir que o direito de garantia permaneça na esfera jurídica do beneficiário*

assim será de reter que a transferência do direito de garantia emergente da transmissão da titularidade de um bem ou direito não poderá, em princípio, operar automaticamente, em virtude do carácter pessoal do vínculo fiduciário.

No penhor de créditos, se o crédito tiver por objecto a prestação de dinheiro ou de outra coisa fungível, os dois credores podem acordar os termos pelos quais o obrigado deve prestar (artigo 685.º n.º 2 *in fine* do CC), podendo convencionar-se que a prestação deve ser feita perante o credor pignoratício. Se for este o caso, o credor pignoratício pode cobrar o crédito logo que este se torne exigível, passando o penhor a incidir sobre a coisa prestada. A cessão de créditos, depois de notificada ou aceite pelo devedor, exige que cumprimento seja feito apenas perante o cessionário.

---

originário, que deixou de ser credor do contrato base, seria admitir uma dissociação entre titularidade do direito de garantia e titularidade do direito de crédito garantido (...) dissociação essa que deve ser recusada porque (...) o escopo de garantia, que constitui a causa-função do Garantievertrag, comporta uma necessária inerência do direito de garantia ao direito de crédito decorrente do contrato base» – MÓNICA JARDIM, *A garantia autónoma*, cit., p. 133. Assim, para a autora, o direito de garantia deverá transmitir-se ao cessionário. Se o cedente não acordar nesta transmissão, a garantia extinguir-se-á. MENEZES LEITÃO parece aderir à orientação de certa doutrina germânica, segundo a qual o crédito emergente da garantia bancária se transmitiria com a cessão do crédito garantido – *Cessão de créditos em garantia*, cit., p. 328. Recentemente, COSTA GOMES veio clarificar os contornos do problema, sublinhando que «*as posições favoráveis a uma cessão automática do crédito de garantia autónoma desconsideram de forma desconcertante a diferença ou a especificidade dessas garantias, que assenta no pilar da autonomia relativamente à relação subjacente*». O autor conclui que «*não acompanhando o crédito de garantia, natural e automaticamente, o crédito subjacente cedido, se as partes na cessão de créditos pretenderem a efectivação dessa cessão devem negociá-la autonomamente ou conjuntamente com a negociação do crédito subjacente*» (COSTA GOMES, «Sobre a circulabilidade do crédito emergente de garantia bancária autónoma ao primeiro pedido», separata da *Revista da Banca*, n.º 64, Julho-Dezembro de 2008, pp. 59-60). Neste âmbito, é curioso ainda notar que a na redacção dada pela *Ordonnance* de 2006-346, de 23 de Março, ao artigo 2321.º do *Code Civil*, dispondo que a garantia bancária autónoma *não segue* a obrigação garantida, salvo convenção em contrário. No Direito alemão, a cessão determina a transmissão para o cessionário das hipotecas, hipotecas de navios, direitos de penhor e fianças que garantam o crédito, § 401, 1 do BGB, e bem assim das preferências adquiridas no processo de execução ou no processo de insolvência, § 401, 2 do BGB.

Um quinto aspecto prende-se com o facto de, no penhor, os frutos da coisa empenhada serem encontrados nas despesas feitas com ela e nos juros vencidos, devendo o excesso, na falta de convenção em contrário, ser abatido no capital que for devido (artigo 672.º do CC). Havendo lugar à restituição de frutos, estes não se consideram abrangidos pelo penhor, salvo convenção em contrário (número 2 do artigo 672.º). Ora, na alienação em garantia o regime jurídico aplicável dependerá do que tiver sido convencionado pelas partes. Na falta de estipulação negocial, deve entender-se que, na pendência da garantia, os frutos serão adquiridos pelo beneficiário da garantia [842].

Finalmente, no penhor, o credor pignoratício só pode pagar-se pelo produto da venda extraprocessual do crédito se as partes assim o tiverem convencionado (artigo 675.º, n.º 1 do CC). Na cessão de créditos, o credor pode dispor livremente do crédito, caso a obrigação garantida não seja satisfeita.

A *diversa matriz* da propriedade em garantia, quando confrontada com o carácter de *ius in re aliena* do penhor ficou também evidenciada na análise que fizemos da posição de cada uma das partes em processo de insolvência e acção executiva. À luz do regime jurídico em vigor, o beneficiário da garantia disporá, em regra, de um tratamento mais favorável do que o credor pignoratício, podendo satisfazer o seu direito fora das vias da execução.

A indagação do regime jurídico aplicável à garantia emergente de uma alienação deve recusar a aplicação directa e acrítica das regras previstas no nosso ordenamento jurídico para as garantias reais. A aplicação indiscriminada de normas jurídicas contempladas para o penhor e para hipoteca – ou mesmo para a fiança [843] – à alienação em garantia

---

[842] O que não invalida que o valor dos mesmos seja computado para efeitos de apuramento do valor final do objecto da garantia e de determinação do montante *do excesso*, caso exista, a retransmitir ao prestador da garantia.

[843] Tanto mais que, entre a *fiança* e a cessão de créditos em garantia intercede uma diferença fundamental. Na fiança, há uma *oneração de um património adicional ao do devedor*, enquanto que na cessão de créditos em garantia a situação do devedor cedido mantém-se do ponto de vista obrigacional, isto é, o devedor continua a ter que cumprir determinada prestação, não ficando onerado numa prestação suplementar em virtude da cessão. Esta circunstância condiciona decisivamente a relação entre o devedor cedido, o cedente e o cessionário, dificilmente equiparável à relação

significaria um desrespeito pela autonomia privada das partes. O que não invalida que se aprofundem *analogias*, sempre que haja fundamento para tanto, como sucede quanto ao regime jurídico da proibição do pacto comissório (artigo 694.º do CC).

---

entre o devedor e o fiador. Assim, enquanto que «*o devedor cedido pode opor ao cessionário, ainda que este os ignorasse, todos os meios de defesa que lhe seria lícito invocar contra o cedente, com ressalva dos que provenham de facto posterior ao conhecimento da cessão*» (artigo 585.º do CC), no caso do fiador, a lei estabelece que «*além dos meios de defesa que lhe são próprios, o fiador tem o direito de opor ao credor aqueles que competem ao devedor, salvo se forem incompatíveis com a obrigação de fiador*» (artigo 637.º, n.º 1, do CC), sendo-lhe «*lícito recusar o cumprimento enquanto o credor não tiver excutido todos os bens do devedor sem obter a satisfação do seu crédito*» (artigo 638.º, n.º 1, do CC)

BIBLIOGRAFIA CITADA

ALBADEJO, MANUEL, *Derecho civil*, III, *Derecho de bienes*, 10.ª edição, Edisofer, Madrid, 2004

ALBERTARIO, EMILIO, «Sulla nulità del patto commissorio agiunto el mutuo ipotecario», *Rivista di diritto commerciale e del diritto generale delle obbligazioni*, 1924, II, p. 233 ss

ALBUQUERQUE, PEDRO DE, «Contrato de compra e venda», *Direito das obrigações*, 3.º vol., coord. António Menezes Cordeiro, AAFDL, 1991, p. 11 ss

ALBUQUERQUE RUY DE/ALBUQUERQUE, MARTIM DE, *História do Direito Português*, I volume, 10ª edição, Lisboa, 1999

ALMEIDA, Carlos FERREIRA DE, *Contratos, II, Conteúdo. Contratos de Troca*, Almedina, Coimbra, 2007

AMATO, GIUSEPPE, «Ancora sul patto commissorio e sulla vendita a scopo di garanzia», *GC*, 1984, I, p. 1899 ss

ANDRADE, MANUEL A., *Ensaio sobre a teoria da interpretação das leis,* Arménio Amado, Coimbra, 1987

ANDRADE, MANUEL A. DE, *Teoria Geral da Relação Jurídica,* vol. II, 9.ª reimpressão, Almedina, Coimbra, 2003

ANDRIOLI, VIRGILIO, «Divietto del patto commissorio», *Commentario del codice civile a cura di Scialoja e Branca*, livro VI (*tutela dei diritti*), Bologna, Roma, 1945, p. 49 ss

ANELLI, FRANCO, *L' alienazione in funzione di garanzia,* Giuffrè, Milão, 1996

ANELLI, FRANCO, *Problemi dell' alienazione a scopo di garanzia: trasferimento dei diritti e divietto del patto commissorio*, texto correspondente a dissertação em «Corso di Dottorato di ricerca in Diritto Commerciale», policopiado, 1993

ASCARELLI, TULLIO, *Contrato misto, negócio indirecto, negotium mixtum, cum donationae*, Jornal do Foro, Lisboa, 1954

ASCARELLI, TULLIO, *Negócio jurídico indirecto*, Jornal do Foro, Lisboa, 1965

ASCENSÃO, José de OLIVEIRA, «Insolvência: efeitos sobre os negócios em curso», *Themis*, edição especial, 2005, p. 105 ss

ASCENSÃO, José de OLIVEIRA, *Direito Civil. Teoria Geral* vol. II, 2.ª edição, Coimbra Editora, 2003

ASCENSÃO, José de OLIVEIRA, *Direito Civil. Teoria Geral* vol. III, Coimbra Editora, 2002

ASCENSÃO, José de OLIVEIRA, «Propriedade e posse. Reivindicação e reintegração», *Separata da revista luso-africana de Direito*, n.º 1, 1997, p. 9 ss

Ascensão, José de Oliveira, *Direito civil. Reais*, 5.ª edição, Coimbra Editora, Coimbra, 1993
Ascensão, José de Oliveira, *A Tipicidade dos Direitos Reais*, Lisboa, 1968
Ascensão, José de Oliveira, *Relações jurídicas reais*, Lisboa, 1962
Ascoli, Alfredo, «Patto commissorio nel pegno», *RDC*, 1931, p. 207 ss
Aynès, Laurent/ Crocq, Pierre, *Les sûretés. La publicite foncière*, Defrénois, Paris, 2003
Azzaro, Andrea Maria, «Pegno rotativo e operazione económica», *RDCom*, 2000, parte II, p. 259 ss
Azzaro, Andrea Maria, «Vendita con patto di riscatto e divieto del patto commissorio», *GC*, 1993, II, p. 101 ss
Baggio, Filippo/Rebecca, Giuseppe, *Il pegno di strumenti finanziari, di azioni e quote*, Giuffrè, Milão, 2005
Ballesteros, Antonio Gullón, «Comentários» (ao artigo 1859), em *Comentario del Código Civil*, coord. Ignacio Sierra de la Cuesta, tomo 8, Bosch, Barcelona, 2000, p. 209 ss
Barea, Juan B. Jordano, *El negocio fiduciario*, Bosch, Barcelona, 1969
Bavetta, Giuseppe, «La cessione di credito a scopo di garanzia», *DF*, 1995, I, p. 588 ss
Baur, Jürgen/Stürner, Rolf, *Sachenrecht*, C.H. Beck, 17.ª edição, Munique, 1999
Becker-Eberhard, Ekkehard *Die Forderungsgebundenheit der Sicherungsrechte*, Ernst und Werner Gieseking, Bielegeld, 1993
Betti, Emilio, «Su gli oneri e i limiti dell' autonomia privata in tema di garanzia e modificazione di obbligazioni», *RDCom*, 1931, parte II, p. 688 ss
Bianca, Massimo, «Patto commissorio», *NDI*, dir. António Azara e Ernesto Eula, XII, Editrice Torinense, Torino, 1965, p. 711 ss
Bianca, Massimo, «Forme tipiche di vendita e violazione del divieto del patto commissorio nell' alienazione in garanzia ad effetto traslativo immediato», *Foro padano*, 1961, p. 50 ss
Bianca, Massimo, *Il divieto del patto commissorio*, Milão, Giuffrè, 1957
Biscardi, Arnaldo, *La lex commissoria" nel sistema delle garanzie reali*, separata de «Studi in onore di Emilio Betti», vol. II, Milão, Giuffrè, 1961, p. 575 ss
Blaurock, Uwe/Witz, Claude, «Les opérations fiduciaires en Droit allemand», em *Les opérations fiduciaires (pratiques, validité, régime juridique dans plusieurs pays européens et dans le commerce international)*, Aavv, dir. Claude Witz, L.G.D.J, Paris, 1985, p. 223 ss.
Boari, Marco, «Usura» (Diritto Intermedio), *EDir*, vol. XLV, Giuffrè Editore, 1992, p. 1135 ss
Bravo, Federico de Castro y, *El negocio juridico*, Civitas, Madrid, 1985
Brugi, «Limiti del divieto di patto commissorio», RDCom, 1929, parte II, p. 46 ss
Bugani, Ira, «Il divieto del patto commissorio e la vendita con patto di riscatto (o con patto di retrovendita)», *NGGC*, 1986, parte II, p. 31 ss
Büllow, Peter, *Recht der Kreditsicherheiten*, C.F. Müller, 6.ª edição, Heidelberg, 2003
Burdese, Alberto, *Manuale di Diritto privato romano*, 4.ª edição, Utet, Torino, 1993

BURDESE, ALBERTO, *Lex commissoria e ius vendendi nella fiducia e nel pignus*, Giappichelli, Torino, 1949
BUSSANI, MAURO, *Contratti moderni. Factoring. Franchising.Leasing*, em *Trattato di Diritto Civile*, dir. Rodolfo Sacco, *I singoli contratti*, vol. 4, Utet, Torino, 2004
BUSSANI, MAURO, org., *I contratti di finanziamento e le garanzie reali nella prospettiva europea*, Milano, 2003
BUSSANI, MAURO, *Il problema del patto commissorio. Studio di diritto comparato*, G. Giapichelli Editore, Torino, 2000
BUSSANI, MAURO, «Patto commissorio, proprietà e mercato (appunti per una ricerca)», *RCDP*, 1997, p. 113 ss
BUSSANI, MAURO, *Proprietà-garanzia e contratto – formule e regole nel leasing finanziari*, Università degli Studi di Trento, 1992
BUSSANI, MAURO, «Il contratto di lease back», *Contratto e impresa*, 1986, Cedam, Padova, p. 558
CABRILLAC, MICHEL/ MOULLY, CHRISTIAN/SÉVERINE CABRILLAC/PHILIPPE PETEL, *Droit des sûretés*, 8.ª edição, Litec, Paris, 2007
CABRILLAC, MICHEL/ MOULLY, CHRISTIAN, *Droit des sûretés*, 6.ª edição, Litec, Paris, 2002
CAMPOS, Diogo LEITE DE, *A subsidariedade da obrigação de restituir o enriquecimento*, Almedina, Coimbra, 2003
CAMPOS, Diogo LEITE DE, «A alienação em garantia», *Estudos em homenagem ao Banco de Portugal, 150.º Aniversário (1846-1996)*, Lisboa, Banco de Portugal, 1998, p. 7 ss
CAMPOS, Diogo LEITE DE, *A locação financeira*, Lex, Lisboa, 1994
CAMPOS, Diogo LEITE DE, «Nota sobre a admissibilidade da locação financeira restitutiva (*lease-back*) no direito português», *ROA*, ano 42, Setembro-Dezembro de 1982, p. 776 ss
CAMPOS, Diogo LEITE DE, «Ensaio de análise tipológica do contrato de locação financeira», *BFDUC*, 1987, p. 1 ss
CAMPOS, Diogo LEITE DE /TOMÉ, Maria João VAZ, *A propriedade fiduciária. Estudo para a sua consagração no direito português*, Almedina, Coimbra, 1999
CAMPOS, ISABEL MENÉRES, «Cancelamento do registo da reserva de propriedade», CDP, 2006, n.º 15, Julho/ Setembro, p. 53 ss
CAMPOS, ISABEL MENÉRES, «Algumas reflexões em torno da cláusula de reserva de propriedade a favor do financiador», *Estudos em comemoração do 10.º aniversário da licenciatura em Direito da Universidade do Minho*, Almedina, Coimbra, 2004, p. 631 ss
CANDIAN, ALBINA, «La directiva núm. 2002/47 en materia de garantías financieras: el futuro de las garantías reales mobiliarias en Europa?», *Garantías reales mobiliarias en Europa*, Marcial Pons, Madrid, 2006, p. 231 ss
CANDIAN, ALBINA, *Le garanzie mobiliari. Modelli e problemi nella prospettiva europea*, Giuffrè, Milão, 2001
CANDIAN, ALBINA, «Appunti dubbiosi sulla ratio del divieto del patto commissorio», *FI*, 1999, parte I, p. 175 ss
CAÑETE, Matilde PACHECO, *El contrato de lease-back,* Marcial Pons, Madrid, 2004

CANEPA, PAOLO, *Commentario al Codice* Civile, dir. Paolo Cendon, Utet, Torino, 1991, vol. IV, p. 245 ss

CARAMELO, António SAMPAIO, «A garantia bancária autónoma à primeira solicitação – sua autonomia e instrumentalidade. Anotação ao acórdão do Supremo Tribunal de Justiça de 5 de Junho de 2003», *RDES*, Julho-Dezembro de 2003, n.ºs 3 e 4, p. 87 ss

CARIOTA-FERRARA, LUIGI, *El negocio jurídico*, trad. para língua espanhola de Manuel Albadejo, Aguilar, Madrid, 1956

CARIOTA-FERRARA, LUIGI, *I negozi fiduciari*, Cedam, Padova, 1933

CARNELUTTI, FRANCESCO, «Note sul patto commissorio», *RDCom*, 1916, parte II, p. 887 ss

CARNEVALI, UGO, «Patto commissorio», *EDir*, XXXII, Giuffrè Editore, 1982, p. 499 ss

CARVALHO, ORLANDO DE, «Negócio jurídico indirecto», em *Escritos. Páginas de Direito*, I, Almedina, Coimbra, 1998, p. 31 ss

CASHIN-RITAINE, ELEANOR, *Les cessions contractuelles de créances de sommes d'argent dans les relations civiles et commerciales franco-allemandes*, L.G.D.J., Paris, 2001

CATTANEO, GIOVANNI, «Riserva della proprietà e aspettativa reale», *RTDPC*, 1965, p. 945 ss

CHIRONI, G. P., «Ipoteca e patto commissorio», *RDCom*, 1917, II, p. 706 ss

CIPRIANI, NICOLA, *Patto commissorio e patto marciano. Proporzionalità e legittimità delle garanzie*, Edizione Scientifiche Italiane, Nápoles, 2000

CLARIZIA, RENATO, *I contratti per il finanziamento dell' impresa. Mutuo de scopo, leasing, factoring*, em *Trattato di Diritto Commerciale*, dir. Vincenzo Buonocore, secção II, tomo 4, Giappichelli Editore, Torino, 2002

CORBO, NICOLA, *Autonomia privata e causa di finanziamento*, Giuffrè, Milão, 1990

CORDEIRO, António MENEZES, *Manual de Direito bancário*, 3.ª edição, Almedina, Coimbra, 2006

CORDEIRO, António MENEZES, *Tratado de Direito civil português*, volume I, Parte Geral, tomo II, Coisas, 2.ª edição, Almedina, Coimbra, 2002

CORDEIRO, António MENEZES, *Da boa fé no Direito civil*, Almedina, Coimbra, 2001 (reimpressão)

CORDEIRO, António MENEZES, *Tratado de Direito Civil português*, I, tomo I, 2ª edição, Lisboa, 2000

CORDEIRO, António MENEZES, *A posse: perspectivas dogmáticas actuais*, Almedina, Coimbra, 1999

CORDEIRO, António MENEZES, «Da retenção do promitente na venda executiva», *ROA*, ano 57, 1997, p. 547 ss

CORDEIRO, António MENEZES, *Direito das Obrigações*, 2º vol., AAFDL, Lisboa, 1994 (reimpressão)

CORDEIRO, António MENEZES, *Direitos Reais*, Lex, Lisboa, 1993 (reimpressão)

CORDEIRO, António MENEZES, «Do reporte: subsídios para o regime jurídico do mercado de capitais e da concessão de crédito», *O Direito*, ano 121, n.º 3 (Julho-Setembro, 1989), p. 443 ss

CORDEIRO, António MENEZES, *Direito das Obrigações*, 1º vol., AAFDL, Lisboa, 1980 (reimpressão)
COSTA, Mário Júlio de ALMEIDA, *Direito das obrigações*, 9.ª edição, Almedina, Coimbra, 2003
COSTA, Mário Júlio de ALMEIDA, «Alienação fiduciária em garantia e aquisição de casa própria. Notas de direito comparado», separata de *Direito e Justiça*, vol. I, 1980, p. 41 ss.
COSTA, SALVADOR DA, *O concurso de credores*, Almedina, Coimbra, 2005
COSTANZA, MARIA, «Sulle alienazione in garanzia e il divieto del patto commissorio», *GC*, 1989, I, p. 1824 ss
CRISTAS, MARIA DE ASSUNÇÃO Oliveira, *Transmissão contratual do direito de crédito. Do carácter real do direito de crédito*, Almedina, Coimbra, 2005
CRISTAS, ASSUNÇÃO/GOUVEIA, Mariana FRANÇA, «Transmissão da propriedade de coisas móveis e contrato de compra e venda. Estudo comparado dos Direitos português, espanhol e inglês», em Assunção Cristas [et al], *Transmissão da propriedade e contrato*, Almedina, Coimbra, 2001
CROCQ, PIERRE, «Las propriedades de garantía en Europa», *Garantías reales mobiliarias en Europa*, Ed. Maria Elena Lauroba/ Joan Marsal, Marcial Pons, Madrid, 2006, p. 165 ss
CROCQ, PIERRE, *Propriété et garantie*, L.G.D.J., Paris, 1995
CRUZ, SEBASTIÃO, *Direito romano (ius romanum)*, I, Introdução. Fontes, 4.ª edição, Coimbra, 1984,
CUNHA, PAULO, *Da garantia nas obrigações*, apontamentos das aulas de Direito Civil do 5.º ano da Faculdade de Direito da Universidade de Lisboa pelo aluno Eudoro Pamplona Corte-Real, Lisboa, 1938-39, tomo II
CUPIS, ADRIANO DE, *Istituzioni di Diritto Privato*, Milão, Giuffrè, 1980
CURA, António VIEIRA, *Fiducia cum creditore (aspectos gerais)*, Coimbra, 1988 (obra posteriormente publicada na Separata do volume XXXIV do *Suplemento ao Boletim da Faculdade de Direito da Universidade de Coimbra*, Coimbra, 1990)
DIAZ-CAÑABATE, JOAQUIN GARRIGUES, *Negocios fiduciarios en el Derecho mercantil*, Civitas, Madrid, 1978
DÍEZ-PICAZO, LUIS/ GULLÓN, ANTÓNIO, *Sistema de derecho civil*, volume III, 7.ª edição, Tecnos, Madrid, 2004
DÍEZ-PICAZO, LUIS/ GULLÓN, ANTÓNIO, *Sistema de derecho civil*, volume II, 4.ª edição, Tecnos, Madrid, 1986
DIURNI, GIOVANNI, *Fiducia. Tecniche e principi negoziali nell' Alto Medioevo*, Giappichelli Editore, Torino, 1992
DOLMETTA, ALDO, «Lease-back e patto commissorio: un raporto complesso», *GCom*, 29.3, Maio Junho, 2002, p. 306 ss
DOLMETTA, ALDO / PORTALE, GIUSEPPE, «Cessione del credito e cessione in garanzia nell' ordinamento italiano», *BBTC*, 1999, parte I, p. 76 ss
DOLMETTA, ALDO, «La cessione dei crediti: dala disciplina codicistica alla novela 52/ 1991», *La cessione dei crediti d' impresa*, org. Giovanni Tatarano, Edizioni Scientifiche Italiane, Nápoles, 1995, p. 11 ss

DUARTE, Rui PINTO, *Curso de Direitos reais*, Principia, Cascais, 2002
DUARTE, Rui PINTO, «Regime da locação financeira e da locação com opção de compra em caso de falência do locatário», *Escritos sobre leasing e factoring*, Principia, Cascais, 2001, p. 193 ss
DUARTE, Rui PINTO, *Tipicidade e atipicidade dos contratos*, Almedina, Coimbra, 2000
DUARTE, Rui, PINTO, «Alguns aspectos jurídicos dos contratos não bancários de aquisição e uso de bens», *RB*, n.º 22, Abril-Junho, 1992, p. 49 ss
DUARTE, Rui PINTO, *A locação financeira*, Editora Danúbio, Lisboa, 1983
D' ORS, ÁLVARO/ HERNANDEZ-TEJERO/ FUENTESECA P./ GARCIA-GARRIDO M. BURILLO, *El Digesto de Justiniano*, versão castelhana, Aranzadi, Pamplona, 1968
ENRIETTI, ENRICO, «Patto commissorio ex intervallo», RDP, 1939, parte I, p. 26 ss
ERCOLE, STEFANO D', «Sull' alienazione in garanzia», *Contratto e impresa*, Padova, 1995, p. 228 ss
EIRÓ, PEDRO, *Do negócio usurário*, Almedina, Coimbra, 1990
FARIA, Jorge Leite Areias RIBEIRO DE, *Direito das obrigações*, 2.º vol., Almedina, Coimbra, 1990
FERNANDES, Luís A. CARVALHO, *Lições de direitos reais*, 4.ª edição, Quid juris, Lisboa, 2004
FERNANDES, Luís A. CARVALHO, *Estudos sobre a simulação*, Quid juris, Lisboa, 2004
FERNANDES, Luís A. CARVALHO, *Teoria Geral do Direito Civil*, vol. II, 3.ª edição, Universidade Católica Portuguesa, Lisboa, 2001
FERRARA, FRANCESCO, «Della simulazione dei negozi giuridici», Società Editrice Libraria, 3.ª edição, Roma, Milão, Nápoles, 1909
FERREIRA, José DIAS, *Código Civil Portuguez Annotado*, Coimbra, Imprensa da Universidade, 1898, vol. III
FIORENTINI, FRANCESCA, «Garanzie reali atipiche», *RDC*, 2000, parte II, p. 253 ss
FOERSTE, Ulrich, *Insolvenzrecht*, 4.ª edição, C.H. Beck, Munique, 2008
FONSECA, Tiago SOARES DA, *O penhor de acções*, Almedina, Coimbra, 2007
FRADA, Manuel CARNEIRO DA, *Teoria da confiança e responsabilidade civil*, Almedina, Coimbra, 2004
FREIRE, Pascoal de MELLO, «Instituições de Direito civil português», tradução de Miguel Pinto de Meneses, *BMJ*, 1966, p. 45 ss
FREITAS, José LEBRE DE, *A acção executiva depois da reforma*, Coimbra Editora, Coimbra, 2004
FUENTESECA, CRISTINA, *El negocio fiduciario en la jurisprudencia del Tribunal Supremo*, Bosch Editor, Barcelona, 1997
FUNK, ANJA, *Die Sicherungsübereignung in Einzelzwangsvollstreckung und Insolvenz. Eine Analyse der insolvenzrechtlichen Neuregelung der §§ 51, 166 ff. InsO und ihrer Auswirkungen auf Einzelzwangsvollstreckung*, Peter Lang, Frankfurt, 1996
GABRIELLI, ENRICO, *I diritti reali. Il pegno*, Utet, Torino, 2005
GALGANO, FRANCESCO, *Diritto privato*, 3.ª ed., Cedam, Padova, 1985
GANTER, Hans Gerhard, *Sicherungsübereignung*, em Herbert Schimansky/ Hermann-Josef Bunte/Hans-Hürgen Lwowski, *Bankrechts – Handbuch*, C. H. Beck, Munique, 1997, Volume II, § 95, p. 2327 ss

GANTER, Hans Gerhard, *Sicherungsabtretung*, em Herbert Schimansky/ Hermann-Josef Bunte/Hans-Hürgen Lwowski, *Bankrechts – Handbuch*, C. H. Beck, Munique, 1997, Volume II, § 96, p. 2374 ss

GARRIDO, José MARIA, *Tratado de las preferencias del crédito*, Civitas, Madrid, 2000

GERHARDT, WALTER, *Mobiliarsachenrecht*, C.H. Beck, 5.ª edição, Munique, 2000

GIACOBBE, EMANUELA, «Patto commissorio, alienazioni in garanzia, vendita con patto di riscatto e frode alla legge: variazioni sul tema», *GC*, 1997, I, p. 2534 ss

GIGLIOTTI, FULVIO, *Il divieto del patto commissorio*, Giuffrè, Milão 1999

GIGLIOTTI, FULVIO, *Patto commissorio autonomo e liberta dei contraenti*, Edizione Scientifiche Italiane, Nápoles, 1997

GIOVANOLI, MARIO, *Le crédit-bail (leasing) en Europe : développement et nature juridique. Étude comparative avec référence particulière aux droits français, allemand, belge, italien et suisse*, Libraries Techniques, Paris, 1980

GOODE, ROY, *Commercial Law*, 3.ª ed., Penguin Books, Londres, 2004

GOODE, ROY, *Legal problems of credit and security*, 3.ª edição, Sweet and Maxwell, Londres, 2003

GOMES, Júlio Manuel VIEIRA, «Sobre o âmbito da probição do pacto comissório, o pacto comissório autónomo e o pacto marciano», *CDP*, n.º 8, 2004, p. 57 ss

GOMES, Manuel Januário da COSTA, «Sobre a circulabilidade do crédito emergente de garantia bancária autónoma ao primeiro pedido», separata da *Revista da Banca*, n.º 64, Julho-Dezembro de 2008

GOMES, Manuel Januário da COSTA, «Penhora de direitos de crédito. Breves notas», *Themis*, ano IV, n.º 7, 2003, p. 105 ss

GOMES, Manuel Januário da COSTA, *Assunção fidejussória de dívida. Sobre o sentido e o âmbito da vinculação como fiador*, Almedina, Coimbra, 2000

GOMES, Manuel Januário da COSTA, «Mandato», *Direito das obrigações*, 3.º vol., coord. Menezes Cordeiro, AAFDL, 1991, p. 263 ss

GOMES, Manuel Januário da COSTA, *Em tema de revogação do mandato civil*, Almedina, Coimbra, 1989

GONÇALVES, Luiz da CUNHA, *Tratado de Direito civil em comentário ao Código Civil português*, volume V, Coimbra Editora, Coimbra, 1932

GONÇALVES, Luiz da CUNHA, *Tratado de Direito civil em comentário ao Código Civil português*, volume VIII, Coimbra Editora, Coimbra, 1934

GRASSETTI, CESARE, «Il negozio fiduciario nel diritto privato», *Fiducia, trust, mandato ed agency*, Giuffrè, Milão, 1991, p. 1 ss

GRASSETTI, CESARE, *Del negozio fiduciario e della sua ammissibilità nel nostro ordinamento giuridico*, separata da «Rivista del Diritto Commerciale», 1936, parte I, n.ºs 7 e 8, Casa editrice Dottor Francesco Vallardi, Milão, 1936

GRASSETTI, CESARE, *Trust anglosassone, proprietà fiduciaria e negozio fiduciario*, separata da «Rivista del Diritto Commerciale», 1936, parte I, n.ºs 9 e 10, Casa editrice Dottor Francesco Vallardi, Milão, 1936

GRAZIANI, ALESSANDRO, «Negozi indiretti e negozi fiduciari», *RDCom*, 1933, parte I, p. 414 ss

GREVIN, Jörg STEFAN, *Der Treuhandgedanke bei Sicherungsübertragungen im italienischen und deutschen Recht*, Nomos, Baden-Baden, 2002

GRISI, GIUSEPPE, *Il deposito in funzione di garanzia*, Giuffrè, Milão, 1999
GROSSO, GIUSEPPE, «Fiducia. Diritto romano», *EDir*, vol. XVII, Giuffrè, Milão, 1968
GROSSI, ALESSANDRA, «La direttiva 2002/47/CE sui contratti di garanzia finanziaria», *EDP*, 1/2004, p. 249 ss
Groupe de Travail relativ à la réforme du Droit des Sûretés. Rapport a Monsieur Dominique Preben, Garde des Sceaux, Ministre de la Justice, Paris, 2005
GUERRIERI, GIANLUCA, *Cessione dei crediti d' impresa e fallimento*, Giuffrè, Milão, 2002
HAEGELE, KARL, *Eigentumsvorbehalt. Sicherungsübereignung. Eine Darstellung für die Praxis mit zahlreichen Mustern*, Neue Witschafts-Briefe, Berlim, 1968
HARTMANN, PETER, *Die Sicherungsübereignung*, Rudolf Haufe, Freibug, 1968
HESS, HARALD, «Kreditsicherheiten in der Insolvenz», *Die neue Insolvenzordung Erste Erfahrungen und Tragweite für die Kreditwirtschaft*, Walter de Gruyter, Berlim, Nova Iorque, 2000, p. 101 ss
INZITARI, BRUNO, *Profili del Diritto delle obbligazioni*, Cedam, Milão, 2000
INZITARI, BRUNO, «La cessione del credito a scopo di garanzia: inefficacia ed inopponibilità ai creditori dell' incasso del cessionario nel fallimento, nel concordato e nell' amministrazione controllata», *BBTC*, 1997, parte I, p. 153 ss
JAEGER, Pier GIUSTO, *La separazione del patrimonio fiduciario nel fallimento*, Giuffrè, Milão, 1968
JARDIM, MÓNICA, *A garantia autónoma*, Almedina, Coimbra, 2002
JORGE, PESSOA, *Mandato sem representação*, Edições Ática, Lisboa, sem data, mas de 1961
JUSTO, António SANTOS, *Direito privado romano – III (direitos reais)*, Coimbra Editora, Coimbra, 1997
JUSTO, António SANTOS, *A «fictio iuris» no Direito romano. Aspectos gerais*, separata do BFDUC, Coimbra, 1983
KASER, MAX, *Direito privado romano*, tradução para língua portuguesa (do original alemão «Römisches Privatrecht», Munique, 1992) de Samuel Rodrigues e de Ferdinand Hämmerle, com revisão de Maria Armanda Saint-Maurice, Fundação Calouste Gulbenkian, Lisboa, 1999
LARENZ, KARL / WOLF, MANFRED, *Allgemeiner Teil des Bürgerlichen Rechts*, 8.ª edição, C.H. Beck, Munique, 1997
LARENZ, KARL, *Metodologia da ciência do Direito*, 3.ª ed., Fundação Calouste Gulbenkian, Lisboa, 1997, tradução para língua portuguesa de José Lamego
LARENZ, KARL, *Lehrbuch des Schuldrechts*, vol. I, C.H. Beck, 14.ª edição, Munique, 1987
LASCIALFARI, MASSIMO, «Le alienazioni a scopo di garanzia», *Le garanzie rafforzate del credito*, AAVV, a cura di Vincenzo Cuffaro, Utet, Torino, 2000, p. 155 ss
LASCIALFARI, MASSIMO, «La cessioni di crediti a scopo di garanzia», *Le garanzie rafforzate del credito*, AAVV, a cura di Vincenzo Cuffaro, Utet, Torino, 2000
LEGEAIS, DOMINIQUE, *Sûretés et garanties du crédit*, 5.ª edição, LGDJ, Paris, 2006
LEIBLE, STEFAN, «La reserva de dominio el en Derecho alemán», *RDP*, Abril 1999, p. 259 ss
LEITÃO, Luís Manuel Teles de MENEZES, *Direito da Insolvência*, Almedina, Coimbra, 2009

LEITÃO, Luís Manuel Teles de MENEZES, *Garantias das obrigações*, Almedina, Coimbra, 2006
LEITÃO, Luís Manuel Teles de MENEZES, *Cessão de créditos*, Almedina, Coimbra, 2005
LEITÃO, Luís Manuel Teles de MENEZES, *Direito das obrigações*, volume I, 5.ª edição, Almedina, Coimbra, 2005
LEITÃO, Luís Manuel Teles de MENEZES, *O enriquecimento sem causa no Direito civil (estudo dogmático sobre a viabilidade da configuração unitária do instituto, face à contraposição entre as diferentes categorias de enriquecimento sem causa)*, Almedina, Coimbra, 2005
LEITÃO, Luís Manuel Teles de MENEZES, *Direito das obrigações*, volume III, 3.ª edição, Almedina, Coimbra, 2005
LEITÃO, Luís Manuel Teles de MENEZES, *Direito das obrigações*, volume II, 2.ª edição, Almedina, Coimbra, 2003
LEITÃO, Luís Manuel Teles de MENEZES, *Código da insolvência e da recuperação de empresas anotado*, Almedina, Coimbra, 2004
LIMA, PIRES DE/ VARELA, ANTUNES, *Código Civil Anotado*, com a colaboração de M. Henrique Mesquita vol. I, 4.ª edição, Coimbra, 1987
LIMA, PIRES DE/VARELA, ANTUNES, *Código Civil Anotado*, com a colaboração de M. Henrique Mesquita vol. II, 3.ª edição, Coimbra, 1986
LIMA, PIRES DE/VARELA, ANTUNES, *Código Civil Anotado*, com a colaboração de M. Henrique Mesquita, *Código Civil Anotado,* vol. III, 2.ª edição, Coimbra Editora, Coimbra, 1987
LIPARI, NICOLÒ, *Il negozio fiduciario*, Giuffrè, Milão, 1964
LOBER, KLAUS M., «The german implementation of the EC directive on financial collateral arrangements», *JIBLR*, 2005, 20 (s), 72-78, p. 1 ss
LOIACONO, DARIO/ CALVI, ANDREA/ BERTANI, ALESSANDRO, «Il trasferimento in funzione di garanzia tra pegno irregolare, riporto e diritto di utilizzazione», *BBTC*, suplemento ao n.º 6/95, 2005, p. 3 ss
LOJACONO, VICENZO, *Il patto commissorio nei contratti di garanzia*, Giuffrè, Milão, 1952
LONGO, CARLO, *Corso di Diritto romano. La fiducia*, Giuffrè, Milão, 1933
LORENZO, Sixto SANCHEZ, *Garantias reales en el comercio internacional (reserva de dominio, venta en garantía y leasing)*, Civitas, Madrid, 1993
LUÍS, Armindo RIBEIRO *O problema do risco nos contratos de compra e venda com reserva de propriedade*, CJ, ano VI, 1981, tomo III, p. 15 ss
LUMINOSO, ANGELO, *I contratti tipici e atipici*, Giuffrè, Milão, 1995
LWOWSKI, HANS-JÜRGEN, *Das Recht das Kreditsicherung*, 8.ª edição, Erich Schmidt, Berlim, 2000
MANCINI, TOMMASO, *La cessione dei crediti futuri a scopo di garanzia*, Milão, Giuffrè, 1968
MARINO, ROBERTA, *La disciplina delle garanzie finanziarie. Profili innovativi*, Edizione Scientifiche Italiane, Nápoles, 2006
MARQUES, J. P. REMÉDIO, «A penhora de créditos na reforma processual de 2003, referência à penhora de depósitos bancários», *Themis*, ano V, n.º 9, 2004, p. 137 ss

MARQUES, J. P. REMÉDIO, «Locação financeira restitutiva (sale and lease-back) e a proibição de pactos comissórios – negócio fiduciário, mútuo e acção executiva», *BFDUC*, LXXVII, Coimbra, 2001, p. 575 ss

MARQUES, J. P. REMÉDIO, *Curso de processo executivo comum à face do Código revisto*, SPB Editores, Porto, 1998

MARTINEZ, Pedro ROMANO, *Da cessação do contrato*, Almedina, Coimbra, 2005

MARTINEZ, Pedro ROMANO, *Direito das obrigações (parte especial). Contratos*, 2.ª edição, Almedina, Coimbra, 2003 (reimpressão)

MARTINEZ, Pedro ROMANO, «Alguns aspectos das alterações legislativas introduzidas pela nova versão do Código de Processo Civil», *Aspectos do novo processo civil*, Lex, Lisboa, 1997

MARTINEZ, Pedro ROMANO/PONTE, Pedro FUZETA DA, *Garantias de cumprimento*, 5.ª edição, Almedina, Coimbra, 2006

MARTÍNEZ, Jaime VIDAL, *La venta en garantia en el Derecho civil comum español*, Civitas, Madrid, 1990

MARTINS, José Pedro FAZENDA, «Direitos reais de gozo e garantia sobre valores mobiliários», *Direito dos valores mobiliários*, AAVV, Lex, Lisboa, 1997, p. 99 ss

MARTORELL, Mariano NAVARRO, *La propriedad fiduciaria*, Bosch, Barcelona, 1950

MASTROPAOLO, EUGENIO MARIA, «La nuova normativa europea sui contratti di garanzia finanziaria (direttiva 2002/47/CE del 6 Giugno 2002)», *RDCom*, 2003, parte I, p. 519 ss

MASTROPAOLO, EUGENIO MARIA, «La fiducie nel Diritto positivo francese», *RDC*, 2000, parte II, p. 35 ss

MASTROPAOLO, FULVIO, «Contratti Reali», *Trattato di Diritto Civile*, dir. Rodolfo Sacco, I, *I singoli contratti*, 7, 1999

MATOS, ISABEL ANDRADE DE, *O pacto comissório – contributo para o estudo do âmbito da sua proibição*, Almedina, Coimbra, 2006

MCCORMACK, GERARD, *Secured credit under English and American law*, Cambridge University Press, Cambridge, 2004

MEDICUS, DIETER, *Schuldrecht*, I, *Allgemeiner Teil*, 16.ª edição, C.H. Beck, Munique, 2005

MENDES, Armindo RIBEIRO, «Reclamação de créditos no processo executivo», *Themis*, ano IV, n.º 7, 2003, p. 215 ss

MENDES, João de CASTRO, *Direito civil (teoria geral)*, vol. II, de harmonia com as lições no ano lectivo de 1978-1979 pelo Prof. João de Castro Mendes, Lisboa, 1979

MENDES, João de CASTRO, *Direito Processual Civil*, I, AAFDL, Lisboa, 1978/79

MENDES, João de CASTRO, «Da condição», *BMJ*, n.º 263, 1977, p. 37 ss

MESQUITA, MIGUEL, *Apreensão de bens em processo executivo e oposição de terceiro*, 2.ª edição, Almedina, Coimbra, 2001

MIELE, UGO, «Sul patto commissorio immobiliare», *Rivista Diritto Commerciale*, 1946, II, p. 65 ss

MINNITI, GIUSEPPE, *Garanzia e alienazione*, G. Giappichelli Editore, Torino, 2007

MINNITI, GIUSEPPE, «Patto marciano e irragionevolezza del disporre in funzione di garanzia», *RDCom*, 1997, p. 29 ss

MONTEIRO, António PINTO, *Cláusula penal e indemnização*, Almedina, Coimbra, 1999
MORAIS, Fernando de GRAVATO, *Contratos de crédito ao consumo*, Almedina, Coimbra, 2007
MORAIS, Fernando de GRAVATO, *Manual da locação financeira*, Almedina, Coimbra, 2006
MORAIS, Fernando de GRAVATO, «Reserva de propriedade a favor do financiador – Ac. do TRL de 21.2.2002, Rec. 789», *Cadernos de Direito Privado*, 2004, n.º 6, Abril/ Junho
MORAIS, Fernando de GRAVATO, *União de contratos de crédito e de venda para consumo. Efeitos para o financiador do incumprimento pelo devedor*, Coimbra, 2004
MOREIRA, GUILHERME, *Instituições do Direito civil português*, volume segundo, 2.ª ed., Coimbra Editora, Coimbra, 1925
MUNARI, ALESSANDRO, *Il leasing finanziario nella teoria dei crediti di scopo*, Giuffrè, Milão, 1989
NEVES, A. CASTANHEIRA *Metodologia Jurídica. Problemas Fundamentais*, Coimbra Editora, Coimbra, 1993
NEVES, VÍTOR, «A afectação de receitas futuras em garantia», *Themis*, ano I, n.º 2, 2000, p. 153 ss
NICTOLIS, ROSANNA DE, *Nuove garanzie personali e reali*, Cedam, Padova, 1998
NICTOLIS, ROSSANA DE, «Divieto del patto commissorio, alienazioni in garanzia e sale-lease-back», *RDC,* 1991, parte II, p. 535 ss
NOVA, GIORGIO DE, «I nuovi contratti», *RDC,* 1990, parte II, p. 497 ss
NOVA, GIORGIO DE, «Identità e validità del lease-back», *RIL,* ano V, 1989, 3, p. 471 ss
NOVA, GIORGIO DE, «Il lease back anomalo è in frode al divieto del patto commissorio», *RIL,* ano IV, 1988, 1, p. 203 ss
NOVA, GIORGIO DE, «Appunti sul sale and lease back e il divieto del patto commissorio», *RIL,* ano I, 1985, 2, p. 307 ss
OESCHLER, JÜRGEN, *Sicherungseigentum – Sicherungsübereignung*, Apêndice ao comentário aos § 929-936, *Münchner Kommentar zum Bürgerlichen Gesetzbuch*, vol. 6, §§ 854-1296, redactor Manfred Eberhard Rinne, C. H. Beck, 4.ª edição, Munique, 2004
OLAVO, FERNANDO, *Desconto bancário, Introdução, descrição, estrutura e natureza jurídica*, Lisboa, 1955
Ordenaçoes Afonsinas, livro IV, edição Fundação Calouste Gulbenkian, 2.ª ed., 1999
Ordenações e leis do Reino de Portugal, recopiladas per mandado delRei D. Filippe o primeiro, 10.ª ed., tomo III, Coimbra, Real Imprensa da Universidade, 1833
Ordenações Manuelinas, livro IV, edição Fundação Calouste Gulbenkian, Lisboa, 1984
PAVASINI, GESSICA, «Pegno rotativo», *Il pegno nei rapporti commerciali*, AAVV, Giuffrè, Milão, 2005, cit., p. 271 ss
PERALTA, ANA MARIA, *A posição jurídica do comprador na compra e venda com reserva de propriedade*, Almedina, Coimbra, 1990

PERERA, Ángel CARRASCO, *Los derechos de garantía en la ley concursal*, Civitas, Madrid, 2004
PERERA, Ángel CARRASCO/LOBATO, Encarna CORDERO/LÓPEZ, Manuel Jesús MARÍN, *Tratado de los Derechos de Garantía*, Aranzadi, Cizur Menor, 2002
PIEDELIÈVRE, STÉPHANE, *Les sûretés*, 4.ª edição, Armand Colin, Paris, 2004
PINELLI, MORACE, «Trasferimento a scopo di garanzia da parte del terzo e divieto del patto commissorio», *FI*, 1994, parte I, p. 63 ss
PINHEIRO, Luís LIMA, *A cláusula de reserva de propriedade*, Almedina, Coimbra, 1988
PINTO, Carlos Alberto da MOTA, *Cessão da posição contratual*, Almedina, Coimbra, 2003 (reimpressão)
PINTO, Carlos Alberto da MOTA, *Teoria geral do Direito civil*, 4.ª edição por António Pinto Monteiro e Paulo Mota Pinto, Almedina, Coimbra, 2005
PINTO, Eduardo VERA-CRUZ, *O direito das obrigações em Roma*, AAFDL, Lisboa, 1997
PINTO, RUI, *A acção executiva depois da reforma*, Lex, Lisboa, 2004
PINTO, RUI, «Penhora e alienação de outros direitos. Execução especializada sobre créditos e execução sobre direitos não creditícios na Reforma da Acção Executiva», *Themis*, ano IV, n.º 7, 2003, p. 133 ss
PIRES, Miguel LUCAS, *Dos privilégios creditórios: regime jurídico e sua influência no concurso de credores*, Almedina, Coimbra, 2004
PUGLIATTI, SALVATORE, «Precisazioni in tema di vendita a scopo di garanzia», *Rivista trimestrale di diritto e procedura civile*, ano IV, 1950, p. 298 ss
PUGLIESE, GIOVANNI, «Nullità del patto commissorio e vendita con patto di riscatto», *GCC*, n.º 142, I, 1995, p. 156 ss
PUGLIESE, GIOVANNI, *Istituzioni di Diritto romano*, com colaboração de Francesco Sitzia e Letizia Vacca, Giappichelli editore, Torino, 1991
PURCARO, DARIO, *La locazione finanziaria. Leasing*, Cedam, Padova, 1998
QUACK, FRIEDRICH, *Münchener Kommentar zum Bürgerlichen Gesetzbuch*, Volume 6, 4.ª edição, Beck, Munique, 1997, p. 2042 ss
QUARTAPELLE, CARLO, «Divieto del patto commissorio, trasferimento della proprietà e del credito in garanzia, sale and lease back, patto marciano», *VN*, ano XII, Janeiro-Junho de 1989, p. 246 ss
RATÓN, José Manuel FÍNEZ, «Garantías reales: imperatividad de las normas de ejecución versus pacto comisorio», *Estudios jurídicos en homenaje al profesor Luis Díez-Picazo*, tomo III, Civitas, Madrid, 2003, p. 3829 ss
REALMONTE, FRANCESCO, «Le Garanzie Immobiliari», *Jus. Rivista di scienze giuridiche*, ano 33, Janeiro-Abril 1986, p. 16 ss
REI, MARIA RAQUEL Aleixo Antunes, «Da expectativa jurídica», *ROA*, ano 54, 1994, p. 149 ss
REICH, NORBERT, *Die Sicherungsübereignung*, Athenäum, Hamburgo, 1970
REINICKE, DIETRICH/ TIEDTKE, KLAUS, *Kreditsicherung*, 4.ª edição, Hermann Luchterhand, Neuwied, 2000
REINICKE, DIETRICH/ TIEDTKE, KLAUS, *Kaufrecht*, 6.ª edição, Hermann Luchterhand, Neuwied, 1997
Report from the Commission to the Council and the European Parliament – evaluation report on the Financial Collateral Arrangements Directive (2002/47/EC)

Rescigno, Pietro, «Le garanzie rotative convenzionale: fattispecie e problemi di disciplina», *BBTC*, Janeiro-Fevereiro 2001, p. 1 ss

Rey, Manuel Ignacio Feliú, *La prohibición del pacto comisorio y la opcion en garantia*, Civitas, Madrid, 1995

Riffard, Jean-François, «Propriété et garantie: faut-il destituer la reine des sûretés?», *Repenser le Droit des sûretés mobilières*, AAVV, dir. Marie-Élodiel Ancel, LGDJ, Paris, 2005, p. 29 ss

Riffard, Jean-François, *Le Security interest ou l'approche fonctionnelle et unitaire des sûretés mobilières. Contribution à une rationalisation du droit français*, L.G.D.J., Paris, 1997

Riva, Ilaria, «Il contratto di sale and lease back e il divieto del patto commissorio», *Contratto e impresa*, ano 17, n.º 1, 2001, p. 300 ss

Rivacoba, Ramón Durán, *La propriedad en garantía. Prohibición del pacto comisorio*, Aranzadi, Pamplona, 1998

Rocha, M. A. Coelho da, *Instituições de Direito Civil portuguez*, 4.ª ed., tomo II, Coimbra, Imprensa da Universidade, 1857

Rodríguez, Remedio Aranda, *La prenda de créditos*, Marcial Pons, Madrid, 1996

Rodríguez-Cano, Rodrigo Bercotitz, «El pacto de reserva de dominio y la función de garantia del *leasing* financiero», *Tratado de las garantias en la contratacion mercantil*, tomo II, volume 1, coordenação de Ubaldo Nieto Carol e Miguel Muñoz Cervera, Civitas, Madrid, 1996, p. 379 ss

Rodríguez-Rosado, Bruno, *Fiducia y pacto de retro en garantía*, Marcial Pons, Barcelona, 1998

Roppo, Enzo, «Note sopra il divieto del patto commissorio», *Rischio contrattuale e autonomia privata*, Jovene Editore, Nápoles, 1982, p. 259 ss

Rubino, Domenico, *Il negozio giuridico indiretto*, Giuffrè, Milão, 1937

Santoro, Laura, *Il negozio fiduciario*, Giappichelli Editore, Torino, 2002

Santos, José Beleza dos, *A simulação*, Coimbra Editora, Coimbra, 1921

Sassi, Andrea, *Garanzia del credito e tipologie commissorie*, Edizioni Scientifiche Italiane, Nápoles, 1999

Scacchi, Arianna, «La cessione del credito a scopo di garanzia», *RDCom*, 2001, n.ºs 9 a 12, p. 613 ss

Schmidt, Dominique/Witz, Claude / Bismuth, Jean-Louis, «Les opérations fiduciaires en Droit français», em *Les opérations fiduciaires (pratiques, validité, régime juridique dans plusieurs pays européens et dans le commerce international)*, Aavv, dir. Claude Witz, L.G.D.J, Paris, 1985, p. 305 ss

Schwab, Karl Heinz/Prütting, Hanns, *Sachenrecht*, 30.ª ediçao, C.H. Beck, Munique, 2002

Scognamiglio, Renato, «Aspettativa di diritto», *EDir*, III, Giuffrè, Milão, 1958, p. 226 ss

Serick, Rolf, «Aussonderung, Absonderung und Sicherungstreuhand in einer – abgebrochenen – Bilanz», *50 Jahre Bundesgerichtshof*, AAVV, C.H. Beck, Munique, 2000, vol. III, p. 743 ss

Serick, Rolf, *Le garanzie mobiliari nel diritto tedesco*, Giuffrè, Milão, 1990

Serick, Rolf, *Eigentumsvorbehalt und Sicherungsübertragung*, vol. III, Verlagsgesellschaft Recht und Wirtschaft, Heidelberg, 1970

Serra, Adriano Vaz, «Hipoteca», *BMJ*, n.º 62, (1957), p. 5 ss

SERRA, Adriano VAZ, «Penhor», *BMJ*, n.º 58 (1956), p. 17 ss
SERRA, Adriano VAZ, «Cessão de créditos ou de outros direitos», *BMJ*, número especial, 1955, p. 5 ss
SESTA, MICHELE, *Le garanzie atipiche*, Cedam, Padova, 1988
SIGMAN, HARRY C., «The security interest in the United States: a unitary functional solution», *Repenser le Droit desapossamento sûretés mobilières*, LGDJ, Paris, 2005, p. 55 ss
SIGMAN, HARRY C., «Security movables in the United States – Uniform Commercial Code Article 9: a basis for comparison», *Security rights in movable property in European Private Law*, org. Eva-Maria Kieninger, Cambridge University Press, 2004, p. 54 ss
SILVA, Manuel GOMES DA, *Curso de Direitos reais*, Apontamentos das lições proferidas no curso do 4.º ano jurídico de 1955-57 proferidas pelo Sr. Prof. Doutor Gomes da Silva, compilados pelas alunas Maria de Jesus Lamas Moreira e Maria Tereza Pires Vicente, AAFDL, Lisboa, 1955
SILVA, João CALVÃO DA, *Banca, Bolsa e Seguros. Direito europeu e português,* tomo I, Almedina, Coimbra, 2005
SILVA, João CALVÃO DA, *Direito bancário,* Almedina, Coimbra, 2001
SILVA, João CALVÃO DA, «Contratos coligados, venda em garantia e promessa de revenda» (anotação ao Acórdão do STJ de 16 de Maio de 2000), *RLJ*, ano 122, n.ºs 3911 e 3912, 2000, p. 66 ss (com anotação nas páginas 81 ss)
SILVA, João CALVÃO DA, «Locação financeira e garantia bancária», em *Estudos de direito comercial (pareceres)*, Almedina, Coimbra, 1999, p. 5 ss
SILVA, Paula COSTA, *A reforma da acção executiva,* 3.ª edição, Coimbra Editora, Coimbra, 2003
SIMLER, PHILIPPE/DELEBECQUE, FILIPPE, *Droit civil. Les sûretés. La publicité foncière*, 4.ª edição, Dalloz, Paris, 2004
SOUSA, Miguel TEIXEIRA DE, *A reforma da acção executiva,* Lex, Lisboa, 2004
SOUSA, Miguel TEIXEIRA DE, «Aspectos gerais da reforma da acção executiva», *Cadernos de Direito Privado,* n.º 4, Outubro/Dezembro de 2003, p. 3 ss
SOUSA, Miguel TEIXEIRA DE, *Acção Executiva Singular,* Lex, Lisboa, 1998
SULPASSO, CASSANDRO, «Riserva prolungata della proprietà e cessione globale dei crediti di impresa: il modello tedesco in Francia», *GC*, 19.5, 1999, p. 759 ss
TAVARES, JOSÉ, *Os princípios fundamentais de Direito civil*, Coimbra Editora, Coimbra, 1929
TEJADA, Manuel Espejo LERDO DE, «Autonomía privada y garantías reales», *Estudios jurídicos en homenaje al profesor Luis Díez-Picazo,* tomo III, Civitas, Madrid, 2003, p. 3747 ss
TELLES, Inocêncio GALVÃO, *Manual dos contratos em geral,* Coimbra Editora, Coimbra, 2002 (refundido)
TELLES, Inocêncio GALVÃO, *Direito das obrigações,* 7.ª edição, Coimbra Editora, Coimbra, 1997
TELLES, Inocêncio GALVÃO, «Expectativa jurídica (algumas notas)», *O Direito*, 1958, (p. 2 ss)
TELLES, Inocêncio GALVÃO, «Venda obrigatória e venda real», *RFDUL,* ano V, 1948, p. 76 ss

Triola, Roberto, «Vendita con patto di riscatto e divietto del patto commissorio», *GC,* 1988, I, p. 1769 ss
Valcavi, Giovanni, «Intorno al divieto di patto commissorio, alla vendita simulata a scopo di garanzia ed al negozio fiduciario», *FI,* 1990, parte I, p. 205 ss
Varela, João de Matos Antunes, «Contratos mistos», *BFDUC,* 1968, p. 8 ss
Varela, João de Matos Antunes, *Das Obrigações em Geral,* vol. I, 10ª edição, Almedina, Coimbra, 2000
Varela, João de Matos Antunes, *Das obrigações em geral,* vol. II, Almedina, Coimbra, 2001 (reimpressão)
Varrone, Claudio, *Il trasferimento della proprietà a scopo di garanzia,* Casa editrice dott. Eugenio Jovene, Nápoles, 1968
Vasconcelos, Luís Miguel D.P. Pestana de, *A cessão de créditos em garantia e a insolvência,* Coimbra Editora, Coimbra, 2007
Vasconcelos, Luís Miguel D.P. Pestana de, *Dos contratos de cessão financeira (factoring),* Coimbra Editora, Coimbra, 1999
Vasconcelos, Pedro Pais de, *Teoria geral do Direito civil,* 3.ª edição, Almedina, Coimbra, 2005
Vasconcelos, Pedro Pais de, *Contratos atípicos,* Almedina, Coimbra, 2002 (reimpressão)
Vasconcelos, Pedro Pais de, *Em tema de negócio fiduciário,* dissertação apresentada no curso de post-graduação em Ciências Jurídicas, policopiado, Lisboa, 1985
Veneziano, Anna, *Le garanzie mobiliari non possessorie. Profili di Diritto comparato e di Diritto del commercio internazionale,* Giuffrè, Milão, 2000
Ventura, Raúl, «O contrato de compra e venda no Código Civil», separata da *ROA,* ano 43, 1993, p. 588 ss
Ventura, Raúl, *Direito romano, Obrigações,* Lições do Ex.mo Senhor Professor Doutor Raul Jorge Rodrigues Ventura, ao ano lectivo de 1951-1952, publicação de Zacarias Miranda Neves, Lisboa, 1952
Vidal, Nuria Bouza, *Las garantias mobiliarias en el comercio internacional,* Marcial Pons, Madrid, 1991
Vieira, José Alberto, *Direitos Reais,* Coimbra Editora, Coimbra, 2008
Weber, Hansjörg, *Kreditsicherheiten. Recht der Sicherungsgeschäfte,* 7.ª edição, C.H. Beck, Munique, 2002
Westermann, Peter Harm, *BGB. Sachenrecht,* 10.ª edição, C.F. Müller, Heidelberg, 2002
Witz, Claude, «Rapport introductif», em *Les opérations fiduciaires (pratiques, validité, régime juridique dans plusieurs pays européens et dans le commerce international),* Aavv, L.G.D.J, Paris, 1985, p. 1 ss
Witz, Claude, «Les transferts fiduciaires a titre de garantie», em *Les opérations fiduciaires (pratiques, validité, régime juridique dans plusieurs pays européens et dans le commerce international),* Aavv, L.G.D.J, Paris, 1985, p. 55 ss
Witz, Claude, *La fiducie en Droit privé français,* Economica, Paris, 1981
Wolf, Manfred, *Sachenrecht,* 20.ª edição, C.H. Beck, Munique, 2004
Wood, Philip R., *Comparative law of security and guarantees,* Sweet and Maxwell, Londres, 2002 (reimpressão)

ÍNDICE

ÍNDICE GERAL

Nota prévia	5
Regras estruturais, modo de citar e outras convenções	7
Lista de abreviaturas utilizadas	9
Razão do tema e da sua ordem	11

TÍTULO I
BREVE EVOLUÇÃO HISTÓRICO-DOGMÁTICA: O «REGRESSO ÀS ORIGENS» DO DIREITO DAS GARANTIAS? ... 23

CAPÍTULO I – **Origens** ... 25
1. A *fiducia cum creditore* romana e o seu ressurgimento nos trabalhos da pandectística ... 25
2. *Pactum commissorium* ... 31

CAPÍTULO II – **O Ressurgimento da Alienação em Garantia** ... 37
3. O caso alemão (*Sicherungsübereignung* e *Sicherungsabtretung*) ... 37
4. O caso francês: referência à consagração legal do negócio fiduciário de garantia na Lei 2007-211, de 19 de Fevereiro e aos seus antecedentes ... 56
5. A *Collateral Directive* e a sua transposição ... 60

TÍTULO II
O ÂMBITO DA ALIENAÇÃO EM GARANTIA ... 69

CAPÍTULO I – **Caracterização Geral** ... 71
6. O negócio de alienação em garantia ... 71
   6.1. A doutrina do negócio fiduciário: apreciação crítica ... 71
   6.2. A perspectiva da venda em garantia: rejeição ... 82
   6.3. Conceito provisório de alienação em garantia ... 99
   6.4. Figuras afins ... 109
7. Expressões práticas e questões preliminares de regime jurídico ... 115

7.1. A garantia mobiliária sem desapossamento 116
7.2. A cessão de créditos em garantia 122
7.3. A garantia financeira (Decreto-Lei n.º 105/2004) 134

CAPÍTULO II – **Outros Negócios de Alienação em Garantia?** 143
8. A reserva de propriedade 143
   8.1. Da acessorização da garantia (exemplos francês e espanhol) à propriedade divida (*Eigentumsvorbehalt*) 143
   8.2. O sistema português: o reconhecimento do carácter de garantia da reserva de propriedade; posição adoptada e relevo quanto aos negócios de alienação em garantia 148
   8.3. A chamada «reserva de propriedade» a favor do financiador 165
9. A locação financeira 177

TÍTULO III
CONTEÚDO DA SITUAÇÃO DE GARANTIA E DA SITUAÇÃO FIDUCIÁRIA 189

CAPÍTULO I – **Riscos e Deveres Fiduciários** 191
10. Enquadramento geral: da violação de deveres na pendência da garantia à recusa de transmissão do bem depois de satisfeito o crédito garantido ... 191

CAPÍTULO II – **O Caso Especial da Agressão do Bem Fiduciado em Acção Executiva e Em Processo Insolvencial** 207
11. Enquadramento geral: a penhora do bem fiduciado e a legitimidade para a dedução de embargos de terceiro 207
12. A posição jurídica do beneficiário da garantia 216
13. A posição jurídica do prestador da garantia 219
14. O regime geral do CIRE 233
15. As especialidades do Decreto-Lei n.º 105/2004 245

TÍTULO IV
LIMITES DA SITUAÇÃO DE GARANTIA: PROIBIÇÃO DO PACTO COMISSÓRIO E EXCESSO DE GARANTIA 249

16. A *ratio legis* da proibição do pacto comissório nas garantias acessórias e as respectivas implicações de regime jurídico no sistema de garantias do crédito 251
   16.1. A admissibilidade e as condições do pacto marciano 275
   16.2. Extensão teleológica da norma do artigo 694.º do CC 281
   16.3. A venda extraprocessual do objecto da garantia (artigo 675.º n.º 1 do CC) 292
17. O excesso de garantia 294

TÍTULO V
NATUREZA DA GARANTIA 299

18. A propriedade em garantia e as garantias reais acessórias 301

BIBLIOGRAFIA CITADA 311

ÍNDICE 327